동포의 학살을 거부한다

동포의 학살을 거부한다

1판 1쇄 2017년 10월 11일
1판 5쇄 2021년 7월 19일

지은이 | 주철희
발행인 | 한명수
편집자 | 이향란 김유리
디자인 | 이선정
발행처 | 흐름출판사
주소 | 전북 전주시 덕진구 정언신로59
전화 | 063-287-1231
전송 | 063-287-1232

ⓒ 2017 주철희
ISBN 979-11-5522-131-0 93910

값 18,000원

* 이 책에 실린 내용은 지은이와 흐름출판사의 동의 없이는 무단 전재와 복제를 할 수 없습니다.
* 이 책은 문화체육관광부와 전라남도문화관광재단의 일부 지원으로 출판하였습니다.
* 이 도서의 국립중앙도서관 출판예정도서목록(CIP)은 서지정보유통지원시스템 홈페이지 (http://seoji.nl.go.kr)와 국가자료공동목록시스템(http://www.nl.go.kr/kolisnet)에서 이용하실 수 있습니다. (CIP제어번호: CIP2017025458)

동포의 학살을 거부한다

1948, 여순항쟁의 역사

주철희

프롤로그 : 항쟁과 반란

또 한 권의 책을 세상에 내놓는다. 이 책이 세상에서 어떤 의미가 될지 걱정이 앞선다. 그러나 분명한 바람이 있다. 지금까지 여순사건으로 지칭된 1948년 10월 19일 제14연대 군인의 봉기로 촉발한 사건을, 적어도 '반란'이라고 강요하고 손가락질했던 흐름에 작은 변화의 물결이 일렁이기를 기대한다.

이미 한 차례 여순항쟁에 대한 책을 세상에 선보인 적이 있다. 『불량국민들 : 여순사건 왜곡된 19가지 시선』이다. 당시에는 '여순사건'이란 용어를 썼다. 연구자로서 사건의 성격을 명확하게 규명할 정도의 연구가 되지 않았었다. 더불어 어떤 관점에서 역사를 서술하는 것이 타당한지에 대한 갈등도 있었다. 그런데도 책을 내놓았던 것은 여순항쟁이 너무 왜곡된 채 회자되는 것에 대한 조바심이 앞섰기 때문이다.

4년 만에 여순항쟁의 다른 이야기로 돌아왔다. '반란'과 '항쟁'의 이중 잣대에서 제자리를 찾지 못하고 있는 1948년 10월 19일 사건. 어떤 이는 '반란'이라, 또 다른 이는 '항쟁'이라고 부르는 사건. 그 사건의 정체가 무엇인지를 찾는 데 지난 시간 대부분을 보냈다. 많은 사료를 숱하게 살폈다. 사료에 밑줄 치고, 그 의미를 되짚어 보고 다르게 해석할 여지는 없는지 밤을 지새웠다.

이 책의 주장이 '객관적 진리'라고 우기는 것이 아니라, 연구의 여러 방편 중에 이러한 성과도 있다는 것이다. 2차 사료와 검증되지 않은 증언으로 발간한 자료와 달리 1차 사료에 초점을 맞췄으며, 미시사의 관점으로 역사를 서술하였다는 것이 이 책의 크나큰 특징이라고 할 수 있다.

이 책은 세 권으로 이루어진 시리즈 중 1권이다. 1권은 1948년 10월 19일 제14연대에서 발발한 사건의 성격 규명에 초점을 맞췄다. '역사의 주체를 누구로 볼 것이냐'는 성격을 규명하는 데 있어서 중요한 쟁점이다. 예컨대 여순항쟁 답사를 위해 여수를 찾는 분들이 제법 늘었다. 답사하는 분과 답사를 설명하는 분들을 보면 대체로 역사의 주체를 '무고한 민간인 학살'에 관점을 둔다. 그래서 답사 코스도 학살지가 대부분이다. 군과 경찰의 자료는 토벌작전의 과정과 군·경의 행위를 정당화하는 관점에서 서술한다.

여순항쟁은 1948년 10월 19일 제14연대의 봉기로 촉발하여 민중의 합세와 지지가 이어지면서 항쟁으로 발전하였다. 이 책에서는 봉기를 촉발하였던 제14연대 군인과 민중을 이끌었던 인민위원회 사람을 역사의 주체로 놓고 서술하였다. 역사의 주체를 제외하고 성격을 논한다는 것은 본질을 속이는 것이기 때문이다.

주체인 제14연대 군인이 제주도 출동명령을 거부한 핵심은 "동포의 학살을 거부한다"는 것이다. 항쟁의 주체가 봉기를 촉발할 수밖에 없었던 이유와 "동포의 학살을 거부한다"는 것이 어떤 연관성이 있는지 규명하고, 성격을 규정하는 것이 이 책을 쓴 궁극적인 목적이다.

사건의 성격을 규명하는 것은 명칭에도 변화가 일렁일 수 있다. 역사의 사건에 정명(正名)할 시기가 되었다. 70년이란 오랜 시간 동안 '반란'과

'항쟁'의 경계선에서 난감하게 발목을 잡혔던 '여수·순천 10·19사건'에 올바른 정명이 새겨지기를 기대한다.

역사 기록은 대체로 승자가 남긴다. 승자의 문서로 작성된 여순항쟁은 왜곡된 역사의 전형이다. 왜곡된 역사를 '절대 진리'로 알았던 기존 관행을 깬다는 것이 계란으로 바위치기만큼이나 어렵다는 것을 안다. 우공이산(愚公移山)의 마음으로 첫걸음을 내디뎌 본다.

여순항쟁도 어느덧 칠십 고개에 들어섰다. 대한민국 현대사에 중요한 사건이라고 하면서도 70년이 지난 시점까지도 성격을 규정하지 못해 역사 연구자로서 직무유기처럼 가슴에 남았다. 그 짐을 잠시 내려놓는다.

2017년 10월

주 철 희

차례

프롤로그 : 항쟁과 반란 _4
일러두기 _10

1부 여순항쟁, 그 역사를 말한다

1장. 항쟁(抗爭)을 말한다 ·· 13
  1. '항쟁'이란 용어는 정당한가
  2. '난(亂)'의 역사에 대한 새로운 해석

2장. 역사를 통해서 본 반란 ·· 27
  1. 성공한 반란과 실패한 반란
  2. 반란 규정의 조건

3장. 여순항쟁, 정말 반란인가 ·· 44
  1. 권력자 축출과 새로운 권력자는
  2. 수도를 점령했는가
  3. 봉기군은 누구인가
  4. 반란은 어떻게 계획되었는가

4장. 잘못된 명령을 거부한 봉기 ······································ 60
  1. 권력의 잘못된 명령에 저항하다
  2. 부대원 선동을 위한 또 다른 작전

5장. 불의에 저항한 민중의 힘 ·· 98
  1. 인민위원회와 그 사람들
  2. 민중의 배고픔과 부정부패

6장. 여순항쟁은 역사이다 ·· 136

2부 여순항쟁, 그들은 누구인가

1장. 그들은 왜 봉기했는가 ·· 145

2장. 여순항쟁, 정부의 첫 발표는 ·· 149
   1. 정부의 첫 발표
   2. 혁명의용군 사건

3장. 주도 인물의 변화와 정부의 의도 ·································· 162
   1. 공산주의자의 오래 계획된 반란
   2. 민중이 주도한 반란
   3. 제14연대 장교 주도 아래 반란
   4. 남로당 지령에 의한 반란

4장. 주도세력과 총지휘자는 ·· 183
   1. 주도세력 40여 명
   2. 항쟁의 총지휘자

5장. 빨갱이 등장의 의미 ·· 201

3부 여순항쟁과 지역사회의 기억

1장. 여순항쟁, 지역의 기억을 찾아 ······································ 207
   1. 역사와 기억
   2. 지역의 기억을 찾아

2장. 항쟁의 도시, 여수·순천의 기억 ···································· 214
   1. 항쟁의 불씨를 피운 여수
   2. 성난 민심의 동요에 술렁인 순천

3장. 빨치산의 무대, 광양·구례의 기억 ································ 226
   1. 백운산의 울음소리가 퍼진 광양
   2. 큰 산 아래 사람들 구례

4장. 외곽 지역, 보성·고흥의 기억 ······································· 233
   1. 부용교의 핏빛 물결 보성

2. 팔영산의 반공 그림자 고흥

5장. 전라남도의 인식과 피해 규모 ················ 244
   1. 남도 사람의 인식
   2. 여순항쟁의 피해 규모

6장. 박제된 기억에서 올바른 기억으로 ················ 259

4부 여순항쟁과 기독교

1장. 기독교의 눈으로 여순항쟁을 읽다 ················ 267
2장. 종교위문단의 활약 ················ 270
3장. 기독교인의 상황 인식 ················ 286
   1. 윤을수의 『경향잡지』에 나타난 종교인의 피해
   2. 유호준의 회고록에 나타난 협력자 색출과 처형
   3. 김형도의 기고문에 나타난 사건일지
   4. 황두연과 반란사건의 사실관계
   5. 정규오의 회고록에 나타난 '관제 빨갱이'
   6. 차남진의 회고록에 나타난 기독교인의 모습
   7. 나덕환의 회고록에 나타난 왜곡의 이데올로기

4장. 교회사 등에 나타난 인식과 사실관계 추적 ················ 316
   1. 지역 교회사에 나타난 여순항쟁
   2. 「오페라 손양원」, 왜곡의 서사

5장. 동인과 동신의 죽음과 '순교'의 진실 ················ 331
6장. 새로운 시선으로 여순항쟁을 기억한다 ················ 345

에필로그: 항쟁이었다 _348

참고문헌 _352

찾아보기 _359

일러두기

첫째, 이 책에서 '반란', '반란군'이란 단어는 제14연대 군인의 궐기를 '반란'으로 간주하여 사용한 용어가 아니다. 그들의 궐기는 봉기였다. 따라서 이 책에서 '반란'은 되도록 자제하고자 하나, 글의 맥락이나 의미를 전달하기 위해 '반란'이란 단어를 어쩔 수 없이 사용하였다. 이런 점을 고려하며 읽어 주기 바란다.

둘째, 지명, 명칭, 군인 계급 등을 항쟁 발발 당시의 용어로 사용하였다. 예컨대 여수군, 순천군, 북국민학교, 송호성의 계급 등이 그러하다. 여러 부분에서 사실관계가 뒤죽박죽된 것이 여순항쟁이다. 이를 바로잡아 사실관계를 좀 더 정확하게 할 필요가 있다. 용어의 시점은 당시를 기준으로 하였다.

셋째, 인용문은 되도록 원문을 그대로 기록하였다. 다만 맞춤법과 띄어쓰기가 현재 맞춤법과 현저하게 차이가 있어 글의 맥락이나 이해를 저해한 경우에만 현재 맞춤법에 따라 수정하였다.

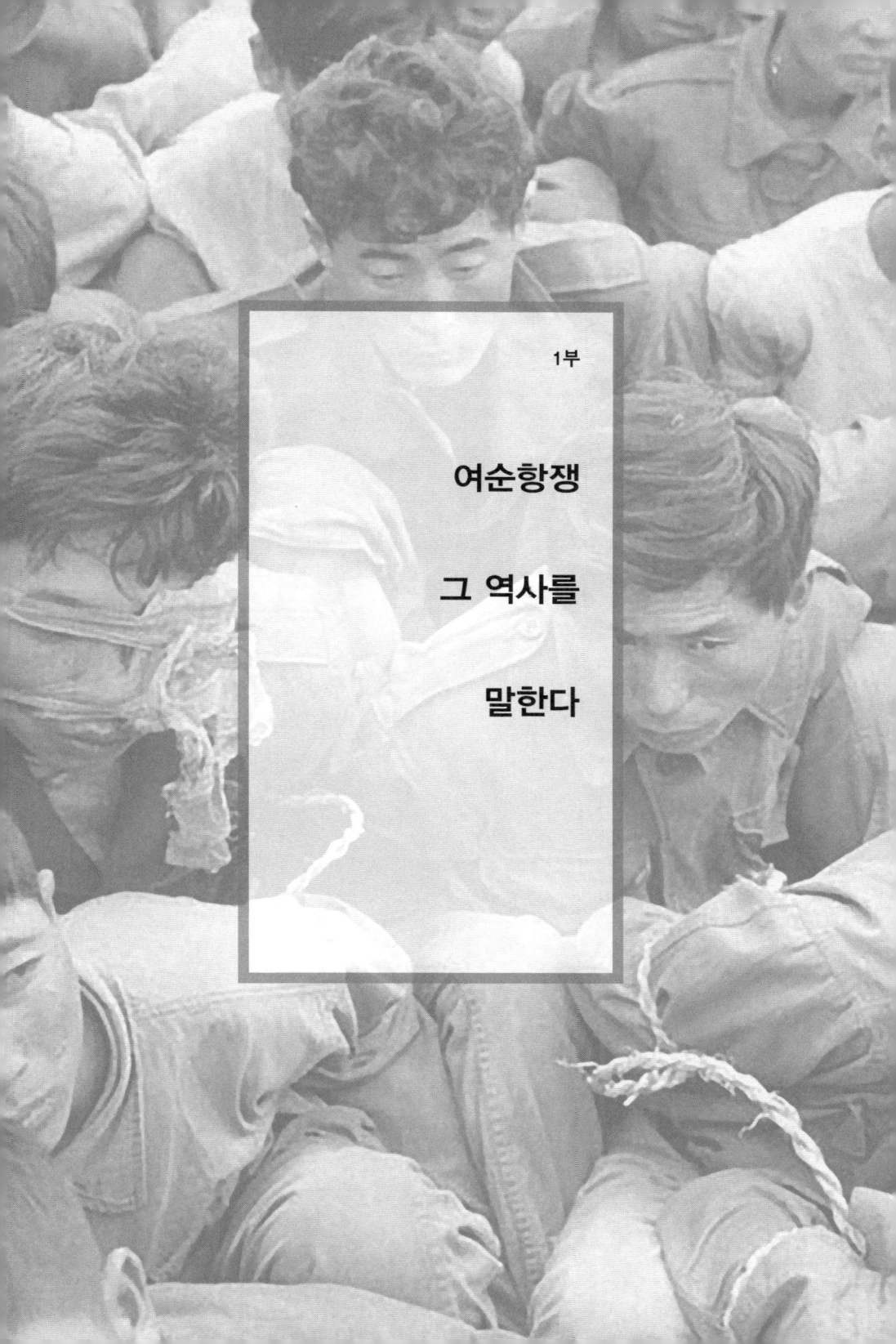

1부

여순항쟁 그 역사를 말한다

1장. 항쟁(抗爭)을 말한다

1. '항쟁'이란 용어는 정당한가

역사 기록에서 적합한 용어 또는 명칭의 사용은 매우 중요하다. 용어의 선택이 역사적 성격은 물론 대중의 역사 인식이 큰 영향을 미치기 때문이다. 역사는 겹겹이 싸인 수많은 사건으로 우리에게 다가온다. 오랜 역사, 수많은 사건에 부여된 명칭, 명칭은 누구에 의해 작명되었던 것인가? 학문적 연구의 평가 또는 정치적 현안에 대한 인식 등으로 성격 규정을 통해 명칭이 부여된 경우도 있다. 하지만 상당수는 관용적으로 사용한 용어를 그대로 쓰게 된다. 관용적 용어에는 권력 이데올로기가 깊이 투영되어 있다. 예컨대, 박정희가 5·16쿠데타를 정당화하기 위해 '혁명'이라고 지칭한 경우처럼 말이다. 또한 '반정', '정란', '민란' 등의 용어도 권력자와 지배층의 정당성을 강조하기 위한 이데올로기가 반영되어 있다.

왕조 봉건시대에서는 지배층에 저항한 행위로 '반란', '민란', '민요', '폭동' 등의 역사 용어가 자주 등장한다. 이러한 용어는 지배체제에 대항한 행위로 간주한 지배층이 관용적으로 사용하였다. 1862년 '임술민란', 1894년 '동학난'은 지배층의 문란과 횡포에 항거하여 사회적 불만을 드러낸 농민의 자각운동이었지만, 지배계층에 대항하였다고 하여 관습적으로 반란, 민란이란 용어를 사용하였다.

'농민의 반란'의 준말인 '민란'으로 발전하기까지 여러 단계를 거친다. 당시 농민 등의 피지배층이 개인의 억울함을 호소하는 장치인 정소(呈訴)운동이 법적으로 가능하였다. 하지만 실제로는 지방관의 거부로 정상적으로 이루어지는 경우는 거의 없었다. 이로 인하여 집단으로 관가에 몰려가 문제를 해결하려는 등소(等訴)운동의 단계로 접어든 경우도 있다. 합법적으로 등소하였지만, 관리들이 거부하면서 등소운동보다 발전한 형태를 띠게 된다. 이를 집단·대중적 행동의 저항운동이라고 한다. 저항운동은 필연적으로 폭력을 수반한다. 동서고금의 역사가 이를 반증한다. 서양의 프랑스혁명, 동학농민혁명 등 왕조 봉건시대의 민란이 그러하다.

왕조 봉건시대의 민란은 현대 역사학자들에 의해 적극적인 용어로 나타났다. 1862년 '임술민란'은 '임술농민항쟁'으로, 1894년 '동학난'은 '동학농민항쟁'으로 불린 용어가 그러하다. 지배층의 불법적 행위에 대한 저항을 포괄한 민중 투쟁의 시각으로 재조명한 것이다. 이를 항쟁(抗爭, resistance)이라고 일컫는다. 다시 말하면, 지배층의 시각에서 역사를 바라보는 것이 아니라, 사건의 주체 관점에서 역사를 기술한 성격 규정이다.

항쟁의 용어를 현대적 개념으로 접근해 보자. 항쟁을 사전적 의미로 해석하면 "상대에 맞서 싸움" 정도이다. 일반적으로 말하는 '싸움' 또는 '다툼'과 별반 다르지 않다. 항쟁은 역사 용어이다. "불의에 저항한 집단·대중적 행동"을 항쟁이라고 역사는 일컫는다. '광주민중항쟁', '동학농민항쟁' 등의 역사가 이러한 맥락으로 해석된 경우이다. 항쟁을 주체들의 집단적, 대중적 저항 실천의 개념으로 사회적 현실, 또는 역사적 맥락으로 변화시키면 대개 봉기(uprising), 반란(revel), 폭동(riot), 운동(movement), 투쟁(struggle), 전복(subversion), 혁명(revolution) 등으로 다양하게 표기할 수 있다.

그렇지만 항쟁과 반란은 어감 자체에서도 차이가 있을 뿐만 아니라, 그 성격 규정에서도 매우 큰 차이가 있다. 대체로 학계에서 항쟁은 "대중적 저항 실천이 역사적 사건으로 기록된 것"으로 단순히 정의될 수 있다.

항쟁이라는 어휘는 영문에서 '저항'으로도 번역할 수 있다. 항쟁은 저항과 달리 집단적 대중적 실천 행위라는 함의를 내포한다. 반면 저항은 집단적 행동과 개인적 행동을 포괄한 용어이다.

항쟁이라는 표기는 반란이나 폭동의 경우처럼 특정 사회 내부의 지배 권력 관점에서 바라보는 '부적절함'의 의미가 강하지 않으며, 대신 '부당하게 억압하는 것은 무엇인가', '불법적 행위에 대하여 저항하는 것은 무엇인가'에 대한 정당한 행위라는 개념을 내포하고 있다. 그런 측면에서 항쟁은 세 가지 의미가 함축되어 있다.

첫째, 다수 또는 복수의 주체들이 함께 행위를 한다는 점에서 집단적, 대중적이라는 의미를 가진다. 둘째, 대체로 집단적 저항 실천이 역사적으로, 정치적으로 널리 의미가 확인되어 기록될 만한 사건임을 의미한다. 즉 그 사건의 의미가 사회적으로 중요한 의미를 가지며, 사회 내부의 지배적 담론 질서 전반에 영향을 준 외상(外傷)적 사건이라는 함의를 담는다. 셋째, 항쟁은 언제나 지배적 위치의 타자 억압에 대한 주체의 대항적 움직임을 함의한다. 따라서 이 같은 개념을 통해 항쟁을 다시 정리하자면 '사회적 현실 속에서 특정한 담론을 중심으로 형성된 대중들이 지배적 담론 질서에 대항하여 집단적이고 전면적으로 저항을 실천하고, 나아가 지배 질서의 일상적 작동을 정지시킨 사건'이라고 규정할 수 있다.[1]

항쟁의 세 가지 의미에 여순항쟁을 대입하여 보면 첫째, 제14연대 군인의 촉발로 시작하여 전남 동부지역 민중의 지지와 합세에 의한 대중적 실천 행동이었다. 둘째, 대한민국 정부 수립에서부터 현재까지 사회·정치적 영향이 지대하였으며, 대한민국 사회 내부에 커다란 상처를 남겼

---

[1] 김현태, 「라캉 정신분석학을 통한 대중항쟁에 대한 이해」, 한국외국어대학교 대학원 박사학위논문, 2015, 149쪽.

다. 셋째, 권력의 잘못된 명령에 대한 저항과 이승만 권력의 기반이었던 친일파 관리와 경찰의 부패와 억압에 대한 민중의 실천적 대항이었다.

여순항쟁이란 용어는 다양한 해석으로 등장한 개념이다. 많은 이들이 1948년 10월 19일 제14연대 군인의 행위를 반란으로 고집한다. 그러나 제14연대 병사들이 왜 제주도 출동명령을 거부했는지 살펴볼 필요가 있다. 군인은 상명하복(上命下服)의 복종관계가 분명한 신분이다. 그런데 제14연대 군인은 명령을 거부하였다.

제14연대 병사들에게 하달된 제주도 출동명령은 제주도민 30만 명을 초토화하는 작전명령이었다. 일반적으로 여순항쟁의 발발 원인을 '제주도 출동 거부'로만 인식하는 경향이 강하다. 그러나 그것은 거부의 주된 원인을 간과하고 있는 것이다.

제주도에는 한라산으로 들어간 유격대도 있었고, 민간인도 있었다. 민간인 중에는 유격대에 동조한 사람도 있었지만, 우익 진영에 협조한 사람도 있었다. 이외에 다수의 민중이 있었다. 비상사태 선포나 계엄령을 선포하지도 않은 제주도를 초토화하라는 작전명령을 수행하기 위해 여수 주둔 제14연대 1개 대대가 출동하게 되었다. 제주 4·3항쟁 당시 제9연대장을 역임하고, 훗날 여수 제14연대장으로 부임했던 김익렬의 회고록을 보면,

> 딘 장군은 박진경 중령에게 극비 명령을 내렸던 것이다. 그것은 말할 것도 없이 **제주도 전역에 대한 초토작전 명령**이었다.……**초토작전은 인도적으로 결코 허용될 수 없고 전시에도 명령하거나 묵인한 사령관은 전범 처형을 면키 어렵다.** 하물며 전후 평상시에 자기가 군정하는 영토 내의 국민에게 이런 명령을 내렸다가 세상에 알려지면 그 결과는 엄청날 수밖에 없었다. (김익렬, 「4·3의 진실」, 『4·3은 말한다』 2, 전예원, 1994)

전쟁 중에도 민간인을 대상으로 벌이는 초토화 작전은 국제사회가 용납하지 않고 있다. 따라서 행위를 명령하는 자 또는 그 사실을 묵인한 사령관은 전쟁범죄자로 체포되어 사형에까지 이르기도 한다. 그런데 영토 내의 자국민에게 초토화 작전 명령이 하달되었다. 명령을 받은 군인은 어떻게 해야 올바른 행동이었을까?

제주도 초토화 작전을 실행하기 위해 정부는 1948년 10월 11일에 제주도경비사령부(사령관 김상겸 대령, 제5여단장 겸임)를 설치하였다. 지금껏 경찰 중심의 치안에서 군인이 직접 지휘관이 된 토벌작전이었다. 그러기 위해서는 비상사태 또는 계엄령을 선포하는 등의 어떤 조치가 필요하였다. 그러나 계엄령은 선포되지 않았다. 제주도경비사령부는 초토화 작전에 나서기 위해 지원 병력이 필요했다. 이에 제14연대 1개 대대가 출동명령을 하달받았다. 그러나 그 명령에 불복하고 봉기하였다. 자신들을 '제주토벌출동거부병사위원회'라고 했다. 병사위원회는 두 가지 강령을 내걸었다. '동족상잔 결사반대', '미군 즉시 철토'이다. 제주도민 30만 명의 동포 학살에 반대한 것이다. 병사위원회는 동족상잔이라는 초토화 작전 명령의 중심에 미군이 있다고 판단하였다. 그래서 미군 즉시 철수를 요구하였던 것이다.

잘못된 명령, 부당한 명령도 따라야 한다고 생각하는 사람은 반란으로 규정할 수 있다. 반면 제주도민 30만 명을 학살하라는 명령은 잘못된 명령이라고 생각하는 사람은 다른 성격을 부여할 수 있을 것이다. 필자는 후자를 택했다. '잘못된 명령', '부당한 명령'을 불의로 보았고, 제14연대 병사들의 봉기는 불의에 맞서 항거했다는 의미로 해석하여 성격을 규정하였다.

필자의 주장에 여러 반론을 제기할 수 있다. 예컨대, 동족 살상을 반대한다면서 경찰과 우익 인사를 학살한 것은 어떻게 설명할 것이냐. 인민위원회 조직과 민간인이 동조한 이유가 무엇이냐는 등이다. 타당한 반론이다. 반론에 대해서는 조만간 다른 글에서 충분히 설명할 기회가 있을 것이다. 우선 한 가지만 말한다면, 항쟁은 집단·대중적 행동의 저항운동이며 필연적으로 폭력을 수반하고 있다고 서두에서 밝혔다.

여순항쟁이란 용어에 불편함 또는 이질적이라고 여기는 사람도 있을 것이다. 반란이라고 생각하는 이에게, 필자의 의견에 동의를 강요하지 않는다. 다만 1948년 10월 19일 전라남도 여수군 신월리 제14연대에서 발발했던, 대한민국 현대사의 매우 중요한 사건이라는 점은 동의하였으면 한다.

아울러 역사 인식 또는 역사 해석에 대해서 한마디 덧붙이겠다. 과거에는 대표적인 역사 인식이 대부분 주류의 역사 인식과 같았다.[2] 구성원의 대다수가 동의하는 이론은 정치적인 권력을 점하는 소위 주류세력의 인식이었고, 그 영향력은 절대적이었다. 따라서 주류세력이 변하면 공동체의 역사 인식도 변하였다. 당연히 주류 혹은 다수에 반대하는 비주류 혹은 소수의 역사 인식은 거부되었고, 거부되는 것으로만 그치지 않았다. 주류세력의 거부반응은 잔혹하다고 표현할 정도로 적대적 감정을 노출했다. 그런 측면에서 보면 여순항쟁은 그동안 주류의 역사 인식에 편승했고, 그 왜곡 정도는 타의 추종을 불허할 정도였다.

그러나 포스트모더니즘의 역사 인식, 더 정확하게는 포스트구조주의를 통한 역사 인식은 하나만으로 귀결되었던 상황에 변화를 가져왔다. 과거에도 이해관계에 따라 역사 인식을 달리 해석하는 양상이 전혀 없지는 않았다. 그러나 그 양상은 지금과 사뭇 달랐다. 포스트모더니즘의

---

2 김욱동, 『포스트모더니즘과 포스트구조주의』를 참조하여 정리하였다.

역사 인식은 역사를 상대주의적 관점으로 바라보게 하며 개인의 취향을 제한하거나 무시하지 않는다. 단일한 사건에 대한 이해의 주체를 주류세력에서 한 개인에까지 열어 놓음으로써 역사 이해에 대한 관심을 증대시켰다. 그러면서 역사에 대한 세밀한 탐구를 촉발하는 역할을 하였다.

한편 역사 인식의 틀을 다변화 상대화함으로써 역사에 관심을 끌게 한 긍정적인 효과와 함께 역사 이해에 대한 충돌의 자극제가 되는 부정적인 효과도 없지 않다. 과거에는 사회 주류세력을 중심으로 합의된 역사 인식만이 허용되었고 그것이 바로 '역사'라고 정의하고 따라야 했다. 그러나 포스트모더니즘의 역사 인식은 새롭게 인식할 만한 타당한 근거가 있다면 언제라도 수정 변경될 수 있는 역사 이해를 가능하게 만들었다. 당연히 주류 사회는 반발하고 기존의 관행에 따라야 한다는 목소리를 높이면서 갈등구조를 확대해 가고 있다. 여순항쟁도 이러한 양상이 지금 진행 중이다.

여하튼 실용주의적인 역사 이해의 가세는 역사 해석의 폭을 무한대로 확장하는 역할을 하였다. 즉 역사를 바라보는 해석자의 이해관계에 따라 역사가 이해되고 해석되는 상황이 전혀 이상하지 않고 항상 발생 가능한 것이다. 따라서 논쟁과 충돌은 불가피한 현상이다. 그리고 역사적 '사실'만이 진리가 되는 것이 아니라, 역사적 '사실'이 아니어도 역사적 '담론'도 진리가 될 수 있는 시대가 되었다. 따라서 필자는 1948년 10월 19일에 발발했던 그 사건을 여순항쟁이라고 칭하면서 사실과 담론 사이에서 사료를 뒤적이며 역사 인식의 폭을 확대해 나가고 있다는 점을 미리 밝혀둔다.

2. '난(亂)'의 역사에 대한 새로운 해석

　단재 신채호는 1925년 『朝鮮史硏究艸』의 「朝鮮歷史上 一千年來 第一大事件」이란 논문에서 화랑도의 사상을 낭가사상이라고 하였고, 그것을 조선의[3] 고유사상으로 보았다. 낭가사상이 바로 민족정신의 구현이고 독립사상의 원천이라고 지적한 신채호는 사대적인 유교사상을 외래사상으로 보았다. 단재는 조선의 민족사를 고유사상과 외래사상의 투쟁사로 파악하였다. 이러한 그의 역사적 관점을 잘 표출한 사건이 있다.

　고려 중기 소위 '묘청(妙淸)의 난'으로 일컫는 사건이다. 신채호는 사대적 유교사상에 몰입한 김부식과 달리, 칭제 건원·금국 정벌·서경 천도를 주창한 묘청을 낭가사상에 기인한 독립정신의 원류로 보았다. 단재가 '묘청의 난'을 조선 역사상 제일대 사건으로 지목한 기저에는 역사적 견해와 관점이 내포되어 있다. 사대주의 관점의 역사 서술이냐, 민족주의적 관점의 역사 서술이냐의 문제이다. 단재는 김부식의 『삼국사기』를 사대주의 역사서로 비판하였고, 『삼국사기』의 고구려·백제·신라의 인식체계를 부여·고구려의 중심체계로 전환하였다. 그럼에도 불구하고 조선에서 낭가의 민족사상이 유가의 사대사상에 패배하게 된 이후 한국사 흐름이 사대주의로 전환되었다는 것이 단재의 주장이다.

　단재가 주목한 또 한 사람이 있다. 정여립(鄭汝立)이다. 『조선왕조실록』에는 대체로 '정여립 모반(謀叛)' 사건으로 기록하였다. 현재 고등학교 국사 교과서에서도 '정여립 모반 사건'으로 지칭하고, 동인이 남인과 북인으로 갈라진 하나의 계기가 되었다는 정도로 설명한다.

---

[3] 단재의 역사서에서 '조선'이라 하면, 조선왕조를 의미하는 것이 아니라, 우리 역사 전반을 '조선'으로 차용하여 썼다.

단재는 『조선상고사』에서 "정여립은 4백 년 전에 군신강상론(君臣綱常論)을 타파하려 한 동양의 위인"이라고 기록하였다. 봉건왕조의 기본적 가치관인 '군신강상론'을 부정하는 것은 당시로서는 혁신적인 사상이었다. 정여립은 스스로가 "천하는 공물이니 어찌 일정한 주인이 있으리오[天下公物]"라는 파격적인 주장을 할 만큼 주자성리학의 관점에서는 일탈한 사상의 소유자였다. 또한 "누구든 임금으로 모시고 섬길 수 있으리오[何事非君論]"라는 중국 성현 유하혜의 말을 인용하여 혈통에 근거하여 세습되는 절대왕권 체제의 존재 자체를 부정하였다.

16세기 주자성리학의 나라 조선에서, 임금이 임금답지 못하다면 임금에게 충성을 바칠 이유가 없다는 정여립은 결코 목숨을 부지할 수 없는 혁신적인 사상가였다. 군주에게 절대복종하는 불사이군의 충성심으로 똘똘 뭉친 조선에서 혈통에 맞추어 억지로 군주를 내세우는 것을 부정한 공화주의 사상가였다. 단재는 4백 년 전에 공화주의 사상으로 시대 변혁을 꿈꿨던 정여립을 조선 최고의 혁명가로 평가하였다.

단재는 모반사건으로 치부되었던 '묘청의 난'을 조선 일천 년의 역사에서 제일대 사건으로 지목하였다. 한낱 '난(亂)'으로 치부하며 거들떠보지도 않던 역사를 단재는 주목하였다.

한국 현대사에서도 '난'으로 치부되어 부정적 인식이 강하게 내포된 사건이 있다. 그 사건이 대한민국 현대사의 탄생기에 발발하여 대한민국 체제(정치·사회·경제·문화)를 반석 위에 올려놓았다. 그런데도 '난'의 의미를 제대로 해석하지 않고 오로지 반란으로 치부되어 회자되었다. 일명 여순사건으로 일컫는 여순항쟁이다.

여순항쟁은 1948년 10월 19일 여수 주둔 제14연대 군인이 제주도 출동을 거부하면서 시작한 봉기를 일컫는다. 봉기군의 제주도 출동을 거부한 명분은 '동족상잔 결사반대'와 '미군 즉시 철퇴'였다.[4] 발발 당시에 정부는 '국군 제14연대 반란', '전남반란사건' 등으로 명명했다. 국무회의에서는 '전남사건' 또는 '전남반란사건'으로 지칭하고, 피해 지역의 지원과 국군의 예산 편성 등을 논의하였다.[5] 현재는 주로 '여순사건'이라고 부른다. 하지만 연구자마다 '제14연대 반란사건', '여순병란', '여순군란', '려수군인폭동', '여수폭동사건', '여순사건', '여수·순천10·19사건', '여순봉기', '여순항쟁' 등으로 달리 사용한다. 여순항쟁 성격 규정이 매우 복잡함을 의미하며, 연구자마다 각자 다른 해석을 하고 있음을 알 수 있다.

'여순사건'이 역사 교과서에 처음 등장한 것은 1976년이다. 당시의 용어는 '여수·순천반란사건'이고, 이를 줄여 '여순반란사건'으로 통칭하였다. 이 용어는 반란의 주체를 여수와 순천의 사람들로 규정하여 지역사회가 반발하였다. 1995년 이후부터는 대체로 '여순사건'이라는 명칭을 사용한다. 고등학교 국사 교과서에서 '여수·순천 10·19사건'으로 변경되었고, 이를 줄여 '여순사건'이라고 한다. 이는 '여순사건'이란 용어를 공식적으로 인정하는 형태이다.

여순항쟁에 대한 진상 규명과 성격 규정이 이루어지지 않아 '사건'이란 가치중립적인 명칭을 차용하고 있다는 것이 대체적인 시각이다. 중립적

---

4 1948년 10월 24일 『여수인민보』에 실린 제주도출동거부병사위원회의 「애국인민에게 호소함」이라는 성명서에 나타나 있다. 다른 신문에도 전문은 아니지만 봉기군의 강령을 보도하였다. 일부 신문에서는 "一. 우리 형제를 죽이는 동족상잔에 반대한다.【제주도 반도 토벌 반대의 뜻】 二. 미국ㅇ도 나가라"라고 적시한 기사도 있다(『경향신문』 1948년 10월 31일; 『민주일보』 1948년 11월 14일; 『동아일보』 1948년 11월 30일).
5 제21회 국무회의, 「1948년도 국방부 소관 전남반란사건」, 1949년 2월 22일; 제25회 국무회의, 「1948년도 사회부 소관 전남사건 피해자 응급구호비로 제2예비금 지출의 건」, 1949년 3월 8일; 제54회 국무회의, 「1949년도 사회부 소관 전남사건 피해자 응급구호비(구례지구)로 예비금 지출의 건」, 1949년 5월 31일; 제59회 국무회의, 「1949년도 사회부 소관 폭동사건 피해자 응급구호비로 예비비 지출의 건」, 1949년 6월 17일.

시각에도 불구하고 제14연대 군인의 제주도 출동 거부 행위 자체를 반란으로 규정하는 것이 일반적이다. 이러한 논거의 핵심에는 봉기의 주체가 군인이라는 신분에 있다. 군인은 국가 조직의 일부이며 국가권력의 핵심이다. 권력의 중추적 역할을 하는 군인이 명령을 거부했다는 것이다.

이 대목에서 이렇게 질문을 해 보고자 한다. "국가권력의 요체인 군인은 누구의 명령과 관리를 받는가?"

대한민국 헌법 제74조에는 "대통령은 헌법과 법률이 정하는 바에 의하여 국군을 통수한다"고 규정한다. 또한 헌법 제69즈에는 "대통령은 헌법을 준수하고 국가를 보위하며……"라는 선서를 하고 취임한다. 헌법과 국가의 수호자인 대통령에게 국군 통수권은 직무 중에서도 가장 중요한 부분을 차지한다.

2016년 박근혜·최순실 국정농단 사태로 대통령이 탄핵되면서 제19대 대통령 선거가 조기에 치러졌다. 2017년 5월 10일 오전 8시 중앙선거관리위원회에서 문재인 대통령 당선을 확정하였다. 문재인 대통령은 당선 후 첫 공식 일정으로 무엇을 했는가? 당선이 확정되고 10분 후인 8시 10분께 이순진 합참의장에게 전화를 걸어 "북한군 동태와 우리 군의 대비태세를 보고하라"고 지시하였다. 국가를 보위하기 위한 군 통수권자로서 첫 공식 업무였다.

1948년 대한민국 정부가 수립된 과정으로 되돌아가 보자. 1948년 7월 17일 대한민국 헌법이 제정되었다. 임시정부가 아닌 정식 정부의 선언이었다. 이날 제정된 제헌헌법 제61조는 "대통령은 국군을 통수한다. 국군의 조직과 편성은 법률로써 정한다"고 규정하였다. 대통령 취임 선서도[6]

---

6 제54조 대통령은 취임에 제하여 국회에서 좌의 선서를 행한다. "나는 국헌을 준수하며 국민의 복리를 증진하며 국가를 보위하여 대통령의 직무를 성실히 수행할 것을 국민

제5공화국 헌법과 별다르지 않다. 이승만 대통령은 국방장관에 이범석을 임명하여 국무총리직을 겸임케 했다. 국군 통수권은 이승만 대통령에게 있으며, 군대의 통할을 국방장관 이범석에게 부여하였다.

앞선 질문의 해답은 자명해졌다. 군인의 행위에 대한 최종 책임은 대통령과 국방장관에게 있다. 제14연대 병사들이 군인이란 신분으로 명령을 거부하고 반란을 거행했다면 그 책임 또한 최종적으로 대통령과 국방장관에게 있다. 그런데 여순항쟁 이후 이들은 어떤 책임을 졌는가? 군인의 반란을 강조하였지만 결국에는 책임지는 이가 하나도 없었다. 권한의 크기만큼 책임도 막중하다. 그러나 군대 반란에 누구도 책임지지 않았다. 오히려 책임을 지역 민중에게 전가시켰다.

당시 상황에서 미 임시군사고문단(PMAG)과의 관계나 역할을 언급하며 미군의 책임론을 주장할 수 있다. 책임론의 근거는 1948년 8월 24일 한·미 간에 체결된 〈과도기에 시행될 잠정적 군사 안전에 관한 행정협정〉을 말한다. '행정협정'은 1948년 8월 15일 대한민국 정부가 수립되자 주한미군사령관 하지와 이승만 대통령 사이에 체결된 협약이다. 이 협약에 따르면, 미군이 남한에서 완전히 철수할 때까지 한국군의 작전통제권과 군사시설을 계속 보유하며, 국군의 훈련을 책임진다는 등의 내용으로 이루어졌다. 이 규정에 따라 로버츠(William L. Roberts) 준장을 단장으로 하는 임시군사고문단이 설치되었다. 한시적 기구였던 임시군사고문단의 규모는 인가된 병력이 241명이었으며, 한국군의 조직화와 훈련 임무에 더하여 정식으로 군사고문단을 창설하기 위한 기반 조성 임무를 수행했다.[7] 이러한 협정을 근거로 미군에게 책임을 전가하려는 주장은

에게 엄숙히 선서한다."
7 이후 1949년 7월 1일에 주한미군사고문단(U.S. Military Advisory Group to the

앞서 살펴본 헌법의 위배이다.

제주도 출동을 거부한 제14연대 병사는 신분이 군인이라는 데 초점을 맞춰 반란으로 간주하였다. 반란을 감행했던 제14연대 병사들은 군인의 사명이 무엇인지 전혀 모르는 무지몽매한 이들이 아니었다. 그들은 명령을 거부함으로써 감수되는 문제에서부터 군인의 사명을 두고 고심을 거듭하였다. 결국 제14연대 병사들은 봉기를 선택하였다. 동포의 학살은 군인의 사명이 아니었기에……

이 글은 여순항쟁의 성격을 규정하기 위해 작성하였다. 이는 여수 주둔 제14연대 군인의 제주도 출동 거부 행위를 어떻게 규정할 것이냐는 문제이다. 기존 전통주의 시각에서는 행위 주체가 군인이었다는 점을 내세워 '반란(叛亂)'으로 규정하였다. 일반적으로 반란은 정권 찬탈 또는 체제 전복을 목적으로 하는 행위를 일컫는다. 제14연대 군인의 제주도 출동 거부를 정권 찬탈이나 체제 전복 행위로 간주한 인식에는 문제가 없는지 살펴보고자 한다. 한편으로 제14연대 군인의 봉기에 지역민들의 지지와 합세가 이루어졌다. 이에 어떻게 성격을 규정할 것인지를 검토하겠다.

이를 위해서 우선 고려해야 할 점은, 여순항쟁은 군인으로부터 촉발한 봉기에서 대중의 지지와 합세로 항쟁으로 발전하였다. 다시 말하면, 여순항쟁의 목적에서 군인과 대중의 목적이 동일했는지 여부이다. 결론적으로 이들의 목적은 같지 않았다. 따라서 군인의 목적 또는 목표는 무엇이었으며, 대중의 목적이나 목표는 무엇인지를 파악하는 것이 매우 중요한 문제이다.

제14연대 병사 중에서도 봉기의 주도세력은 40여 명이다. 이외의 대다

Republic of Korea : KMAG)은 '제8668부대'로 정식 창설되었다.

수 병력은 봉기의 계획을 알지 못했다. 따라서 봉기의 주도세력이 봉기를 촉발한 근본적인 원인은 무엇이며, 대다수 병력은 어떤 목적으로 봉기에 합세하게 되었는지에 대한 파악이 필요하다.

민중의 지지와 합세도 두 부류로 나눌 수 있다. 인민위원회를 중심으로 한 주도세력과 일반 대중이다. 인민위원회를 주도한 세력의 목적은 무엇이었으며, 일반 대중은 어떤 배경과 이유로 합세하게 되었는지 따져 봐야 할 것이다.

이런 관점에서 성격을 규정하다 보면 자연스럽게 여순항쟁의 참여 계층을 네 부류로 나눌 수 있다. 제14연대 군인 중에는 ① 봉기의 주도세력이라고 일컫는 40여 명과 ② 다수의 제14연대 병력이다. 대중의 지지와 합세에서도 ③ 지역의 인민위원회를 주도한 세력과 ④ 일반 민중의 참여 세력이다.

이 글은 오랫동안 굳건하게 자리한 반란의 성격을 달리 해석하고자 한다. 따라서 첫째, 지난 역사에서 반란으로 규정한 사건을 검토하여 반란으로 규정할 수 있는 조건이 무엇인지를 파악하겠다. 둘째, 반란으로 규정한 조건과 제14연대 군인의 행위를 비교하여 공통점과 차이점이 무엇인지 분석하겠다. 셋째, 봉기의 주도세력이 제주도 출동을 거부하며 내세운 주장에는 어떤 이유가 있었는지 살펴보겠다. 여기에 대다수 병사를 어떻게 선동하였으며, 대다수 병사는 어떤 이유로 합세했는지 살펴보겠다. 넷째, 군인 봉기에 민중이 지지하고 합세한 요인이 무엇인지 규명하겠다. 마찬가지로 인민위원회를 중심으로 한 세력과 일반 대중은 어떤 이유로 지지, 합세하였으며, 당시 정치적·시대적 배경과는 어떤 연관성이 있는지 살펴보겠다. 마지막으로 이 사건의 성격을 어떻게 규정하는 것이 타당한지 검토하면서 마무리하겠다.

2장. 역사를 통해서 본 반란

반란의 성격을 규정하기 위해서는 지난 역사에서 반란을 어떻게 기록하고 있는지에 대한 검토가 필요하다. 2장에서는 즈선시대의 반란을 분석하기 위해 『조선왕조실록』(이하 『실록』)을 검토하였다. 『실록』에서는 반역을 꾀하는 행위, 잘못된 정책에 대한 비판 행위, 정국 혼란으로 빚어진 사태, 전쟁이나 적의 침범, 고을 수령에게 반하는 행위 등을 난(亂)·변(變)·역모(逆謀)·반란(叛亂)·반란(反亂) 등으로 서술하였다. 왕조 봉건시대에는 용어를 하나의 의미로 특정하기가 쉽지 않다는 것을 알 수 있다.

『실록』에서 반란은 반란(叛亂)과 반란(反亂)으로 기록되어 있다. 그 중에 반란(叛亂)은 131회,[8] 반란(反亂)은 16회 나온다. 『실록』에서 서술하고 있는 두 단어의 의미나 용례는 큰 차이가 없었다. 따라서 반란이란 용어가 쓰인 용례를 분석하는 데 있어서 두 단어를 같은 의미로 해석해도 무방할 것이다.

<표 1> 반란의 용례 분석

	세종	세조	예종	성종	연산	중종	명종	선조	광해	숙종	영조	정조	순조	고종
반란 叛亂	2	2	0	8	1	92	9	7	2	3	3	2	0	1
반란 反亂	0	0	1	0	0	8	0	1	0	0	0	1	1	4

세종·세조·성종 연간에 쓰인 반란은 대부분 북방(요동) 경계지역에서 벌어진 여진족 등의 침범과 관련되었다. 성종 9년 4월 24일 기사에서

---

8 총 132회가 표기되었으나, 『광해군일기』 정초본 1회와 중초본 1회는 같은 내용이다.

반란은 '이시애의 난'을 지칭하였다. 반란이란 용어가 가장 많이 등장한 중종 연간은 대부분이 왜인 침입 또는 왜인의 처리 문제를 언급하는 과정에서 서술되었다. 이는 중종 때 발생한 삼포왜란(1510)으로 인한 현상으로 보인다. 또한 조선 초기와 마찬가지로 요동 지역의 야인 침입도 여러 차례 서술되었다. 중종 연간에 특별한 용례로 서술된 것은 중종 10년 6월 14일과 11월 25일이다. 전라도 영광에서 수령의 부당한 처사에 대항한 아전들의 행위를 반란에 빗대어 설명한 사례가 있다.

예종 1년 2월 6일 언급된 반란은 세조 때 강순(康純)과 남이(南怡)의 행위를 설명한 용어였다. 명조 연간의 반란은 전조(중종) 때 왜인 반란에 대한 서술과 승려의 증감에 따른 반란의 소지에 대한 서술이다. 특히 주목할 점은 명종 5년 5월 4일 홍린(洪麟)의 상소에 "박세번이 무인과 결속하여 진천군을 세우려고 모반한 반란 형적(形迹)이 있다"며 고발하였다. 이는 무고로 밝혀져 홍린을 참수하고 재산 몰수와 가족까지 벌을 받았다. 선조 연간에는 임진왜란 당시 남원과 전주에서 군사와 백성이 중국 관원 소속 군량과 마초 등을 파괴하는 행위를 반란으로 서술하였으며, 정여립의 모반을 반란으로 간주하여 한 차례 서술하였다. 이외에는 함경도 지역의 반란에 대한 언급 등이 있다.

광해군과 숙종 연간에는 중국 고사를 인용하여 반란에 대한 설명과 중국의 오삼계 반란을 기술하였다. 영조 연간에는 영조 4년 6월 29일 전라도 부안에서 고응량·김수종 등이 읍내에서 반란을 일으켰으며, 같은 해 8월 2일 태인에서 박필현이 반란을 일으켰다는 기록이 있다. 일명 이인좌의 난으로 알려진 반란을 언급하는 과정에서 박필현의 행위도 반란으로 서술하였다. 정조 연간의 반란에 대한 서술은 중국의 반란을 언급하는 것이나, 경연에서 반란을 예시로 설명한 것이다. 고종 연간에는 고종 26년 9월 17일 전라도 광양에서 관리와 백성 간의 갈등에서 벌어진 백성들의 행위를 반란과 같다는 취지로 서술하고 있다. 또한 범죄자의 종류를 설명하면서 반란이란 용어를 언급하였다.

결과적으로 『실록』에서 정권 찬탈을 위한 직접 행위로 반란을 언급하기도 했지만, 대부분은 왜인과 야인의 침략이나 침범, 그리고 수령과 백성의 갈등으로 벌어진 행위를 의미하는 경우가 많았다.

『실록』에 반란과 연관성이 있는 용어로는 역모(逆謀)가 있다. 『실록』에 역모란 용어가 총 723회 서술되어 있다. 『광해군일기』 중초본 178회와 정초본 171회에 걸쳐 서술되었으나 대부분 중복되며, 『헌종실록』과 『헌종개수실록』도 일정 부분 중복된다. 『숙종실록』과 『숙종보궐정오』, 『경종실록』과 『경종수정실록』 등도 마찬가지로 중복되었다. 역모가 실제로 언급된 횟수는 550회 정도이다. 역모는 '반역을 꾀하는 행위'를 일컫는 의미로 서술되었다. 다른 표현으로는 모(謀), 모역(謀逆) 등으로도 표기하였다.

조선시대의 역모는 실질적인 반역 행위도 있었겠지만, 정치적으로 정적을 제거하기 위해 악용했다는 점도 주목할 필요가 있다. 대표적인 사화(士禍)와 옥사(獄事)로 무오사화·기묘사화·기축옥사·계축옥사 등이 있다. 기묘사화가 있었던 중종 연간에 역모는 33회 서술되었으며, 을사사화가 있었던 명종 연간에 34회, 기축옥사가 있었던 선조 연간에 42회, 계축옥사가 있었던 광해군 연간에 178회, 인조반정이 있었던 인조 연간 40회 등이 대표적이다. 역모를 가장한 사화와 옥사를 현대사에 적용하면 간첩조작사건, 정치적 정적을 제거하기 위한 조작사건 등으로 혁명의용군 사건, 진보당 사건, 조용수 민족일보 사건, 민청학련 사건, 인혁당 사건 등이 이러한 부류라고 할 수 있다.

역모와 근접한 용어로는 난(亂)이 있다. 난은 『실록』에서 총 16,466회가 표기되어 있다. 반란(叛亂, 反亂)도 포함된 수치이다. 앞서 역모와 마찬가지로 중복 게재를 제외하면 대략 15,000회 정도이다. 『실록』에서 '난'의 의미는 복잡하다.

　난을 현대적으로 해석한다면 크게 세 가지 성격으로 분류할 수 있다. 첫째는 전쟁(戰爭)이나 침입으로 규정한 난이다. 앞서 살펴본 반란에서 그 의미를 가장 크게 내포했던 것이 야인과 왜인의 침입·침범으로, 임진왜란, 정유재란, 정묘호란, 삼포왜란 등이 그 사례이다. 현대에도 6·25전쟁을 한국동란 또는 경인동란으로 표기한 사례가 있다. 난이 타국으로부터 침입을 받았을 때를 표현한 것이라면, 자국에서 수행한 전쟁에 대해서는 정(征)이란 용어를 사용했다. 즉 정벌(征伐)이다. 요동 정벌, 대마도 정벌이 그러하다.

　둘째는 항쟁(抗爭), 혁명(革命), 봉기(蜂起), 민란(民亂)을 규정한 명칭이다. 앞서 반란의 의미에서 수령에 저항한 민중의 행위를 서술한 동학난, 임술난 등이 그 사례이다. 『실록』에는 철종 13년 5월 14일에 백성들이 소동을 일으켰다는 의미에서 민란이란 용어가 처음 서술되었다. 백성들이 관료 횡포에 맞섰던 저항적 행위를 민란으로 기록한 것은 철종과 고종 1년 3월 9일 기사에 등장한다. 민란은 오늘날로 해석하면 항쟁 또는 봉기라고 할 수 있다.

　셋째는 반란(叛亂)으로 규정한 난이다. 여기에서 반란은 체제 전복 또는 정권 찬탈을 목적으로 하는 행위이다. 반란은 성공과 실패의 여부에 따라서 그 명칭을 달리했다. 성공한 사례에서 찾아볼 수 있는 용어가 혁명과 반정과 정란이다. 중종반정과 인조반정, 역성혁명과 5·16군사혁명이 있다.[9] 『실록』에서도 반정(反正)이란 용어를 900여 차례 언급하였

---

9 반정(反正)이란 전 정권이 정의롭지 못한 혼군(昏君)의 정치를 정의롭게 되돌렸다는 의미의 용어이다.

다. 중종 연간에 269회, 인조 연간에 348회로 대부분을 차지한다. 『실록』에서 혁명(革命)은 태조 1년 7월 20일자 사헌부 상소에 "전하께서 하늘의 뜻에 순응하여 혁명을 일으켜 처음으로 왕위에 오르게 되었다"고 처음 서술하면서, 조선왕조 건국을 천명(天命)으로 정당화하였다. 『실록』에서 혁명은 대부분 조선의 개국과 관련하여 언급하였다. 정란(靖亂)은 수양대군이 단종을 몰아내고 왕위에 오르는 계유정란을 의미한다.

반정, 혁명, 정란이란 용어는 거사 이후 반란 행위를 정당화하기 위해 자의적으로 부여한 명칭이다. 반면 실패한 경우에는 난 또는 반란으로 불렸다. 이괄의 난, 이인좌의 난 등이 그러하다.

이러한 성격 규정에도 불구하고, 첫 번째 구분한 전쟁은 뚜렷하게 성격을 규정할 수 있지만, 두 번째 성격으로 규정한 항쟁과 세 번째 성격으로 규정한 반란은 그 구분이 자의적일 수 있다. 따라서 지난 역사를 살펴 체제 전복 또는 정권 찬탈을 목적으로 하는 반란으로 성격을 규정할 수 있는 조건이 무엇인지 파악하는 것이 필요하다.

1. 성공한 반란과 실패한 반란

『실록』에서 반란이 처음 등장한 것은 이성계가 조선을 건국(1392년 7월 17일)하고 열흘이 지난 7월 28일이다.

一, 有司上言: "禹玄寶、李穡、偰長壽等五十六人, 在前朝之季, 結黨謀亂, 首生厲階, 宜置於法, 以戒後來."
1. 유사가 상언하기를, '우현보·이색·설장수 등 56인이 고려의 말기에 도당(徒黨)을 결성하여 반란을 모의해서 맨 처음 화단을 일으켰으니, 마땅히

법에 처하여 장래의 사람들을 경계해야 될 것입니다' 하나,(『태조실록』
1권, 1년 7월 28일 정미 3번째 기사)

고려시대 관리 56명이 당을 결성하여 반란 모의 소식을 접했다는 내용
이다. 반란을 난(亂)으로 명기하였음을 알 수 있다. 『실록』에서는 현
정권에 불복하거나 체제 전복을 꾀하는 행위에 대해 '난'이나 '반(叛)'으로
규정하였다. 반란군의 명칭은 조선 초기에는 피군(彼軍)으로 쓰였으나,
중종 이후부터는 반군(叛軍), 난병(亂兵), 반적(叛賊), 난군(亂軍)으로 쓰
였으며, 중국 반란을 인용하여 적미(赤眉), 청독(青犢), 방납(方臘) 등을
사용하기도 했다.[10]

<표 2> 『실록』에서 정권 찬탈을 목적으로 한 기사의 목록

No	연도	주요 내용	반란 여부	결과
1	태조 1년 7월 28일	우현보, 이색, 설장수 등 56인이 반란	실행	처형
2	태조 3년 3월 2일	이인길 등 9백여 인이 함께 모의	무고	무고죄
3	태종 1년 10월 27일	임견미·염흥방 등이 반란	실행	처형
4	태종 2년 11월 5일	안변부사 조사의가 반란	실행	처형
5	세종 1년 8월 22일	부평부사 이사관과 총제 문효종이 반란 모의	무고	무고죄
6	세종 8년 3월 15일	화적인 장원만 등의 공모를 반란으로 모의	모의	처형
7	단종 3년 1월 24일	이용이 환관과 통하고 권간과 결탁하여 반란	모의	처형
8	세조 3년 8월 2일	순흥의 이민들이 이유의 반란 음모 따름	모의	처형

---

10 적미(赤眉)는 중국 한나라 말에 번숭(樊崇)이 일으킨 반란군을 지칭하는 말이다. 왕망
(王莽)이 제위(帝位)를 찬탈하자 번숭이 군사를 일으켜 소요를 부리면서 왕망의 군사
와 구별 짓기 위해 휘하 군사들의 눈썹을 붉게 칠하게 한 데서 유래했다. 청독(青犢)도
광무제 시절의 반란군 두목 이름을 반란군으로 지칭하기도 했다. 방납(方臘)은 북송
(北宋) 말년의 농민반란군의 우두머리로 이를 반란군으로 지칭하기도 했다.

No	연도	주요 내용	반란 여부	결과
9	세조 13년 5월 22일	이시애가 모반을 도모	실행	처형
10	예종 1년 10월 30일	남이가 반란을 도모	모의	처형
11	중종 2년 8월 28일	이과 김잠 등 반란	무고	무고죄
12	중종 20년 3월 15일	윤탕빙과 유세창 등 반란	실행	처형
13	명종 5년 5월 3일	홍린, 진천군 이옥정 등 반란 도모했다고 고변	무고	무고죄
14	선조 22년 10월 28일	정여립 반란을 계략	모의	처형
15	선조 29년 7월 17일	이몽학 반역을 도모	실행	처형
16	인조 2년 1월 24일	이괄이 금부도사 등을 죽이고 반란	실행	처형
17	인조 7년 윤4월 19일	임경사 등이 반란을 음모	모의	처형
18	인조 22년 3월 21일	심기원이 회은군을 추대하려고 모반	모의	처형
19	숙종 9년 2월 9일	청산현 아전 안신민이 변란 일으킴	실행	처형
20	영조 4년 3월 15일	이인좌 청주성을 함락하며 반란 실행	실행	처형
21	영조 4년 3월 25일	태인현감 박필현 반란 도모	실행	처형
22	고종 6년 5월 24일	광양 강명좌와 김문도 반란을 음모	모의	처형

『실록』에서 반란이라는 용어는 수없이 등장하지만 반란으로 규정할 수 있는 기사는 많지 않다. 실제로 거사를 실행한 반란 행위는 10건이며, 모의 과정에서 들통난 것은 8건이다. 반란을 도모했다는 거짓 고변도 4건이다.[11] 모의 과정에서 들통난 사건 중에는 반란으로 간주하기에는 석연치 않은 사건도 있다. 또한 실제 반란을 도모했는지 아니면 반대 세력에 의한 정치 공작인지 명확하지 않은 경우도 있다. 앞선 분석은 관점에 따라 달라질 수 있다.

이처럼 『실록』에서 이괄의 난과 이인좌의 난, 이성계의 역성혁명과

---

11 이 수치는 『실록』을 보는 방법에 따라 차이가 있을 수 있다.

인조반정, 그리고 현대사에서 박정희 5·16군사쿠데타 등이 체제 전복 또는 정권 찬탈을 목적으로 한 행위가 명백하다. 즉 오늘날 어떤 용어로 사용하든지 반란 행위로 규정하는 것이 타당하다. 따라서 이들 사건을 구체적으로 살펴보면서 반란의 조건이 무엇인지 추론해 보고자 한다.

1) 이성계의 역성혁명

명나라는 1388년(우왕 14) 2월에 원나라 때 쌍성총관부가 있었던 철령(鐵嶺) 이북의 땅에 철령위를 설치하겠다며 그 영토의 반환을 요구했다. 이 지역은 1356년(공민왕 5) 고려가 탈환하여 화주목(和州牧)을 설치해 통치하고 있던 곳이었다. 당시 고려의 실권을 장악하고 있던 최영(崔瑩)은 명나라의 군사적 압박을 강력하게 반발하며, 명나라의 침략에 능동적으로 맞서기 위해 요동 원정을 준비하였다.

우왕은 5만여 명의 군사를 징발하여 요동 정벌군을 구성하였다. 최영을 총사령관인 팔도도통사로 삼고, 조민수(曺敏修)를 좌군 도통사, 이성계(李成桂)를 우군 도통사로 삼았다. 그리고 조민수와 이성계가 원정군을 이끌고 출정케 하였다. 음력 4월 18일에 서경을 떠난 원정군은 19일이 지난 음력 5월 7일에 압록강 하류의 위화도에 도착했다. 그곳에서 압록강의 물이 불어나 강을 건너기 어렵다며 진군을 중단하고 14일을 머물렀다. 이성계는 조민수와 상의하여 '4불가론(四不可論)'[12]을 주장하며 요동 정벌을 중단하고 철병할 것을 요구하였다.

---

12 ① 작은 나라로 큰 나라를 거스르는 것은 옳지 않다[以小逆大] ② 여름철에 군사를 동원하는 것은 옳지 않다[夏月發兵] ③ 온 나라의 병사를 동원해 원정을 하면 왜적이 그 허술한 틈을 타서 침범할 염려가 있다[擧國遠征, 倭乘其虛] ④ 무덥고 비가 많이 오는 시기이므로 활의 아교가 풀어지고 병사들도 전염병에 시달릴 염려가 있다[時方暑雨, 弓弩膠解, 大軍疾疫]

그러나 서경에 있던 우왕과 최영은 이를 허락하지 않고 속히 진군하라는 명령을 내렸다. 이성계와 조민수는 반역을 모의하여 음력 5월 22일 회군을 결행하였다. 위화도를 떠난 지 9일 만인 음력 6월 1일 이성계와 조민수가 이끈 반란군은 개경 부근까지 진군했으며, 2일 후에는 개경을 함락시키고 우왕과 최영을 사로잡았다.

위화도회군으로 정권을 장악한 이성계와 조민수는 우왕을 폐위시키고 강화도로 유배하였으며, 최영을 고봉(지금의 경기도 고양)으로 유배하였다가 처형하였다. 그리고 우왕의 아들인 창왕(昌王)을 왕으로 세웠으며, 조민수는 우시중(右侍中), 이성계는 좌시중(左侍中)의 지위에 올랐다.

조정의 주도권을 둘러싸고 이성계와 조민수가 대립하였으나, 군사력뿐만 아니라 신진사대부들을 기반으로 정치적 기반도 튼튼히 확보하고 있던 이성계가 승리하였다. 이성계는 1389년(창왕 1) 사전 개혁을 빌미로 조민수를 유배하였고, 조민수와 이색(李穡)의 추대로 왕위에 오른 창왕을 신돈(辛旽)의 후손이라고 주장하며 폐위시키고 공양왕(恭讓王)을 새로이 왕으로 세웠다. 이처럼 이성계가 실권을 완전히 장악하게 되면서 조선왕조가 창건되는 기초가 마련되었다.

2) 인조반정

광해군은 임진왜란으로 황폐해진 국가체제를 회복하고, 명·청 교체기의 국제 현실에서 균형 있는 중립외교, 대동법을 시행하고, 군적 정비를 위해 호패법을 시행하였다. 하지만 붕당 간의 대립이 심화된 상태에서 왕권 기반이 취약한 광해군은 1613년 계축옥사로 왕위를 위협하던 영창대군(永昌大君) 세력을 제거하고, 1617년에는 인목대비의 존호를 삭탈하고 경운궁에 연금시키는 등 왕권 강화에 나섰다.

계축옥사로 서인과 남인은 대부분 조정에서 쫓겨나고 대북파가 정권을 장악하였다. 김류(金瑬)·이귀(李貴)·이괄(李适)·최명길(崔鳴吉) 등 서인 세력은 1620년 광해군의 조카인 능양군(綾陽君)과 가까웠던 이서(李曙)·신경진(申景禛)·구굉(具宏)·구인후(具仁垕) 등과 정변을 모의하고 준비하기 시작했다. 이들은 1622년(광해군 14) 가을에 이귀가 평산부사로 임명된 것을 계기로 군사를 일으키려 했으나 사전에 발각되었다. 그 뒤 반정세력은 장단부사로 있던 이서가 덕진에 산성을 쌓는 것을 감독하게 되자, 그곳에 군졸을 모아 훈련하며 정변을 준비하였다.

반정세력은 이듬해인 1623년 음력 3월 12일을 거사일로 정해 준비하였다. 그리고 한편으로 훈련대장 이흥립(李興立)을 끌어들이고, 장단부사 이서와 이천부사 이중로(李重老) 등이 군졸을 이끌고 모여들었다. 능양군은 친병을 이끌고 연서역으로 가서 이서 등과 합류하였는데, 무리가 1,400여 명이 되었다. 이흥립은 궁궐을 지키던 병사들을 움직이지 못하게 하여 내통하는 등 정변은 손쉽게 성공하였다.

광해군은 의관 안국신(安國臣)의 집으로 피신하였으나 곧바로 붙잡혀 강화도로 유배되었다. 능양군은 새벽에 조정의 관리들을 소집하여 병조참판 박정길(朴鼎吉) 등을 참수하였으며, 경운궁에 유폐되어 있던 인목대비의 존호를 회복시켜 준 뒤에 그 권위를 빌려서 왕위에 올랐다. 그가 조선의 제16대 왕인 인조이다.

3) 이괄의 난

이괄(李适)은 인조반정에서 큰 공을 세웠으나, 논공행상 과정에서 정사공신 2등에 봉해지는 데 그쳤다. 그리고 반정 이후 2달여 만에 후금(後金)이 침입할 우려가 있다 하여 도원수 장만(張晚)의 추천으로 평안병사 겸 부원수로 임명되어 관서 지방으로 파견되었다.

1624년(인조 2) 1월에 이괄이 반역을 꾀한다고 고발하면서, 관여된 인물들이 잡혀가 문초를 받았다. 이귀 등은 이괄도 잡아다 문초할 것을 주장하였다. 인조는 이를 승인하지 않았으나 그 대신 이괄의 아들인 이전(李旃)을 한양으로 압송해 오도록 하였다. 이괄은 3월 13일 이전을 압송하러 온 금부도사 고덕률(高德律) 등을 죽이고 난을 일으켰다.

이괄은 평안도의 순천·자산·중화, 황해도의 수안·황주 등을 차례로 점령하고 개성으로 진격하였다. 3월 26일 이괄의 군대가 예성강을 건너 남하하고 있다는 소식이 들려오자, 인조는 명나라에 파병을 요청하고 한양을 떠나 공주로 피난하였다. 3월 29일 한양에 입성한 이괄은 선조의 아들인 흥안군(興安君) 이제(李瑅)를 왕으로 추대했다.

공주로 피신한 인조는 도원수 장만에게 토벌을 명했고, 서울 입성 이튿날 길마재[鞍峴]에서 장만이 거느린 관군에게 참패한 이괄의 부대는 경기도 이천으로 퇴각하였다. 4월 1일에 경안역 부근에서 이괄은 부하 장수인 이수백(李守白)·기익헌(奇益獻)에게 피살되었다. 왕으로 추대되었던 흥안군 이제도 4월 3일 처형되었다. 공주로 피난을 갔던 인조는 4월 5일에 한양으로 돌아왔으며, 그 뒤로도 이괄의 난에 동조했던 세력을 대대적으로 처벌하였다.

4) 이인좌의 난

이인좌(李麟佐)의 난을 무신변란이라고도 칭한다.[13] 숙종 때 극심했던 서인과 남인의 당쟁은 서인의 승리로 끝이 났지만, 집권세력인 서인은 소론과 노론으로 다시 분파되어 당쟁은 계속되었다. 경종 때 소론과 노론

---

13 변란이 발생한 해의 간지를 채용해 무신변란(戊申變亂)·무신역난(戊申逆亂)·무신지란(戊申之亂)·무신지변(戊申之變)이라고도 하고, 3월에 일어난 변란이라 하여 삼월변란(三月變亂)이라고도 하며, 주동자의 이름을 따서 인좌지변(麟佐之變) 또는 이인좌의 난이라고도 한다.

의 당쟁은 극심했다. 경종이 승하하고 노론이 지지한 영조가 즉위하자 소론은 정치적 위협을 느꼈다. 1728년(영조 4) 3월에 소론의 강경파는 영조가 숙종의 아들이 아니며 경종의 죽음에 관계되었다고 주장하면서 영조와 노론을 제거하고 밀풍군(密豊君) 이탄(李坦)을 왕으로 추대하고자 하였다. 여기에 일부 남인도 가담하였다.

이인좌는 거병의 총책임자를 맡았고, 정세윤(鄭世胤)과 함께 경기도 지역을 포섭하였고, 경상도는 상주와 안동을 중심으로 정희량(鄭希亮)·김홍수(金弘壽)가 동조하는 세력을 포섭하였다. 전라도 지역은 이호(李昈)를 중심으로 나주 지역의 나씨 문중이 동조하였으며, 태인현감 박필현(朴弼顯)과 접촉하여 전라도 거병을 추진하였다. 난의 주도세력은 재물을 축적한 부민이나 도고 상인층을 중간 지도층으로 삼아 재원을 조달하였고, 각 지방의 행정 실무자인 군관이나 향리 층이 군사의 편제와 무기의 조달, 군사훈련 등 실무를 담당하였다. 소상인이나 소작인·노비 같은 하층민도 행동대로 적극적으로 참여하였고, 변산 도적이나 경상도 토적들도 가담하였다.

이인좌의 거병에는 유민의 증가, 도적의 치성, 기층 민중의 저항적 분위기가 중요한 바탕이 되었다. 그리하여 반군은 지방의 사족과 토호가 지도하고 중간 계층이 호응하며, 일반 군사는 점령지의 관군을 동원하거나 돈을 주고 동원하는 형태로 구성되었다.

반군의 최종 목표는 도성 공략이었다. 3월 15일 이인좌가 청주성을 함락하면서 난은 시작되었다. 반군은 병영을 급습해 충청병사 이봉상(李鳳祥) 등을 살해하고 청주를 장악한 뒤 권서봉(權瑞鳳)을 목사로, 신천영(申天永)을 병사로 삼고 여러 읍에 격문을 보내어 병마를 모집하고 관곡을 풀어 나누어 주었다. 이인좌를 대원수로 한 반군은 청주에서 목천·청안·진천을 거쳐 안성·죽산으로 향하였다. 3월 24일 반군은 안성과 죽산에서 관군에게 격파되었다. 이인좌의 난에 영남 지방과 호남 지방에서도 호응하였으나, 관군에게 차례로 패퇴되었다.

5) 5·16군사쿠데타

1960년 4·19혁명으로 탄생한 민주당 장면 정권은 혁명 정신을 계승하지 못하고 사회 혼란이 가중되었다. 5·16군사쿠데타는 당시 정치·사회적 문제와 군 내부의 문제라는 두 가지 배경을 갖는다. 첫째, 집권당인 민주당이 신·구파 간의 갈등으로 분열되어 있었고 다양한 사회세력들은 각각의 정치적 요구를 주장하여 정국은 불안정한 상태에 놓여 있었다. 둘째, 6·25전쟁 이후 군부 내에서는 육사 8기생을 중심으로 고급 장성의 부정부패와 승진의 적체현상을 공격하는 '하극상사건(下剋上事件)'이 일어났다.

쿠데타 병력은 김포 공수단 1,000여 명, 해병 제1여단 1,300여 명, 6관구 사령부 소속 병력 1,700여 명, 제6군단 포병단 5개 대대 3,000여 명과 제5사단(사단장 채명신 준장이 이끌고 서울 진주), 제12사단(사단장 박춘식 준장과 부사단장 및 작전참모가 이끌고 춘천 진주), 제30사단(부사단장, 작전참모, 헌병부장이 사단 이끌고 서울 진주), 제33사단(작전참모, 연대장 등이 이끌고 서울 진주), 그리고 2군을 비롯한 지방에 있던 여러 병력까지 수만 명에 이르렀다. 한편 박정희와 김종필은 1960년 4월과 9월에 두 차례 반란을 모의하였으나, 정국의 혼돈으로 거사를 감행하지 못하였다.

1961년 5월 16일 새벽 3시경, 제2군사령부 부사령관인 소장 박정희와 육사 3~5기생과 김종필 등 8기생을 중심으로 장교 250여 명 및 사병 3,500여 명의 쿠데타군이 한강 어귀에서 진입하여 약간의 총격전 끝에 서울에 입성하였다. 이들 쿠데타군은 중앙청 및 서울 중앙 방송국 등 목표 지점을 일제히 점거하고, 5시 첫 방송을 통해 거사의 명분을 밝히는 한편 6개 항의 혁명 공약을 국내외에 선포했다.

오전 9시에는 '군사혁명위원회' 포고령으로 전국에 비상계엄을 선포하고 오후 7시를 기해 장면 정권을 인수한다고 발표하였다. 장면 총리는 18일 은신처에서 나와 국무회의를 열고 내각 총사퇴와 군사혁명위원회에 정권 이양을 의결했으며, 윤보선 대통령은 5월 20일 하야 성명을 발표하였다.[14]

2. 반란 규정의 조건

이성계의 역성혁명, 인조반정, 박정희 5·16쿠데타가 성공한 반란이라면, 이괄의 난과 이인좌의 난은 실패한 반란이다. 성공한 반란의 경우는 그 정당성을 부여하기 위해 이른바 반정과 혁명으로 규정했지만, 실패한 경우는 '난' 또는 '역모'로 간주하여 형장의 이슬로 사라졌다.

반란의 목적을 달성하기 위한 중요 조건은 현 권력자를 축출하여 체제를 전복하거나 정권을 찬탈하는 것이었음을 알 수 있다. 이성계의 역성혁명은 고려의 체제를 전복하고 조선을 건국했으며, 인조반정은 광해군을 몰아내고 인조가 왕위를 찬탈했으며, 5·16쿠데타도 윤보선 대통령과 민주당 정권을 몰아내고 박정희가 정권을 찬탈했다. 실패한 반란으로 구분한 이괄의 난도 인조를 몰아내고 후임자로 흥안군 이제를 왕으로 추대했

---

14 윤보선 대통령은 하야를 두 차례 번복한 끝에 1962년 3월 22일 하야 성명을 발표했다. 그러나 5월 20일 이후 그는 대통령으로서 그 어떤 정책도 결재도 없었다. 말 그대로 대통령이라는 허수아비에 불과하였다.

으나 실패했으며, 이인좌의 난도 밀풍군을 왕으로 추대하려고 했으나 현 권력자를 축출하지 못해 실패하였다.

반란을 계획하거나 거사할 때 최종 목적지는 수도(도성)이다. 수도를 점령하지 않고는 현 권력자를 축출할 수 없다는 결론에 도달한다. 이성계가 위화도에서 회군하고 '4불가론(四不可論)'을 주장하며 그곳에 머물렀다면 체제 전복은 일어나지 않았다. 이성계가 거병을 이끌고 개경을 점령하고, 왕을 축출했기에 반란이라고 규정한 것이다.

5·16쿠데타를 일으킨 박정희는 당시 육군 제2군사령부 부사령관으로 대구에 있었다. 대구에서 군사를 동원하여 반란을 일으키는 것이 훨씬 수월했을 것임에도 불구하고, 박정희는 서울에서 거사하고 주요 기관을 점령하였다.

이괄의 난에서 이괄은 평안병사 겸 부원수로 거병하여 한양을 점령하였지만 왕이 공주로 피신하여 관군을 다시 소집하여 반격하였기에 실패하였다. 왕을 축출하지 못했기에 실패한 것이다. 이인좌의 난의 경우도 충청도와 전라도·경상도 지역까지 반군의 영향력이 미쳤지만, 한양을 점령하기 위한 길목인 안성과 죽산에서 패전하여 반란에 실패하였다. 시대를 불문하고 반란의 주도세력은 반드시 수도를 점령해야만이 성공한다는 것을 알고 있었다. 이를 지난 역사가 증명한다.

반란의 주도세력은 거사 이전부터 권력자(왕, 대통령)를 미리 확정하였다. 위화도회군으로 촉발된 역성혁명도 이성계란 인물이 이미 확정되었으며, 인조반정의 경우도 반정세력은 능양군을 왕으로 추대하고 반란을 꾀했다. 5·16쿠데타도 박정희란 인물을 지도자로 내세워 반란을 꾀했으며, 훗날 대통령이 되었다. 실패한 이괄의 난도 미리 흥안군을 왕으로 추대했으며, 이인좌의 난도 밀풍군을 왕으로 추대하고 세력을 결집하여 반란을 일으켰다.

반란의 주도세력은 정부의 주요 요직에 있거나 군사를 동원할 수 있는 군사 지휘관이 계획하고 거사하였다. 역성혁명은 군사 지휘 2인자와 3인자라고 할 수 있는 이성계와 조민수가 거사하였다. 이들의 병력은 5만여 명이었다. 인조반정도 정부의 주요 요직을 걸친 김류·이귀·이괄·최명길 등을 비롯하여 훈련대장 이홍립이 주도하였다. 5·16쿠데타의 경우도 제2군사령부 부사령관 박정희를 비롯하여 사단장급(육사 3~5기생) 장성과 김종필을 비롯한 육사 8기생 등 군의 주요 요직에 있는 지휘관이 주도하였다. 반란에 실패했지만, 이괄의 경우도 관서 지방의 군사를 책임지는 평안병사 겸 부원수로 대단위 병력을 동원할 수 있는 위치에 있었다.

반란은 오랜 계획에 따라 거사하였다. 이성계는 5월 7일 위화도에 도착하여 14일간 머물면서 반란을 계획하고 회군하였다. 어쩌면 요동 정벌을 나설 때부터 거사는 꿈틀거리고 있었는지도 모를 일이다. 여하튼 이성계는 14일간 위화도에 머물며 계획을 철저하게 세웠을 것으로 짐작된다. 인조반정은 1620년부터 군사를 모아 훈련을 준비하여 1623년 3월 12일 거사하였다. 5·16쿠데타도 1960년 4월과 9월 두 차례 반란을 모의하는 등 1년 넘는 동안 반란을 준비하였다. 이괄의 난이 조정에 알려진 것은 1624년 1월이었다. 그런데도 군사를 움직인 것은 3월이었다. 이처럼 반란은 돌발적으로 발생하기보다는 철저한 계획 속에서 이루어진다. 반란의 실패는 자신의 목숨뿐만 아니라 삼족을 멸하는 등 처벌이 그 어떤 범죄와도 비교할 수 없다. 반란은 아무나 일으킬 수 있는 것은 아니었으며, 철저한 계획과 준비 없이는 불가능한 행위이다.

반란의 목적은 체제 전복 또는 정권 찬탈이다. 따라서 반란으로 규정할 수 있는 조건을 정리하면, 첫째, 현 권력자를 축출한다. 둘째, 수도를 점령한다. 셋째, 후임 권력자가 미리 결정되었다. 넷째, 반란의 주도세력은 정부 요직에 있거나 대병력 동원이 가능한 군사 지휘관이다. 다섯째,

반란은 오랜 기간 철저한 계획에 따라 이루어진다.

 반란으로 규정하는 다섯 가지 조건은 반란의 성공 열쇠라고 해도 과언이 아니다. 반란을 성공시키기 위해서는 그 어떠한 조건도 소홀히 할 수 없다. 성공은 엄청난 부와 명예를 보장했지만, 실패할 경우에는 자신뿐만 아니라 가족의 목숨까지 담보해야 하기 때문이다. 대가가 큰 만큼 위험성도 매우 큰 행위임을 반란의 주도세력은 잘 알면서 거사에 임하였다.

3장. 여순항쟁, 정말 반란인가

1948년 8월 15일 수립한 대한민국 정부는 민주공화국을 선포하였다. 모든 주권은 국민에게 주어졌다. 따라서 왕조 봉건시대에 반란과 동급으로 취급되었던 항쟁이나 봉기를 다르게 해석하고, 그 정당성도 인정하고 있는 추세이다.

여순항쟁은 다양한 명칭에도 불구하고 대부분 연구자의 출발은 제14연대 군인의 제주도 출동 거부 행위를 반란으로 규정하였다. 3장에서는 앞서 살펴본 반란으로 규정하는 조건에 대입하여 여순항쟁을 반란으로 규정하는 것이 타당한지 검토해 보겠다.

1. 권력자 축출과 새로운 권력자는

여순항쟁을 반란으로 성격을 규정하기 위해서는 현 권력자 이승만을 축출했는지 살펴야 한다. 결과적으로 이승만은 여순항쟁으로 권력에 어떠한 변화도 없었다. 이를 두고 반란이 실패했기 때문에 당연한 귀결이 아니냐고 할 수도 있다. 그렇지만 여순항쟁 주도세력은 현 권력자 축출 이후를 대비한 어떠한 조치도 없었다.

성공한 반란은 물론이려니와 실패한 반란으로 구분한 이괄의 난이나 이인좌의 난에서도 미리 새로운 권력자를 내세웠다. 이는 거사 이후 현 권력자를 축출하겠다는 의지의 표명이다. 또한 반란 가담자에게 거사가 성공할 수 있다는 심리적 안정을 위해 절대적으로 필요한 조치라고 할 수 있다. 반란은 새로운 권력자의 등장을 필연적으로 잉태한다. 여순항쟁은 계획과 준비 단계에서 어떠한 인물을 새로운 권력자로 등장시켰던 것일까?

현재까지 제14연대 군인이 봉기 이후 새로운 권력자를 내세웠다는 기록은 없다. 정부는 여순항쟁이 발발하고 10월 21일 이범석 국무총리 겸 국방장관 최초의 기자회견에서 여순항쟁을 혁명의용군 사건[15]과 결부시켜 정부 전복을 모의했다고 발표하였다.[16] 혁명의용군 사건의 주축세력인 서세충·최능진·김진섭·오동기 등이 체포되어 징역형을 받았으나, 체제 전복을 의미하는 반란으로 규정한 것에 비하면 낮은 형량에 불과하였다. 그리고 혁명의용군 사건과 여순항쟁은 관련 없다는 것이 연구 결과이며, 혁명의용군 사건은 정치 조작사건으로 분류한다. 그런 점에서 혁명의용군 사건에서 거론된 인물들은 여순항쟁의 새로운 권력자라고 볼 수 없다.

일부 기록에 지창수 상사가 해방군 연대장이 되었다고 기록하고 있다.[17] 그렇다면 지창수가 새로운 권력자인가? 지창수 상사는 봉기의 선두에서 선동하는 역할을 맡았을 뿐이다.[18] 국군의 토벌작전을 전개하면서 밝혀진 김지회 중위와 홍순석 중위를 새로운 권력자라고 할 수 있는가? 김지회와 홍순석은 입산하여 총지휘관 등을 역임했지만, 정권을 찬탈하여 새로운 권력자로서 행세하려거나 행세했다는 기록은 아직껏 확인되지 않았다.

새로운 권력자가 없는 이유로 남로당 지령을 주장할 수 있다. 즉 제14

---

15 주철희, 『불량 국민들』, 북랩, 2013, 291~310쪽.
16 『동아일보』, 1948년 10월 22일.
17 국방부 전사편찬위원회, 『한국전쟁사 1 : 해방과 건군』, 1967, 454쪽.
18 주철희, 「여순사건 주도 인물에 대한 고찰」, 『전북사학』 43, 2013, 286쪽.

연대 군인은 남로당 지령으로 반란을 일으켰다는 것이다. 남로당은 전국적으로 반란을 음모하였으며, 제14연대는 전국적인 반란의 촉매제 역할을 하는 행동대란 주장이다. 새로운 권력자는 남로당의 소임이지, 일개 행동대에 불과한 제14연대 군인에게는 어울리지 않는다는 것이다. 그렇다면 제14연대의 봉기가 남로당의 지령이었는가?

전통주의 시각에서는 여전히 제14연대 봉기를 남로당 지령이라고 주장하지만[19] 1990년 이후 새롭게 연구된 바에 의하면 제14연대 봉기는 남로당 지령과 아무런 관련이 없다는 것이 통설이다.[20] 아울러 여순항쟁 발발 이후 국군 반군토벌전투사령부(사령관 송호성 대령)의[21] 정보국장을 역임한 백선엽마저도 여순항쟁은 남로당 지령과 무관하다고 주장한다.

제14연대와 남로당과의 관련성에 대해 주목할 만한 인물이 있다. 남로당 지하 총책을 역임한 박갑동(朴甲東)이다.[22] 그는 남로당 당수 박헌영

---

19 국방부 전사편찬위원회, 『한국전쟁사 1 : 해방과 건군』, 1967; 육군본부, 『공비토벌사』, 1954; 유관종, 「여수 제14연대반란사건」(상·2회), 『현대공론』 1·2·3월호, 1989; 정석균, 「여순10·19사건의 진상」, 국방군사연구소, 『전사』 제1호, 1999.
20 주철희 앞의 책 참조.
21 대부분 기록에는 반군토벌전투사령관 송호성의 계급을 '준장(准將)'으로 명기하였다. 하지만 1948년 10월 20일 당시 대한민국 군인의 최고 계급은 대령(大領)이다. 대한민국 국군에서 준장 계급이 최초로 수여된 날은 1948년 12월 10일이다. 이때 준장으로 진급한 군인은 육군에서 김홍일, 채병덕, 이응준, 송호성, 해군에서 손원일 등 5명이다. '송호성 준장'으로 표기한 연유에는 그가 광복군 활동을 하면서 장군이란 호칭을 사용하고 국군에서도 장군으로 불렸을 가능성이 매우 높은 한편, 반군토벌전투사령관이었던 시점에는 대령이었지만, 기록을 남긴 시점이 1948년 12월 10일 이후인 경우에는 진급한 계급을 사용하여 기록을 남겼기 때문이다(『남조선민보』, 1948년 12월 16일; 『강원일보』, 1948년 12월 23일).
22 박갑동(朴甲東, 1919. 3~)은 1919년 경남 산청군에서 지주 집안 출신으로 태어났다. 중앙고보 재학 중에 일본 경찰 구타사건에 연루되어 퇴학당했던 바 있으며, 일본 와세다대학 정경학부에 입학하여 유학하다, 1941년에 나와 지리산에서 학병 반대 게릴라 투쟁을 하였다. 해방 이후 조선공산당에 들어가 기관지 『해방일보』의 정치부 수석기자로 활동했다. 1946년 공산당 당수 박헌영이 북으로 가고 남로당이 지하화된

의 비서를 지낸 측근이다. 그는 『통곡의 언덕에서』, 『박헌영』 등의 저서를 남겼다.

박갑동은 "20일 하오 남로당 서울 지하당에서는 여수에서 군대 반란이 일어났다는 소식을 듣고 이를 '오발(誤發)'이라고 하였다"는 것이다. 세간에서는 남로당의 지령에 의한 계획적인 반란으로 보았지만, 이는 남로당에서도 몰랐던 우발적인 사건이라는 것이다. 그런 이유로는 남로당 최고 지도부가 제14연대 반란으로 정권을 탈취할 수 있다고 생각하지 않았으며, 그 당시의 국내 정세가 결코 남로당 측에 불리하지 않았다는 것이다. 이것을 자세히 분석해 보면,[23]

첫째, 그 당시 미군이 아직 주둔하고 있는 조건하에서 남로당은 '군사 반란'으로 정권을 탈취할 수 없는 정세에 있었다. 시대적 상황이 반란으로 정부를 전복할 수 있는 여건이 아니라는 것을 남로당 지도부에서는 파악하고 있었음을 의미한 것으로 보인다.

둘째, 군내에 잠복해 있는 남로당 프락치가 연대마다 반란을 일으킬 정도로 강력하지 못하였다. 연대에 프락치를 잠복시켰지만 극소수에 불과하며, 이는 남로당은 반란을 처음부터 염두에 두지 않았다는 것을 의미한다.

셋째, 중앙 서울에서 천리나 멀리 떨어진 여수에서 설사 반란이 성공하였다 하더라도 그것이 전국적 정권 탈취와 결부될 수 없다. 과거 우리나라 역사에 있어서 서울에서 멀리 떨어진 홍경래의 난, 전봉준의 난이 처음에는 왕성했으나 결국 실패했다는 것을 박헌영은 너무나 잘 알고

후 6·25전쟁 직전까지 지하 총책으로 활동했다. 1953년 남로당 계열 숙청 당시 박헌영 일당으로 연루되어 수용소에서 3년을 보냈다. 사형 집행 대기 중에 석방되어 일본 도쿄에 정착하면서 북한 체제를 비판하는 활동을 하였다.

23 박갑동, 『박헌영』, 인간사, 1983, 211~214쪽.

있었다. 특히 박헌영은 전봉준과 동학을 연구하여 논문을 쓴 사람으로 동학의 실패 원인을 열거하면서 우리나라와 같이 땅이 좁아서 반란군의 후방과 퇴로가 없는 나라에서는 중국과 같이 지광물박(地廣物博)한 나라와는 달리, 단시직격(短時直擊)으로 성공하지 못하고 장기전으로 들어가면 승산이 없다는 것을 지적하였다.

넷째, 만일 반란을 일으켜 전국적으로 성공하지 못하고 실패한다면 그 후유증은 너무나 크며 심각하다. 반란의 실패가 얼마나 처참한지 지난 역사를 통해서 알고 있었음을 짐작할 수 있다. 사실 남로당이 계획적으로 일으키지는 않았지만, 제14연대 반란에 의한 타격은 남로당의 존립 자체를 흔들어 놓았다.

다섯째, 남로당은 절대로 "애국적이며 용감한 봉기"라고 평가하지 않는다. 만일 박헌영이 직접 지령을 내려 반란을 일으켰으면 이 반란의 의의를 당원과 국민에게 알리며 선전하였을 것이다. 그러나 당 기관지 『노력인민』에서는 제14연대 반란을 거의 취급하지 않았다.

당시 정세와 남로당의 군대 조직력, 제14연대 지리적 상황 등을 보아도 제14연대는 반란을 일으킬 만한 능력을 갖추고 있지 않았다는 것이다. 특히 제14연대는 제주도 출동을 거부하고 지리산으로 입산하여 장기전인 무장투쟁을 준비했다. 우리나라는 국토가 좁아 장기전으로는 반란에 성공할 수 없다는 것을 지난 역사를 통해 설명하기까지 했다. 또한 남로당은 제14연대의 반란 이후 적극적인 개입도 없었으며, 이를 선전 홍보하지도 않았다. 이는 제14연대 반란이 성공했다고 하여도 남로당의 지도부가 새로운 권력자로 등장을 준비하고 있지 않았다는 것을 설명한다.

이와 같은 박갑동의 분석은 남로당과 제14연대와의 관련성을 부인한다. 그러면서 반란의 목적을 띠고 행하는 거사가 얼마나 위험하며 어려운가를 역설적으로 설명하였다.

반란의 목적은 체제 전복 또는 정권 찬탈이다. 이는 현 권력자를 축출한다는 의미와 함께 필연적으로 새로운 권력자가 결정되어 있다는 것을 의미한다. 여순항쟁은 지금까지 그 어떤 사료에도 현 권력자를 축출하기 위한 행동을 찾아볼 수 없고, 새로운 권력자도 등장하지 않고 있다. 결과적으로 반란의 가장 중요한 조건과 연관 지어 보면 여순항쟁을 반란으로 성격을 규정하기에는 매우 부적절하다는 것을 알 수 있다.

2. 수도를 점령했는가

반란의 목적을 달성하기 위해서는 수도(도성)를 점령하지 않고는 성립될 수 없다는 것을 확인하였다. 현 권력자 축출도 수도를 점령한다는 전제에서 벌어진다고 할 수 있다. 그렇다면 제14연대 봉기군은 수도를 점령하였는가? 이들은 서울을 점령하지 않았다. 이들이 서울을 점령하지 못한 이유를 토벌군 출동이 일찍 이루어져서 서울로 진격하지 못했다고 주장할 수도 있다. 토벌군과 봉기군의 첫 전투는 반군토벌전투사령부가 설치되기 이전인 21일 새벽이다. 봉기군이 순천을 점령한 시간은 20일 오후 3시이다. 지체하지 않고 진격하였다면 토벌군과 만나지 않고 북상할 수 있었다.

그렇다면 봉기군의 목적지는 어디였을까? 봉기군이 여수와 순천을 장악한 후 부대의 경로를 삼분(三分) 또는 이분(二分)하여 북상한 것으로 이해한다.[24] 삼분설의 주장은 ① 부대: 벌교 - 보성 - 화순 - 광주 방

---

[24] 최선웅, 「14연대 반군의 지리산을 향한 진군」, 『남도문화연구』 28, 2015, 12~17쪽 참조.

면(서쪽) ② 부대: 구례 - 남원 - 전주 방면(북쪽) ③ 부대: 광양 - 하동 - 진주 방면(동쪽)으로 진출을 기도했다고 서술하였다.[25] 이분설의 주장은 ① 광양 - 구례 - 곡성 - 남원 경유 이리(현 익산시) 방면 ② 벌교 - 보성 - 화순 - 광주 - 전주 경유 이리 방면 등 목적지가 이리였다.[26]

봉기군의 진로를 시기순으로 검토해 보면, 삼분하여 북상 중이었다는 견해는 비교적 최근에 등장했고, 그 이전에는 대개 이분해 서쪽(광주)과 북쪽(남원, 이리)으로 분진(分進)한 것으로 파악하였다. 최초의 '이분설'은 10월 21일 오전 이범석 국무총리 겸 국방장관의 기자회견에서 등장한다.

Ⓐ 순천을 점령한 폭도 부대는 오합지졸 약 二천 명의 병력(兵力)으로 두 길로 나누어 전북 남원(南原)으로 하나는 광주(光州)로 전진했는데, 군(軍)에서는 二十일 오후 一시 비행기로 현지에 급행하여 연락 정보를 차단하고 대대(大隊)병력을 동원시켰던바 **폭도들의 지리산(智異山) 중으로 피해 들어가는 중**이다. (『호남신문』, 1948년 10월 22일)

Ⓑ 작일 **순천을 떠나 북진 중이던 반군은 지리산으로 도주코저 하였으나 관군의 압박에 의하여 할 수 없이 갈 길을 잃고 다시 순천 방면으로 퇴각** 중인데 순천에는 이미 광주에서 급파된 일개 대대의 관군이 도착하여 완전히 포위하였을 뿐 아니라 여수(麗水)와의 연락을 차단하고 점차 포위공격 중임으로 반군은 갈 바를 모르고 四방으로 도주 중이다. (『동아일보』,

---

25 국방부 전사편찬위원회, 『한국전쟁사 1 : 해방과 건군』, 1967, 457쪽; 사사키 하루타카(佐佐木春隆) 저, 강창구 편역, 『한국전비사上 - 건군과 시련』, 병학사, 1977, 325~326쪽; 황남준, 「전남 지방정치와 여순사건」, 『해방전후사의 인식』 3, 1987, 448쪽; 김계유, 「1948년 여순봉기」, 『역사비평』 15, 1991, 234쪽; 김득중, 『'빨갱이'의 탄생 - 여순사건과 반공 국가의 형성』, 선인, 2009, 92~97쪽.
26 육군본부, 『공비토벌사』, 1954, 15쪽; 내무부치안국 대한경찰사발간회, 『대한경찰사 제일집 민족의 선봉』, 1952, 68쪽.

1948년 10월 22일)

ⓒ 이외에 국군은 해항 려수와 지리산의 반란군을 소탕하고자 계속 공격 중에 있다 한다. **려수와 지리산은 반란군의 최후의 반항 지점**이 될 것으로 보인다. (J. R. 메릴 저, 신성환 역, 『침략인가 해방전쟁인가』, 과학과 사상, 1988)

'분진설'은 삼분이든, 이분이든 사실이 아니다. 봉기군의 목적지가 서울(수도)이 아니라는 것을 Ⓐ, Ⓑ, ⓒ 인용문은 입증하고 있다. 그러므로 분진할 이유가 없다. 그런데도 지속해서 '분진설'을 주장하는 이유는 봉기군의 진로를 계획된 일련의 전술적인 공세적 행동으로 규정하기 위함이다. 좁게는 광주, 남원, 전주, 이리 등 호남 지역을 장악하려 한 대규모 지역적 봉기로, 넓게는 서울을 향해 진격 중이라는 불확실한 이미지를 덧씌워 대한민국 체제 자체를 위협하는 전복 세력으로 봉기군을 그려내려는 의도를 드러내고 있다.

10월 21일 이범석의 기자회견이 보도된 기사 중에서 눈여겨볼 것은 봉기군의 목적지이다. Ⓐ 인용문은 토벌군의 대규모 병력으로 인하여 어쩔 수 없이 지리산으로 피신했다는 수동적 형태로 서술했다. Ⓑ 인용문은 순천을 떠난 봉기군이 자발적으로 지리산으로 입산했다는 서술이다.

봉기군이 최종 목적지로 지리산을 선택했다는 Ⓑ 인용문을 뒷받침하는 주장은 많다. 앞선 ⓒ 인용문의 '려수와 지리산은 반란군의 최후의 반항 지점'이 될 것이라는 글을 비롯하여, 존 메릴(John Merrill)은 1977년 11월 30일 서울에서 '한국의 안보문제에 관한 장기 관측통'이란 주제의 회견에서 "반란군들은 여수를 점령하는 것을 궁극적인 목적으로 삼고 있지 않았으며, 단지 다량의 무기를 획득하여 근처에 있는 지리산으로 들어가 유격대 근거지를 마련하려고 했었다"고 주장하였다. 이 '장기 관측통'이 누구인지 알 수 없다. 봉기군이 지리산으로 들어가 유격대 근거지를 마련하려 했다는 증언이 당시의 사실을 말하는 것인지, 결과론적 해석인지는 불분명하다. 그런데도 메릴은 봉기군의 원래 목적은 구례와 남원을 거쳐 지리산으로 안전하게 들어가는 것이었다고 결론을 내리고 있다.[27]

육군 정보참모부에서 자문역을 맡았던 미 임시군사고문 리드(Reed) 역시 다음과 같이 회상하며 봉기군들의 목표는 입산해 유격투쟁을 벌이려는 것이었다고 증언했다.

> ⑪ 공산주의자들은 곤경에 빠졌다. 그들은 **출동 시간보다 앞서서 반란을 일으키든지 아니면 모든 것을 잃든지 양자택일**을 해야 했다. 일단 그들이 제주도로 가게 되면 연대병력이 재편될 것이고 따라서 공산주의자들의 세포조직이 붕괴되리라는 것은 불을 보듯 뻔한 사실이었다. 그러한 상황에서 그들이 할 수 있는 것이라고는 **장차 있을 유격대 투쟁에 필요한 가능한 많은 양의 무기와 탄약을 탈취하여 산속으로 들어가는 것뿐**이었다. (J. R. 메릴 저, 신성환 역, 『침략인가 해방전쟁인가』, 과학과 사상, 1988)

리드는 당시 봉기군의 입장에서는 입산 외에 다른 선택지는 없었다는 판단을 내리고 있다. 실제로 여순항쟁 발발 당시 남로당에서는 38선 이남 지역에서 대규모 봉기를 수행할 만큼의 충분한 역량을 준비하지 못하였다. 봉기군은 '동포의 학살이냐', '동포의 학살을 거부하냐'는 선택의 기로에서 지리산을 근거지로 유격투쟁을 전개하기로 의견이 모였다.

여순항쟁을 반란으로 규정하기 위한 중요한 조건인 수도 점령은 봉기군에게 처음부터 논의되지도 않았다. 봉기군은 지리산을 목적지로 정했

---

27 최선웅, 앞의 논문, 22~24쪽.

으며, 장기전인 유격투쟁을 결정하였다. 이는 제주4·3항쟁의 주도세력이 한라산을 배경으로 유격투쟁을 벌였던 것에 영향을 받았다고 볼 수 있다.

3. 봉기군은 누구인가

반란은 아무나 할 수 있는 행위가 아니다. 반란의 실패는 개인의 목숨뿐만 아니라 일가족의 몰살까지도 가져올 수 있는 중대한 거사이다. 지금껏 반란은 왕족을 중심으로 한 정부의 주요 인사나 군사력을 장악하고 있는 이들로부터 거사되었다. 그렇다면 여순항쟁은 누가 주도했던 것인가?[28]

여순사건에 대한 정부의 첫 발표(1948년 10월 21일)에서 이범석 국무총리는 '여순사건 진상의 철저 규명 언명'이라는 기자회견을 통해 여수에서 "40명가량의 사병이 무기창고를 점령"하면서 반란을 일으켰다고 발표했다. 발발 초기부터 봉기를 주도한 세력을 살펴보면,

> ⓔ 전남 여수에는 국군 제14연대가 주둔하고 있는바, 돌연 20일 오전 2시경 **공산 계열의 오랫동안 책동과 음모로서 반란이 발생**했다. 처음엔 약 **40명가량의 사병이 무기창고를 점령**하고 있어서 교묘한 선동과 위협으로 **일부 병사들을 선동시켜 가지고** 밤중에 다른 병사들을 무기로 위협하고 **장교들 대부분을 살해**했다. (『동아일보』, 1948년 10월 22일)

---

[28] 제2부 '여순항쟁, 그들은 누구인가'에서 자세하게 기록.

봉기의 주도세력이 '40여 명 사병'이라는 것은 발발 초기부터 일관된 숫자이다. 그렇지만 이들이 누구이고 봉기를 지휘한 사람이 누구인지에 대해서는 언급되지 않았다.

여기서 한 가지 오류를 바로잡고자 한다. 19일 밤 거사를 단행한 봉기군이 '제14연대 장교를 대부분 살해했다'는 것이 정설이다. '대부분'의 뜻은 "절반이 훨씬 넘어 전체 양에 거의 가까운 정도"일 때 쓰는 단어이다. 국방부 전사편찬위원회에서 발간한 『한국전쟁사 1 : 해방과 건군』에는 21명의 장교가 희생되었다면서 명단을 공개하였다. 21명의 장교 희생자를 국방부 군사편찬연구소의 「공훈자록」에서 검색하여 비교하면 일치하는 인물은 12명이다.[29]

중요한 것은 제14연대에는 항쟁 발발 당시 장교가 몇 명이었기에 "대부분 살해"라고 서술한 것일까? 아직 제14연대의 병력의 규모, 장교 명단과 병사 명단이 정확하게 밝혀진 바는 없다. 현재까지 제14연대 장교로 확인된 인원은 박승훈 연대장, 이희권 부연대장 등을 비롯하여 64명이다.[30] 향후 이 숫자는 늘어날 가능성이 크다.

이중 김지회·홍순석·이기종은 봉기를 주도한 인물이다. 봉기군을 제외한 61명의 장교 중 21명이 살해되었다. 30% 정도의 수준이다. 확인된 12명의 인원으로 하면 20% 정도이다. 이를 두고 "대부분 살해"했다고 서술하였다. 그러나 실제로 살아남은 장교가 훨씬 많았다는 것을 알 수 있다.

"대부분 살해"에는 발발 당시 부대 내에서 "장교를 보는 족족 무조건 사살했다"는 의미까지 포함하고 있다. 정말 그랬을까? 국방부가 발표한

---

29 자세한 것은 주철희, 『불량 국민들』을 참조 바란다.
30 이 수치는 필자가 추적하여 확인한 인원이다.

21명 또는 「공훈록」에 등재된 12명, 이들 모두가 부대 내에서 살해된 것이 아니다. 일부는 전투 중 전사하였으며, 일부는 시내에서 피신하고 있다가 살해된 경우도 있다. 분명 무고한 장교의 희생이 있었다. 그렇지만 기록에서처럼 "장교를 보이는 대로 무조건 총즈을 가하여 대부분 살해"했다는 표현이 너무 과장되었고, 왜곡되었다는 것이다.

다시, 봉기군의 실체를 확인하여 보자. 10월 25일 제5여단 여단장이며 현지 전투사령관인 김백일 중령은 순천에서 전투 경과를 '현지시찰 재광 기자단'에게 "적군의 수괴 김지회(중위 23세)는 현재 백운산에 잠복하고 있다"고 발표하면서 김지회가 제14연대 군인이며, 계급은 중위라는 것을 밝혔다. 이후 홍순석과 이기종 중위를 김지회와 함께 반란군의 두목 또는 총지휘자로 소개하였다.[31]

정부의 태도에 변화가 나타났다. 민간인이었던 여수여중 교장 송욱의 등장이다. 10월 26일에 육군 참모장 정일권 대령은 국방부 출입기자단에게 여수여자중학교 교장 송욱을 반란의 총지휘자로 지목했다.[32] 같은 날 이범석 국무총리의 국회보고에서도 "여수의 반란군이 민중을 총연합 지휘하는 최고사령관은 여수여중학교 교장이던 자"라면서 송욱을 지목하여 보고했다.

민간인 송욱을 반란의 총지휘자로 지목하면서, 정부는 '국군 반란'이라고 처음 발표했던 반란의 성격을 뒤집었다. 공보처 차장 김형원과 국무총리 이범석은 "전남 현지에 있는 좌익분자들이 계획적으로, 조직적으로 소련의 10월혁명 기념일을 계기로 일대 혼란을 야기시키려는 음모에 일부 군대가 합류한 것"[33]이라는 취지의 발언을 했다. '국군 반란'이라는

---

31 『국제신문』, 1948년 11월 2일.
32 『자유신문』, 1948년 10월 27일;『세계일보』, 1948년 10월 27일.

책임을 모면하기 위해 내부적 요인보다는 외부적 요인으로 반란이 발발했다는 주장이다. 반란의 책임을 지방 민중에게 전가하여 책임을 모면하려는 이승만 정부의 의도였다.

지난 역사에서 반란의 주도세력은 정부의 요직에 있거나 대병력을 동원할 수 있는 군의 주요 지휘자였다. 그런데 여순항쟁은 겨우 하사관과 중위 계급의 장교 또는 여중학교 교장이 반란의 지휘자라고 정부는 발표하였다. 서울에서 가장 멀리 떨어진 남해안의 작은 도시에서 도모한 반란이었다. 중앙의 고위 인사와 접촉했거나 군사 지휘관으로부터 지령을 받았다는 사실도 없다. 역사적으로 반란을 규정한 사건과 비교하면 얼마나 허술하고 대책 없는 반란이었는지를 엿볼 수 있다.

4. 반란은 어떻게 계획되었는가

반란은 치밀한 계획에서 이루어진다. 인조반정은 1620년부터 준비되어 1623년에 거사가 이루어졌으며, 5·16쿠데타는 1960년부터 1년여 간을 준비했다. 실패한 이괄의 난은 2개월 이상 준비를 하였으며, 이인좌의 난은 15일간 거사를 준비하였다. 성공과 실패는 얼마나 철저하게 준비하느냐에 따라 결정되었다고 해도 과언이 아니라는 것을 알 수 있다.

여순항쟁은 제14연대 군인의 돌발적 행위라는 것이 정설이다. 10월 11일 제주도에 제주도경비사령부(사령관 김상겸 대령, 제5여단장 겸임)를 설치하였다. 육군본부에서는 부산 제5연대와 제14연대에서 각각 1개

---

33 『서울신문』, 1948년 10월 29일; 『제헌국회 속기록』, 제1회 제90차 국회본회의 1948년 10월 28일.

대대 병력을 차출하여 제주도에 파견하기로 명령을 하달하였다.[34] 부산 제5연대 1개 대대 병력이 파견되었는지는 확인되지 않고 있다. 제14연대 1개 대대를 편성하여 출동 준비 명령이 정식으로 하달된 것은 10월 15일~16일경이다.[35] 다만 10월 초 육군본부 작전국장 강문봉 중령과 정보국장 백선엽이 여수 제14연대에 내려와 부연대장 이희권 소령에게 1개 대대 차출에 대한 사전 지침을 비밀리에 하달했다는 주장도 있다. 그리고 10월 18일 오후에 "10월 19일 22시"에 출동하라는 명령이 내려졌다.[36] 18일 오후 늦게부터 봉기 주도세력은 향후 계획과 진로에 대한 대책을 논의하였다.

제14연대 봉기는 제주도 출동 부대였던 1대대가 주축이 되었다. 1대대 4중대의 정현종에 따르면 "19일 오후 3시경에 비상 군호가 전달되었고 비상 소집의 나팔소리만 나면 즉시 행동 개시"한다는 통지를 받았다고 한다. 3대대 본부 중대 소속의 고송균은 "19일 밤 8시쯤 해서 한 동무가 찾아와서 비상 소집 나팔소리가 나면 연병장으로 모이라는 통지를 받았다"고 했다.[37] 제주도 출동 부대의 봉기 주도세력은 오후 3시경에 행동 개시를 하달받았으나, 그 이외의 군인들은 거사 일보 직전에서야 알았다.

정현종과 고송균은 봉기세력이 향후 진로에 대한 대책을 논의한 기간이 길어야 3~4일이며, 짧을 경우 1~2일 또는 한나절에 불과하다고 증언한다. 제주도 출동이라는 돌발 상황에서 그들은 제주도 출동을 거부하고 지리산으로 입산하여 유격투쟁을 전개하기로 하였다. 이들이 체제 전복

---

34 유관종, 「여수 제14연대 반란사건」 1, 『현대공론』 2월호, 1989, 425쪽.
35 10월 초순부터 제주도 출동을 준비했다는 주장도 있다.
36 유관종, 앞의 글, 427쪽.
37 한림대학교 아시아문화연구소, 『빨치산 자료집』 7, 1996, 42쪽.

을 목적으로 반란을 거사했다면 또는 남로당의 지령에 의해 반란을 일으켰다면 구체적인 모의와 행동 요령이 있어야 하고, 계획 기간도 상당할 수밖에 없었을 것이다.

혁명의용군 사건으로 제14연대 연대장이었던 오동기가 체포된 시점이 9월 28일이다. 정부는 "육군경비대 오동기 소령 등 국군 소속의 젊은 장교 다수와 공모하여 국방경비대로 하여금 혁명의용군을 조직하고 기회가 도래하면 대한민국 정부를 전복시킴으로써 정부를 차지하려는 일종의 쿠데타를 음모했다"고[38] 발표하였다. 정부의 발표가 사실이라면 정부는 반란을 부추기거나 방종하였다. 오동기의 체포에서부터 여순항쟁이 발발한 10월 19일까지 20여 일이라는 시간이 있었다. 상부 기관인 제5여단 정보국에서는 지속해서 남로당원이나 불순세력을 감시하고 있었으며, 숙군작업은 계속되었다. 이로 인하여 10월 11일 제14연대 보급중대 남로당 세포 김영만이 체포되었다. 이후 제14연대에서 체포된 사람은 단 한 명도 없다. 혁명의용군이라는 정부 전복 사건을 감지하고도 정부 후속조치는 반란을 방조한 양상을 나타냈다.

제5여단 정보국에서 지속해서 감시하였음에도 체포자가 없었거나 반란 모의를 발견하지 못했다는 것은 제주도 출동이 갑작스럽게 결정된 것처럼, 제14연대 군인도 돌발적으로 진로를 결정할 수밖에 없었던 것을 방증한다. 그들의 결정 선택에는 외부세력의 지령도 없었으며, 외부세력과 모의할 시간조차 없었다.

정리하면, 반란의 목적은 정권 탈취 또는 체제 전복이다. 반란은 최소한 다섯 가지, ① 현 권력자 축출, ② 새로운 권력자 옹립, ③ 수도 점령, ④ 반란세력은 정부 주요 요직이나 군사를 지휘할 수 있는 위치, ⑤ 오랜

---

[38] 『조선일보』, 1948년 10월 5일.

기간 철저한 계획 등이 부합해야만 거사할 수 있다. 반란이라고 규정할 수 있는 지난 역사와 비교하여 분석한 결과 여순항쟁을 반란으로 규정하기에는 어느 하나 부합한 조건이 없다는 것을 확인할 수 있다. 그런데도 이승만 정부는 제14연대 제주도 출동 거부를 대한민국 체제 전복을 목적으로 하는 반란으로 규정하였다. 이유는 오로지 단 하나이다. 군인이라는 신분으로 명령을 거부하고 또 다른 행동을 했다는 것이다.

4장. 잘못된 명령을 거부한 봉기

앞서 여순항쟁을 반란으로 규정하는 것이 타당하지 않다는 것을 확인하였다. 그렇다면 여순항쟁의 성격을 어떻게 규정하는 것이 타당할까? 항쟁은 시대 변혁 또는 불의에 항거하거나 불법적 행위에 대한 집단적 대중적 저항을 목적으로 하는 행위를 일컫는다. 여순항쟁은 이러한 항쟁의 정의와 어떠한 부분이 부합하는지 검토가 필요하다.

이 장에서는 항쟁으로 규정한 이유를 두 가지 측면에서 검토하겠다. 첫째는 '항쟁'을 촉발했던 제14연대 군인의 제주도 출동 거부에 대한 성격이다. 그동안 대부분 연구는 제주도 출동명령 거부 행위만 설명하는데 그쳤다. 군인이라는 신분으로 명령을 거부한 이유 또는 배경이 무엇이었는지를 밝히는 데는 소홀한 측면이 있다. 이제껏 정부가 발표한 관용적인 습성에 도취되어 사건 주체의 관점에서는 검토가 부족하였다.

제14연대 군인이 제주도 출동명령을 거부한 이유와 배경이 무엇인지를 밝히는 것이 여순항쟁의 성격을 규정하는 데 가장 중요한 핵심이라고 할 수 있다. 따라서 제14연대 주도세력이 주장한 강령과 당시 제주 상황을 자세히 검토하겠다. 둘째는 항쟁의 소수 주도세력과 달리 대부분 병사들은 봉기를 미처 알지 못했다. 그렇다면 다수의 병력은 어떤 이유로 봉기에 합세했고, 목표가 무엇이었는지 검토가 필요하다.

1. 권력의 잘못된 명령에 저항하다

제주4·3항쟁이 발생한 시점은 미군정기다. 제주4·3항쟁이 발발하자 미군정은 전남 경찰 약 100명의 응원부대를 급파하고 제주경찰 감찰청 내에 제주비상경비사령부(사령관 김정호 경무부 공안국장)를 설치하였다. 당시 제주에는 제9연대가 있었지만, 치안 문제로 접근하였기에 경찰이 진압작전을 주도하였다. 4월 28일 유격대와 평화협상이 진행되어 성사되면서 평온이 찾아왔다. 하지만 5월 1일 발생한 세칭 오라리 방화사건으로 인하여 미군정은 다시 강경 진압작전으로 선회하였다. 5월 6일에 제9연대 연대장 김익렬이 파면되고, 박진경 중령이 새로운 연대장으로 취임하였다.

7월 20일 이승만이 국회에서 대통령으로 선출되었음에도 제주 문제는 쉽게 해결되지 않았다. 7월 21일 미군정은 제3여단 소속 2개 대대(부산 제5연대 1개 대대와 대구 제6연대 1개 대대)를 제주도로 출동시키면서 점차 경찰 주도에서 군 주도의 토벌작전으로 전환을 모색하였다. 10월 11일 제주도경비사령부(사령관 김상겸 대령, 제5여단장 겸임)를 설치하면서 본격적으로 군 주도의 초토화 작전에 돌입하였다. 이 시점에 여수 주둔 제14연대 1개 대대가 제주도로 출동명령을 하달받았다. 여수 제14연대의 제주도 출동은 군인 주도의 초토화 작전에 돌입하겠다는 선전포고였다.

여기서 잠시 진압작전과 토벌작전의 용어에 대하여 살펴볼 필요가 있다. 대부분 여순항쟁의 작전을 진압작전이라고 한다. '진압'이란 단어는 강압적인 힘으로 진정시키는 행동이다. 반면 '토벌'은 무력으로 쳐 없앤다는 뜻이다. 무력이란 살상 무기를 동원한 군의 행동이다. 제주4·3항쟁은 경찰 주도의 진압작전으로 출발하여 군의 작전으로 전환되었다. 반면 여순항쟁은 처음부터 군인이 주도한 토벌작전이었다. 정부 스스로가 정한 부대 명칭도 '반군토벌전투사령부'였다. 여순항쟁 당시 군의 작전은 토벌작전이었으며, 주체는 토벌군이었다.

10월 11일 제주도경비사령부 설치 이전까지는 군 병력보다 경찰부대 병력이 파견되었으나,[39] 제주도경비사령부가 설치되면서 대부분 군 병력이 증파되었다.[40] 따라서 제주도경비사령부 설치는 제주도의 토벌작전에 큰 변화가 생겨난 시점이며, 초토화 작전을 진행하기 위한 일환이었다. 초토화 작전은 지금껏 진압작전과는 다른 차원을 예고하였다. 8월 15일 대한민국 정부가 수립되었지만, 군사 지휘와 작전통제권을 미 군사임시고문단에게 양도하였기에 그 행위 주체는 미군이며,[41] 책임은 정부와 미군에게 있었다.

여순항쟁은 제14연대 군인의 제주도 출동 거부가 직접 원인이다. 봉기군이 제주도 출동을 거부하면서 내건 주장이 '동족상잔 결사반대'와 '미군 즉시 철퇴'였다. 지금까지 여순항쟁의 연구에서 이들이 왜 이런 주장을 하였는지 면밀한 검토가 이루어지지 않았다. 자신들의 행위가 정당하다고 주장하는 구호 정도로 취급하였다.

제14연대 1개 대대 병력의 제주도 출동명령 이전에도 4월 20일 부산 제5연대 1개 대대 출동, 5월 15일 수원 제11연대의 제주도 이동,[42] 7월 21일 제3여단 소속 2개 대대 출동 등이 있었다. 이들 부대에서는 출동명령을 거부한 일이 발생하지 않았다. 유독 제14연대에서만 출동명령을 거부하였으며, 이들은 '동족상잔 결사반대'와 '미군 즉시 철퇴'를 주장하였

---

39 4월 10일 국립경찰전문학교 간부 후보생 100명 파견, 5월 19일 철도경찰 350명과 제6관구와 제8관구 경찰관 100명 등 총 450명 파견, 7월 10일 철도경찰 100명 파견, 7월 19일 철도경찰 200명 파견, 8월 20일 응원경찰 800명가량 파견, 10월 2일 수도경찰과 제8관구 응원경찰 파견 등.

40 10월 19일 제14연대 1개 대대 파병, 12월 22일 제2연대 1개 대대 파병 등.

41 8월 24일 이승만 대통령과 하지 주한미군사령관이 '한미군사안전잠정협정'을 체결함으로써 한국군의 작전통제권은 미군사임시고문단에 귀속되었다.

42 제주 주둔 기존 제9연대는 제11연대에 합편되었다.

다. 그 이유는 무엇일까?

첫째, 제주도는 전라남도에 속했던 지역으로[43] 동일 생활권이 오랫동안 지속된 관계로 지역적 정서가 작용했다는 주장이다.[44] 동족상잔 결사반대의 주장에는 지역 정서가 그 밑바탕에 있었다는 것으로, 지역 정서가 어느 정도 작용했다는 것은 인정할 수 있으나, 제주도 출동 거부의 근본적 원인으로 보기에는 설득력이 떨어진다.

둘째, 제14연대는 빨갱이 소굴이라는 태생적 문제를 주장하기도 한다. 이러한 주장은 전통주의적 시각의 보수 우익에서 오랫동안 주장한 바이다. 그러나 제14연대가 다른 연대에 비하여 '좌익' 또는 '남로당원'이 많았다는 주장은 여러 기록이나 증언을 통해서 사실이 아니라고 밝혀졌다.[45] 또한 빨갱이 소굴이 봉기군의 주장과 어떤 연관성이 있는지 근거가 희박하다.

마지막으로 살펴볼 수 있는 것이 제주4·3항쟁의 전개 과정에서 그 근거를 찾는 것이다. 제14연대의 제주도 출동명령 이전에 부산 제5연대, 대구 제6연대, 수원 제11연대가 제주에 파병되었다. 그런데 제14연대만 유독 어떤 이유로 출동을 거부했는지 파악하는 것이 중요하다. 그런 점에서 제14연대의 제주토벌출동거부병사위원회(이하 병사위원회)가 발표한 「애국인민에게 호소함」이란 성명서에서 나타난 '동족상잔 결사반대'와 '미군 즉시 철퇴' 주장은 여순항쟁의 발발 원인을 밝혀 줄 주요한 열쇠가 될 것이다.

---

43 전라남도에 속한 제주도(島)는 1946년 8월 1일 제주도(道)로 승격되었다.
44 김득중, 「여순사건과 이승만 반공체제의 구축」, 성균관대학교 대학원 박사학위논문, 2004, 59쪽.
45 주철희, 『불량 국민들』, 북랩, 2014; 「빨치산 사령관 이영회의 삶과 투쟁」, 『남도문화연구』 28, 2015 논문 참조.

Ⓕ 우리들은 조선 인민의 아들 노동자, 농민의 아들이다. **우리는 우리들의 사명이 국토를 방위하고 인민의 권리와 복리를 위해서 생명을 바쳐야 한다는** 것을 잘 안다. 우리는 제주도 **애국인민을 무차별 학살하기 위하여 우리들을 출동**시키려는 작전에 조선 사람의 아들로서 **조선 동포를 학살하는 것을 거부**하고 조선 인민의 복지를 위하여 총궐기하였다.
　　1. 동족상잔 결사반대　　2. 미군 즉시 철퇴
(『동아일보』, 1948년 11월 30일)

　병사위원회의 성명서는 거리 곳곳에 부착되었으며, 10월 24일 여수인민위원회가 발행한 『여수인민보』와 문인조사반[46]으로 현지를 답사한 고영환이 『동아일보』 등에 게재하였다. 이 성명서는 봉기군이 남긴 유일한 문서로써 봉기 이유를 명확히 밝히고 있다. 여순항쟁을 이해·인식하는 데 가장 중요한 문서가 병사위원회의 「애국인민에게 호소함」이란 성명이다.

　『여수인민보』는 『여수일보』와 합동통신이 공동으로 사용하던 건물을 여수인민위원회가 압수하여 10월 24일 단 한 차례 발행한 신문이다. 발행인은 박채영이다. 타블로이드판 2면으로 발행된 이 신문은 안타깝게도 아직 국내에서 발굴되지 않았다.

　이 신문에는 병사위원회의 「애국인민에게 호소함」이란 성명서, 「인민군 장병에게 드리는 감사문」, 문성휘·홍기환·김인옥의 「축사」, 인민위원회의 여섯 가지 「결의문」, 이용기의 「개회사」 등이 실려 있다. 2면에

---

[46] 문교부에서 '반란 실정 문인조사반' 파견을 결정하여, 당대 최고의 문화예술인을 현지로 파견하였다. 문인조사반의 구성은 총 10명으로 제1반은 박종화·김영랑·김규택·정비석·최희연, 제2반은 이헌구·최영수·김송·정홍거·이소녕이다. 지역에서 고영환이 합세하여 11명이 활동하였다. 이들은 11월 3일부터 7일간 현지를 시찰한다고 했지만, 실질적으로 11월 4일부터 11월 7일까지 순천, 여수, 광양을 시찰하고 이후 각 신문에 자신이 보고 들은 것을 연재하였다.

는 인민대회의 상황과 여맹, 노동동맹, 학생연맹 등 조직의 광고가 실려 있다. 가장 핵심은 제주도 출동을 거부한 명분을 밝힌 병사위원회의 「애국인민에게 호소함」이란 성명이다.

한편 눈여겨볼 사료가 무쵸(John Muccio)의 「여수반란의 개요와 관찰(Review of and Observation on the Yosu Rebellion)」이란 문서이다. 무쵸는 1948년 8월 주한 최고대표로서 한국을 방문하였으며, 1949년 주한 미국 초대 대사로 임명된 인물이다. 그는 항쟁 발발 당시 주한 최고대표로 미국 국무성에 여순항쟁을 보고하였고 여순항쟁 문서를 남겼다는 점에서 주목할 필요가 있다.

무쵸의 「여수반란의 개요와 관찰」에는 병사위원회의 성명서가 실려 있다. 성명서 전체를 옮겨 보면 다음과 같다. 이 성명서의 번역본은 김득중의 『빨갱이의 탄생』에서 인용하였다.

ⓒ 우리는 조선 인민의 아들들이다. 우리는 노동자와 농민의 아들들이다. 우리의 사명은 외국 제국주의의 침략으로부터 조국을 지키고 인민의 이익과 권리를 위해 목숨을 바치는 것이다. 그럼에도 미국에 굴종하는 이승만 괴뢰, 김성수, 이범석과 도당들은 미제국주의에 빌붙기 위해 우리 조국을 팔아먹으려 하고 드디어는 조국을 파는 것과 마찬가지인 분단정권을 만들었다. 그들은 미국인을 위해 우리 조국을 분단시키고 남조선을 식민지화하려 하고 있으며, 미국 노예처럼 우리 인민과 조국을 미국에게 팔아먹고 있다. 이런 식으로 한일협정보다 더 수치스러운 소위 한미협정을 맺었다.
친애하는 동포들이여! 만약 당신이 진정 조선인이라면, 어떻게 이런 반동분자들이 저지른 이런 행동에 대한 분노를 참을 수 있겠는가? 모든 조선인은 일어나 이런 행동에 대해 싸워야 한다. 제주도 인민은 4월에 이런 행위에 대해 싸우기 시작했다. 그러나 미국과 붙어 있는 이승만, 이범석 같은 인민의 적들은 우리를 제주도로 보내어, 조국 독립을 위해 싸우고

또한 미국인과 모든 애국인민들을 죽이려는 사악한 집단과 싸우기 위해 자신의 목숨을 바치는 애국적 인민과 싸우도록 우리에게 강요했다.
모든 동포들이여! 조선 인민의 아들인 우리는 우리 형제를 죽이는 것을 거부하고 제주도 출병을 거부한다. 우리는 조선 인민의 이익과 행복을 위해 싸우는 인민의 진정한 인민의 군대가 되려고 봉기했다.
친애하는 동포여! 우리는 조선 인민의 복리와 진정한 독립을 위해 싸울 것을 약속한다. 애국자들이여! 진실과 정의를 얻기 위한 애국적 봉기에 동참하라. 그리고 우리 인민과 독립을 위해 끝까지 싸우자.
다음이 우리의 두 가지 강령이다.
1. 동족상잔 결사반대   2. 미군 즉시 철퇴
위대한 인민군의 영웅적 투쟁에 최고의 영광을!

무쵸는 구멍이 숭숭 뚫린 선화지로 된 『여수인민보』를 발굴하여 이를 영어로 번역하였고, 연구자들은 영어를 다시 한글로 번역하는 이중의 과정을 거쳤다. 따라서 ⓖ 인용문은 한글에서 영어, 영어에서 한글로 번역하는 과정에서 뜻과 의미가 그대로 전달되었다고 장담할 수 없다.

주목할 점은, 『라이프』지 기자 칼 마이던스의 사진에는 당시 여수 시내 광경과 거리에 부착된 성명서가 찍혔다. 그리고 성명서는 인쇄된 것이 아니라 붓으로 기록했기에 ⓖ 인용문과 같이 많은 내용을 담을 수 없었다. 반면, 고영환은 『동아일보』 11월 30일자 이외에도 1949년 문인조사반의 글을 모아 발행한 『반란과 민족의 각오』, 그의 저서 『금일의 정객』에 ⓕ 인용문을 기록했고 '일부'란 단어를 사용하지 않았다.

당시 상황을 종합해 보면, 성명서는 10월 19일 밤 제14연대 봉기를 모의하면서 작성되었고, 10월 20일 여수 시내 곳곳에 부착하였다. 그리고 『여수인민보』에 게재된 ⓖ 인용문은 병사위원회의 성명에 여수인민위원회 지도부의 의중이 포함되었다고 봐야 할 것이다. 즉 병사위원회는 국인의 사명, 현 정권의 불합리, 제주도 출동의 부당성 등을 인민들에게 알려 봉기의 이유를 밝히는 데 초점이 맞춰져 있다. 반면에 여수인민위원회의 「결의안 6개 항」은 행정을 어떻게 펼치겠다는 의중을 나타낸다. 즉 핵심 의제가 다르다. 따라서 Ⓕ 인용문은 병사위원회 성명의 원문으로 봐야 할 것이며, 그만큼 사료적 가치가 크다.

결과적으로 정리하면, 제14연대 봉기군은 여수를 점령하려는 의도가 없었다. 만약 점령을 목적으로 하였다면 점령 후에 통치 방식, 정책, 당부 사항 등을 성명서에 담았을 것이다. 그러나 병사위원회의 성명서는 제주도 출동을 왜 거부했는지만 밝히고 있다. 즉 "조선 동포의 학살을 거부한다"는 이유를 설명하고 있다. 또한 여수 지역의 지방 좌익과 어떤 연계가 이루어지지 않았다는 것을 「애국인민에게 호소함」과 「결의안 6개 항」에서 확인할 수 있다.

정확하게 인식해야 할 것은 제14연대 병사들은 "국토를 방위하고 인민의 권리와 복리를 위해서 생명을 바쳐야 한다"는 국군의 사명을 명확히 알고 있었다. 상명하복의 가치가 절대적으로 적용되는 군인이란 신분에서 그들은 명령을 거부하고 국군의 사명을 따랐다. 조선 동포를 학살하라는 명령은 "인민의 권리와 복리를 위해서 생명을 바친다"는 군인의 사명에 부합하지 않은 잘못된 명령이자, 부당한 명령이었다.

이제 시계추를 제주4·3항쟁으로 돌려 보자. 제14연대 군인들이 왜 잘못된 명령이라고 판단했는지 그 근거를 찾기 위해서는 제주에서 어떤 일이 발생했는지 상황을 정확하게 아는 것이 매우 중요하다. 이는 병사위원회의 주장이 정당한지도 판가름하는 척도가 된다.

1) 동족상잔 결사반대
제주4·3항쟁 발발 이후 4월 15일경부터 제주도사령부에서는 유격대와 협상의 필요성이 제기되었다. 협상자로 제주도지사, 제주감찰청장 등이 거론되었으나 모두 고사하면서, 제9연대 연대장 김익렬 중령이 나서게 되었다. 김익렬이 협상에 나섰던 것은 두 가지의 이유로 보인다.

    ㉺ 나는 제주도 4·3사건을 미군정의 감독 부족과 실정으로 인해 도민과 경찰이 충돌한 사건이며 **관의 극도의 압정에 견디다 못한 민이 최후에 들고 일어난 민중폭동**이라고 본다.……설사 공산주의자가 선동하여 폭동을 일으켰다고 치자. 그러나 제주도민 30만 전부가 공산주의자일 수는 없다. 그럼에도 폭동 진압 책임자들을 **동족인 제주도민을 이민족이나 식민지 국민에게도 감히 할 수 없는 토벌 살상에만 주력**을 한 것이다. (김익렬, 「4·3의 진실」, 『4·3은 말한다』 2, 전예원, 1994)

    ㉻ 동족상쟁하는 싸움 마당에서 다 같은 민족끼리 더구나 단일민족인 우리 대한국민으로서는 차마 총부리가 똑바로 가지 못하는 것도 그 당시에는 속일 수 없는 민족적 감정의 발로가 아닐까 생각한다.……민족사상을 고취하고 **동족상쟁의 비극을 피하며 평화적 해결**을 하기 위하여 너희들이 원하는 장소에서 책임자와 직접 면담하되 신변은 절대 보장할 것이며……이 사건의 **평화로운 해결을 위하여 또한 유일한 방법**이라는 것을 주장하였으나 나의 의견은 통과를 보지 못하고 그날 밤부터 총공격은 개시되었고……. (『국제신문』, 1948년 8월 8일)

김익렬은 제주4·3항쟁을 미군정의 감독 부실과 실정으로 도민과 경찰이 충돌한 것으로 보았다. 관의 극도의 압정을 견디지 못한 제주도민의 불의의 항거로 해석할 수 있는 대목이다. 제주도에 파견된 판·검사 조사단에서도 "경찰의 가혹한 행동과 청년단원들이 경찰 이상의 경찰권 행사로 인하여 인심을 잃게 된 것이 제주4·3사건의 원인이었다"고[47] 했다.

---

[47] 박근영 검찰관(『동아일보』, 1948년 6월 15일), 서울지방심리원 양원일 판사(『조선일

제주4·3항쟁 당시 제주도 공보원장 알버트 필립슨은 강원도 춘천 공보원장으로 부임하여 기자단과 간담회를 가졌다. 이 자리에서 그는 "제주도의 소요 원인은 본도인의 배타사상과 군정 관리의 발호 및 악질 경관의 폭행 등으로 인하여 도민의 반감을 산 데 기인한 것이다"고[48] 밝혔다.

제주 출신으로 현지를 취재한 홍한표는[49] "1. 경찰의 가혹한 행동이 민심을 잃었다는 것. 2. 사설 청년단체원들이 경찰 이상의 경찰권을 행사하였다는 것. 3. 관공리가 모리에만 열중하고 사무를 등한히 하기 때문에 도민의 신임을 잃었다는 것. 4. 외부세력의 침입에 대한 도민의 감정 악화 등인데 이 사실에 대하여는 누구나 인정하는 바이고 다만 경찰 당국에서는 남로당의 모략이 선행된 것이라고 규정하였고 그 밖에 법조계라든지 언론인 측에서는 상기 원인이 먼저이고 좌익은 곪을 대로 곪은 것을 터뜨린 것"이라고 기록을 남겼다.[50] 판·검사 조사단과 알버트 필립슨과 홍한표의 제주4·3항쟁 발발 원인은 김익렬의 지적과 맥락을 같이하고 있다.

이러한 발발 원인에도 불구하고 미군정과 경찰의 진압작전은 제주도민의 살상에만 주력하였다. 도민의 살상을 막을 방법은 없었다. 이때 거론된 것이 유격대와의 협상이었다. 김익렬은 유격대와의 협상만이 제주 문제를 평화롭게 해결할 수 있는 유일한 방법으로 판단하고 목숨을 건 협상에 나섰다. 이를 '4·28평화협상'이라 한다. 김익렬은 협상에 나서기 전 유격대에게 평화협상을 요청하는 전단을 살포했다. 1948년 4월

보』, 1948년 6월 17일).
48 『서울신문』 1948년 9월 26일.
49 홍한표는 여순항쟁 때 여수와 순천을 취재하여 「전남반란사건의 전모」를 『신천지』 11월호와 12월호에 실었다.
50 홍한표, 「동란의 제주도 이모저모」, 『신천지』 1948, 8월호.

22일 김익렬이 경비행기를 타고 뿌린 전단의 내용을 보면,

> ① 친애하는 형제 제위에
> 우리는 과거 반삭(半朔) 동안에 걸친 형제 제위의 투쟁을 몸소 보았다. 이제부터는 제위 불타는 **조국애와 완전 자주통일 독립에의 불퇴전의 의욕**을 그리고 생사를 초월한 형제 제위의 적나라한 전의를 잘 알았다. 이에 본관은 통분한 **동족상잔, 골육상쟁을 이 이상 백해무득**이라고 인정한다. 우리 국방경비대는 정치적 도구가 아니다. 나는 동족상잔을 이 이상 확대시키지 않기 위해서 형제 제위와 굳은 악수를 하고자 만반의 용의를 갖추고 있다. 본관은 이에 대한 형제 제위의 회답을 고대한다. 우리가 회합할 수 있는 적당한 시일과 장소를 여하한 방법으로든지 제시하여 주기 바란다.
> 1948년 4월 22일 제9연대장 육군 중령 김익렬

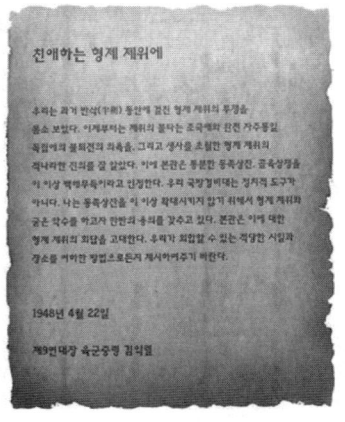

〈그림 1〉 김익렬이 뿌린 전단

동족상잔의 비극을 막고자 진행하였던 평화협정은 4월 28일 타결되었으나 5월 1일 오라리 방화사건이 발생하면서 결국 파기되었다. 이날 방화사건은 서북청년회와 대동청년단이 미군정과 경찰의 비호 아래 저지른 사건이었음에도 유격대에게 그 책임을 전가하였다. 5월 3일 무장한 경찰 약 50명이 일본군 중기관총과 카빈총으로 귀순 유격대들과 미군들을 기습 난사하기 시작했다. 당시 부상당한 경찰은 "상부의 지시에 의해 폭도와 미군과 경비대 장병을 사살하여 폭도들의 귀순공작 진행을 방해하는 임무를 띤 특공대"라고[51] 자백하였다. 평화협정이 타결되면서 경무부장 조병옥과 경찰의 죄상이 만천하에 밝혀질 것이 두려워 벌인 자작극이었다.

동족상잔의 문제를 평화적으로 해결하려고 백방으로 노력을 기울였던 김익렬은 5월 6일 제9연대장에서 해임되고 얼마 후 여수 제14연대장으로 부임하였다. 이때 김익렬은 평화협상 자체를 정치적으로 이용한 미군정의 전략적 행위를 몸소 체득한 상태였다. 김익렬은 여수 제14연대 재임 기간에 「동족의 피로 물들인 제주 참전기」라는 글을 작성하였고, 『국제신문』에 기고하였다.[52]

미군정은 강경 진압작전을 전개하기 위해 김익렬 연대장 후임으로 경비대 총사령부 인사과장인 박진경 중령을 내세웠다. 박진경은 취임사에서 "우리나라 독립을 방해하는 제주도 폭동사건을 진압하기 위해서는 제주도민 30만을 희생시키더라도 무방하다"고[53] 천명했다. 박진경 연대장 취임 이후 제주도는 급격하게 희생자가 늘었다. 사건 발발에서부터 4월 25일까지 사망자 86명(경찰 7, 경찰 가족 3, 양민 27, 관공리 2, 폭도 47)이었으나,[54] 그 이후로부터 6월 15일까지는 양민 사망자 인원이 292명이다.[55] 제주도민의 희생자가 늘어난 것에 불만을 품은 제9연대 소속 문상길 중위와 손선호 하사 등은 6월 18일 새벽에 박진경을 암살하였다.

문상길은 재판에서 "30만 도민을 동족상잔으로부터 건지기 위하여 경

---

51 신복룡, 「제주 4·3사건」, 『동아시아연구논총』 12, 2001.
52 김익렬은 1948년 8월 6일~8일까지 3차례에 걸쳐 기고문을 작성했다. 아울러 김익렬은 죽기 전(1988)에 「4·3의 진실」이란 유고록 남겼다. 기고문과 유고록은 4월 28일 평화회담을 중점으로 다루었으며, 미군의 작전 형태 등도 서술하였다. 최근에 기고문과 유고록이 서로 다르다는 주장이 있으나, 비교 분석한 결과 약간의 해석의 차이는 있으나 큰 틀에서는 차이가 없다.
53 김익렬, 앞의 책, 344~345쪽; "조선 민족 전체를 위해서는 30만 도민을 희생시켜도 좋다"(『한성일보』, 1948년 8월 19일).
54 『서울신문』, 1948년 5월 3일.
55 『조선중앙일보』, 1948년 7월 16일.

비대의 근본이념 국가지상 민족지상의 정신을 원만한 해결책을 얻기 위한 것이었다"면서[56] 살해 동기를 밝혔다. 손선호 하사도 박진경 연대장 부임으로 벌어진 주민 학살의 실태를 자세하게 진술하면서 "나의 생명이 30만 도민을 위한 것이면 민족을 위한 것인 만큼 달게 처벌을 받겠다"면서[57] 박진경 살해에 대해 한 점 부끄러움도 없었다. 동포의 학살에 앞장선 사람을 처단했다는 비분강개를 느낄 수 있다.

문상길과 손선호가 총살형을 선고받자 종교·사회단체·정당 등에서는 "문 중위 등의 의거는 실로 민족정기의 발현임에도 불구하고 총살형 언도는 언어도단으로 즉시 총살 언도 철회를 강경히 요구한다"는[58] 성명서가 줄을 이었다. 김익렬과 문상길·손선호의 행동에서 가장 주목할 부분이 바로 '동족상잔'이다. 육지에서 군과 경찰의 제주도 출동은 사태를 원만히 해결하기보다는 미군정 지휘 아래 제주도민을 무차별적으로 학살하는 것이었다.

강경 진압작전은 박진경이 암살되면서 한동안 소강상태에 접어들었다. 8월 20일을 전후하여 제주에 800명가량의 응원경찰 증파가 결정되고, 8월 25일 제주도비상경비사령부에서는 '최대의 토벌전이 있을 것'이라는 경고 내용이 포함된 포고문을 발표하였다. 제주도 초토화 작전을 위해 10월 11일 제주도경비사령부가 설치되었다. 여수 제14연대 1개 대대는 초토화 작전을 수행하기 위해 제주도 출동명령을 하달받았다.

당시 제주도는 고립된 섬으로 육지에서 제주 상황을 알 방법이 거의 없었다.[59] 신문에 간혹 보도되었지만, 극히 일부였다. 그마저도 미군정과

---

56 『서울신문』, 1948년 8월 13일.
57 『서울신문』, 1948년 8월 15일.
58 『독립신보』, 1948년 8월 28일.

경찰의 발표 정도였다. 제14연대보다 앞서 제주도로 출동명령을 받았던 제5연대, 제6연대 등은 제주 상황을 전혀 알지 못한 상황에서 출동하였다. 반면 제14연대는 제9연대장을 역임했던 김익렬이 6월 6일 제14연대장으로 부임하여 한 달 정도 근무하였다.[60] 이로 인하여 제14연대는 다른 부대와 공기가 달랐을 것으로 짐작된다.

1948년 5월 4일에 창설한 제14연대는 김익렬 연대장의 지휘 아래 초석을 다져 갔다. 부대원 전체에게 제주도 상황이 알려지지는 않았겠지만, 당시 장교 그룹은 제주도 상황과 김익렬의 주도로 진행했던 평화협상 등에 대해서 알고 있었을 것으로 예상할 수 있다. 당시 김익렬은 27세(1921년생)이며, 김지회와 홍순석 등이 24~25세 정도로 동년배였다. 이때 김익렬은「동족의 피로 물들인 제주 참전기」를 『국제신문』에 기고하였다는 점도 주목할 만하다.

특히 제14연대의 병사위원회가 발표한 "우리는 제주도 애국인민을 무차별 학살하기 위하여 우리들을 출동시키려는 작전에 조선 사람의 아들로서 조선 동포를 학살하는 것을 거부한다"는 성명서와 김익렬이 제주도에서 살포한 전단에 나타난 주장은 그 내용이 유사하다는 점에서 더욱 또렷하게 정황을 뒷받침한다.

---

59 6월부터 평화적 해결을 위한 각 지역 제우회(향우회) 등의 청원서 발표와 현지조사단을 파견하여 적절한 수단을 취할 것을 요청하였다(『서울신문』, 1948년 4월 7일). 7월 18일에는 한독당 등 22개 정당 사회단체들이 모여 '제주도사건대책위원회'를 구성하여 평화적 해결을 주장하며 진상 조사단을 꾸려, 현지 조사에 직접 나섰으나 정부로부터 2차례씩이나 제지당하였다(『서울신문』, 1948년 9월 7일).

60 김익렬(金益烈, 군번 10047)은 1948년 2월 1일 제9연대장으로 임명(총사령부 특명 제10호), 1948년 5월 6일 제9연대장에서 조선경비대 총사령부 근무(총사령부 특명 제61호), 1948년 6월 6일 서울 총사령부에서 제5여단 제14연대장 포고함(총사령부 특명 제72호), 1948년 7월 6일 국방부 총사령부 발령(총사령부 특명 제88호), 1948년 8월 5일 서울 총사령부에서 제1여단 제13연대장 포고함(총사령부 특명 제112호).

결론적으로 "조선 동포의 학살을 거부한다"는 동족상잔 결사반대는 즉흥적인 주장이 아니었다. 제주도 상황을 정확하게 인지한 주장이었다. '제주도민 30만 명의 학살'은 잘못된 명령이었다. 군인에게 부당한 명령이었다. 군인의 사명을 어기는 행위가 애국행위라고 판단하였기에 그들은 봉기를 선택하였다.

2) 미군 즉시 철퇴

'미군 즉시 철퇴' 주장은 당시 경제적 여건과 미군정의 인식과 무관하지 않다. 당시 인구 대부분이 농민이었고, 농민의 삶은 결코 일제강점기보다 더 나은 삶을 살고 있다고 할 수 없었다. 제14연대 병사위원회에서는 "우리는 노동자와 농민의 아들이다. 우리의 목적은 외국 제국주의의 침략으로부터 인민의 생명을 지키고 인민의 이익과 권리를 위해 목숨을 바치는 것이다"라고 밝히고 있다. 노동자와 농민의 아들이었던 이들에게 미군정은 침략자였으며, 침략자의 앞잡이는 친일 경찰이라는 인식이 저변에 자리하였다. 이처럼 사회·경제적 여건으로 인한 미군정에 대한 인식은 제14연대 군인들에게도 호감을 얻지 못했다. 이는 후술하기로 하고 여기에서는 제주도 상황에서 미군정이 어떤 역할을 하였으며, 그 역할이 제14연대 군인들의 '미군 즉시 철퇴' 주장과는 어떤 관계가 있는지 살펴보겠다.

제주도 진압작전은 미군정의 지휘와 통제에서 이루어졌다. 미군정은 4월 5일 '제주도비상경비사령부'를 설치하고 주민들에게 '통행증제'를 실시하여 통행을 제한하는 등 즉각 대응에 들어갔다. 미군정은 4월 10일 국립경찰전문학교 간부 후보생 100명을 2차 응원대로 파견했으며,[61] 4월 20일 국방경비대 제5연대 1개 대대를 제주도에 파견하였다. 국방경비대

---

61 『동광신문』, 1948년 4월 13일.

에는 기관총과 카빈총, 탄약을 보급했다. 이어서 "L-5 비행기 두 대와 국방경비대 1개 대대를 파견하고 매일매일의 상황보고를 무선으로 보고할 것" 등 강경 진압작전을 지시하였다.[62]

군정장관 딘(William. F. Dean) 소장은 "대대적인 공세를 취하기에 앞서 불법 집단 지도부와 접촉하고 항복할 기회를 주도록 해야 한다"면서 선무공작을 병행하는 지시를 내리기도 했다.[63] 이는 김익렬과 유격대 김달삼의 4·28평화협상으로 결실을 보았다. 하지만 미군정의 4·28평화협상 의도는 선무공작보다는 적의 근거지를 파악하려는 의도가 강하게 내포되어 있었다.[64]

세칭 오라리 방화사건으로 평화협상이 파기된 이후 5월 5일 제주읍 미군정청 회의실에서는 미군정 '최고 수뇌부 회의'가 개최되었다.[65] 이 회의에 참석한 민정장관 안재홍의 회고를 살펴보면,

> ⓚ 1948년 5월 초 나는 '경무부장' 조병옥, '국방경비대 사령관' 송호성 등과 함께 미군정 장관인 딘을 따라 비행기 편으로 제주도에 갔던 일이 있다. 그것은 1948년 4·3 봉기 이래 날로 높아 가는 제주도 인민항쟁을 진압하기 위해서였다.……우리 일행이 서울에 돌아왔을 때다. 당시 미 군사고문단장인 로버츠는 '경무부장' 조병옥과 '국방경비대사령관' 송호성을 따로 불러 놓고 "미국은 군사상으로 필요했기 때문에 제주도 모슬포에다가

---

62 양정심, 「제주4.3항쟁 연구」, 성균관대학교 박사학위논문, 2005, 90쪽.
63 위의 내용은 1948년 4월 18일에 딘 군정장관이 제주도 제59군정 중대장에게 보낸 작전지시문이다(NARA, RG 338, Entry. 11070, Box. No 84). 양정심, 앞의 논문 재인용.
64 『국제신문』, 1948년 8월 8일.
65 군정장관인 딘 소장, 유해진 제주지사, 맨스필드 제주 군정장관, 안재홍 민정장관, 송호성 총사령관, 조병옥 경무부장, 김익렬 9연대장, 최천 제주도 경찰감찰청장, 딘 소장 전용 통역관 등이다.

비행기지를 만들어 놓았다. **미국은 제주도가 필요하지 제주도민은 필요치 않다. 제주도민을 다 죽이더라도 제주도는 확보해야** 한다"고 지시했다. (『안재홍 유고집』, 1965년 12월 25일, 조국통일사)

미군정에게 있어 제주도는 자국의 이익에 필요한 군사기지로만 인식되었다. 미군정에게 그 지역에 사는 사람은 보호의 대상이 아니라 척결의 대상이었다.[66] 안재홍의 글이 과장된 측면이 없지 않다. 그러나 자국의 세력과 영향력을 증대시키려는 미국의 구상은 한국 독립이나 자결권보다는 항상 우위에 있었다. 로빈슨(Richard D. Robinson)은 "결국 미국의 남한 점령의 근본적인 사명은 한국에 민주주의를 수립하기보다는 소비에트 이데올로기의 영향이 팽창하는 것에 대응할 만한 보루를 구축하는 것이었다고 하는 것이 올바른 설명이 되어 버렸다"고 하였다.[67] 소련의 이데올로기 팽창에 대응하기 위해 남한에 반공주의 국가 건설이 미국의 구상이었다. 한편으로 "보루를 구축"한다는 것은 제주도에 군사기지 건설을 고려한 대응책이었을 가능성도 배제할 수 없다.

이처럼 미군 지휘부의 인식은 제주비상경비사령부와 경무부에 그대로 전달되어 강경 진압작전이 이루어졌다. 이날 회의에서 조병옥 경무부장과 김익렬 연대장 사이에 토벌작전 문제로 육탄전이 벌어졌고, 마침내 김익렬은 제14연대로 전보 발령되었다.

김익렬 후임으로 부임한 박진경의 취임사에서 "제주도 폭동사건을 진압하기 위해서는 제주도민 30만을 희생시키더라도 무방하다"는 인식은 미군정의 인식과 별반 다를 바가 없다. 미군정이 경비대 총사령부 인사과

---

66 양정심, 앞의 논문, 93쪽.
67 리차드 로빈슨, 정미옥 역, 『미국의 배반』, 과학과 사상, 1988, 98쪽.

장이었던 박진경을 제9연대장으로 강력하게 천거했던 이유가 무엇인지를 알 수 있는 대목이다.

> ⓛ 딘 장군은 박진경 중령에게 극비명령을 내렸던 것이다. 그것은 말할 것도 없이 **제주도 전역에 대한 초토작전 명령**이었다. ······**초토작전은 인도적으로 결코 허용될 수 없고** 전시에도 명령하거나 묵인한 사령관은 전범으로 처형을 면키 어렵다. 하물며 전후 평상시에 자기가 군정하는 영토 내의 국민에게 이런 명령을 내렸다가 세상에 알려지면 그 결과는 엄청날 수밖에 없었다. ······더구나 제주도 **군정장관 맨스필드와 내가 한사코 초토작전을 반대하므로 딘 장군은 자기 명령을 충실히 실행하여 줄 연대장**이 필요하였다. 그만큼 딘 장군은 미국 정부로부터 제주도 폭동의 조속한 진압을 독촉받고 있었다. (김익렬, 앞의 책)

제주도 민정장관 맨스필드(John S. Mansfield)와 제9연대장 김익렬은 한사코 초토화 작전을 반대했다. 그런데도 미군정은 제주도를 하나의 군사기지로 인식하고 강경 진압작전에 임했다. 미군정은 자국의 이익을 위해서는 조선 사람의 목숨 따위는 중요하지 않았다. 이는 미군정의 독단적인 행동이 아니라 미국 정부로부터 하달받은 치밀한 명령이었다.

제주도 주둔 국방경비대와 제주4·3항쟁 이후 설치된 전투사령부는 미군에 의해 실질적으로 운영되었다. 제주4·3항쟁 발발에서부터 5월 초까지 당시 미군 최고지휘자는 맨스필드 중령이었으나, 5월 10일경부터는 브라운(Rothwell H. Brown) 대령이 부임하였다. 브라운 대령은 제2차 세계대전 당시 '전선의 전사(front-line fighter)'란 호칭을 얻었다.[68]

이때는 이미 딘(William. F. Dean) 군정장관이 4월 29일과 5월 5일

---

68 허호준, 「미군 고문관들의 제주4·3 경험과 인식」, 『민주주의와 인권』 11, 2011, 294쪽.

두 차례 제주도를 방문한 후이다. 당시 국방경비대 총사령부 정일권 총참모장은 박진경 암살 고등군법회의에서 "5월 3일 이후 딘 군정장관 등은 현지 지휘사령부의 명령에 의하여 단시일 해결책으로 단연 공격작전으로 나가게 되었다"고[69] 밝혔다. 딘 군정장관의 제주도 상황에 대한 인식은 새로 부임한 브라운 대령에게서 그대로 나타났다. 브라운 대령은 "나는 원인에 대하여 흥미가 없다. 나의 사명은 진압시키는 것뿐이다"고[70] 말하면서 빠른 시기에 진압하겠다는 자신감을 드러냈다. 브라운의 자신감은 제주도민 80%가 공산주의자와 관련되었다는 주장으로 변질되었다.[71]

정부 수립 이후에도 미군사고문단은 작전 지휘권을 장악하고 무기 공급과 토벌작전 계획 등을 지시하였다. 제주도에서 동족상잔의 잔혹한 학살은 제주도 현지 사령관의 인식이 아니라 미국 정부의 군사기지화를 이루기 위한 미군정 최고지휘자의 방조에서 기인하였다. 미군정의 제주 4·3항쟁에 대한 인식을 가장 근접한 곳에서 목격했던 사람이 김익렬이다. 제14연대의 미군 즉시 철퇴 주장은 당시 사회·경제적 요인도 있었지만, 제주도에서 벌어지는 학살의 모든 책임이 미군에 있다는 인식에서 나온 주장이었다.

박진경 연대장 암살 이후 제주도 진압작전은 소강상태로 접어들었다. 8월 20일을 전후 제주에 응원경찰 800명가량의 증파가 결정되고 8월 25일 제주도비상경비사령부에서는 '최대의 토벌전이 있을 것'이라는 경고 내용이 포함된 포고문을 발표하였다. 강경 진압작전을 능가한 토벌작전의 낌새가 나타났다. 제주도민은 평화적으로 해결해 달라고 요청하였

---

69 『한성일보』, 1948년 8월 14일.
70 『조선중앙일보』, 1948년 6월 8일.
71 허호준, 앞의 논문, 295쪽.

지만 '일대 소탕전'을 의미하는 증원부대가 파견되었다. 각 정당 단체에서는 성명서를 발표하였다. 그 요지는 무력에 의한 해결을 반대하며 '평화적으로 해결하라'는[72] 내용이었다.

결국 10월 11일 경찰 주도의 제주도비상경비사령부를 대신하여 군인이 주도하는 제주도경비사령부가 설치되었다. 제주도는 초토화 작전에 돌입한 것이다. 자국의 이익을 위한 미국의 조치였다. 동포를 학살하라는 결정에는 미국의 역할이 크다는 것을 제14연대 병사들은 알고 있었다. 그래서 미군 즉시 철퇴를 주장하였던 것이다.

3) '제주토벌출동거부병사위원회'의 명칭 검토

제14연대 봉기를 촉발한 병사들은 자신들을 '제주토벌출동거부병사위원회'라고 하였다. 제주토벌출동거부병사위원회란 명칭부터가 자신들이 왜 궐기했는지를 잘 보여 주고 있다. 이들이 정부 전복을 목적으로 궐기하였다면 그에 상응한 명칭을 사용하였을 것이다.

1961년 5·16쿠데타를 상기하여 보자. 1961년 5월 16일 새벽 5시, 박정희를 중심으로 한 반란군이 서울을 장악한 직후 쿠데타 주도세력은 자신들을 '군사혁명위원회'라고 하였다. 군사혁명위원회 의장은 당시 육군참모총장이던 장도영, 부의장에 쿠데타의 실질적 지도자인 박정희를 선임하였다. 아울러 군사혁명위원회는 '행정·입법·사법의 3권을 완전히 장악했다'는 성명을 발표하고 6개 항의 혁명 공약을 내걸었으며 오전 9시를 기해 전국에 비상계엄령을 선포함과 동시에 포고 제1호를 발표했

---

[72] 『조선중앙일보』, 1948년 9월 7일; 『국제신문』, 1948년 9월 8일; 『독립신보』, 1948년 9월 8일; 『조선일보』, 1948년 9월 9일; 『독립신보』, 1948년 9월 9일; 『조선중앙일보』, 1948년 9월 11일.

다. 5월 18일 국가재건최고회의로 개칭하였다.

'군사혁명위원회'란 명칭 속에는 주도세력이 군인이라는 것이 내포되어 있다. 또 '혁명'을 전제로 쿠데타를 감행하였다는 목표가 뚜렷하게 표현되어 있다. 군사혁명위원회를 구성한 이들은 곧바로 권력을 장악하였다.

이후 '국가재건최고회의'로 개칭하였다. 이 명칭은 국가를 재건하겠다는 목표를 담고 있다. 당시 혼란스러운 사회를 딛고 국가를 다시 건설하겠다는 반란의 뚜렷한 목표와 자신들의 행위를 정당화하기 위한 이중의 포석이 깔린 명칭이다.

1979년 12·12쿠데타로 정권을 장악한 전두환 등 신군부의 움직임을 살펴보자. 1979년 10월 26일 박정희 대통령 피살 사건 이후 정승화 육군참모총장 겸 계엄사령관이 군 내부 개혁을 단행하였다. 전두환을 중심으로 한 이른바 신군부는 정승화 육군참모총장을 불법적으로 연행하고 군권을 장악하였다. 이후 국가 주요 기관을 장악하고 권력의 요직을 차지하는 쿠데타를 감행하였다. 신군부는 이때까지 여전히 존재한 최규하 대통령을 몰아내고 정치권력을 사유화하기 위해 또 한 번의 거사를 도모하였다. 1980년 5월 17일 전국에 비상계엄령 확대 조치가 그것이다. 비상계엄령을 전국에 선포한 신군부는 사회 혼란을 수습한다는 핑계로 5월 31일 '국가보위비상대책위원회'를 설치하고, 전두환이 상임위원장을 맡으면서 권력을 독점하였다. 아울러 최규하 대통령을 허수아비로 전락시켰다.

국가보위비상대책위원회는 유신체제를 파기하고 새로운 국가지배체제를 구축하겠다는 신군부의 의지였다. 국가보위비상대책위원회란 명칭은 아이러니하게도 유신체제의 모체였던 5·16쿠데타의 국가재건최고회의를 모방하였다.

신군부는 당시 사회 혼란 상황을 국가적 위기로 보았다. 당시 사회의 혼란과 국가적 위기는 정치권력을 사유화하기 위한 전두환 등의 정치군인이 자행한 짓이었다. 자신들이 자행한 짓을 스스로 해결하겠다면서 쿠데타를 일으켰다. 신군부는 국가와 사회 그리고 국민을 보호하고 방위하는 것이 자신들의 목표라는 것을 대외적으로 천명하기 위해 '국가보위'란 단어를 썼다. 그리고 '비상'이란 용어는 시국이 엄중하고 위험한 상태이므로 군인인 자신들이 나설 수밖에 없었다는 것을 국민에게 알림으로써 자신들의 행위를 정당화하려는 방편에서 나온 단어이다.

권력 탈취를 목적으로 한 반란은 그 명칭부터가 달랐다는 것을 알수 있다. 어떤 일을 계획하는 과정에서는 그 일과 걸맞은 명칭을 사용한다는 것을 지난 역사에서 목도하였다. 정권 탈취를 목적으로 했던 박정희의 5·16쿠데타의 '군사혁명위원회', 신군부의 '국가보위비상대책위원회' 등이 그러하다.

명칭과 관련해서는 지난 역사와 마찬가지로 현재도 같은 경향으로 작명한다. 예컨대 사드 배치를 반대하는 사람들은 '전국사드배치반대 대책위원회', '사드배치반대 김천시민대책위원회', 이외에도 '미국산 소고기 수입반대 촛불모임', '박근혜정권퇴진 비상국민행동' 등이다. 명칭은 상식적이고 일반적으로 국민이 납득할 수 있는 용어이어야 하며, 무엇을 하겠다는 성격을 분명히 드러내었을 때 대중으로부터 인정과 호응을 얻는다.

명칭에는 어떤 일을 하겠다는 의도가 적시되어 있다. 그러한 측면에서 '제주토벌출동거부병사위원회'란 명칭을 살펴볼 필요가 있다. 제14연대에 제주도 토벌 출동명령이 하달되었다. 지금껏 경찰 중심의 진압작전에서 군인 중심의 토벌작전으로 바뀌었다. '진압'이란 용어와 '토벌'이라는 용어가 엇비슷하게 들릴지 모르지만, 그 차이는 크다. 진압은 강압적인 힘으로 진정시키는 것이지만, 토벌은 무력으로 쳐 없애는 것이다. 무력이란 살상 무기를 동원한 행동이다. 즉 군인의 투입을 말한다. 군이 투입되기 위해서는 그에 상응할 만한 조치가 있어야 한다. 비상사태 선포, 계엄령 선포 등을 말한다.

군인은 경찰과 다른 임무를 띠고 있는 특수한 집단이다. 살상 무기도 경찰과 비교하면 상상할 수 없는 가공할 무기를 지니고 있다. 이러한 군인을 제주도에 출동시킨 목적은 토벌, 이른바 초토화 작전이었다. 병사위원회는 제주도 출동명령이 부당하다고 보았다. 부당함의 근거에는 '토벌'을 목적으로 자신들을 제주도에 보내고 있었기 때문이다. 그래서 잘못된 명령이란 판단에는 '제주 토벌'이 있었다. 제주 토벌은 동포의 학살을 의미하였기에 출동을 거부하였다. 자신들이 궐기한 이유를 명칭에 함축하여 표현하였다.

만약 병사위원회가 정부 전복을 목적으로 하는 반란을 목표로 했다면, 이러한 명칭을 사용하였을까? 또 남로당의 지령으로 전국 반란의 촉매제 역할을 하기 위해 궐기했다면 이러한 명칭을 사용하였을까? 5·16쿠데타 세력의 '군사혁명위원회', 신군부의 '국가보위비상대책위원회' 명칭과 비교하여 보면 제14연대 제주토벌출동거부병사위원회란 명칭이 얼마나 순수한지 알 수 있다.

병사위원회는 군인의 사명이 무엇인지를 아는 참군인이었다. 반란 따위는 애초부터 생각하지 않고 오로지 군인의 사명을 준수하고자 궐기를 결행할 수밖에 없었던 국민의 군인이었다. '제주토벌출동거부병사위원회'란 명칭은 제14연대 군인의 봉기 이유를 가장 잘 표현하였다.

4) 국방부 지휘관의 제주도 상황 인식

10월 11일 제주도경비사령부의 설치는 초토화 작전이었다. 제주도경비사령부의 창설은 미 임시군사고문단의 정책 결정을 바탕으로 이뤄졌다.[73] 여기서 우선 살펴야 할 것은 10월 7일에 제14연대장으로 부임한 박승훈(1890년생) 중령이란 인물이다. 박승훈은 1890년 경기도 수원에서 태어났다. 1914년에 일본 육군사관학교 26기로 졸업하고 1935년에 일본군 소좌로 예편되었다. 이윽고 만주로 건너가 만주군 보병 중교(중령)에 임명되어 국경감시대에 배속되었다. 박승훈이 부임한 국경감시대는 일본 제국의 괴뢰국인 만주국이 동북항일연군·팔로군 등 항일 조직을 공격하기 위한 간도특설대의 모태 조직이다. 1938년 12월 국경감시대가 폐지되고 간도특설대가 창설되었다. 박승훈은 만주군 간도특설대의 상교(현 대령 계급 정도)로 해방을 맞이하였다.

박승훈은 일본 육군사관학교 26기 졸업생으로 그의 동기로는 미군정청 국방사령부 고문과 정부 수립 이후 초대 육군 총참모장을 역임한 이응준과 국방부 장관을 역임한 신태영, 대한민국 임시정부 광복군 총사령관 지청천 등이 있다. 항쟁 발발 당시 국방부 총참모장 채병덕은 일본 육군사관학교 49기 졸업생이며, 박정희는 50기 졸업생이다. 장교로서 군번 1번을 받은 이형근과 정보국장 백선엽은 1920년생이며, 정일권 육군 총참모장은 1917년생이다. 당시 국군의 주요 요직에 있었던 이들과 비교하여 박승훈은 군대 경력, 졸업 기수, 나이 등이 월등히 앞섰다. 그런데 그들보다 늦게 특별 임관(1948년 9월 말경)하였으며, 계급도 중령에 불과하였다.

박승훈의 제14연대 연대장 부임은 제5여단 여단장을 염두에 둔 조치였

---

[73] 군사고문단 로버츠 준장은 제5여단 고문관 트레드웰(James H. W. Treadwell) 대위에게 보낸 서한에서 "제주도 부대들에 대한 검열 결과 신발, 의복, 지도, 소총, 실탄, 식량 등 모든 주요 범주의 주요 장비들이 현저하게 부족했다"며 "지적된 사항에 대한 시정 조치를 즉각 취하고 보고할 것"을 지시했다(제주4·3위원회, 「제5여단 소속 미군 고문관의 지위 및 능력: 1948년 10월 9일」, 『제주4·3사건 자료집』 8, 91~92쪽).

다. 이는 제주도 토벌 계획과도 맥을 같이한다. 즉 박승훈은 만주군 간도 특설대에서 항일조직의 토벌작전 전투 지휘 경험이 누구보다도 출중하였다. 제주도 토벌작전에는 실전 전투 경험을 두루 갖춘 박승훈과 같은 인물이 필요하였다. 박승훈의 여수 제14연대장 부임은 제주도 초토화 작전을 이미 준비한 조치였다.

제주 상황이 초토화 작전에 돌입할 정도로 심각하였는지 국방부 고위 지휘관들의 상황 인식을 살펴보는 것도 매우 중요하다. 이는 여수 제14연대 파견의 적절성과도 긴밀한 유대관계를 맺고 있다.

박진경 암살 이후 새로 부임한 최경록 제11연대 겸 제9연대 연대장은 임무를 마치고 수원으로 귀환하면서 담화에서 "제주도 사태 수습에 있어서 무력 해결로써는 절대 불가능하다"고 역설하였다.[74] 또한 함께 귀환한 김용주 제3대대장은 제주4·3항쟁의 상황과 원인으로 "부락에는 가축만 남아 있고 대개가 산으로 도망하고 없다. 이는 경찰의 탄압과 폭도들의 유인이 원인이다"고 하였다. 폭도들의 유인도 있었겠지만, 경찰의 탄압으로 제주도민이 산으로 갈 수밖에 없었던 상황을 설명하고 있다.

최경록 연대장의 당시 제주도 상황 인식은 한 신문의 사설에서도 잘 나타나 있다. 사설을 요약하면 "단순히 무력에 의한 토벌 그것만으로는 해결을 기약키 어려운 점은 현지의 국방경비대며 경찰의 책임자가 누누이 지적하였다"면서 "일찍부터 정치적 비상 수단을 베풀 것을 군정 당국에 경고한 바 있었다"고 하였다. 특히 군의 토벌작전은 최후 수단이 되어야 하며, 이는 비상대책을 마련하여 병행되어야 한다고 했다. 그러면서 "군의 행동은 어디까지 동원된 본정신과 애족애국의 군 본래의 사명에서 사건 수습의 주도적 기능을 발휘케 하여야 할 것이었다"고[75] 강조하였다.

---

74 『조선중앙일보』, 1948년 7월 29일.

제주 주둔 제9연대는 제3여단에서 1948년 8월 8일자로 광주 제5여단 예하부대로 소속이 바뀌었다. 제5여단장 김상겸 대령을 대리하여 참모장 오덕준(吳德峻) 중령은 8월 30일 제주도에 도착하여 제주 상황을 점검했다. 그는 제주도에서 기자들과 간담회를 통하여 다음과 같이 말하였다.

> ⓜ 제9연대가 제5여단 관하로 소속된 후 본도 순시와 아울러 본도 사태를 조속히 해결코자 함이 본관이 내도한 제일 목적이다. **제주도 사태는 어느 정도 수습되고 있으므로** 군으로서는 사태 수습의 방법을 완화책에서 구할 것이며, 그 단계로 선무 등을 적극 전개하며 동요 중에 있는 도민들의 민심을 수습코자 하고 있는데 벌써 **군의 의무반이 농촌에 나가서 활동을 전개한 결과 지방의 민심 수습에 현저한 성과**를 얻었다.(『동아일보』, 1948년 9월 7일)

오덕준은 8월 30일 비행기로 제주도에 도착, 일주일간 제주도 사태에 대한 보고와 함께 현지를 시찰하며 상황을 파악하였다. 오덕준이 본 제주도는 어느 정도 수습되고 있었다. 군은 선무활동을 적극적으로 전개하여 민심을 수습하는 것이 방법이라고 했다. 군 의무반 등이 농촌에서 선무활동을 전개한 결과 현저한 성과를 내는 것을 오덕즌은 확인하였다. 강경진압작전보다 선무활동의 전개를 통해 제주도 상황을 수습하는 것이 가장 적절하다고 파악하였다. 또한 오덕준은 "도민들의 왕성한 근로정신은 모두가 본받아야 할 점이다. 나는 앞으로 건군에 있어 근로정신을 모범하도록 할 작정이며 광주로 돌아가 제주도에 대한 인식을 철저하게 할 것이다" 하면서 제주도민의 왕성한 근로정신에 큰 감동을 받았다. 이는 군인을 투입할 이유가 전혀 없음을 증명하고 있다.

---

75 『조선일보』, 1948년 9월 9일.

9월 초순으로 들어서면서 제주도는 유격대의 활동이 재연될 기미가 나타났다. 국방부에서는 육군 총참모장 정일권(丁一權) 대령과 해군 총참모장 김영철(金英哲) 대령을 10월 1일 현지로 파견하였다.[76] 5일 동안 현지를 시찰하고 돌아온 정일권 대령은 제주도의 현 사태는 예상했던 것보다도 평온하다고 제주 상황을 전했다. 유격대의 치고 빠지는 전투(빨치산전)가 9월 초순부터 숫자상으로 많아졌지만, 평온하다고 한 것으로 보아 그렇게 큰 문제로 보지 않았다. 정일권은 군대가 제주도에 파견되어 있으면서도 완전히 해결하지 못하고 있음을 국민에게 미안해하면서 조속히 해결하겠다는 약속도 덧붙였다.

대한민국 정부가 수립되었지만, 제주 문제는 이승만에게 골칫거리였다. 미 임시군사고문단도 역시 마찬가지였다. 그러나 각 정당사회단체에서는 "파견 경찰대를 즉시 철회하고 이 사건을 원만히 평화리에 해결함으로써 자손만대에 모욕을 끼치지 않게 하기를 바란다"는 담화를 잇달아 내놓았다.[77] 정당사회단체로 구성된 '제주도사건 진상조사단'에서는 제주도에 직접 들어가 진상을 조사하겠다고 제주도 승선 허용을 요청하였다. 국민의 여론이 결코 이승만과 미 임시군사고문단에게 유리하게 돌아가지 않았다.

당시 제주도에 파견되었던 현지 사령관의 '제주도의 사태는 무력 해결로써는 절대 불가능하다'는 발표, 제9연대 상급 부대 제5여단 참모장의 '선무활동의 현저한 성과를 얻었다'는 발표, 그리고 육군 총참모장의 '제주도의 현 사태는 예상했던 것보다도 평온하다'는 발표로 미루어 보아

---

76 『국제신문』, 1948년 10월 7일.
77 『조선중앙일보』, 1948년 9월 11일, 13일.

초토화 작전으로 나서야 할 이유가 없다는 것을 재차 확인할 수 있다.

그러나 초토화 작전은 결행되었다. 10월 11일 제주도경비사령부가 설치되고 제14연대 1개 대대는 제주도로 출동하라는 명령을 받았다. 당시 제14연대 연대장 박승훈은 기자회견에서 "병사 중 대부분은 제주도에 가는 것을 희망치 않았다"고 말했다.[78] 부대 내에서는 제주도 출동명령에 대한 반감이 저변에 상당히 깔려 있었음을 짐작할 수 있다. 그렇다면 제14연대 지휘부는 병사들의 심리 상태와 반감의 이유 등을 조사하여 적절한 조처를 취해야 했다. 그런데도 제14연대 지휘부는 상부 명령에 따라 제주도 출동만 서둘렀고 강행하였다.

제14연대 병사위원회에서 '동족상잔 결사반대'와 '미군 즉시 철퇴'를 주장하며 제주도 출병을 거부한 것은 국가권력의 불법적 행위에 대한 저항이었다. 그 행위의 주체가 군인이란 신분에 문제를 제기한다. 군인은 명령에 살고 명령에 죽는다고 한다. 하지만 제14연대에 내려진 출동명령은 30만 명 동족의 생명을 보장할 수 없는 부당한 명령이었다. 제14연대 군인들이 제주도 출동을 희망하지 않는 충분한 이유가 있었다. 그런데도 군인이란 신분만을 내세워 명령을 무조건 따라야 한다고 주장한다.

군인은 국가의 안전보장과 국토방위의 신성한 의무를 목적으로 한다. 국가의 안전보장에는 국민의 생명 보장을 지키기 위한 활동도 포함된다. 제14연대 군인에게 자국민의 생명 보호가 아닌, 오히려 자국민을 학살하라는 잘못된 명령이 하달되었다. 이는 평화협상을 통해 원만히 문제를 해결할 기회가 있었음에도 그것을 파기한 미군정을 비롯한 권력기관의 오판에서 비롯되었다. 정부와 미 임시군사고문단은 오판을 만회하기 위해 더 큰 오판을 불러일으켰다. 제주도 초토화 작전으로의 돌변이 그러하

---

[78] 『동아일보』, 1948년 10월 29일.

다. 제14연대 군인은 국가권력의 불법적 명령을 거부하는 불복종으로 저항하였다. 군대 용어로는 항명이라고 할 수 있다.

지금까지 제14연대 제주도 출동 거부 행위를 군인이란 신분으로 얽매여 다른 각도에서 바라보지 못했다. 그 결과 반란으로만 인식하였다. 그러나 이들 행동 어디에도 반란으로 성격을 규정할 만한 요소가 없었다. 동포를 학살하라는 잘못된 국가권력의 불법적 명령에 대한 저항이었을 뿐이다. 이승만의 정권 연장을 위해 반란으로 규정하면서 금단의 주제가 되었던 제14연대 군인의 제주도 출동 거부는 항쟁을 촉발한 봉기였다.

2. 부대원 선동을 위한 또 다른 작전

14연대 봉기는 사전에 철저하게 준비된 것이라기보다는 소수의 주도세력에 의해 모의되고 실행되었다. 반면 대부분의 병사는 주도세력의 봉기 목적이나 행동 지침을 알고 있지 못했다.[79] 그리고 주도세력도 병사들에게 봉기의 목적이나 타당성을 설명할 만한 시간을 갖지 못한 상황에서 제주도 출동명령이 하달되었다. 봉기에 성공하기 위해서는 절대적으로 다수 병사들의 동참이 필요했다. 시간은 급박하게 흘러갔다. 병사들을 심리적으로 선동할 수 있는 묘수가 필요했다. 부대원들이 봉기에 동참할 수 있는 그 어떤 작전이 요구되었다. 그 작전이 무엇이었는지 살펴보자.

대한민국 정부가 수립된 당시 육군은 5개 여단(제1, 2, 3, 4, 5)으로 편

---

[79] From John Muccio to the Secretary of state, Review of and Observation on the Yosu Rebellion(1948. 11. 4), RG 319, ID File No. 506892(「여수반란의 개요와 관찰」), p. 1

성되었으며, 장교 1,403명, 사병 49,087명 등이었다.[80] 여수 제14연대는 광주의 제4연대, 제주의 제9연대와 함께 제5여단의 예하부대였다. 1개 연대는 3개의 대대로 구성되었다. 1개 대대는 4개의 중대로 구성, 1개 중대는 4개의 소대로 구성, 1개 소대는 4개의 분대로 구성되었다.

제14연대는 3개 대대, 12개 중대, 48개 소대와 192개 분대로 구성되었다. 이외에도 연대에는 본부중대, 군기대, 의무대, 통신대 등이 있었다. 항쟁 발발 당시 인사참모 겸 본부 중대장을 역임했던 김형운의 증언에 따르면 당시 1개 분대 병력은 12명이었다. 이를 토대로 제14연대 병력을 산출하면 2,304명의 병력과 연대의 본부중대와 군기대(헌병), 의무대, 통신대 등을 합한 인원이 부대 정원이 될 것이다. 당시 연대의 편제상 병력은 2,781명이었다는 주장도 있다.[81]

편제상으로는 2,781명이었지만, 당시 대부분 연대가 정원을 채우지 못했던 것처럼 제14연대도 정원을 채우지 못했다. 12중대는 9월 하순부터 모병을 시작하는 수준이었고, 각 중대에도 결원이 있었다. 이러한 정황으로 보아 제14연대 병력은 2,200~2,500명 정도로 예상된다. 여순항쟁 발발 당시 1개 중대 병력은 순천에 파견되었으며,[82] 보성에 터널 경비로 5중대(중대장 박윤민 소위)의 일부 병력도 파견되었다.[83] 그리고 제주도로 출동하는 수송 준비로 300명 정도의 병력이 여수 신항에서

---

80 국방부 전사편찬위원회, 앞의 책, 339쪽.
81 유관종, 「여수 제14연대 반란사건4」, 『현대공론』 5월호, 1989, 373쪽.
82 대부분 연구자들이 순천에는 2개 중대가 파견되었다고 기록하였다. 이는 전사편찬위원회가 1967년에 발간한 『한국전쟁사 1 : 해방과 건군』을 인용한 결과이다. 『한국전쟁사 1』은 유관종이 집필과 편찬을 담당하였는데, 유관종은 2개 중대는 잘못이며, 1개 중대가 파견되었다고 정정하였다(유관종, 「빨치산을 낳게 한 여수, 제14연대반란사건」, 『현대공론』 13호, 1989, 384쪽).
83 유관종, 「여수 제14연대 반란사건 1」, 『현대공론』 2월호, 1989, 435쪽.

연대장 지휘 아래 있었다. 이러한 점을 감안하면 부대에 남아 있었던 병력은 1,700~2,000명 정도로 예상된다.

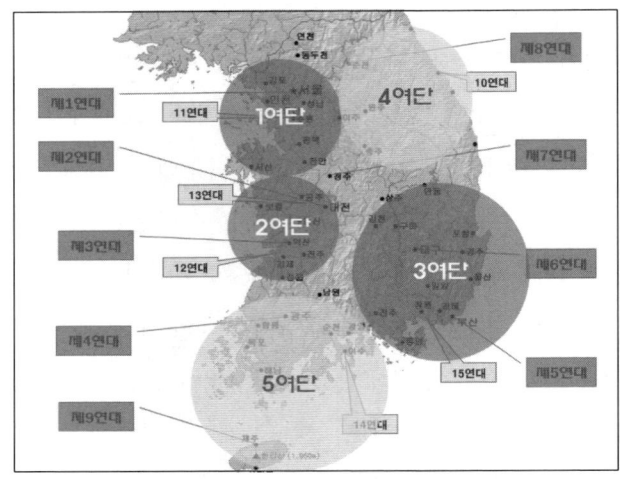

<그림 2> 육군의 부대 편제 지도

제14연대 봉기의 주도세력은 '40여 명 사병'이다. 이중에 장교는 김지회·홍순석·이기종 중위뿐이다. 제14연대 병영에 있던 1,700~2,000명의 병력을 어떻게 봉기에 가담시키느냐는 주도세력에게는 매우 중요한 과제였을 것이다. 소수 주도세력으로 다수 부대원을 봉기에 가담시키기에는 여러 정황상 쉽지 않은 구조였다. 또한 병사위원회가 주창한 '동족상잔 결사반대', '미군 즉시 철퇴'는 주도세력만이 공유했을 것으로 짐작된다. 이러한 상황에서 소수 주도세력이 다수 부대원을 봉기에 동조시킬 수 있었던 요인은 무엇일까?

해방 이후 국방경비대가 창설되면서부터 끊임없이 갈등한 경찰과의 관계가 그것이다. 제14연대 병사위원회의 성명서에 경찰과 갈등은 언급되지 않았다. 하지만 군인과 경찰 간에는 일촉즉발의 갈등과 대립이 있었으며, 이를 제14연대 봉기 원인으로 지목하기도 한다. 발발 당시 군인과

경찰의 갈등을 가장 잘 표현한 글로 소개되었으며, 많은 연구자가 인용한 글을 살펴보면,

> Ⓝ 친애하는 출동 장병 여러분! 드디어 올 것이 오고야 말았습니다. **오늘 밤 여수경찰이 우리를 쳐들어온다**는 정보가 지금 막 들어왔습니다. 우리는 지금까지 사회에서나 또 군에 들어와서조차도 **경찰 놈들로부터 얼마나 많은 멸시와 수모를 받았습니까?** 우리가 군에 들어온 목적이 무엇이었습니까? 오직 경찰을 처부수고 조국을 통일하는 데 있지 않았습니까?(김계유, 「1948년 여순봉기」, 『역사비평』 15, 1999)

> ◎ **지금 경찰이 우리한테 쳐들어온다. 경찰을 타도하자.** 우리는 동족상잔의 제주도 출동을 반대한다. 우리는 조국의 염원인 남북통일을 원한다. 지금 북조선 인민군이 남조선 해방을 위하여 38선을 넘어 남진 중에 있다. 우리는 북상하는 인민해방군으로서 행동한다. 미제국주의의 앞잡이 장교들을 모조리 죽여라. (국방부 전사편찬위원회, 『한국전쟁사 - 해방과 건군』 제1권, 1967)

10월 19일 밤 제14연대에서 봉기가 발발하고 부대원들이 연병장에 모였다. 이때 인사계 특무상사 지창수가 연단에 올라 자신을 인민해방군 연대장이라고 소개하고 부대원을 선동했다. 선동은 "경찰이 군인을 공격한다"는 것이었다. 그동안 경찰과 갈등을 부추겼다는 것이 대체적인 인용문의 핵심이다.

10월 19일 밤에 이 연설을 들을 수 있는 사람은 제14연대 군인이다. Ⓝ 인용문을 작성한 김계유는 당시 여수군청 공무원이다. 그가 군의 봉기를 알게 된 것은 10월 20일 아침 자신의 집이다. 그런데 그는 제14연대 연병장에서 직접 들은 것처럼 자세한 기록을 남겼다. 그는 지창수의 연설을 친구에게 들었으며, 그 친구는 동생에게 들었다고 증언했다. 친구의

동생도 제14연대 군인이 아니라 여수수산학교 학생이다. 본인이 직접 들은 것도 아니고, 제1차 전달자도 아닌 또 다른 전달자 등 몇 단계를 거쳐 전해 들은 이야기를 자신이 직접 들은 것처럼 상세하게 서술했다. 지창수의 연설은 당시 신문 등의 기록에 없다. 또한 생존한 제14연대 군인들의 증언에서도 찾아볼 수 없다. 김계유가 자세하게 기록할 수 있었던 것은 국방부 전사편찬위원회의 ◎ 인용문을 참조해 각색하였을 것으로 짐작된다.

당시 제주도 출동 부대인 1대대 부대원은 저녁 식사 후 연병장에서 대기하고 있었다. 1대대 1중대(중화기중대) 소속의 서형수는 연병장에서 쉬고 있는데 요란한 총소리를 들었다. 얼마 후 누구인지 알 수 없는 인물이 휴대용 메가폰을 들고 부대를 돌아다니면서 "제주도에 파견 나가면 미 제국주의자 헬리콥터가 떠서 배 폭파시킨다. 가면 안 된다. 그러면 다 죽는다"[84]고 선동했다고 한다. 앞서 박승훈 연대장이 증언했던 "병사들은 제주도 출동을 원하지 않았다"는 병사들의 심리 상태를 이용한 선전선동으로 보인다. 서형수는 부대원들과 함께 시내로 나갈 때까지 연병장의 연단에서 연설한 사람은 없었다고 한다.

제14연대 봉기 원인이 경찰과의 갈등 때문이라는 지적도 있다. 여순항쟁 발발 당시의 기록을 살펴보자. 구례 지역에서 진압에 참여하고 있던 현지 사령부에서는 1947년 6월 발생한 영암 군경 충돌사건과[85] 1948년

---

[84] 서형수 증언, 서형수는 봉기군을 따라 입산하였다가 1948년 12월에 하산하였다.
[85] 1947년 6월 2일 영암에서 국방경비대 제4연대(광주 주둔) 1대대와 영암경찰서 간에 발생한 무력 충돌사건으로 제4연대 군인 6명이 사망하고 10여 명이 부상당했다. 이로 인하여 주번사령 이관식 중위가 파면, 대대 선임하사관 김은배 중사가 병력 지휘 책임으로 최고 12년형, 최철기 상사가 수송부 선임하사관으로서 차량을 동원한 책임으로 10년형, 그 밖에 김정길 징역 단기 3년(장기 5년), 문창로 징역 2년(집행유예 5년), 백영교 징역 2년(집행유예 5년)을 선고받았다(『동광신문』, 1947년 9월 9일).

9월 구례경찰서 제14연대 군인 구타사건으로[86] 인한 경찰에 대한 사병들의 악감정·심리 상태를 잘 이용하여 선동하였다고[87] 발표하였다. 현지 사령관의 이러한 인식은 지리산과 백운산 등으로 입산한 봉기군을 체포하여 심문한 결과를 토대로 하였다. 제14연대 주도세력은 동족상잔 결사반대, 미군 즉시 철퇴를 명분으로 봉기하였지만, 부대원들을 선동하는 과정에서는 경찰과의 악감정, 반경의식을 적절히 이용하여 선동하였다는 것을 짐작할 수 있다.

> ⓟ 당시에는 **군인들 대우는 말이 아니고, 경찰들 대우는 좋았거든**. 그때 군인은 노랑이라 하고, 경찰은 검둥이라 그러고, 여하튼 사이가 좋지 않았거든.……서로 이야기를 하다 보면 나는 어디 경찰서를 부수고 들어왔다라는 이야기를 쉽게 하고……그러한 분위기가 있으니까 지서 **순경한테 맞고 왔다 그러면 부대가 '와' 하고 일어섰죠**.(곽상국의 증언(여수지역사회연구소, 『여순사건실태조사보고서』1, 1998, 125쪽))

ⓟ 인용문은 제14연대 군인이었던 곽상국의 증언이다. 경찰에 비하여 군인의 대우는 형편없었다. 불만은 쌓여 갔다. 경찰은 군인을 '빨갱이 소굴'로 비난하고, 군인은 경찰을 '일본 놈 앞잡이'라고 서로 비아냥거리는 인신공격만 난무하였다. 군대 내에서는 반경의식이 만연했고 군과 경찰의 마찰은 심심찮게 발생했다. 그러다 보니 외출 나가는 부대원들에게 "만약에 경찰한테 두들겨 맞고 다니는 놈은 엄벌에 처한다"고[88] 으름장을 놓기도 했다.

---

[86] 1948년 9월 25일 구례로 휴가를 나갔던 제14연대 군인 8명이 구례경찰에게 군복을 벗기고 구타당하고 유치된 사건이다.
[87] 『동아일보』, 1948년 11월 7일.
[88] 김일도의 증언(제14연대 3중대장 김현보의 말).

반경의식은 일선 부대원들만이 갖는 감정이 아니었다. 1948년 10월 23일 여순항쟁 진압을 위해 현지로 내려가는 도중에 당시 국방부 인사국장 강영훈 중령은 서울발 광주행 열차에서 합동통신 설국환 기자를 비롯한 종군기자들과의 대화에서 군이 반란을 일으킨 이유를 설명했다. 강영훈은 국군 병사들이 행정 관리나 경찰의 부패를 보면서 완전히 목표를 잃어버린 것에 있고, 경관들은 수입 부족을 비행으로 보충하면서 군인을 경멸하는 경향이 있다고 지적했다.

군대 내의 반경의식은 40명에 불과한 주도세력으로 2천여 명에 달하는 연대 병력을 일순간 봉기에 합류시키는 동력이 되었다. 군과 경찰의 갈등은 부대원들을 선동하기에 매우 용이하였기에 소수의 봉기 주도세력은 이를 적극적으로 활용하여 다수의 부대원을 움직였다.

Ⓠ 즉 19일 밤 일부 군대가 제주도로 파견되게 되어 연대 내에서는 송별연회가 벌어졌든 것인데 남로당 프락치 40명은 이 기회를 이용하여 사건을 발단시킨 것이니 송별연 뒤끝에 여흥이 시작되자 프락치 40명 중 일부는 그 후방 산 위에 올라가서 연회장 중앙에 있는 고급장교들을 향하여 집중사격을 개시하여 고급장교들을 사살하는 동시에 연회장에 남은 일부 프락치들은 곧 모략 선동하기를 **"지금 경관이 우리 국군을 습격한다"**, **"경찰이 우리 상관들을 사격하였다. 우리는 우리 상관의 원수를 갚자! 경찰서를 습격하자!"** 라고 외쳤던 것이다. (현윤삼, 「전남반란사건의 전모」, 『대조』, 1948년 12월호)

Ⓡ 그날 밤 10시경에 출발하기로 된 1개 대대 약 6백 명은 어떤 사고로 인하여 한 시간 늦게 출발하게 되었고……뒷산에서 난데없는 총성이 들리자 가운데 있던 장교들이 쓰러지기 시작하였던 것이다. 바로 이때였다. **"저놈들은 경찰이다. 경찰이 무슨 원한이 있길래 우리를 쏘는 것이냐"** 하며 부르짖는 소리가 들렸다. 병영은 돌연 혼란에 빠졌다. 이때 병사는 "무기고를 열고 경찰을 습격하자"고 외쳤다. (홍한표, 「전남반란사건의 전모」,

『신천지』, 1948년 11월·12월호)

지금까지는 경찰과의 반목과 갈등을 증언이나 2차 사료에 의존한 경향이 있다. 반면 ⓠ, ⓡ 인용문은 여순항쟁 당시 현윤섭과 홍한표가 여수에 특파되어 취재하여 글로 남긴 것이다. 우연히 제목이 「전남반란사건의 전모」로 같다. 현윤삼과 홍한표의 글은 경찰을 타도의 대상으로 이용하여 부대원을 선동했음을 확인할 수 있는 초기 자료이다.

영암 군경 충돌사건이나 구례경찰서 구타사건은 군인이 부대 밖에서 맞았던 사건이었다. 반면 이번 선동은 경찰이 군(제14연대 병영)을 습격하여 장교 등을 살해하려고 한다는 것이다. 외부에서 벌어진 구타와 차원이 다른 부대 습격이란 선동에 부대원들은 가만히 있을 수 없었다. "경찰서를 습격하자"는 당위성은 쉽게 동의를 구할 수 있었으며 실행에 옮겨졌다. 그동안 쌓인 분노는 곧바로 부대원들의 여수 시내 진격으로 나타났다.

여수 시내와 여수경찰서를 장악한 봉기군은 곧바로 순천행 기차를 탔다. 이때도 600~800명가량의 부대원이 동승하였다. 이미 여수경찰서를 점령했음에도 불구하고 아무런 의심도 없이 북상하는 기차에 탑승했다. 앞서 구례 지역 토벌작전에 참여한 현지 사령관의 발표는 그런 점에서 의미가 크다고 할 수 있다.

> ⓢ 사건의 발생 원인에 대하여서는 그 해석이 구구하나 전투사령부 보도부 측과 현지 당국 간부급의 견해를 들어 보면 다음과 같은 원인을 말할 수 있다.
> 一. 제一四연대 하사관들은 대부분 제四연대 출신이며 과거 제四연대는 세인이 주지하고 있는 영암사건(靈岩事件)에서 경찰에 대한 악감을 품고 있었다는 것.
> 二. 九월 廿五일경 제十四연대 병사 八명이 어떠한 사건으로 구례경찰서

에서 군복을 벗기우고 구타 끝에 유치당한 사실이 있어 경찰에 대한 감정이 一層 악화되었다는 것.

三. 구례 사건을 상부에서 무관심하여 책임 추궁을 아니하였기 때문에 경찰관에 대한 감정을 갖게 되었다는 것.

四. 이러한 **병사들의 심리 상태를 연대 좌익사상을 가진 간부와 지방 좌익계에서 선동하여 이용**하였다는 것.

五. 병사의 심리는 단순하므로 감정에 좌우되기 쉽고 또한 선동에 빠지기 용이하다는 것 등이다.

그럼으로 **반란병의 모든 목적지는 구례경찰서**에 있었다 하며 **전남 경관은 전부 사살할 계획이었다고 하는바, 반란병과 지방 좌익 계열과 근본적으로 어떠한 계통적 연락은 없었을** 것이라고 한다. (『동아일보』, 1948년 11월 7일)

ⓢ 인용문은 현지 사령관의 기자회견이다. 현지 사령관은 김백일 중령으로 짐작된다. ⓢ 인용문은 봉기군과 지방 좌익 간의 사전 연락이나 교감이 없었다는 것을 현지 사령관이 밝히고 있다. 또한 다수 병사를 선동하기 위한 봉기군 주도세력의 노력을 엿볼 수 있다.

부대원의 목표는 구례경찰서였다. 구례경찰서는 항쟁 발발 한 달 전에 제14연대 병사가 구타를 당한 곳이었다. 대다수 부대원은 구례경찰서를 공격함을 반란과 무관한 행위로 보았다. 이를 적절하게 소수 주도세력이 선동한 것이다. 구례는 지리산으로 들어가는 길목이었다. 봉기군 주도세력의 목적지인 지리산과 구례는 동일한 곳이다. 대부분 부대원은 구례경찰서를 습격한다는 생각을 하고 있었기에 의심의 여지도 없이 순천행 북상 기차에 올랐다.

또한 순천을 점령하고 일부는 광주 방면으로 진출하였다. 제14연대의 살상 대상은 전남 경찰 모두였다. 광주는 전남 수도로서 전남 경찰의 지휘부였다. 반경의식이 최고조에 달했던 부대원들은 구례사건에 대한 상부의 무관심에 대한 불만이 폭발하면서 광주로 진출하는 것이 당연하다고 여겼을 것이다. 이 같은 사실은 앞서 살펴본 봉기군이 두 갈래[二分設; 광주 방면, 남원 방면]로 나뉘어 북상하였다는 근거가 되기도 하였다.

당시 병사들은 20대 초반으로 억압적 경찰의 맹위가 떨치던 일제강점기에 자아가 형성되었다. 해방된 조국에서도 친일 경찰의 맹위는 여전하였다. 친일 경찰의 억압적 맹위는 아이러니하게도 제복에 대한 동경심으로 나타났다. 14연대 병사들의 입대 이유는 여러 요인이 있었지만, 경찰의 제복에 맞서는 방법으로 군인의 길을 택하였다. 역설적으로 군인의 제복으로 경찰의 제복을 제압하고자 했다. 그러나 군인은 여전히 경찰 아래서 굴욕을 당하였으며 보조세력으로 여겨지는 신세에 불과하였다. 나날이 쌓이는 병사들의 분노는 표출될 길을 찾고 있었다.

봉기의 소수 주도세력이 지리산 입산이라는 목적을 달성하기 위해서는 다수 부대원의 합세가 절대 필요했다. 그렇지만 다수 부대원에게 제주도 상황을 설명하고 동의를 구하기에는 시간이 턱없이 부족하였다. 절체절명의 순간에 소수 주도세력이 고안한 것은 병사들의 나날이 쌓이는 반경의식이었다. 끊임없이 반복되고 누적된 경찰에 대한 적개심은 다수의 부대원을 선동하기에 적절한 명분이었다.

"경찰이 쳐들어온다"는 한마디의 외침은 사병들의 적개심을 자극하였다. 소수 주도세력만으로는 도저히 불가능할 것만 같았던 부대 장악은 순식간에 전세를 뒤집었다. 소수 주도세력은 여세를 몰아 시내로 진출하여 지리산으로 입산하고자 통근 열차에 몸을 실었다. 다수 부대원은 그 어떤 의심도 없이 전남 경찰에 대한 보복심이 혈안이 되어 북상 열차에 동행하였다. 이렇듯 군의 봉기가 전남 동부지역으로 확산되는 바탕에는 반경의식이 주효하였다.

5장. 불의에 저항한 민중의 힘

여순항쟁은 제14연대 군인의 궐기로 시작하였다. 민중의 합세와 지지가 이어지면서 대중적 실천 저항으로 발전하였다. 일부 연구자와 문헌에 따르면 제14연대 봉기군과 지방 좌익세력이 연계하거나 미리 접촉했다는 주장이 있으나 이는 사실이 아니라는 것을 앞선 현지 사령관의 기자회견 등을 통해서 확인하였다. 군에 의해서 촉발된 봉기가 전남 동부지역 민중의 대중적 실천운동으로 빠르게 확산되었던 배경은 무엇이었을까?

5장에서는 군인들이 촉발한 행위에 민중의 합세와 지지가 있었던 이유가 무엇이며, 이에 대해 어떤 성격을 부여하는 것이 타당한지 검토하겠다. 따라서 첫째, 봉기군이 장악한 여수와 순천은 인민위원회가 구성되었다. 인민위원회를 중심으로 한 민간인 주도세력은 어떤 성향이며, 목표는 무엇이었는지 살펴보겠다. 둘째, 일반 민중이 봉기에 동조한 정치적·사회적 배경이 무엇이었는지를 살펴보겠다.

1. 인민위원회와 그 사람들

봉기군이 여수와 순천을 장악하면서 항쟁이 인접 지역으로 빠르게 확산되었다. 광양·보성·고흥·구례 등에서는 봉기군이 도착하기 전에 경찰관과 우익 인사들이 모두 피신하면서, 지방 좌익은 군중을 선동해 경찰서를 비롯한 주요 기관을 무혈점령하였다. 그동안 비합법 상태에서 지하활동을 하던 인민위원회를 비롯한 민애청, 민주학생동맹, 합동노조, 철도노조, 여맹 등이 봉기에 적극적으로 가담하였다.

봉기군과 지방 좌익이 장악한 지역은 인민위원회가 결성되어 활동하였다. 지역별로 인민위원회의 활동은 큰 차이가 있다. 예컨대 여수의 경우 초보적이나마 인민행정이 이루어졌지만, 순천의 경우 행정력까지는 미치지 못했다. 벌교와 고흥 등에서도 인민재판이 있었다는 정도가 인민위원회의 활동으로 나타나고 있다. 따라서 민심을 선동하고 민중의 동조를 이끌어냈던 주도세력이 누구인지 알 수 있는 인물은 많지 않다. 특히 여수를 제외하고는 다른 지역에서 그 인물을 찾기란 쉽지 않다. 발발 당시 신문이나 재판 기록 등 1차 사료에 나타난 주요 인물은 다음과 같다.

〈표 3〉 1차 사료에 나타난 지역별 인민위원회 관련자

지역	이름	역할 또는 직책	전거	비고
여수	이용기	인민위원장	동아 48.11.2; 경향 48.11.5	체포
	박채영	『여수인민보』 발행인	동아 48.11.7 고등군법회의명령 제13호	처형
	유목윤	남로당 여수군당위원장 보안서장	동아 48.11.7	입산
	문성휘	남로당 여수군위원회	동아 48.11.7 고등군법회의명령 제13호	처형
	김귀영	인민위원회 의장단	동아 48.11.7	
	송 욱	여수여중 교장	경향 48.10.27; 평화 48.10.27	체포
	여운종	중앙동 인민위원장	동아 49.2.19	체포
	박용채	인민위 간부	자유 48.11.5	피신
	서종현	치안서장	자유 48.11.5	피신
	홍기환	전국노동조선평의회	박찬식, 「7일간의 여수」	
	김인옥	민주학생연맹 대표	박찬식, 「7일간의 여수」	
순천	서준필	치안서장	자유 48.10.29	총살
	김홍연	치안부서장	자유 48.10.29	총살
	박찬길	인민위원회 부위원장 순천지청 검사	서울 48.10.28; 강원 48.10.29	총살
	정 모	인민위원장	호남 48.10.30	피신
	지우섭	인민위원회 부위원장	호남 48.10.30; 호남 49.12.1	총살

지역	이름	역할 또는 직책	전거	비고
구례	이준홍	구례인민위원장	동광 48.11.9	총살
	선동기		호남 49.1.26	
	선태섭		호남 49.1.26	

여수는 10월 20일 오전 10시경 인민위원회가 조직되었고, 순천은 21일 오전 9시 30분경 인민위원회가 조직되었다.[89] 여수에서는 20일 오후 3시~4시경 여수 중앙동 광장에서 인민대회가 열렸다. 지금까지 20일 여수인민대회와 관련해서는 대부분 1991년에 발간된 향토사학자 김계유의 「1948년 여순봉기」를[90] 그대로 준용하여 서술하였다. 몇몇 보수인사나 우익단체에서는 김석학·임종명의 『광복30년 : 여순반란』을 덧붙여 인민대회의 잔학성을 폭로하기에 급급하였다.

김계유의 글은 여러모로 따져 봐야 할 부분이 많다. 예컨대 지창수와 이용기가 연단에서 연설한 내용을 아주 자세하게 기록하고 있다. 마치 연설 내용을 녹음한 것 같다. 그러나 당시 김계유는 인민대회 제일 뒷자리에서 들었다고 했다. 녹음도 하지 않았다고 한다. 당시 마이크 사정은 형편없었다. 어떻게 두 사람의 연설을 자세하게 기록할 수 있었을까? 짐작건대 당시 들은 내용과 여순항쟁 이후 회자된 내용을 종합하여 김계유가 창작한 것이라고 볼 수밖에 없다.

반면 여수인민대회와 관련하여 당시 기록으로는 박찬식의 「7일간의 여수」, 무효의 「여수반란의 개요와 관찰」, 고영환의 「여순잡감」, 김형도의 「여수의 풍난을 겪고 와서」가 있고, 일부 신문에 파편적으로 기록되었다. 이들의 주요 근거는 10월 24일에 여수인민위원회가 발행한 『여수인

---

[89] 『동아일보』, 1948년 11월 21일.
[90] 김계유, 「1948년 여순봉기」, 『역사비평』 겨울호, 1991, 258~276쪽.

민보』이다. 앞서도 밝혔지만, 여순항쟁을 이해·인스하는 데 가장 중요한 사료가 10월 24일자 『여수인민보』이다.

1) 여수인민대회의 사실관계 검토

여수에서 열린 인민대회에 대해서 몇 가지 사실관계에 대한 검토가 필요하다. 여수인민대회의 순서는 ① 이용기의 개회 인사말, ② 유목윤의 격려사, ③ 지창수의 등장과 연설, ④ 박기음이 여수 인민을 대표해서 '14연대 해방군에게 드리는 메시지' 채택, ⑤ 의장단 5명 선출, ⑥ 전평·민청·여맹 대표의 짤막한 축사, ⑦ 혁명 과업 6개 항 채택, ⑧ 이용기 인민위원장 취임사, ⑨ 박채영의 만세 삼창, ⑩ 거리 행진 등의 순서로 진행되었다고 한다. 이는 김계유의 「1948년 여순봉기」에 따른 순서이다.

김계유의 「1948년 여순봉기」는 1989년에 발표한 유관종의 「여수 제14연대 반란사건 ①~④」와 국방부 전사편찬위원회의 『한국전쟁사 1 : 해방과 건군』을 참조하여 작성한 것으로 짐작된다. 당시 기록에는 여수인민대회를 어떻게 기록하고 있는지를 살펴보는 것이 먼저일 것이다. 글의 이해를 높이기 위해 앞서 여수인민대회 진행 순서의 번호를 덧붙이겠다.

김계유의 글에는 ① 이용기의 개회 인사달과 ② 유목윤의 격려사가 있었다는 정도만 소개하였다. 무쵸의 「여수반란의 개요와 관찰」에서는 이용기의 개회 인사말을 간략하게 언급하였다. 그 내용은 "경찰의 폭압에 시달리고 있는 모든 인민을 해방했다"면서 "봉기군은 3년 전부터 미 제국주의의 억압을 반대"했다고 서술하였다. 반면 유목윤의 격려사에 대해서는 언급하지 않았다.

김계유가 소개한 여수인민대회 중에서 가장 문제되는 것이 ③ 지창수의 등장이다. 김계유는 지창수의 연설을 "그의 연설은 격하지도 않고 그렇다고 낮지도 않고 그야말로 도도한 냇물이 흘러가는 것 같은 현하지변"이었다고 격찬하면서 연설 내용을 수록하였다. 또한 지창수가 제14연대 연병장에서 연설했다는 내용도 같이 수록하였다. 김계유는 당시 여수군청 공무원이었고, 20일 아침에서야 반란이 일어난 것을 알았다. 그런데 19일 밤 제14연대 연병장에서 벌어진 연설을 어떻게 수록할 수 있었던 것일까?

무쵸를 비롯하여 박찬식·고영환·김형도 등의 글에는 지창수가 등장하지 않는다. 다시 말하면, 당시 기록에는 지창수가 전혀 언급되지 않았을 뿐만 아니라 여수인민대회 중에 제14연대 병사를 대표하여 그 누구도 연설했다는 기록이 없다. 김형도의 「여수의 풍난을 겪고 와서」에는 "축사는 학생연맹, 여성동맹, 노동조합, 남로당 이렇게 넷이 했는데 우스운 것은 이 네 단체의 축사가 전부 한 사람이 같은 말을 이리저리 바꾸어 써가지고 나가 읽었다"고 기록하였다. 제14연대 병사 중에는 누구도 인민대회에서 연설하지 않았다. 김계유가 세 번째로 등단했다고 한 지창수는 사실이 아닐 가능성이 매우 높다. 물론 '인민해방군 연대장'이란 직책도 가공되었을 것이다.

인민대회 진행 순서 ⑥ 각 단체 대표 연설은 무쵸와 박찬식의 글에는 남조선노동당 여수군위원회 대표 문성휘,[91] 전국노동조선평의회 전라남도 여수지구평의회 홍기환, 민주학생연맹 대표 김인옥 등 3명이 축사했다고 소개하였다. 연설 내용은 기록을 남기지 않았다. 무쵸는 각 단체 연설에 대해 "축사는 위의 메시지와 거의 같다"는 추가 멘트를 달았다. 앞선 이용기의 인사말과 연설 내용이 대동소이하였다는 의미로 보인다. 이는 김형도 기록과도 일치한다.

---

91 박찬식은 문성환(文聖煥)으로 기록하였다. 문성휘의 오기이다.

김형도는 4명이 축사를 했다고 하였다. 그런데 무쵸와 박찬식은 3명이다. 김형도의 기록에는 여성동맹의 대표가 연설했다고 하였다. 그런데 무쵸의 글에는 여성동맹 대표는 거론되지 않았다. 김형도는 당시 현장에서 직접 목격한 사람이다. 무쵸는 토벌군이 여수를 진압한 이후에 여러 사람의 증언과 『여수인민보』를 토대로 작성하였다. 실제로 여성동맹을 대표하여 여맹위원장이었던 이춘옥(이용기의 여동생)이 연설하기로 되었으나, 정기순이 대독하였다. 그런 점에서 보면, 정부가 개입되지 않은 상황에서 나온 김형도의 기록물은 매우 가치가 있는 사료라고 할 수 있다.[92]

김계유는 ④ '14연대 해방군에게 드리는 메시지'를 박기암이 낭독했다면서, 그 메시지도 소개하였다. 당시 기록인 무쵸와 박찬식을 비롯한 기타의 글에는 박기암이 등장하지 않는다. 또한 김계유가 박기암의 메시지라고 밝힌 내용과 무쵸의 「인민군 장병에게 드리는 감사문」은 상당히 다르다. 박기암의 메시지도 창작되었을 가능성이 매우 높다. 그렇다면 박기암은 누구일까?

박기암의 행적이나 활동이 지역에 알려진 바는 거의 없다. 그런데도 그는 여순항쟁과 무관하지는 않은 듯하다. 1974년 4월 1일부터 동아방송(DBS, 라디오 방송)의 다큐멘터리 드라마『특별수사본부』에서 「여수 박기암 사건」을 1975년 1월 19일까지 무려 80회 정도를 방송했다. 이 다큐멘터리 드라마에서는 "박기암! 麗順반란사건의 주모자라는 것 외에는 그의 정체에 관해서 아무런 기록도 남겨져 있지 않다. 동아방송의 『특별수사본부』는 명예를 걸고 변장술 속의 박기암의 정체를 캐내어 만천하에 폭로한다"고 소개하였다. (<그림 3> 참조) 박기암의 행보가

---

[92] 김형도의 개인 기록물은 <제4부 여순항쟁과 기독교>에서 면밀히 살펴보겠다.

심상치 않음을 직감할 수 있다. 이에 대한 단서는 유관종의 글에서 확인할 수 있다.

> ㉠ 여수읍에는 읍당 군사부책 박기암(당시 38세)이 있다. 그는 여수 남산동에서 거주하면서 해방 후 이승만계의 한민당 정치인을 자칭하면서 각급 기관장 및 유지들과 접촉하며 사회적으로 면식을 넓혔다. 제14연대장이 부임하거나 전출하게 되면 환영회나 송별회에 빠지지 않고 참석하며 여수에서 정치 거물로 행세했다. ㉠**남로당의 모든 공작을 도맡아 수행하고 지휘했으며, 김지회와 자주 접촉하며 연대 내의 공작을 해 왔다.** 박기암은 당시 군경 간의 알력을 이용하여 ㉡**남산동의 모처에 불을 질러 놓고 경찰이 출동하는 사이 제14연대의 일부가 경찰서를 습격하기로 계획하였으나** 경찰과 소방서(오동환 서장)가 신속하게 진화함으로써 미연에 방지했다. 박승훈 중령이 제14연대장으로 부임하자 환영회를 개최했고, 이후 박 연대장이 답례하는 등 사교술이 뛰어났다.
> 박기암은 ㉢**입산할 때 순천식산은행에서 5백 90만 원을 약탈**했다. 이후 1949년 5월에 하산하여 서울로 잠입하여 남대문시장에서 미군 물자 장사를 했고, 다음에는 을지로에서 '무궁화사진관'을 경영했다. 6·25전쟁에 다시 활개를 쳤지만 그들이 서울에서 후퇴할 때 미아리 쪽에서 부상당하여 포로가 됐다. 1·4후퇴 시에 부산으로 후송당했고 스웨덴호텔에 입원하는 특혜를 받았지만 중상으로 끝내 사망했다.(유관종, 「여수 제14연대 반란사건4」, 『현대공론』 2·5호, 1989)

『특별수사본부』에서 박기암의 정체를 폭로하겠다는 내용과 견주어 보아도 부족함이 없을 정도의 상세한 행적이다. 지역에서 알려지지 않은 행적과 비교하면 상당히 잘 파악하였다.

위 인용문을 살펴보자. 박기암을 읍당 군사부책이라고 소개하면서 ㉠ 남로당 모든 공작을 수행하고 지휘했다고 서술하였다. 이는 사실이 아닐 가능성이 높다. 여순항쟁 당시 남로당 순천군당 조직부 간부였으며 항쟁 이후에는 순천군당위원장을 역임했던 윤기남, 항쟁 당시 여맹활동을 했던 정기순, 심명섭(가명) 등 남로당 관련자의 증언을 종합해도 박기암은 전혀 언급되지 않고 있다. 물론 '14연대 해방군에게 드리는 메시지'를 박기암이 낭독했다는 사실도 부인한다. 여순항쟁 이전에 박기암이 ⓒ 경찰서 습격을 계획했다는 서술도 사실관계가 모호하다.

박기암이 ⓒ 입산할 때 순천식산은행에서 5백 90만 원을 약탈했다는 내용도 확인이 필요하다. 당시 봉기군이 순천에 머문 기간은 20일 오후부터 22일 오후까지이다. 이 기간에 박기암이 순천에 있었느냐가 중요하다. 20일 오후에는 여수인민대회에 참석하여 좌익을 대표하여 축사했다고 유관종은 주장한다. 그렇다면 20일 오후에는 여수에 있었다. 21일과 22일 오후까지 박기암이 어디에 있었느냐는 문제와 박기암이 언제 입산했느냐가 중요한 문제이지만, 이를 확인할 수 없다.

흥미로운 당시 기사를 보면, "인민위원회 위원장 鄭모는 순천 내의 각 금융기관 금고를 파괴하고 7백여만 원에 달하는 현금을 탈취한 후 고흥 방면으로 행방을 감추었다"고[93] 보도하였다. 당시 순천에서는 식산은행에서 8백만 원, 그 이외 기관에서 4백만 원 등 총 1천 2백만 원이 약탈당하였다.[94] 순천인민위원장 정모가 7백여만 원을 탈취했다면 남은 돈은 5백만 원 미만이다. 그런데 박기암이 순천식산은행에서 약탈한 금액이 5백 90만 원이다. 큰 차이는 아니라고 하지만 맞지 않는다. 또한 박기암은 여수의 여러 은행을 놔두고 순천까지 진출하여 현금을 약탈하였을까? 쉽게 이해되지 않는 행동이다.

유관종은 「여수 박기암 사건」을 바탕으로 박기암의 행적을 상세하게

---

93 『호남신문』, 1948년 10월 30일.
94 『경향신문』, 1948년 10월 28일.

작성했을 것이다. 「여수 박기암 사건」은 다큐멘터리 드라마라고 했지만, 상당 부분 여순항쟁을 왜곡하여 각색했을 것이기 때문이다. 순천인민위원장 정모의 활동을 박기암으로 각색하여 극본을 작성했을 가능성도 있다.

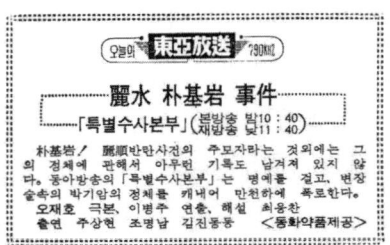 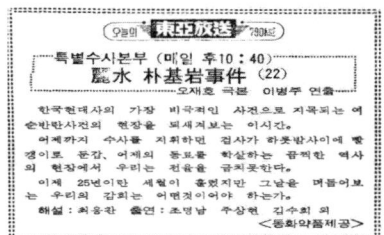

〈그림 3〉 동아일보 1974년 11월 4일   〈그림 4〉 동아일보 1974년 11월 22일

「여수 박기암 사건」의 극본을 쓴 오재호는 훗날 『특별수사본부 1-21』을 여러 출판사에서 출간하였다.[95] 안타깝게도 「여수 박기암 사건」은 어떤 책에도 포함되어 있지 않아 박기암의 행적을 더 이상 확인할 수 없다. 「여수 박기암 사건」은 여순항쟁을 전반적으로 다룬 것으로 추정된다. 예컨대 「여수 박기암 사건」 22회의 광고에는 "한국 현대사의 가장 비극적인 사건으로 지목되는 여순반란사건의 현장을 되새겨 보는 이 시간"이라고 소개하였다. (〈그림 4〉 참조) 그러면서 "어제까지 수사를 지휘하던 검사가 하룻밤 사이에 빨갱이로 둔갑, 어제의 동료를 학살하는 끔찍한 역사의 현장에서 우리는 전율을 금치 못한다"고 거론하였다. '어제까지 수사를 지휘하던 검사'는 순천지청의 박찬길 검사를 의미한 것으로 보인다.

---

[95] 오재호, 『특별수사본부』, 창운사, 1972~1974; 『실록소설 특별수사본부』, 법전출판사, 1980; 『실록소설 표적』, 법전출판사, 1981; 『장편실화소설 특별수사본부 1-5』, 청담문학사, 1989 등이 있다.

이로 미루어 보아, 여순항쟁 전반을 다루었으나, 실상을 제대로 검증하지 않았을 가능성이 매우 높다. 이 드라마가 방영된 시기는 박정희의 유신체제이다. 반공을 국시로 안보 이데올로기를 강화하면서 체제 반대 세력 및 각종 사회운동세력에 대한 탄압이 용인된 시대이다. 그 암울한 시대를 등에 업고 편향된 반공 이데올로기가 깊게 개입된 작품으로 「여수 박기암 사건」이 방영되었을 것으로 짐작된다.

박기암이란 인물을 추적하면서 이채로운 것은 이용기·박채영·문성휘·유목윤 등과 달리 일제강점기 민족해방운동이나 사회주의 운동에 한 차례도 언급되지 않았다는 것이다. 투옥된 사실도 없다. 또한 해방 이후 건준과 인민위원회, 한민당 등 우익 정치권 등 어디에서도 박기암이란 이름은 등장하지 않는다. 당시 민간인 주도 인물의 과거 행적과 전혀 일치하지 않다는 부분에서 석연치 않은 부분이 많다. 이러한 점에서 볼 때 박기암이 남로당을 대표하여 연설했다는 것도 이해되지 않는다.

⑤ 의장단 선출에서 김계유는 이용기(李容基), 박채영(朴采英), 송욱(宋郁), 유목윤(兪穆允), 문성휘(文聖輝), 김귀영(金貴榮) 등 6명을 구두 호천으로 선출했다고 하였다. 당시 『조선일보』에서 5명이라고 하면서 6명의 이름을 언급했던 것을 인용한 결과이다.[96] 그러나 무쵸는 의장단으로 이용기, 박채영, 유목윤, 문성휘, 김귀영 등 5명을 선출했다고 기록하였다.[97] 당시 대다수 신문에서도 5명을 의장단으로 선출했다고 보도했다. 의장단에 선출되지 않았던 송욱은 어떻게 된 것일까?

송욱은 당시 여수여중 교장이었다. 송욱은 10월 22일 오후 1시에 조선

---

[96] 『조선일보』, 1948년 11월 2일.
[97] 무쵸의 글에는 Lee Youg Kee, Pak Chai young, Kim Kwee Young, Moon Sung Hwee, Yu mok으로 명기되어 있다. 유목윤의 경우 '유목'만 표기되었다.

인민공화국 여수군 인민위원회가 주최한 "대강연회, 조국의 부르지음을 듣자"에 이용기와 함께 연사로 참여한다는 벽보 광고 때문에 의장단에 포함된 것으로 간주했을 가능성이 크다.[98] 송욱은 '민간 지휘자', '민중의 연합 지도자' 등으로 언론에 보도되었으며, 제5연대 김종원에게 체포된 이후 행방불명이다. 아마도 처형되었을 것으로 짐작된다.[99] 나머지 5명의 의장단에 대해서는 후술하여 살펴보겠다.

〈그림 5〉 송욱의 강연을 알리는 벽보

⑦ '6개 항 혁명 과업 채택'이란 거창한 표현은 김계유의 글에서 시작하였다. 이를 연구자들이 그대로 인용한다. 그러나 무쵸의 글에는 'Resolution'이란 표현으로 서술하였다. 즉 '결의안' 정도로 이해하면 될 것이다. 당시 채택된 「결의안 6개 항」은 인민위원회의 성향과 성격을 분석할 수 있는 글이다.

---

98 『동광신문』, 1948년 10월 31일.
99 송욱에 대해서는 주철희, 『불량 국민들』을 참조 바란다.

⑧ 이용기 인민위원장 취임사이다. 김계유의 글에는 아주 상세하게 연설 내용과 함께 「주요 과업 6가지」 정책을 소개하였다. 무쵸의 글에는 개회 인사말을 아주 간략하게 언급하였지만, 취임사에 대해서는 언급이 없다. 「주요 과업 6가지」도 서술되어 있지 않다. 박찬식 등의 글에도 마찬가지로 언급되지 않았다. 김계유가 밝힌 「주요 과업 6가지」는 인민위원회가 실제 활동하면서 펼친 사업들이다. 이것을 취임사에서 밝혔는지는 향후 좀 더 검토가 필요하다. 앞서도 누누이 밝혔지만, 당시 상황에서 이렇게 자세히 기록할 수 있었다는 것이 믿어지지 않는다.

⑨ 박채영의 만세 삼창과 ⑩ 거리 행진이 무쵸의 글에서는 없다. 다만 거리 행진은 박찬식 등의 다른 기록에서는 언급하였다. 『여수인민보』에는 "제14연대 연대장 박승훈이 체포되었다"고 브도하였는데 무쵸는 이를 소개하면서 "he actually escaped : 그는 실제로 탈출했다"고 지적하였다.

여수인민대회의 상황에 대해서는 1차 사료보다는 김계유의 글을 인용하여 당시 상황을 파악하는 경우가 대부분이었다. 그렇지만, 당시 여러 여건을 종합해도 김계유가 전하는 여수인민대회의 상황은 모순 투성이다. 김계유의 글에는 근거나 참고문헌이 없다는 점에서 여러모로 아쉽다.

2) 인민위원회, 그들은 누구인가?

여순항쟁 당시 전남 동부지역에서 건준과 인민위원회를 구성했던 인물들은 대체로 일제강점기에 민족해방투쟁을 전개하다가 투옥된 경험이 있다. 이들은 사회주의와 공산주의의 씨앗을 각 지역에 뿌렸다. 특히 이들은 지역에서 청년학생으로부터 존경받는 지도자였다. 해방 이후 미군정과 우익진영에게는 눈엣가시처럼 보였지만, 대다수 민중에게는 신임과 지지를 받는 좌익진영의 주요 인사였다. 고려할 점은 일제강점기와 해방 정국 시기에서 '좌익'이란 의미를 공산당 또는 지금의 북한의 체제와 동일하게 인식하는 것은 잘못된 것임을 먼저 지적한다.

<표 3>은 당시 기록에 나타난 지역별 인민위원회 관련자 명단이다. 2차 사료에서 더 많은 인물이 거론되었지만,[100] 이들의 항쟁 당시 역할과 기록 자체에 의문점이 많다. 앞서 살펴본 박기암이 그 사례이다. 인민대회에 등장한 인물 중 주요 인물과 행적이 알려진 인물을 살펴보겠다. 이들의 행적을 살펴봄으로써 성향과 해방 정국의 전남 동부지역 정치 질서도 파악할 수 있을 것이다.

여수에서는 1945년 8월 15일 밤, 학옥여관에 모여 광복청년동맹이 결성되었다. 이 자리에는 문성휘, 서종현, 주선본, 조근명 등 33명이 모였다. 8월 20일 여수건준이 발족되었다. 위원장 정재완, 부위원장 이우헌, 총무부장 김성택, 재정부장 김정평, 문화부장 김문평, 관리부장 김경택, 민생부장 연창희, 노동부장 이창수, 치안부장 김수평 등이었으며 이용기, 여도현, 정태식 등도 참여했다. 문성휘는 청년단을 구성하여 치안부장 김수평을 도와 치안 유지에 공헌하였다. 여수건준은 우익세력이 약간은 우세했지만, 좌익세력이 망라한 조직으로 경찰 및 지방 관리와 큰 마찰 없이 활동하였다.

1945년 9월 9일 서울의 중앙건준이 해산되고 인민위원회로 재편되었으나, 여수는 10월이 되어서야 재편되었다. 이때 여수인민위원회를 이끌었던 사람은 김수평, 이용기, 이창수, 여도현, 김정평, 유목윤, 박채영, 주원석, 이윤구 등이다. 일제강점기 민족해방투쟁을 지역에서 주도했던

---

[100] 이와 관련하여 '손태희, 「여순사건 참가계층의 제유형」, 『남도문화연구』 28, 2015'가 있다. 이 논문에서 '적극 가담 계층'이라고 여러 인물들을 언급했으나, 2차 사료에서 언급한 인물들을 망라했다고 볼 수 있다. 또한 사실관계도 불분명하다.

인물이 대체로 좌익운동 중심에 있었다. 우익세력은 대부분 인민위원회에 참여하지 않았다. 여수인민위원회는 1946년 5월 15일 공식적으로 해산하였다.[101] 여수인민위는 동년 4월 20일 혁명연극조합이 제작한 「번지 없는 주막」이 상연,[102] 4월 23일에는 러시아 연극 「카츄사」가 경찰 허가 없이 상연됨으로써 미군정과 갈등이 있었을 것으로 보인다. 표면적으로 미군정의 탄압을 피하고자 해산을 선언하였지만, 지하 활동을 지속하였다.

여순항쟁 당시 여수인민위원회 위원장으로 활동했던 이용기는 국군의 진압 이후 책임감을 느끼고 자살한 것으로 알려졌지만,[103] 실상 그는 국군에 체포되었다.[104] 이후 행적을 알 수 없으나 총살되었을 것으로 짐작된다.

〈그림 6〉 이용기의 체포 당시 모습

---

101 『동아일보』, 1946년 6월 4일.
102 「번지 없는 주막」은 1919년 3·1독립만세운동 때 공산주의자들이 활동했던 부분을 알리기 위해 만들어진 연극이라고 한다(광주전남현대사 기획위원회, 『광주전남현대사1』, 실천문학사, 1991, 86쪽).
103 광주전남현대사 기획위원회, 위의 책, 86쪽.
104 『경향신문』, 1948년 11월 2일.

보안서장을 맡았던 유목윤은 여수가 진압되기 전에 백운산으로 입산하였다. 그는 백운산에 여수부대를 창설하여 백운산 지구 유격대 사령관으로 빨치산 투쟁을 전개하였다. 1951년 가을부터 1952년 봄까지 전개된 군경 연합 대토벌작전, 이른바 제1차 대침공 시기에 지리산으로 건너가 흩어진 대오를 수습하다가 전사한 것으로 알려지고 있다.[105]

항쟁 당시 『여수인민보』의 발행인을 맡았던 박채영과 여수인민위원회 의장단의 일원이었던 문성휘는 군경에 체포되었다. 1948년 12월 호남계엄지구사령부 고등군법회의에서 사형을 선고받고[106] 여수 만성리에서 총살되었다. 일명 형제묘에 안장되어 있다. 김귀영의 행적에 대해서는 알려진 바가 없다.

여운종은 항쟁 당시 여수군 중앙동 인민위원장을 역임했다. 여순항쟁 이후 서울로 피신하였다가 1949년 2월 15일 "반도에게 정보와 음식물을 제공한 혐의"로 그의 처 황섭진(당시 30세)과 함께 체포되었다.[107] 여운종 역시 일제강점기에 적색 노조활동 등으로 옥고를 치렀다.

이외에 인민위원회 간부 박용채(朴容彩), 치안서장 서모(徐某) 등을 당시 언론에서 보도하였다.[108] 치안서장 서모는 여순항쟁 당시 강경파에 속했던 서종현으로 짐작된다. 이들은 자취를 감추어 행적을 알 수 없다고 한다. 서종현은 유목윤과 함께 백운산으로 입산한 것으로 전해진다. 10월 20일 여수인민대회에서 축사한 홍기환과 김인옥의 행적과 생사도 알려지지 않고 있다.

---

105 빨치산 활동을 했던 이들에게는 '유목윤'으로 알려져 있다(정관호, 『전남 유격투쟁사』, 선인, 2008, 370쪽).
106 호남계엄지구사령부, 「고등군법회의 명령 제13호」, 1948년 12월 15일.
107 『동아일보』, 1949년 2월 19일.
108 『자유신문』, 1948년 11월 5일.

순천건준은 1945년 8월 17일경 좌익이 배제된 채로 위원장 김양수, 부위원장 김정기, 선전부장 임규홍, 치안부장 이종수, 감찰부장 김용식, 회계과장 김학연 등으로 간부진을 구성하여 결성하였다. 9월 23일 미군정 제69중대가 순천에 진주하면서 우익계 인사들이 9월 25일 한민당을 조직하였다. 한민당 순천지부는 서울을 제외한 전국 지방 지부로는 처음이었다.

  공백 상태인 건준을 김기수, 정충조 등 좌익계 인사들이 인계하여 인민위원회로 개편하였다. 이들은 일제강점기 순천 지역의 대표적인 좌익 인물들로 민족해방투쟁에 앞장섰다. 순천건준 결성에서도 보았듯이, 해방 정국에서는 좌·우 갈등이 상당하였다. 이런 상황에서 미군정 제69중대의 순천 진주는 우익세력이 활동하기에 더 좋은 여건을 마련하였다. 예컨대 1946년 1월 23일 순천인민위원회 소속 신문기자였던 김일백이 광복군 출신 이정열에 의해 피살되는 사건이 발생하였다. 3월 16일 순천경찰은 순천 좌익 계열의 총 검거에 나서서 정충조, 민주주의민족전선 사무국장 박남현, 인민당 부위원장 한태선 등을 체포하였다. 그런 다음 인민위원회 간판을 박탈하였다. 정치적 갈등이 내재된 상황에서 여순항쟁이 발발했고, 순천은 3일간 봉기군과 지방 좌익이 점령하였다.

  여순항쟁 당시 순천은 여수보다 점령 기간이 짧았는데도 반란군에 의해 900여 명의 우익 인사, 경찰, 민간인 등이 사망했으며 훨씬 잔혹하게 학살되었다고 『순천시사』에는 기록되어 있다. 이중 400여 명의 경찰이 전사 또는 학살되었으며, 날짜를 특정하지 않은 어느 날(나중에 체포된 경찰) 70여 명의 경찰이 순천경찰서 마당에서 군중들이 모인 가운데 집단학살당했다고 한다.[109] 또한 여수의 경우 인민재판이 열렸다는 데 이견이

---

109 순천시사편찬위원회, 『순천시사』, 1997, 777쪽.

있지만, 순천에서 열린 인민재판은 기정사실로 간주한다. 그런데도 인민위원회 또는 인민재판에 참여했던 인물에 대해서는 극소수 인원만 알려져 있다. 당시 순천인민위원회와 인민재판 그리고 경찰과 청년단체의 피해에 대한 보도를 보면,

> ⓛ 그 이튿날 22일 **반란군의 후원 아래 급작이 조직된 인민위원회의 손으로 무자비한「피의 숙청」이 시작**되었다. 시내 남녀 중학생을 선봉으로 하는 숙청대는 경찰관과 우익 요인 청년을 물 샐 틈 없이 적발하여 인민재판에 회부하였다. 인민재판의 사형 여부는 몇 사람의 증언에 의하여 즉결에 붙이는 지극히 간단한 것이다. 현장은 경찰서 뒤뜰로 좁은 마당에는 총살형으로 쓰러진 **경찰관과 일반 유지 청년단체원의 사체 백수십 개**가 겹겹이 쌓여 있으며 개중에는 두개골이 산산이 깨어진 것도 있다.[110]

『순천시사』에 기록된 '400여 명의 경찰이 전사 또는 학살'을 입증하는 듯한 당시 보도이다. 「피의 숙청」으로 일컫는 경찰의 피해는 사실일까? 현재까지 군사편찬연구소의 「호국전몰용사 공훈록」(이하 「공훈록」)에는[111] 1948년 10월 20일~23일까지 봉기군이 장악하고 있는 동안에 희생된 순천경찰서 소속 경찰 51명이 등재되어 있다. 그 피해 인원의 차이가 너무 크다. 「공훈록」에는 전투 중 전사를 비롯하여 좌익에게 학살된 모든 경찰 희생자가 등재되어 있다. 그렇다고 보면, 당시 신문도 마찬가지이고, 최근에 발간된 『순천시사』에서도 얼마나 왜곡하여 기록하였는지를 실감할 수 있다.

그 다음으로 일부 기록에 순천지청 박찬길 검사를 인민재판장 또는

---

110 『서울신문』, 1948년 10월 28일.
111 1945년 8월 15일 이후부터 6·25전쟁 등에서 희생된 군인과 경찰의 전몰용사를 기록하였다. 2014년까지 61권이 발간되었다.

순천인민위원회 부위원장 등으로 보도하였다.[112] 이는 사실이 아니다.[113] 또한 당시 순천인민위원장은 정모(鄭某), 부위원장은 지모(池某)로 보도하였다.[114] 정모는 알 수 없으나, 부위원장 지모는 지우섭으로 파악된다. 다만 당시에는 순천인민위원회 부위원장으로 보도되었으나, 여러 기록에는 위원장으로 나온다.[115] 한편 순천읍 인민위원장이 김기수(金基洙)였으며, 인민위원으로 정태중, 오만봉, 김평순 등이 있었다는 주장도 있다.[116]

인민위원회에서 어떤 활동을 했는지는 알 수 없으나 새롭게 등장한 인물이 오경심이다. 오경심은 당시 순천사범학교 음악 교사로 남편 박만고(朴萬古)와 함께 체포되어 사형을 받았으나, 무기징역으로 감형된 인물이다.[117] 박만고는 항쟁 당시 '3일 군수'를 지냈다는 소문이 있다. 이는 인민위원회에서 주요한 임무를 수행했다는 의미가 될 것이다. 순천에서 인민위원회를 구성하였지만, 점령 기간이 짧았던 관계로 인민위원회의 행정력이 전혀 발휘되지 못했다. 그런데도 해방 정국에서 잉태한 좌·우익의 갈등은 피의 보복으로 이어졌다.

순천 지역에서 고려할 점은 해방 정국 좌·우익의 갈등은 학생에게도 그대로 전이되었다는 것이다. 당시 순천은 여수보다 인구가 적었지만,[118] 중등학교가 5개(순천중학교, 순천여중학교, 순천사범학교, 순천농업학

---

112 『서울신문』, 1948년 10월 28일; 『강원일보』, 1948년 10월 29일.
113 주철희, 『불량 국민들』 참조 바란다.
114 『호남신문』, 1948년 10월 30일.
115 유관종, 앞의 글, 400쪽; 순천시사편찬위원회, 「내가 겪은 여순사건」, 『순천시사』, 2000, 796쪽.
116 유관종, 「여수 제14연대 반란사건3」, 현대공론, 1989, 390쪽.
117 『대동신문』, 1948년 11월 16일; 『동아일보』, 1948년 11월 16일.
118 1949년 5월 1일 기준으로 여수 178,291명, 순천 171,924명이다(『동광신문』, 1949년 7월 20일).

교, 순천매산학교) 있었다. 반면 여수는 4개(여수중학교, 여수여중학교, 여수수산중학교, 여수공업학교)였다. 순천은 전남 동부지역의 교육 중심지로 청년학생단체 중심지였으며, 청년학생운동이 활발하였다. 이 말을 바꾸면 그만큼 갈등이 컸다는 것을 의미한다. 여순항쟁을 진압한 이후 전라남도 학무국에서 발표한 '반란사건'에 가담한 학생은 여수중학 19명, 여수여중 22명, 여수수산중학 30명, 순천중학 73명, 순천여중 8명, 순천사범 70명, 순천농업 29명, 고흥중학 8명, 광양중학 15명, 벌교중학 6명이다.[119] 총 280명 중 여수 지역 학생은 71명이며, 순천 지역 학생은 180명으로 64%를 차지하였다.

해방 정국에서부터 이어져 온 좌·우익의 정치적 갈등은 잔혹한 보복으로 나타났다. 짧은 3일간의 점령에도 불구하고 순천 지역에 나타난 이러한 현상은 정치적 갈등의 내재가 그만큼 컸다는 것을 방증한다. 전남 동부지역의 중심도시로서 정치적 대립과 다툼이 3일간 폭발되었던 것이 순천 지역의 특징이라고 할 수 있다. 순천 지역 주요 인물의 특징은 일제 강점기 소작쟁의운동에서부터 그 기원을 찾을 수 있다. 이들이 해방 정국에서 여순항쟁까지 순천 지역의 좌익진영을 이끌었다.

광양은 8월 17일 해방 축하 군민대회가 열렸으며 이날 자치위원회가 결성되어 8월 20일 광양건준으로 재편되었다. 위원장 김완근, 부위원장 이은상·정진무, 총무·지방부장 박봉두, 민생부장 김석주, 노동부장 이달주, 선전부장 김기선, 후생부장 정창욱, 치안부장을 정순화가 맡았다. 좌·우익이 공존하였지만, 전반적으로 좌익이 우세하였다. 건준에서 인민위원회로 언제 개편되었는지 알 수 없으나, 전남 동부지역 중에서는 가장

---

119 『서울신문』, 1948년 12월 5일.

늦은 시기로 짐작된다. 광양인민위원회는 김완근, 정순화 등이 주도했다. 여수, 순천과 마찬가지로 이들도 일제강점기에 사회주의 활동을 하며 민족해방투쟁을 전개하였다.

　미군정은 광양군수로 김석주를 임명하였으나, 실제로 행정은 정순화가 도맡았다. 광양인민위원회는 다른 지역과 달리 농민위원회(위원장 정진무)와 노동조합을 두었다. 이외에도 인민위 활동을 한 사람으로는 박봉두와 정용재가 있다. 박봉두는 1945년 11월 20일부터 22일까지 열린 제1회 전국인민위원회 광양 대표로 참석하였다.

　광양은 좌익이 우세했지만, 미군정 69중대가 인민위원회를 해체하지 않았다고 알려져 있다. 그러나 1946년 1월에 김완근과 정순화가 적산관리 혐의와 공공기물 불법 유용 혐의로 구속된 것으로 미루어 보아, 광양인민위원회도 해산되었거나 미군정의 탄압으로 위축되어 별다른 활동을 전개하지 못하였을 것으로 짐작된다. 김완근은 미군정과 우익세력에 의한 공격이 심해지자 월북한 것으로 알려지고 있다.

　광양 지역은 여순항쟁 당시 인민위원회가 결성되었다고 일부 기록에는 서술되어 있지만, 사실관계를 파악하기 어렵다. 특히 항쟁 당시의 기록에는 광양인민위원회와 관련한 어떠한 보도도 없다. 여수와 순천을 봉기군이 점령하자 광양경찰과 주요 우익 인사들은 몸을 피했다. 지방 좌익이 광양경찰서와 광양군청 등 주요 기관을 두헐 장악하였다. 지방 좌익이 광양을 점령한 기간은 불과 2일 정도이다. 지방 좌익이라고 하지만 이들은 인민위원회 또는 자발적 조직이 있었을 것이다. 아쉽게도 이들이 누구인지에 대해서는 언급이 없다. 대체로 일제강점기 사회주의 운동을 주도했던 이들이 해방 정국에서 좌익활동을 주도했으며 여순항쟁으로 이어졌다.

구례는 일제강점기에 산으로 피신했던 금란회 간부들이 1945년 8월 16일 산에서 내려와 독립을 축하하는 기념대회를 열고, 17일 박준동의 집에서 건준을 결성하였다. 위원장 황위현, 부위원장 강대인과 신진우, 총무 박준동, 농민부 조찬영, 선전부 선태섭, 조직부 선동기, 재정부는 김종필이 맡았다. 구례건준은 9월 10일 인민위원회로 개편했다. 위원장은 김종필이고, 다른 부서는 건준 때와 큰 차이는 없었다.

구례를 당시 전남 동부지역 도시 중에서 가장 보수적인 도시라고 한다. 그렇다고 건준과 인민위원회를 구성했던 인물 중 좌익이 없었다는 의미는 아니다. 1946년 3·1독립만세운동을 기념하는 행사에서 우익은 구례경찰서 상무관에서 집회하였으며, 좌익진영은 구례중앙국민학교에서 집회를 열었다. 우익의 우세 속에 공존하는 것처럼 보였지만, 좌·우익 갈등도 적지 않았음을 짐작할 수 있다.

여순항쟁 당시 구례인민위원회가 어떻게 구성되었고, 어떤 활동을 했는지 기록이 없다. 단편적으로나마 인민위원회 위원장은 이준홍으로 드러났다.[120] 국군 제4연대와 제12연대는 구례 일대 소탕전을 전개하였다. 당시 신문을 보면, "구례군 인민위원회 위원장으로 금번 구례 일대의 반란사건을 총지휘한 이준홍을 추격 용방면에서 사격 총살하였다"고[121] 보도하였다. 또한 해방 정국에서부터 구례 지역의 좌익 거물로 선동기, 선태섭 등을 언급하였다.[122] 선동기와 선태섭은 건준 결성에서부터 구례 인민위원까지 활동했던 인물이다.

한편 지리산 빨치산 토벌작전이 한창이던 1949년 11월 윤치영 내무부

---

[120] 『동아일보』, 1948년 11월 7일에는 이준호로 명기하였다.
[121] 『동광신문』, 1948년 11월 9일.
[122] 『호남신문』, 1949년 1월 26일.

장관은 기자회견에서 구례인민위원회를 언급하였다. 그 내용을 보면 "구례 근방 □개의 면사무소를 소각하고 조그마한 인민공화국을 수립하여 지방민으로부터 지세(地稅)를 징수하고 있다"는[123] 것이다. 여수와 순천을 짧은 3~7일 동안 봉기군이 점령하고 인민위원회 활동을 하였다. 반면 구례는 지리산으로 입산한 봉기군 때문에 오랫동안 인민위원회가 지하에서라도 그 명맥을 유지하며 활동하였다는 것을 입증한 기자회견이다. 특히 남원군과 인접한 산동면의 경우가 더욱 그러하였다. 그 결과는 엄청난 민간인 피해로 나타났다.

고흥과 보성 지역에서도 해방 정국에서 건준과 인민위원회가 구성되었다. 이들 지역도 일제강점기에 민족해방투쟁을 전개했던 이들이 주도적으로 해방 정국에서 좌익활동을 하였다. 여순항쟁 당시 인민위원회가 구성되었다고 하지만 이들이 누구이며 어떤 활동을 했는지 당시 기록에는 나타나지 않는다. 보성 지역의 인민위원회에 대한 당시 보도를 보면,

> ⓥ 22일 상오 9시경에는 약 3백 명의 반란군이 보성 읍내를 점령하였다는데 이들은 점령 즉시로 읍내 좌익 계열을 규합하야 **인민위원회를 조직케 하고 소위 인민위원회 치안대로 하여금 경관 약 40명을 살해**케 하고 일반인 36명을 체포하야 24일 하오 2시를 기하야 총살하기로 결정하는 등 갖은 만행을 하든 중(『동아일보』, 1948년 11월 12일)

당시 보성에는 보성경찰서와 벌교경찰서 두 곳이 있었다. 벌교경찰서는 순천과 인접하여 봉기군이 순천에 진출한다는 정보를 받고 대부분은 순천경찰서로 지원 나갔다. 위의 인용문은 보성경찰서에서 벌어진 상황

---

[123] 『자유신문』, 1948년 11월 17일.

으로 보성경찰서 경찰 약 40명이 살해되었다는 것이다. 군사편찬연구소 「공훈록」에는[124] 1948년 10월 20일~24일까지 봉기군이 장악하고 있는 동안에 희생된 보성경찰서 소속 경찰은 6명(김호권, 류중탁, 박일순, 오삼길, 임성근, 최옥춘)이다. 아울러 이 기간에 벌교경찰서 소속 경찰은 28명이 교전 중 전사 또는 학살되었다. 따라서 Ⓥ인용문은 사실이 아닌 과장된 왜곡이라는 것을 알 수 있다.

대체로 여순항쟁 당시 인민위원회를 구성한 인물은 일제강점기에 민족해방투쟁을 전개하였으며, 지역에서 사회주의 운동을 주도하였다. 해방 이후 건준과 인민위원회를 주도하면서 분단을 반대하고 통일 정부 수립과 무상몰수 무상분배 등 민중의 생활과 밀접한 운동을 전개하였다. 이들은 민중의 삶에 깊숙이 개입하여 동고동락하였다. 친일파 척결 등을 끊임없이 요구하였다. 이들을 좌익이라고 일컫는다. 당시 '좌익'이란 지금의 공산당 또는 북한체제에 동조한 것으로 인식하는 경향이 있으나, 이들은 통일 정부를 주장한 민족주의적 사회주의자였다.

3) 인민위원회는 어떤 일을 했는가

여순항쟁 당시 봉기군과 지방 좌익이 장악한 지역에서는 인민위원회가 구성되었다. 그렇지만 여수를 제외하고는 점령 기간이 2~3일에 불과하여 인민위원회가 실질적으로 행정력을 보이지 못했다. 지하에서 활동한 지방 좌익이 전면에 등장한 정도에 머물렀다고 볼 수 있다. 이들은 점령 기간에 경찰과 우익 인사를 보복 학살하였다. 이를 인민재판이라고 일컫는 경우가 많다. 순천을 제외하고는 인민재판이 진행되었다는 것은 일방적인 주장에 불과하다. 초보적인 수준이나마 인민위원회가 작동되

---

124 114쪽 각주 111번 참조.

었던 여수인민위원회를 통해 그들의 활동과 추구하고자 했던 것이 무엇인지 파악해 보겠다.

여수인민위원회는 여수읍사무소에 둥지를 틀었다. 10월 20일 인민대회에서 채택된 「결의안 6개 항」은 10월 24일 『여수인민보』를 통해 세상에 알려졌다. 다수의 기록에는 「혁명 과업 6개 항」으로 소개되기도 한다. 앞서도 설명했지만, 「결의안」은 한글로 된 신문을 무쵸가 영어로 번역하였고, 이를 다시 한글로 번역하다 보니 그 의미가 약간의 차이를 보인다. 당시 신문에도 '결의문'이라고 하였다.[125] 「결의안 6개 항」을 살펴보면 다음과 같다.

1. 오늘부터 인민위원회가 모든 행정기구를 접수한다.
2. 우리는 유일하며 통일된 민족 정부인 조선인민공화국을 보위하고 충성을 맹세한다.
3. 우리는 조국을 미 제국주의에 팔고 있는 이승만 정부를 분쇄할 것을 맹세한다.
4. 무상몰수·무상분배의 민주주의 토지개혁을 실시한다.
5. 한국을 식민지화하려는 모든 비민주적인 법령을 무효로 한다.
6. 모든 친일 민족 반역자와 악질 경찰관 등을 철저히 처단한다.[126]

여수인민위원회의 「결의안 6개 항」은 앞서 살펴본 병사위원회의 「애국인민에게 고함」과는 차원이 다르다. 「애국인민에게 고함」은 군인의 사명, 현 정권의 불합리, 제주도 출동의 부당성을 알렸다. 봉기를 왜

---

[125] 1948년 10월 31일 『경향신문』에는 "대회 결의문은 인민위원회의 행정기관 접수, 인민공화국에 대한 수호와 충성 맹서 등의 여섯 가지 항목이었다"고 보도하였다.
[126] From John Muccio to the Secretary of state, Review of and Observation on the Yosu Rebellion(1948. 11. 4), RG 319, ID File No. 506892.

하게 되었는지에 초점이 맞춰져 있다. 이는 제주도 출동 거부의 정당성을 인민에게 알리고자 한 것이다. 반면에 여수인민위원회의 「결의안 6개 항」은 행정을 어떻게 펼치겠다는 의중을 인민에게 선포하였다.

10월 20일 인민위원회는 모든 행정기관을 접수하였다. 군청 업무는 10월 22일 오전 10시에 정식으로 인계하였다. 해방 정국에서 건준과 인민위원회가 미군정이 진주하기 전까지 여수의 행정을 도맡았던 경험에서 "모든 행정기구를 인민위원회가 접수한다"로 표출되었을 것으로 본다.

문제는 2항에 나타난 '조선인민공화국'의 충성 맹세이다. 이를 조선민주주의인민공화국으로 기록한 책들도 있다. 해방 정국에서 좌익진영은 신탁통치 찬성을 주장하였다. 특히 남북한 분단 5·10선거에서 좌익진영은 경찰서 등을 습격하면서까지 극렬하게 반대하였다. 여수 지역에서도 전국적 상황에 맞춰 일련의 활동이 이어졌다. 따라서 그들은 1945년 9월 9일 여운형을 중심으로 결성한 '조선인민공화국'을 유일한 정부로 인식했을 가능성도 배제할 수 없다.

3항은 당시 분단의 책임이 미제국주의자와 이승만에게 있다는 것을 드러내고 있다. 또한 그들이 줄기차게 주장했던 무상몰수·무상분배의 토지개혁을 실시하겠다는 의지를 나타내었다. 남한의 분단정권 자체를 미국이 한국을 식민화하려는 의도로 보았다. 그래서 법령 무효화를 선언하였다. 해방 정국에서 민중의 적으로 간주되었던 민족 반역자와 악질 친일 경찰을 철저히 처단하겠다는 의지를 표명하였다. 토지개혁과 함께 민중에게 가장 호응이 컸을 정책으로 보인다.

「결의안 6개 항」은 인민위원회가 여수 행정기구로서 역할을 한다는 선언이었다. 인민위원회는 어떤 행정을 펼쳤을까? 이용기는 10월 20일 여수인민대회 위원장 취임 인사말에서 '인민위원회에 중요 과업 여섯 가지'를 수행하겠다고 하였다. 「주요 과업 6가지」를 살펴보면,

첫째, 친일파·모리간상배를 비롯하여 이승만 도당들이 단선단정을 추진하는 데 앞장섰던 경찰·서북청년단·한민당·독립촉성국민회·대동청년단·민족청년단 등을 반동단체로 규정하고 그들 중 악질적인 간부들은 징치하되 반드시 보안서의 엄정한 조사를 거쳐 사형, 징역, 취체, 석방의 네 등급으로 구분하여 처리할 것입니다. 그러나 여기서 분명히 말씀드려 둘 것은 악질 경찰을 제외하고는 사형만은 될 수 있는 대로 없도록 노력할 것이며 만부득이 하게 될 경우이는 최소화할 것이라는 점을 분명히 다짐해 두는 바입니다.

둘째, 친일파·모리간상배들이 인민의 고혈을 빨아 모은 은행 예금을 동결시키고 그들의 재산을 몰수할 것입니다.

셋째, 적산가옥과 아무 연고도 없는 자가 관권을 이용하여 억지로 빼앗은 집들을 재조사해서 정당한 연고권자에게 되돌려줄 것입니다.

넷째, 매판자본가들이 세운 사업장의 운영권을 종업원들에게 넘겨줄 것입니다.

다섯째, 식량영단의 문을 열어 굶주리는 우리 인민 대중에게 쌀을 배급해 줄 것입니다.

여섯째, 금융기관의 문을 열어 무산대중에게 은행돈을 빌려 줄 것입니다.
(김계유, 「1948 여순봉기」, 『역사비평』 겨울, 1991)

10월 20일 인민대회에서 이용기가 「주요 과업 6가지」를 발표했다는 것이 쉽게 이해되지 않는다. 김계유는 이용기의 인사말이라면서 통째로 글을 남겼다. 물론 연설 내용과 「주요 과업 6가지」는 10월 24일 여수인민위원회가 발행한 『여수인민보』를 번역한 무쵸의 「여수반란의 개요와 관찰」에는 없다. 김계유는 어떻게 인민대회의 상황을 자세하게 기록으로 남길 수 있었는지 의문이다. 「주요 과업 6가지」를 구체적으로 살펴보자.

첫째 과업에서 "친일파, 모리상간배, 악질 경찰을 처단한다"는 것은 당시 민심을 반영한 것으로 실제로 우익 인사와 경찰의 처단이 있었다. 물론 사적 감정에 의한 보복적 학살도 있었다. 또한 "보안서의 엄정한 조사를 거쳐 사형, 징역, 취체, 석방의 네 등급으로 구분하여 처리"할 것이라는 발언은 우익 인사 처리와 관련하여 신중한 자세를 가졌던 이용기의 성품을 토대로 작성한 것으로 보인다. 인민위원회는 우익 인사 처리와 관련하여 온건파와 강경파로 나뉘었다. 이용기는 온건파로서 되도록 처형하는 것을 반대하였다. 반면 서종현 등 강경파는 우익 인사 처형을 강력하게 주장하였다. 온건파와 강경파의 또 다른 특징은 토벌군이 여수를 탈환한 시점에 온건파는 피신하였다가 체포됐지만, 강경파는 백운산으로 입산한 경우가 대부분이었다.

둘째와 셋째 과업은 친일 인사의 호의호식에 대한 반감을 반영한 것으로 보인다. 우익 인사들의 경제적 기초를 박탈하는 것과 동시에 인민위원회의 재정적 기초를 마련하겠다는 의도가 시행된 것으로 보인다.[127] 10월 22일 오후부터 여수인민위원회는 친일파와 모리배의 은행 예금고를 조사하였다. 어수선한 분위기에서 제대로 조사가 이루어지지 않았는데도 경찰과 우익 정당·단체 부호들의 재산을 몰수하여 주민에게 분배하였다.[128]

넷째 과업은 공장 기업 등을 인민의 소유로 선포하고 노동자와 사무원의 자치조직인 '종업원 자치위원회'에서 운영하도록 하였다. 또 과업으로 제시하지 않았지만, 무상몰수·무상분배를 실천하기 위해 여수군 돌산면과 삼일면 등에서 적극적으로 추진하였다. 여수의 대표적인 기업이었던 천일고무에서 생산한 농구화(찌까다비)를 민중에게 무료로 분배하였다.

다섯째 과업은 당시 민중에게 가장 심각한 문제였다. 여순항쟁이 발발하기 전인 7월 하순부터 8월 상순까지 2기분 배급을 주지 못하였다.[129]

---

127 김득중, 앞의 책, 164쪽.
128 『대동신문』, 1948년 10월 28일.

배급이 이루어졌다고 하더라도 쌀에는 겨와 모래 등이 섞여 있는 경우가 허다하였다. 식량영단 직원, 관리들, 도정업자는 쌀을 빼돌리면서 쌀이 없다고 했다. 그러나 인민위원회가 식량영단의 창고를 열었을 때는 쌀이 썩고 있었다. 그러면서도 정부는 미곡 수집에 열을 올렸고, 불응한 농민을 경찰서로 끌고 가 투옥하였다. 여수인민위원회는 1인당 3홉의 쌀을 배급하였다.

여섯째 과업으로 인민위원회는 각 금융기관을 접수하여 금융 대출 신청을 받았다. 금융 대출을 받으려는 사람이 몰려들었다. 상상할 수 없는 정책이 실현되었다. 모든 인민을 최우선에 두었기에 가능하였다.

여수인민위원회는 인기 영합주의였는지, 아니면 민중의 불만을 해소하기 위해서인지, 그도 아니면 일제강점기부터 추구했던 그들의 가치를 실현하기 위해서인지 알 수 없지만 인민위원회를 통해 인민 대중과 함께 하려고 했다는 것만은 사실이다. 그러나 우익 인사에 대한 학살은 그 어떤 명분으로도 정당화될 수 없는 행위였다. 대체로 김계유가 「주요 과업 6가지」라고 했던 정책은 인민위원회에서 실천되거나 실천하려고 부단히 애쓴 활동이었다. 인민위원회가 민중의 삶과 연관된 일들을 수행하는 과정을 「주요 과업 6가지」로 정리했을 가능성도 배제할 수 없다.

인민위원회는 민중의 고통을 헤아렸다. 그렇지만 해방된 땅에서도 여전히 민중의 고혈을 빨아먹으며 자신의 권세를 지키고 누렸던 친일파 관리와 경찰은 어떻게 해석해야 할까? 식량영단 창고에는 쌀이 썩어 가고 있는데도 이런저런 핑계로 민중을 굶겼던 악덕업자는 어떻게 이해해야 할까? 민중은 발버둥 쳤지만 좋아질 기미가 보이지 않았다. 어떤 이는

---

129 『호남신문』, 1948년 8월 24일.

일제강점기가 그립다고 할 정도였다.

    제14연대 봉기는 여수·순천으로 삽시간에 확산되었고, 지방 좌익은 인민위원회를 설치하고 행정조직을 구축하였다. 이는 시민의 호응과 지지가 없었다면 불가능한 일이었다. 물론 여기에는 부당한 권력의 오판과 함께 이승만 정부의 정책 실패가 그 기저에 있었다. 특히 청년학생이 대규모로 항쟁에 가담한 사실은 광범위한 불신의 한 단면을 보여 주었다.

    또한 인민위원회의「결의안 6개 항」중 토지개혁은 농민의 간절함이었다. 친일파와 악질 경찰의 처단은 민중의 숙원이었다. 비민주적인 법령을 무효화하여 친일파와 모리배의 재산을 몰수하여 분배하는 것은 무산대중의 염원이었다. 여순항쟁의 민간인 주도세력은 일제강점기에 민족해방투쟁을 전개하였다. 이들은 농민과 무산대중이 잘사는 세상을 꿈꾸었다. 그래서 항쟁 기간에 농민과 무산대중이 원하는 정책을 실천하고자 부단히 애썼다.

2. 민중의 배고픔과 부정부패

    미군정의 3년은 사회·경제적으로 일제강점기와 별반 차이가 없었다. 오히려 농민들의 생활은 더욱 빈곤에 허덕였다. 남한의 경제는 줄곧 위기였다. 국민의 먹고사는 문제는 해결 기미가 보이지 않았다. 300만 명에 달하는 귀환 동포와 월남 동포의 유입에 따른 인구가 급증하여 식량 부족 및 물가 급등이 민중의 생존을 위협하였다. 1944년 남한 인구(내국인 기준)는 16,574,868명이며, 1949년 인구는 20,166,756명으로 해방 이후 약 360만 명 정도의 인구가 증가하였음을 확인할 수 있다.[130]

    전 국민의 77% 이상이 농민으로서, 농업은 남한의 핵심 산업이었다.

해방 이후에도 일제강점기 반봉건적 토지 소유에 기초하였다. 전체 농가 호수에서 소작인 비율은 1913년 35%에서 1941년에는 54%까지 급증했고 해방 당시에는 전체 농민의 80% 이상이 순수 소작농과 유사한 위치로 전락하였다. 전남 지역도 인구 대부분이 농민이었고 또 농업 부분의 생산량이 큰 비중을 차지하였다. 농업 중심의 사회에서 농민의 70% 이상이 소작농이었다. 더욱이 미군정하에 소작지가 일제강점기보다 8%나 증가하였다.[131]

미군정의 미곡수집정책은 소작농이나 빈농에게 매우 불리하였다. 미곡 수집 실적을 올리기 위해서 강제적으로 시행되는 과정에서 농민들의 저항이 컸다. 미곡 수집의 주체를 일제강점기의 관료와 경찰이 담당함으로써 농민은 일본에서 미국으로 바뀌었을 뿐 해방 전과 차이가 없다고 느꼈다. 관료와 경찰의 부정부패는 날로 심해졌다. 실제 할당과 수집은 친분관계, 정치적 고려 속에서 이루어졌으며, 힘없는 농민에게는 서러움과 고통이었다.

미곡 수집이 절정을 이룬 해는 1948년이다. 미곡 500만 석을 수집했는데, 이는 총생산량의 36.1%에 달하는 양이었다. 그런데 미곡 수집 가격이 문제였다. 수집 가격은 180ℓ에 2,368원이지만 시장가격은 11,192원이었다.[132] 힘없는 농민은 시장가격의 1/5에 불과한, 실제 생산비에도 못 미치는 가격에 미곡을 할당받았다. 쌀을 사기 위해서는 수집 가격의 5배나 높은 가격에 사야 했다. 뿐만 아니라 일제강점기에도 없었던 보리수매정책을 미군정에서 실시함으로써 그에 대한 원성은 더 높았으며 농민의

---

130 인구통계 자료는 『국가통계포털(http://kosis.kr)』에서 인용하였다.
131 손형부, 「해방직후 전남 지역의 농민운동」, 『전남사회운동사연구』, 한울, 1992, 171~173쪽.
132 황남준, 「전남 지방정치와 여순사건」, 『해방전후사의 인식』 3, 1987, 426~429쪽.

불만은 더욱 고조될 수밖에 없었다.

공출과 쌀 수집을 담당했던 사람은 친일파 관리였으며, 악덕 지주가 대부분이었다. 미군정은 식량 대책이 갈수록 어려워지자 보리 수매를 지역별로 할당해서 수집 독려반을 파견하였다. 군수와 면장에게 책임량을 정해 주고 수집 업무를 이행치 못할 경우 파면한다는 엄포까지 하였다. 군수와 면장에게 가장 쉬운 상대는 소작농이나 진배없는 힘없는 농민뿐이었다. 당시 시대 상황을 짐작할 수 있는 증언을 보면,

> ⓦ 당시 벌교는 **극심한 빈부 차이로 지주와 소작인, 우익과 좌익의 갈등의 골이** 계속 깊어만 가고 있었습니다. 더구나 일제하부터 **대지주가 많아 이에 반발하는 소작료 투쟁이 잦았는데 이에 동조하는 세력도 상당히 많아 벌교 주민의 80%**는 이 세력으로 보아야 할 것입니다. 그중 30% 정도는 기회주의적 속성을 띠고 있었지만 50%는 열렬하게 사회주의에 물들었다고 보아야 할 것입니다. (전남일보 광주전남 현대서 기획위원회, 『광주전남현대사』 1, 1991)

> Ⓧ 해방 후 흉년이 계속되었다. 따라서 지주 측의 소작료 수거 등은 주민 생활의 큰 관심사가 되었다. 더구나 적산토지의 분배문제를 둘러싼 좌우의 정책이 달라 이를 둘러싼 갈등도 없지 않았다. 배고플 때라서 남들에 대해 생각할 겨를도 없었지만 **소작료, 토지문제에서 대다수 소작인들에게 유리한 조건을 주장한 좌익들**이 내심으로는 더 큰 지지를 받은 것은 당연했다. (전남일보 광주전남 현대서 기획위원회, 『광주전남현대사』 1, 1991)

> Ⓨ 우리 집 식구는 모두가 다섯 명인데 한 달에 적어도 쌀 소두 열 말이 있어야만 연명할 지경이오. 그런데 쌀값을 내렸다는 것이 한 말에 3백 원대니 이것만 해도 3천 원이 아니오. 지금 내 월급 본봉, 물가수당, 긴급수당, 임시수당, 야근비, 숙직비 전부 합하여 겨우 1,983원 72전밖에 안 되니 이 **배고픈 자의 설움을 대체 어디다 하소연하면 좋겠소. 참는 것도 하루 이틀 한 달 두 달이지 이제는 견디지 못하겠다.** (김천영 편저, 『연표

한국현대사 I 』, 한울림, 1984)

일제강점기부터 국민 탄압에 앞장섰던 경찰이 미군정 아래서 다시 권력을 유지하였다. 일제강점기보다 더 혹독한 세상에 민중의 분노는 커졌다. 토지문제는 그중에서도 가장 중요한 당면 고제였다. 여기에 가을 추수 쌀 공출도 부족하여, 여름에 보리 공출 할당까지 당장 먹고사는 데 지대한 영향을 미쳤다. 분노와 허탈감 속에서 좌익이 주장하는 토지문제(무상몰수 무상분배)와 소작료 인하는 솔깃하게 들릴 수밖에 없었다. ⑩ 인용문의 80%가 사회주의에 동조하였으며, 그중 30% 정도는 기회주의적 속성을 띠고 있었지만 50%는 열렬하게 사회주의로 전환하였다는 증언에 주목할 필요가 있다.

농촌뿐만 아니라 도시에서도 마찬가지였다. 자유방임경제 시장에 도량하는 모리배의 릴레이식 중간 매매가 독점적 물가 조정을 농간하였다. 물가는 77배 폭등하였지만, 봉급은 19배로 너구나 차이가 있어 일반 대중 생활은 참으로 암담했다.[133]

흉흉한 상황에서 좌익의 주장은 민심을 파고들었다. 이는 전남 동부지역에만 국한한 민심이 아니었다. 1946년 8월에 미군정청 여론국에서는 일반 시민 8,453명을 대상으로 30항목에 대해 여론조사를 하였다.[134] 두 번째 항목은 "귀하께서 찬성하시는 일반적 정치 형태는 어느 것입니까?"에 대한 질문이었다. 답변은 ㉮ 개인독재(민의와는 무관계) - 219명(2.6%) ㉯ 수인독재(민의와는 무관계) - 323명(3.8%) ㉰ 계급독재(타계

---

133 김천영, 위의 책, 284쪽.
134 ① 행복을 위하여 가장 중요한 것은? ② 선호하는 정치 형태는? ③ 선호하는 체제는? ④ 헌법에 개인의 권리와 자유 등 명기? ⑤ 헌법을 작성할 시기? ⑥ 헌법의 작성 주체는? ⑦ 헌법을 통과시킬 주체는? 등이다(『동아일보』, 1946년 8월 13일).

급의 유지와는 무관계) - 237명(2.8%) ㉣ 대중정치(대의정치) - 7,221명 (85.4%) ㉤ 모릅니다 - 453명(5.4%) 등이다. 세 번째 항목은 "귀하가 찬성하는 것은 어느 것입니까?" 질문이었다. 답변은 ㉮ 자본주의 - 1,189명 (14.1%) ㉯ 사회주의 - 6,037명(71.4%) ㉰ 공산주의 - 574명(6.8%) ㉱ 모릅니다 - 653명(7.7%) 등이다. 이날 조사에서는 미군정에 대해 '잘한 점이 있다' - 2%(위생시설), '잘한 점이 없다' - 98%로 나타났다.[135]

당시 민중 대부분은 농민이었고 무학력자 비율이 60% 이상이었음에도[136] 정치의식이 상당하였던 것으로 짐작된다. 당시 민중은 어떠한 형태이든 독재권력을 배격하였다. 민중권력에 의한 대중정치(대의정치)를 무려 85.4%나 원하였다. 아울러 정치체제도 사회주의를 71.4%나 원했다. 사회주의 정치체제의 선호도는 여운형이 주도했던 인민위원회 정권 형태를 원했던 맥락과 일치한다.[137]

특히 국민의 대부분이 농민이었기에 토지정책에 대한 민중의 기대는 매우 컸다. 1947년 7월 조선신문기자회의 여론조사에 따르면 토지개혁 방식에서 ㉮ 유상몰수 유상분배 - 427명(17.4%) ㉯ 무상몰수 무상분배 - 1,673명(68.0%) ㉰ 유상몰수 무상분배 - 260명(10.6%) ㉱ 기권 - 99명 (4.0%)으로 나타났다.[138]

---

135 김천영 편저, 『연표 한국현대사Ⅱ』, 한울림, 1984, 367쪽.

136 1955년도 기준으로 학력 총인구(7세 이상)는 21,489,100명이다. 현재 취학자는 3,778,600명(17.6%), 학교 졸업자는 4,370,100명(20.3%), 부취학자는 13,340,400명(62.1%)이다. 부취학자 중에는 해독자가 5,243,100명(24.4%)이며 불해독자는 8,097,300명(37.7%)이다(국가통계포털사이트).

137 정권 형태를 묻는 여론조사에서 ㉮ 종래제도 - 327명(13.3%) ㉯ 인민위원회 - 1,757명(71.5%) ㉰ 기타 - 262명(10.7%) ㉱ 기권 - 113명(4.6%)이다(『조선일보』, 1947년 7월 6일).

138 『조선일보』, 1947년 7월 6일.

이처럼 대다수 국민은 미군정에 대해 불만이 매우 높았으며, 토지정책에 대한 기대는 컸다. 그런데도 미군정과 이승만 정권은 민중의 염원과는 거리가 먼 체제와 정책을 추진함으로써 불평불만이 더욱 고조되었다.

1948년 전남 지방의 경우 보리 수확량이 전년보다 4할이나 감소하였다.[139] 하지만 하곡(보리) 수집 매집량은 3만 5천 석이나 증가한 19만 8천 석을 배당받았다. 보리 수확량의 감소에는 자연재해가 있었다. 그런데도 무려 21%나 수집량이 늘어났다. 1948년 6월부터 9월까지는 태풍 3차례에, 장마가 35여 일 이상 계속되었다. 전국 곳곳에서 제방이 무너지고 가옥과 농작물이 침수되는 등 그 피해는 실로 막대하였다. 각종 도로와 철도가 유실되면서 교통도 두절되고 고립된 마을도 속출하였다. 남해안의 실상을 보면,

㉡ 7일 밤 남조선 일대를 휩쓴 시속 70마일의 태풍은 곳곳에 처참한 발자취를 남기어 현재 판명된 수해 정도로도 농작물을 위시하여 가축 가옥 선박 등에 막대한 피해를 입었다. 자연의 재해로 인하여 먹을 것과 집을 잃은 수천의 이재민들은 방금 거리에서 헤매며 오직 동포의 따뜻한 구호의 손만을 기다리고 있다.……**산 중턱에는 태풍으로 휩쓸려 올라간 배들이 얹혀져 있는 것이 마치 노아의 方舟(방주)를 연상케 한다.**……목포의 쌀값이 벌써 한 되 2백 원대에서 껑충 뛰어오를 기세를 보이고 있는 것도 있음직한 일이다. (『서울신문』, 1948년 7월 17일)

농사에 의지하며 살았던 전남 동부지역 사람들에게 1948년 여름은 무던히도 힘들었다. 신문기자는 당시 상황을 '마치 노아의 방주를 연상케 한다'고 보도하였다. 참상의 상황이 가혹하리만큼 처참하였음을 짐작할

---

139 주철희, 앞의 책, 203~214쪽을 참고.

수 있는 표현이다.

 8월 25일 조사된 총 피해액은 2백억 원을 넘었다. 6월부터 8월 말까지 전남 지역의 사망자만 2백 명을 넘어섰다. 이재민도 헤아릴 수가 없었다. 그런데 9월 8일 또다시 시속 40km의 태풍이 남해안을 덮쳤다. 대한민국 정부가 수립되었지만, 비상대책이라고는 기껏해야 따뜻한 구호를 바란다는 목소리뿐이었다. 더구나 전년보다 보리 수확량이 4할이나 감소했지만, 오히려 매집량이 21%나 늘어난 것은 분노의 폭발 일보 직전으로 내몰았다.

 공출제는 일제강점기의 제도이므로 폐지해야 한다는 여론이 높았다. 수집한 미곡·하곡을 관리하고 배급하는 식량영단에 대한 농민과 백성들의 불만도 계속 고조되었다.[140] 여수에서는 1948년 7월 폭풍으로 많은 벼 가마가 유실되어 식량영단은 배급 식량을 분배하지 못하였다. 그러나 실상은 정미업자가 이윤이 박하다는 핑계로 도정(搗精)을 회피하면서 배급이 이루어지지 않았다. 더욱이 식량영단은 쌀을 빼돌리고 대신 모래를 채워 넣는 등의 방법으로 수천 가마니를 착복하며 실정을 거듭하였다. 식량영단의 위탁을 받은 도정공장도 예외는 아니었다. 도정업자들은 수백, 수천 가마니를 송두리째 집어삼키고 있었다. 배급소원은 배급소원대로 근량을 속여 쌀을 빼돌리고 있었다. 태풍과 장마로 인하여 더 어려워진 상황에서 여수에서는 급기야 7월 하순부터 8월 상순까지 2기분 배급을 주지 못하는 상황이 발생하면서 지역민들의 배고픔은 극에 달하였다.[141]

 민생고는 여수 지역만의 문제가 아니었다. 쌀값은 폭등하고 '쌀 배급을

---

140 『호남신문』, 1948년 9월 2일~9월 22일.
141 『호남신문』, 1948년 8월 24일.

증가하라'는 대중의 아우성이 날로 높아 갔다. 정부 당국에서는 외미(外米)까지 들여와 부족한 양곡을 채우려고 했지만, 수송 문제로 해결되지 못하였다. 이런 상황에서 공출미는 야적된 채 수천 석이 썩고 있었다. 식량영단 관리는 장부를 속여 쌀을 도둑질하고 있었다.

<그림 7> 『호남신문』 1948년 8월 24일

이러한 사태를 보고 지방신문에서는 "정부 당국은 알고도 모른 척 하는가? 모르고도 태연히 의자에만 앉았는가? 그 진상과 책임을 밝혀서 농민과 소비 대중 앞에 공개하라!"고 요구하였다.[142] 언론의 요구에 제8관구청(전라남도경)에서는 쌀 부패 및 부정 처분에 대한 수사 결과를 발표하였다.

1. 곡성 : 1948년 7월 25일 식량영단 곡성군 위탁공장장 양병윤이 관리하고 있던 籾 2,466가마니 중 806가마니가 부패되고, 그해 4월 10일부터 5월 10일까지에 전기 梁이 매각 횡령한 것이 560가마니다.
2. 장흥 : 김우채 공장에서 1947년 3월 20일부터 1948년 7월 30일까지 약 1년간에 걸쳐 전기 金이 벼 1,200가마니를 집어먹고 그 공장 사무원

---

142 『호남신문』, 1948년 9월 10일.

　　　　김필주가 벼 2,400가마니를 집어먹었다.
3. 해남 : 강석순 공장에서 전기 홏이 그 공장장 대리인의 직을 기화로 1948년 6월 20일부터 그달 30일까지에 벼 40가마니를 횡령 착복하였다.
4. 나주 : 위탁공장장 홍안룡이가 1948년 1월 1일부터 그해 2월 3일까지 벼 150가마니를 착복하고 동 기일에 1,915가마니가 부패되고, 또한 홍정선 공장에서는 1946년 3월 27일부터 8월 21일까지에 전기 洪이 벼 149가마니를 횡령하고 영단 벼 300가마니를 저당하고 30만 원을 가져다가 썼다.
5. 담양 : 영단출장소장 남희복 외 3인이 1948년 4월 10일부터 8월 30일까지에 벼 304가마니를 집어먹고, 나주의 洪과 같은 수단으로 영단 벼 300가마니를 저당하고 30만 원을 가져다 썼다.
6. 여수 : 1948년 7월 7일 벼 702가마니가 풍우로 인하여 선박이 조난, 해중으로 손실되었다고 하나, 사실 여부를 목하 조사 중이다. 그리고 8월 24일에는 양곡대가 염가를 구실로 업자 도정을 중지시켰다고 한다.
7. 구례 : 벼 600가마니를 1947년 12월부터 1948년 9월까지 약 10개월간에 걸쳐 이한렬이가 횡령 착복하였다. (피해 수량 중 백미는 배율 籾(인) 환산하였음)(『호남신문』, 1948년 7월 4일)

　관리들의 부정부패 진상 요구에 전남도 경찰국에서는 조사에 착수하여 결과를 발표하였다. 그러나 수사 결과는 빙산의 일각에 불과하였다. 그나마 이 정도라도 밝혔다는 것을 다행으로 생각해야 하는 것이 당시 시대 상황일 수도 있다.
　지주와 관료는 먹고사는 데 아무 문제가 없었다. 사회의 혼란기를 틈타 그들은 더욱더 부를 축적해 갔다. 이승만 정부는 민생은 뒷전에 두고 오로지 공산주의자를 잡는 데 혈안이 되었다. 반대세력이나 정부를 비판하면 공산주의자로 몰아 옭아매는 데 급급하였다. 민중의 생활에 대한 불만과 분노는 강 건너 불구경하듯 쳐다만 보았다.
　민생고에 시달린 농민과 궁핍한 도시 사람의 어려운 생활은 더욱 가중되었다. 민생고의 어려움 속에는 수단과 방법을 가리지 않고 수천 가마니씩 착복하는 기득권 세력을 옹호하는 관리와 경찰 그리고 정책의 실패가 있었다. 빈부 격차를 해소하고 생활고 해결을 바라는 민중의 염원은 이념을 떠나 먹고살기의 한 방편으로 사회주의에 눈길이 갈 수밖에 없었던 것이 당시 시대상이었다. 이는 앞서 살펴본 여론조사에서도 그대로 드러났다. 소위 좌익이라고 일컫는 이들이 민중의 고충을 이해하고 아픔을 같이 나누려는 모습은 민중의 눈에 보였다.

미군정과 이승만 정권은 민중의 염원과는 거리가 먼 체제와 정책을 추진함으로써 불평불만은 더욱 고조되었다. 이런 시대 상황에서 자연재해로 인한 삶의 막막함에 더해 관리와 경찰의 부패는 지역민의 감정을 폭발시켰다. 동학농민항쟁 또한 부정부패한 관리들의 폭정에 대한 저항으로 촉발되었다. 해방 이후 지속해서 이루어진 폭정은 1948년 7월~9월에 들어서면서 절정에 이르렀다. 따라서 1894년 동학농민항쟁과 1948년 여순항쟁을 비교하면 너무 과장되고 앞서 나간 것일까?

제14연대 군인의 동포 학살을 거부하면서 촉발한 봉기에 민중은 합세하고 지지할 수밖에 없는 상황으로 내몰려 있었다. 아니 민중의 면면에서 흐르고 있던 항쟁의 기운에 제14연대 군인들이 불을 당겨 주었다. 1948년 10월 19일은 항쟁이었다.

6장. 여순항쟁은 역사이다

 이 글은 일반적으로 '여순사건'으로 불리고 있는 1948년 10월 19일을 기점으로 발발한 사건, 제14연대 군인의 제주도 출동 거부 행위를 반란으로 규정한 것에 대한 문제 제기에서 비롯하였다. 반란이란 체제 전복 또는 정권 찬탈을 목적으로 하는 행위임을 지난 역사에서 확인할 수 있었다. 그리고 지난 역사에서 반란을 검토한 결과 "① 현 권력자를 축출한다. ② 후임 권력자를 미리 결정한다. ③ 수도(도성)를 점령한다. ④ 반란의 주도세력은 정부 요직에 있거나 대병력 동원이 가능한 군사 지휘자이다. ⑤ 오랜 기간 철저한 계획에 따라 이루어진다"는 등 반란으로 규정할 수 있는 다섯 가지 조건을 도출하였다.
 제14연대 군인들이 '동족상잔 결사반대'와 '미군 즉시 철퇴'를 주장하며 제주도 출동을 거부한 행위가 반란을 목적으로 하였는지, 그리고 반란으로 규정한 조건에 대입하여 공통점과 차이점을 검토하였다. 그 결과 여순항쟁은 반란을 목적으로 한 행위가 아니었다. 물론 반란으로 규정한 조건에 대입해도 공통점을 찾을 수가 없었다. 제14연대 군인의 행위를 반란으로 규정한 것은 적절하지 않다는 결론에 도달하였다.
 지금껏 제14연대 군인의 제주도 출동 거부를 반란으로 규정한 근거는 군인이라는 신분 때문이었다. 군인은 명령에 살고 명령에 죽는다고 한다. 하지만 제14연대에 내려진 출동명령은 제주도민 30만 명의 생명을 보장할 수 없는 잘못된 명령이었고, 부당한 명령이었다. 조선 동포의 학살은 오로지 미국의 이익에 수반한 명령이었다. 이승만의 정치적 위기를 타개하기 위한 도구였다. 제주도는 초토화 작전 이전에 평화협상을 통해 원만히 해결할 기회가 있었다. 평화협상을 거부하거나 파기한 것도 미군정을 비롯한 권력기관이었다.

　군인이란 신분은 무조건 명령을 따라야 한다고 즈장할 수 있다. 옳고 그름에 대한 판단은 국가권력이나 지휘부가 결정하는 몫이라고 말할 수 있다. 일정 부분 동의할 수 있으나 국민 생명을 담보로 행해지는 국가권력의 잘못된 명령까지도 무조건 따라야 한다는 주장에는 동의할 수 없다. 특히 국가 안보와 국민의 생명을 지키기 위한 차원이 아닌 자신의 정권 유지 또는 정권 찬탈을 목적으로 행해지는 명령은 더욱이 그러하다. 군대는 권력자나 특정 세력을 위해 존재하는 것이 아니라 국토를 수호하고 국민의 생명을 보호해야 하는 임무를 수행하기 위해 존재하기 때문이다. 이는 1948년에도 그랬고 지금도 그렇다.

　제14연대 군인의 제주도 출동 거부 행위가 반란이 아니라면, 어떻게 성격을 규정하는 것이 타당할 것인가에 대해서 두 가지 측면에서 검토하였다. 첫째는 제14연대 군인의 출동 거부 행위에 대해서 어떻게 성격을 규정할 것인가에 대한 문제이다. 둘째는 제14연대 군인이 촉발한 행위에 민중의 지지와 호응에 대한 성격이다. 이를 위해 제14연대 군인의 행위는 그들이 유일하게 남긴 문서인 「애국인민에게 호스함」이란 성명서에서 주장하고 있는 '동족상잔 결사반대'와 '미군 즉시 철퇴'를 다양한 형태로 분석하였다.

　결과적으로 제14연대 군인의 궐기는 국민을 학살하라는 잘못된 국가권력의 불법적 명령에 대해 저항, 군인이라는 신분에 걸맞은 용어로는 항명이다. 항명을 반란으로 규정하기보다는 봉기로 규정하는 것이 타당하다. 항명의 이유가 권력자의 잘못된 오판에 있었기 때문이다.

　군인의 봉기는 지역 민중의 합세와 호응으로 이어졌다. 지역 민중의 호응과 지지는 당시 미군정과 이승만 정권의 정치·사회·경제적 문제로 거듭된 실정에 대한 비판, 그리고 민생고를 비롯하여 친일파 관료와 경찰

폭정 등이 복합적으로 작용한 불의 항거였다. 따라서 제14연대의 봉기는 지역 민중의 불의 항거에 촉매제 역할을 하면서 민중의 항쟁으로 확대 재생산되었다고 보는 것이 타당하다.

남로당과의 연계 주장도 여전하다. 여순항쟁을 정권 찬탈이나 체제 전복으로만 고집하는 이들이다. 이들은 대한민국 현대사를 오로지 이념의 투쟁 장으로 몰아 자신들의 기득권을 유지하려는 속셈이 기저에 있다. 제14연대 군인은 군인의 사명이란 당위성으로 부당한 명령을 거부하였다. 거창하게 표현하면 애족사상일 수도 있고, 애민정신에서 비롯되었다고도 할 수 있다.

1980년 5월 광주를 떠올려 보자. 당시 전남경찰국장(현 전남지방경찰청장)이었던 안병하(安炳夏)는 계엄사령관의 "경찰이 무장하고 도청을 접수하라"는 명령을 거부하였다. 오히려 안 국장은 "경찰은 시민군에 형제, 가족도 있을 테고 이웃도 있는데 경찰이 무기를 사용하면서까지 할 수 없다"면서 시민의 안전을 최우선에 두었다.[143] 정부는 안병하 국장을 1980년 5월 26일 직위해제하고 후임에 송동섭(宋東燮) 치안본부 작전과장을 전남경찰국장으로 발령하였다.[144] 안병하 국장은 지휘권 포기 및 직무유기 혐의로 체포되어 계엄사령부 합동수사본부에 끌려가 8일간 혹독한 고문을 당하였으며, 그 고문의 후유증을 겪다 1988년에 사망한 것으로 전해지고 있다.[145]

신군부는 비상사태란 핑계로 공수부대를 투입하였다. 이들 공수부대는 군인의 사명이 무엇인지 생각하지도 않고 오로지 정치군인의 시녀가

---

143 『경향신문』, 2005년 11월 24일.
144 『동아일보』, 1980년 5월 26일.
145 『경향신문』, 1980년 5월 27일; 『한겨레신문』, 2009년 8월 20일.

되어 자국민을 보호하기보다는 총과 탱크로 무참히 시민을 짓밟았다. 광주에 계엄군으로 출동했던 장교 중에는 육군사관학교 출신으로 공부를 꽤나 많이 했다고 우월감이 충만한 군인도 있었을 것이다. 이 군인 중에 단 한 명의 군인이라도 군인의 사명을 정확하게 인지하고 자국민에게 돌진하는 탱크를 막아섰다면 광주의 비극은 없었을 것이다.

광주는 형식적이나마 비상사태에 계엄령이 선포되었다. 물론 이를 정당화하는 것은 아니지만 말이다. 반면 제주는 형식적이나마 비상사태나 계엄령도 선포되지 않았다.[146] 그런데도 군을 출동시키기 위해 제주도경비사령부를 설치하고 여수 제14연대 파병을 결정하였다. 제14연대 파병 결정은 대민 지원이 아니었다. 제주도민 30만 명의 생명을 담보할 수 없는 초토화 작전이었다.

국군은 국가의 안전보장과 국토방위의 신성한 의무를 수행함을 사명으로 한다고 헌법에 명시되어 있다. 국가는 곧 국민이다. 국민의 안전보장에 가장 우선해야 할 군인에게 동족을 학살하라는 명령이 하달되었다. 1980년 5월의 대한민국 군인은 이에 그 어떤 이의도 제기하지 않고 출동하였다. 그리하여 광주에서는 피의 학살이 자행되었다. 반면 1948년 10월 대한민국 국군은 군인의 사명에 부합하지 않는 잘못된 명령에 저항하고 출동을 거부하였다. 어떤 군인이 올바른 군인인가? 어떤 군인이 국민의 군인인가? 어떤 군인이 대한민국에 존재해야 하는가?

여순항쟁은 지금껏 군인이라는 신분에 얽매여 사건 자체를 제대로 분석하지 못하고 반란이라는 오욕의 역사에 묻혀 있었다. 여수 제14연대 군인의 제주도 출동은 미국의 이익을 위한 조치의 일환이었고, 이승만 정부는 이를 적절하게 활용하여 자신의 정권 유지에 온갖 힘을 쏟았다.

---

[146] 제주 전역에 계엄령이 선포된 시점은 1948년 11월 17일이다.

그러는 사이 여순항쟁은 왜곡과 편견으로 둘러싸였다. 지역사회는 여전히 대립하며 반목하였다. 학문 연구에서도 금단의 주제로 자리매김하였다. 제14연대 군인의 저항으로 시작하여 민중의 항거로 이어진 여순항쟁이 반란이란 오욕의 역사를 벗어 던지고 제대로 평가받기를 기원한다.

1948년 10월 19일. 그리고 2017년, 2018년……. 어느덧 강산이 일곱 번이나 바뀌었다. 무고한 동족을 살상할 수 없다는 일념 하나로 제주도 출동을 거부했던 제14연대 병사들. 배고픔을 달래기 위해 산과 들로 가서 소나무껍질과 피(稗)로 연명했지만, 관리와 경찰의 부정부패와 폭정이 지속되어 민생고에 시달렸던 민중들. 이들이 만들어낸 1948년 10월의 역사는 70년이 지나고 있음에도 성격이 모호하다. 이제 그 역사를 불의에 저항한 여순항쟁이라 정명(正名)한다.

그리고 그 역사를 기억하기를 원한다. 그 역사는 국가폭력의 원형이었다. 권력에 눈이 어두워서 저지른 폭력을 국가는 당연히 책임져야 한다. 2003년 10월 노무현 대통령은 제주4·3항쟁에 대해 "국정을 책임지고 있는 대통령으로서 과거 국가권력의 잘못에 대해 유족과 도민 여러분께 진심으로 사과와 위로의 말씀드린다"고 하였다. 과거 정부의 잘못이었지만 정부를 책임지고 있는 대표 자격으로서 공식 사과하였다. 그리고 2006년 제58주기 제주4·3항쟁 위령제에서 "국가권력은 어떠한 경우에도 합법적으로 행사되어야 하고, 일탈에 대한 책임은 특별히 무겁게 다뤄져야 하고, 용서와 화해를 말하기 전에 억울하게 고통 받은 분들의 상처를 치유하고 명예를 회복해 주어야 하며, 이것은 국가가 해야 할 최소한의 도리이다"고 하였다.

1948년 10월 19일 제14연대 제주도 출동은 국가권력의 합법적인 명령이 아니었다. 동포를 학살하라는 명령은 부당하고 불법적이었다. 그런데 그 누구도 책임지지 않았다. 이제라도 국가가 나서서 최소한의 도리를 해야 한다. 그것이 국가가 존재하는 목적이다.

　1948년 10월 19일 여순항쟁, 대한민국 항쟁의 역사에서 그 첫걸음을 내디뎠던 자랑스러운 역사이다. 너무 오랜 시간 동안 왜곡되었다. 이념에 경도되어 편향되었다. 반공 이데올로기에 눈뜬장님이 되었다. 반란으로 매도하고 터부시한 획일주의 유산이었다. 이제라도 바른 눈으로 제대로 보았으면 한다. 열린 시선으로 왜곡과 진실을 가려냈으면 한다.

　국가권력은 국민의 동의에서 나온다. 1948년 10월, 국가권력은 정당하였고 국민의 동의를 얻었는지 여순항쟁은 묻고 있다. 그리고 국가가 무엇인지, 국가 존재 목적이 무엇인지 여순항쟁은 대답을 요구한다.

2부

여순항쟁 그들은 누구인가

1장. 그들은 왜 봉기했는가

　1945년 8월 15일에 우리 민족은 해방을 맞이하였다. 해방은 기쁨과 함께 자주적 통일독립국가 건설이라는 새로운 과제를 떠안았다. 과제를 해결하기에는 곳곳에 걸림돌이 있었다. 가장 큰 돌브리는 미군정이었다. 미군정은 친일파를 감싸고 그들의 정치·문화·경제적 기반으로 반공국가 건설에 매진하였다. 친일파는 친미파로 변신하여 일제강점기에 누렸던 기득권을 여전히 누렸다. 일제강점기에 민족해방투쟁에 앞장섰던 사회주의 투사들은 민생 투쟁의 대열에 앞장섰으나, 좌익진영으로 분류되어 미군정과 경찰의 탄압에 직면하게 되었다.

　신탁통치 문제로 극렬해진 좌·우익의 갈등은 남한만의 5·10총선거를 앞두고 최고조에 달했다. 결국 남한만의 5·10총선거는 민족의 염원인 통일독립국가 건설과는 멀어지는 결과로 나타났다. 염원은 그냥 얻어지는 것이 아니라는 교훈을 남겼다. 남한만의 5·10총선거를 통해 1948년 8월 15일에 대한민국 정부가 수립되었다. 이승만은 권력을 장악하였지만, 한민당과 결별, 반민족 행위 처벌법 통과, 미군 철수 주장, 사회 전반에 좌익세력의 저항 등 정치적 위기에 내몰렸다. 특히 정부 수립 이전에 발생한 제주4·3항쟁은 이승만 정권에게 두고두고 골칫거리였다. 정부는 제주도의 소요를 진압하기 위해 미 임시군사고문단의 지휘 아래 육지에 주둔 중인 경찰 특수부대와 국군을 증원 파견하기에 이르렀다.

　여순항쟁은 1948년 10월 19일 밤 여수 신월리에 주둔 중인 국군 제14연대에서 발발하였다. 여순항쟁의 직접적인 발발 배경은 제주4·3항쟁 진압을 위해 여수 주둔 제14연대 1개 대대에 출동명령을 내렸기 때문이다. 제14연대 군인들의 제주도 출동 거부의 핵심은 "조선 동포의 학살을 거부한다"는 것이었다. 동포의 학살은 군인의 사명이 아니었기에 봉기하였다. 여순항쟁은 새로 출범한 이승만 정권의 정통성을 흔드는 것이었기에 조속한 진압을 통해 통치 능력을 대내외적으로 입증받으려 하였다. 또 다른 측면에서 여순항쟁은 이승만 정권의 정치적 위기를 모면할 좋은 기회이기도 했다.

여순항쟁의 연구 성과는 대체로 네 가지 시각으로 나누어 설명할 수 있다. 보수, 진보, 중립적 시각, 그리고 지역 주민의 관점과 피해를 강조하는 시각이다. 보수적 시각이란 반공적인 관점이며, 우익진영의 관점이라 할 수 있다. 이들은 남로당의 지령에 의한 반란으로 규정하면서, 좌익의 잔혹한 만행을 특히 강조한다. 1950년대 이후 군과 경찰의 공간사 대부분이 이러한 부류에 속하며, 아직도 꾸준히 이러한 주장을 하고 있다. 정부 당국의 관점도 이와 크게 다르지 않다.

중립적인 시각은 여순항쟁에 대한 비교적 객관적 검토라고 할 수 있다. 여순항쟁의 원인이나 성격, 전개 과정에 대한 다양한 주장을 모두 소개하고서 그 문제점을 해결하는 데 주안점을 둔다. 이러한 연구는 대체로 1980년대 후반부터 시도되었다. 그렇지만 반란과 항쟁이란 두 관점에서 중립적이란 관점이 자칫 양비론으로 비칠 수도 있으며, 여순항쟁의 성격을 모호하게 하는 원인이 되기도 한다.

진보적 시각은 여순항쟁을 편향된 반공주의 시각에서 벗어나 다양한 각도에서 미시사적으로 접근하였다. 여순항쟁의 원인이나 배경을 총체적이며, 반공주의를 구축하기 위한 이승만 정부의 일련 과정을 주안점에 두고 연구가 이루어졌다. 또한 지역과 밀착성을 갖고 연구가 이루어졌다는 점도 시사하는 바가 크다. 이러한 연구는 대체로 1990년대 후반부터 적극적으로 시도되었다.

지역사회의 관점과 피해 주민을 강조하는 시각에서 연구도 이루어졌다. 대체로 무고한 양민의 피해가 컸다는 점과 여순항쟁으로 인해 지역민 전체가 '暴徒'나 '叛徒'로 오해를 받는 억울한 상황을 강조하는 내용이 주류를 이룬다. 아울러 여순항쟁에 대한 진상 규명과 함께 명예 회복을 주장하기도 한다. 그러나 서술의 네 가지 관점과 무관하게 군인이란 신분으로서 제주도 출동명령의 거부 행위는 대체로 반란으로 인식한다는 점이 공통점이다. 그러나 앞서 살폈지만 반란이 아니라 항쟁이었다.

이처럼 연구 성과에도 불구하고 여순항쟁을 규명하기 위해 가장 중요한 주도 인물에 대해서 명확하게 밝혀진 바가 없다. 여순항쟁 발발 당시에 '지창수 상사와 40여 명의 사병'이 주도했다는 것이 통설이다. 반란을 계획하고 실행하는 총지휘자로 지창수 상사를 인식하고 있지만, 지창수의 행적이나 신상에 대해 밝혀진 바가 없다. 40여 명이란 주도세력에 대해서도 구체적인 연구가 없었다.

앞서 1부에서 여순항쟁의 참여 계층을 네 부류로 나누어서 살펴보았다. ① 군인의 주도세력, ② 일반 제14연대 병사들, ③ 민간인 주도세력(인민위원회 활동자), ④ 일반 민중 참여세력 등이 왜 봉기에 참여했는지 검토하면서 여순항쟁의 성격을 규정하였다.

이 글에서는 여순항쟁을 촉발했던 제14연대 군인 중에서 주도세력이 누구인지를 밝히는 것이 핵심이다. 여순항쟁 주도 인물에 주목한 것은 어떤 사건이 발생하면 '언제·어디서·누가·무엇을·어떻게·왜'라는 육하원칙을 적용하여 사건을 규명하는 것이 일반적이기 때문이다. 그러나 여순항쟁은 '누가·왜'라는 가장 핵심적인 사실이 명확하게 규명되지 않았다. 앞서 1부 〈여순항쟁, 그 역사를 말한다〉에서 여순항쟁이 왜 발발했는지 살펴보았다. 그 연장선에서 이 글에서는 '누가'라는 주도 인물을 밝혀 보겠다.

따라서 첫째, 정부 발표에 따른 주도 인물의 변화 과정을 추적하겠다.

주도 인물이 변화했다는 것은 여순항쟁에 대한 정부의 대처에서 어떤 변화가 있었거나 다른 의도가 숨겨져 있을 가능성이 높다. 이 과정에 주도 인물과 남로당과의 관계를 파악하여, 남로당 지령이라는 주장에는 문제점이 없는지 확인할 수 있을 것이다.

둘째, 통설적으로 여순항쟁을 지휘한 사람으로 제14연대 인사계 특무상사 지창수를 지목한다. 일각에서는 그를 '인민해방군 연대장'으로 소개하기도 한다. 이러한 주장에는 문제점이 없는지 살펴보겠다. 여순항쟁은 '40여 명의 병사'가 시작하였다고 한다. 그렇지만 이들이 누구인지 밝혀진 바가 없다. 이들이 누구인지 추적하여 보겠다. 주도 인물을 밝히는 것은 여순항쟁의 성격을 규정하는 데도 도움이 될 것이다.

셋째, 현재 국회에는 이른바 '여순사건 특별법'이 발의되어 있다. 이 특별법의 핵심은 피해자의 배·보상 문제이다. 피해자의 문제 해결을 위한 선결 조건은 여순항쟁 피해 시기를 확정하는 것이다. 그런데 이러한 논의도 없이 피해자의 배·보상 문제가 언급되고 있다. 따라서 주도 인물을 파악함으로써 여순항쟁의 피해 시기를 결정할 수 있을 것으로 판단된다. 「제주4·3특별법」은 1947년 3월 1일을 기점으로 하여 1954년 9월 21일까지를 피해 시기로 정했다. 1954년 9월 21일은 한라산 유격대가 섬멸되어 한라산의 금족령이 해제된 날이다. 여순항쟁의 주도세력이 지리산·백운산 등으로 입산하면서 대한민국의 빨치산을 탄생시켰으며, 이들이 섬멸되면서 빨치산은 종말을 고하였다. 따라서 여순항쟁으로 입산한 빨치산이 언제 종말되었으며, 지리산 통행금지가 언제 해제되었는지 살펴봄으로써 여순항쟁 피해 시기를 결정할 수 있을 것이다.

2장. 여순항쟁, 정부의 첫 발표는

1. 정부의 첫 발표

제14연대의 봉기가 상급 부대인 제5여단(광주 제4연대)에 보고된 시간은 10월 20일 새벽 1시경이었다. 제5여단장 김상겸 대령은 제주경비사령관으로 제주도에 있었으며,[1] 참모장 오덕준 중령은 여수에 내려와서 제주도 출동 상황을 점검하고 있었다. 또한 제4연대 연대장 이성가 중령은 서울에 출장 중이었다. 반란 첩보를 입수한 제4연대 부연대장이었던 박기병 소령은 부대 비상조치를 내리고, 서울 육군 총사령부와 미 군사고문단에 보고하였다. 10월 20일 미 임시군사고문단장 로버츠 준장의 사무실에서 미군과 한국군 참모들이 모여 비상회의를 열었다. 이범석 국무총리 겸 국방장관은 채병덕 참모총장에게 "조사단을 인솔해 현지로 내려가 사태를 파악하고 필요한 조치를 취하라"고 지시하였다. 이에 따라 채병덕 참모총장, 정일권 참모부장, 백선엽 정보국장, 하우스만 대위, 리드 대위, 통역장교 고정훈 중위로 구성된 조사반이 미군 특별기 편으로 즉시 광주로 향했다.[2]

이즈음 서울 중앙청 기자들도 여순항쟁에 대한 소식을 접하였다. 당시 『조선일보』 기자였던 유건호는 "'여수에서 국군 부대가 반란을 일으켜 순천 쪽으로 올라오고 있다'는 소문이 중앙청 기자실에 흘러 들어왔다.

---

[1] 1948년 10월 19일 김상겸 대령의 행적은 다소 유동적이다. 일부에서는 신병으로 모처에 있었다는 주장도 있다.
[2] 백선엽, 『군과 나』, 대륙출판사, 1989, 340쪽.

몇몇 기자가 내무부 장관실로 뛰어 올라갔다. 좀 더 자세한 내용을 알아보려고 무진 애를 썼으나 도무지 쉬쉬하고 있어 다른 정보는 그 이상도 이하도 얻어내지 못했다"[3]고 반란을 처음 접하게 된 상황을 기록하였다.

여수에서 국군 부대 반란이라는 것을 소문으로 전해 들었지만, 기자들도 자세한 내용을 파악할 수 없었다. 정부는 국군 부대 반란을 보고 받고 언론 보도 일체를 금지시켰다. 공보처는 10월 21일에 일체 신문기사를 보류하는 기재 유보 조치를 단행하면서, 정부에서 발표한 내용만 게재할 수 있다고 하였다.[4] 이리하여 여수·순천 지역은 다른 지역과의 정보와 교통이 차단되어 고립무원이 되었다. 여순항쟁을 보도한 각 신문의 기사 끝에는 군검열제라는 꼬리표가 달려 있었다. 당시 언론은 정부를 비판할 수 있는 처지가 아니었기 때문에 보도 내용은 정부의 공식적 입장이라고 해도 과언이 아니다.

정부의 언론 통제 속에서 여순항쟁에 대한 공식적인 첫 발표는 이범석 국무총리 겸 국방장관의 1948년 10월 21일 기자회견이다. 이 총리는 '사건 진상을 철저 규명'이란 제목으로 여수에서 국군 제14연대가 반란을 일으켰다고 발표하였다.

> ㉠ 전남 여수에는 **국군 제14연대**(강조는 - 인용자)가 주둔하고 있는바, 돌연 20일 오전 2시경 **공산 계열의 오랫동안 책동과 음모로서 반란이 발생**하였다. 처음엔 **약 40명가량의 사병이 무기창고를 점령**하고 있어서 교묘한 선동과 위협으로 일부 병사들을 선동시켜 가지고 밤중에 다른 병사들을 무기로 위협하고 장교들 대부분을 살해했다. (『동아일보』, 1948년 10월 22일)

---

[3] 유건호, 「여순반란사건」, 『전환기의 내막』, 조선일보사, 1982, 146쪽.
[4] 『자유신문』, 1948년 10월 22일.

이범석 총리는 전남 여수에 주둔하고 있는 국군 제14연대에서 공산계열의 책동과 음모로 반란이 발발하였으며, 약 40여 명의 사병이 주도하고 있다고 발표하였다. 이 총리 기자회견으로 여순항쟁에 대한 언론 기재 유보 조치는 일시적으로 해제되었다.[5] 10월 21일 광주에서 발행된 『동광신문』은 호외를 발행하여 광주·전남 지역에 살포하였다. 여순항쟁과 관련한 유일한 호외로써, "국군 제14연대 반란! 여수서 발단 순천을 점령"이라는 제목하에 이 총리 발표문과 함께 제5여단장 김상겸[6] 대령의 인터뷰 기사도 같이 보도하였다.[7] 기자의 사태 원인에 대한 질문에 제5여단장은 "모 방면의 출동 예정의 일개 대대가 주동이 된 것 같다"고 했으며, 반란군의 수효에 대해서는 "8백 명 내지 2천 명으로 추산되나 정확한 인원은 알 수 없다"고 했다. 김상겸 여단장은 당시 제주도에서 급거 복귀하다 보니 사건 발단이나 상황을 정확하게 파악하고 있지 못하고 있음이 그의 인터뷰에 나타났다.

정부와 국방부 발표에 의존할 수밖에 없었던 언론에서는 사건의 주체로 '국군 제14연대 반란' 또는 '국군 반란'이라는 제목으로 대부분 보도하였다.[8] 이날 『조선일보』는 '국군 일부 전남서 반란'이라고 표제를 붙였다.

---

[5] 20일 정부 당국에서는 전남사건에 관한 신문 보도를 보류하여 주기를 각 사에 요청하였던바, 다음 날 21일 정오 정부에서 발표하는 데 한하여 보도하기로 되었다(『자유신문』, 1948년 10월 22일).

[6] 호외에 나온 제5여단장을 김백일 중령으로 기록하는 경우가 있다. 그러나 기자와 제5여단장의 일문일답은 10월 20일 하오 7시 반에 이루어졌다. 이는 아직 반군토벌전투사령부가 설치되기 이전이므로 김백일 중령은 토벌작전에 참가한 시기가 아니다. 10월 21일 반군토벌전투사령부가 설치된 이후 김상겸 제5여단장은 즉시 해임되고 김백일 중령이 후임으로 들어와 토벌작전에 나섰다.

[7] 정운현, 『호외, 백년의 기억들』, 도서출판사삼인, 1997, 102쪽.

[8] 각 신문의 주요 제목을 살펴보면 『자유신문』은 "국군 제14연대 내서 반란", 『서울신문』은 "20일 여수에서 국군 반란", 『조선일보』는 "국군 일부 전남서 반란 좌익과 합세 2천여 명", 『국제신문』은 "여수·순천에 국군 반란 21일 정오 현재 교전 중" 등으로

당시 진압 지휘관은 거의 모든 신문이 '국군 반란'이라고 제목을 붙였는데 『조선일보』에서는 일부를 강조한 것이 좋다면서 『조선일보』를 칭찬하고 유건호 기자에게 호의를 베풀기도 하였다.[9] 일선 군인들도 국군이 반란을 일으켰다는 것에 대해 적지 않은 부담감이 작용했던 것으로 볼 수 있는 대목이다.

10월 21일 이 총리 첫 발표에는 여순항쟁의 주도 인물에 대해서도 언급이 있었다. 10월 22일자 『자유신문』은 '극좌극우 공모 폭동의 성질'이라는 제목으로 주도 인물을 보도하였다.

> ㉯ 본래 수개월 전에 **공산주의자가 극우의 정객들과 결탁하고 반국가적 반란군을 책동**하여 일으킬 책동을 하였다. 불행히도 군정 이양 전이어서 그중 **吳東起**(기자주-최능진과 함께 불구속 송청되었다)란 자가 가장 교묘한 방법으로 소령으로 승진하여 **여수연대장에 취임**하였다. 이자는 여수에 가서 **소위 하사관 훈련의 기회를 포착하여 단순한 하사관들을 선동하고 공산주의를 선전**하는 한편 극우 진영인 해외와 국내의 실의 정객들과 직접간접으로 연락하여 가지고 로서아 **十월혁명 기념일을 계기로 전국적인 기습 반란을 책동**하였다. 이것이 군정 이양을 시작하면서 약 20일 전에 吳와 관련자를 검거하게 되었다. 이것이 그 음모가 성장해 온 배경이다. 吳와 관계자들을 잡자 군내에 吳와 통하는 자들은 공포심이 일어난 모양인데……. (『자유신문』, 1948년 10월 22일)

이범석 국무총리의 기자회견에서 눈여겨볼 대목은, 대한민국 수립 이전부터 공산주의자와 극우 정객이 결탁하여 정부 전복을 계획하고 있었

보도하였다. 또한 지방신문인 『호남신문』에서는 "국군 제14연대 반란, 여수 점령 후 점차 북진" 등의 제목을 달았다.
[9] 유건호, 앞의 책, 146쪽.

다는 것이다. 이에 오동기(吳東起)는 여수 제14연대장으로 취임하여 훈련을 명목으로 공산주의를 선전하면서 하사관들을 포섭하였다고 한다. 그러면서 기자가 덧붙인 것이지만 최능진(崔能鎭)이라는 인물이 등장하고, 그도 불구속 송치되었다. 여기서 정부가 말하는 극우 정객이 최능진인지 아니면 다른 인물인지 알 수 없다. 극좌도 누구인지 알 수 없다. 훗날 정부는 극우 정객으로 김구를 지목하였다. 김구는 정부의 날카로운 눈빛을 의식하여 마지못해 기자회견을[10] 통해 해명하였다.

이들은 러시아 10월혁명 기념일을 계기로 전국적인 기습 반란을 계획하고 있던 도중에 오동기가 9월 28일 체포되면서 실패하고 말았다고 한다. 그리고 오동기 체포에 공포심을 느낀 제14연대 병사들이 이번 반란을 일으켰다는 주장이다. 결과적으로 정부는 공산주의와 극우 정객과 제14연대 군인이 공모해서 시작한 반국가적 반란을 기도하였다고 발표하였다.

오동기는 9월 28일 국방부에 소환되었으며, 이후 최능진을 비롯한 민간인 3명이 10월 1일 수도경찰에 체포되면서 드러난 책동이 이른바 혁명의용군 사건이다. 결국 혁명의용군 사건과 여순항쟁이 밀접한 관련성이 있다는 주장이다. 오동기가 체포되자, 그에게 포섭된 제14연대 추종세력이 공포심을 느끼고 행동을 개시한 것이 여순항쟁이라는 것이다. 정부 발표의 핵심은 여순항쟁의 직접적인 원인에는 혁명의용군 사건이 있다는 주장이다.

정부는 여순항쟁이 발발한 지 하루 만에 제14연대 전 연대장 오동기

---

10 "우리는 일찍부터 폭력으로써 살인·방화·약탈 등 테러를 행하는 것을 배격하자고 주장했다. 금번 여수·순천 등지의 반란은 대규모적 집단테러 행동인바, 부녀 유아까지 참살했다는 보도를 들을 때에 그 야만적 소행에 몸서리 쳐지지 아니할 수 없다"(『서울신문』, 1948년 10월 31일).

소령을 여순항쟁 주도 인물로 발표하였다. 민간인 최능진도 관련되었다고 하였다. 정부는 여순항쟁을 혁명의용군 사건의 연속적인 상황이며, 이미 오래전부터 계획되었다고 발표하였다. 혁명의용군 사건은 어떤 사건이었기에 여순항쟁의 직접적인 원인이라고 발표한 것이었을까?

2. 혁명의용군 사건

여순항쟁이 발발하면서 세간의 관심으로 떠오른 혁명의용군 사건. 여수 제14연대 연대장이었던 오동기 소령은 9월 28일에 육군총사령관 송호성으로부터 소환 명령을 받고 서울로 상경하였다. 그는 즉시 육군 정보국에 구금되었다.[11] 정부는 혁명의용군 사건과 관련하여 10월 1일에 민간인 최능진, 서세충(徐世忠), 김진섭(金鎭燮) 등을 체포했다고 발표하면서, 사건의 실체가 드러났다. 10월 5일자 신문을 보면,

㉰ 전 수사국장이며 5·10 선거 당시 동대문 갑구 입후보로서 이 대통령의 낙선을 꾀한 것으로 이름 있는 **최능진(51)** 씨는 **서세충(61), 김진섭(36) 양씨와 더불어 내란음모의 혐의**로 지난 1일 오후 3시경 태평로 民友社 사무실에서 수도청 형사대에 검거되어 종로서에 구금당하고 있다. 구속영장에 나타난 검거 혐의 내용을 보건대 전기 3씨는 **작년 12월 이후 육군경비대 오동기 소령 등 국군 소속의 젊은 장교 다수와 공모하여 국방경비대로 하여금 혁명의용군을 조직**하고 기회가 도래하면 **대한민국 정부를 전복시킴**으로써 정부를 차지하려는 일종의 쿠데타를 음모했다는 것인데 그동안 이 활동의 군자금으로서 지난 9월 20일과 24일 이틀에 걸쳐 90만 원

---

11 국방부 전사편찬위원회, 『한국전쟁사 1 : 해방과 건군』, 1967, 485쪽.

예산 중 우선 15만 원을 지출하였다는 것이다. 이로 해서 수도청을 비롯하여 경찰 당국에서는……. 이에 관하여 국방부 고 고급장교는 "**일종의 반란적 성격을 띠인 사건**인데 이것이 어느 정도 근거가 확실하다면 국군은 다만 일반에게 이용당했을 것이고 앞으로 관련된 군인이 드러나는 대로 엄중 처단하겠다"고 말했다. (『조선일보』, 1948년 10월 5일)

㉓ 인용문에서 등장한 최능진은 혁명의용군 사건을 파악하는 데 핵심 인물이다. 그는 미군정청 경무국 수사부장 출신이다.[12] 그는 5·10 총선거에서 서울 동대문 갑구에 입후보한 이승만을 낙선시키기 위해 이승만과 같은 지역구에 출마하였다. 최능진은 이승만을 낙선시키려고 했지만 실패하자 서세충·김진섭 등과 정부 전복 쿠데타를 음모하였으며, 제14연대장 오동기 소령을 통해 국군 소속의 젊은 장교를 중심으로 혁명의용군을 조직하여 대한민국 정부 전복을 꾀하려다 체포되었다.

이러한 계획은 1947년 12월부터 차근차근 준비되었으며, 9월 20일과 24일 양일에 걸쳐 군자금을 제공하여 10월 러시아혁명 기념일에 반란을 일으키려고 하였다. 그런데 오동기가 9월 28일 소환명령을 받으면서 혁명의용군 사건은 실패하고 말았다. 이번 사건의 핵심은 최능진 등은 민간인이었고, 오동기를 비롯한 군인은 이들 민간인에게 이용당했다는 것이 국방부 관계자의 말이다. 여순항쟁 발발을 미리 예견이라도 하고 있는 듯한 20일 전 정부 발표는 강한 인상을 남기고 있다. 정부 발표에서 나타난 중요한 것은 여순항쟁 발발 이전에 국군과 민간인이 결합된 일종의 반란적 성격을 정부에서는 이미 수사하고 있었고, 거기에 제14연대장

---

12 ㉓ 인용문에는 수사국장이라고 했지만, 최능진이 근무할 당시에는 경무국으로 수사부장이란 직책이었다. 이후 경무부로 승격되면서 수사부장도 수사국장으로 직책이 바뀌었다.

이 관련된 것으로 파악하였다.

체포된 이들은 내란음모죄 등으로 검찰청에 송치되었다. 민간 법정에서는 최능진·서세충·김진섭 등 3명이 구속되어 재판이 진행되었으며, 군법정에서는 오동기 외에 9명이 불구속으로 재판을 받았다.[13] 혁명의용군 사건 군사재판 제1회 공판은 1949년 1월 21일에 서울지방법원 제4호 법정에서 개최되었다. 이날 재판에서는 각자 역할이 드러났다. 최고책임자는 서세충이며, 재정책임자 최능진, 국방경비대 최고책임자 오동기, 경비대 외곽 김진섭, 강원도 원주부대 동원책임자 안종옥 외 3명, 춘천부대 동원책임자 박규일 외 2명이었다.[14]

재판장에서 최능진은 경무부 수사부장 당시의 상황에 대해 "그 사람들은 자기들에 아첨하는 사람이면 채용하고 내가 탐관오리를 적발하여 보고하면 어느 사이에 그 사람들과 결탁하고 만다. 이에 대하여 나는 민족정기를 위하여 당시 러치(Archer L. Lerch) 장관하고 격론까지 하였다"[15]고 증언하였다. 최능진은 미군정에 대한 불평불만이 있었으며, 군정장관 러치 장관과도 격론이 있었음을 진술하였다. 또한 김진섭은 국방부와 수도청에서 자백한 것은 허위 사실이며, 고문에 못 이겨 되는 대로 진술하였다면서 "도대체 2, 3백 명의 병력으로 중앙을 포위하여 쿠데타를 한다는 것이 어린애 장난이냐"[16]며 정부 전복을 전면 부인하였다. 정부 전복을 목적으로 한 반란이란 철저한 준비와 대단위 병력이 필요한 행위이다. 그런 점에서 지방에 있는 200~300명의 병력으로 정부 전복을 감행하는

---

13 『서울신문』, 1948년 10월 21일; 『국제신문』, 1948년 10월 21일.
14 『동아일보』, 1949년 1월 23일; 『조선중앙일보』, 1949년 1월 22일.
15 『경향신문』, 1948년 1월 22일.
16 『경향신문』, 1949년 1월 23일.

것이 말이 안 된다는 주장이다.

혁명의용군 사건에서 군대 최고책임자인 오동기는 체포 당시 여수 제14연대 연대장이었다. 이전에 제8연대 소속인 원주부대와 춘천부대에서 근무한 적이 없다. 그런데 그와 어떤 연관도 없는 원주부대와 춘천부대의 200여 명 병사를 중심으로 혁명의용군이 조직되어 있었다. 책임자는 안종옥과 박규일이다. 정부가 혁명의용군 사건을 처음 발표할 당시 "오동기 소령 등 국군 소속 젊은 장교 다수가 공모하였다"고 했다. 그런데 원주부대와 춘천부대 동원책임자인 안종옥과 박규일의 계급은 이등병과 일등병이었다. 하사관도 아닌 이등병과 일등병에 불과한 계급의 군인이 정부 전복을 일으켰다는 것이 수사 결과이다. 이후 군·경찰 조사에서 오동기 이외의 장교가 이 사건으로 수사를 받거나 재판에 회부된 군인은 한 명도 없다. 특히 이 사건으로 연루된 군인들 중 오동기를 제외하고는 여수 제14연대 소속 장교와 병사는 한 명도 없다. 수사 당국의 발표가 얼마나 허구이며 날조되었는지를 알 수 있는 대목이다.

오동기 소령을 비롯한 군인들은 1949년 1월 29일 군사재판 고등군법회의에서 오동기 전 육군 소령 10년, 안종옥 전 이등병 5년, 박규일 전 일등병 3년, 김봉수 전 일등병 3년, 김용간 전 일등병 2년, 전 일등병 오필주 1년 등의 징역형이 선고되었다.[17] 국가를 전복시키고자 혁명의용군을 조직한 군인이라는 신분을 고려한다면 상대적으로 형량은 그다지 높지 않았다. 여순항쟁 진압 이후 협력자 색출 과정에서 혐의 의심만으로 즉결처형했던 것과 비교하면 상당히 낮은 수준의 형량이라고 할 수 있다.

이날 재판관이었던 김완룡 중령은 판결문에서 "피고들은 탐관오리·모리배 때문에 남한 정부가 부패되어 가고 있어 정부를 전복하려고 했다"면

---

[17] 『동아일보』, 1949년 1월 29일.

서 "좌익사상에서 나온 좌익혁명이 아니고 민족주의자 사상에서 나온 민족혁명이었다"고 말하였다. 이범석 총리가 '공산주의와 극우 정객의 공모'라고 발표했던 것이 거짓으로 드러났다. 그런데도 정부와 보수 우익 단체의 발간물에는 공산주의와 극우 정객의 공모로 정부 전복을 목적으로 한 사건이라고 규정하여 기록한다. 이를 여순항쟁의 원인이라고도 서술한다. 또한 재판관 김완룡은 "직·간접적으로 호남 방면 사건과 관련성이 있다"고 하였지만, 당사자들이 모두 부인함으로써 재판 과정에서 이를 밝히지 못하였다. 여순항쟁과 혁명의용군 사건의 관련성이 무엇인지 정확하게 밝히지 못하고 실형을 선고하면서 군사재판은 종결되었다.

최능진은 1949년 2월 8일 민간재판 제2회 공판에서 김구와 김규식의 남북협상은 지지하였지만, 혁명이라는 혐의 사실은 부인하였다. 특히 여순항쟁과 관련하여 "내가 강조하고 싶은 것은 동족상잔을 나는 절대로 원치 않는 사람이다. 그런데 여수·순천 반란사건의 동기를 나에게 전가하는 것은 천만부당이다"[18]고 자신의 관련성을 강력하게 부인하였다. 최능진이 5·10선거에 출마한 이유를 "이승만의 집권은 남북분단과 동족상잔의 아픔이 발생할 수 있음을 예측했기 때문이다"고 하였다.

최능진·김진섭·서세충에 대한 제1심 선고공판은 1949년 5월 31일에 개최되었다. 재판부는 법령 제15호 4조 나항 및 형법 60조(정부계획방해기도죄)를 인용하여 최능진 징역 3년, 김진섭 징역 3년 6개월, 서세충 무죄를 각각 선고하였다.[19] 검찰청 송치기록과 제1회 재판 과정에서 혁명의용군 사건의 최고책임자는 서세충이었다. 그런데 정작 사건의 최고책임자인 서세충은 무죄판결을 받았다. 최고책임자는 무죄인데, 그를 따랐

---

18 『연합신문』, 1949년 2월 9일.
19 『동아일보』, 1949년 6월 1일.

던 사람들은 유죄이다. 일반적인 상식으로는 납득할 수 없는 판결이었다. 제1심에 불복하여 최능진·김진섭은 항소하였다. 제2심 선고공판은 1949년 11월 2일에 개정되어 내란음모죄와 정부계획방해기도죄를 각각 적용하여 최능진 징역 5년, 김진섭 징역 6년을 선고하였다.[20] 1심 선고에 비하여 내란음모죄가 추가되면서 형량도 가중되었다.

 2심 재판 과정에서 최능진이 "여순반란의 주모자 이재복이 사형 집행을 당했으니 추도식을 하라고 지시하였다"[21]는 증언이 나왔다. 서울형무소에 최능진과 수감 중인 이영개는 5월 27일 형무소 면회 대합실에서 최능진이 몇몇 청년 죄수에게 이러한 지시를 했다고 증언하였다.[22] 당시 이영개는 반민특위 혐의자로 수감 중이었다.[23] 이영개의 증언에 대해 서울형무소 간수장 정연과 간수 강중화·김재선은 그러한 지시를 모른다고 하였다. 이영개는 미군정 시절에 법령 33조 위반 혐의로 최능진에게 체포되어 경찰서에 구금당한 적이 있었다. 이에 따른 사적 감정이라는 비판이 이어졌다. 최능진도 이영개의 증언은 전혀 허위이니 증인될 자격이 없다고 재판부에 각하를 요청하였다. 재판부는 이를 사격 감정이 아닌, 사실 증거로 인정하고 내란음모죄를 추가하였다. 이영개는 법정 증언에서 최능진에 대해서만 언급하였다. 그렇지만 재판부는 최능진뿐만 아니라 김진섭까지 내란음모죄를 적용하여 형량을 선고하였다. 혁명의용군 사건이 실체가 존재한 반란 행위이며, 여순항쟁과 관련이 있다는 이미지를 확고하게 하기 위한 의도였다.

---

20 『국도신문』, 1949년 11월 3일.
21 『동아일보』, 1949년 10월 25일.
22 『동아일보』, 1949년 10월 25일.
23 『동아일보』, 1949년 8월 31일.

최능진·김진섭은 상고하였으나, 1950년 6·25전쟁으로 재판은 중단되었다. 인민군이 서울을 점령하면서 서대문형무소에서 출옥한 최능진은 조속한 전쟁 중단을 촉구하는 정전·평화협정운동을 전개하였다. 그의 활동은 1950년 9월 28일 서울이 수복된 이후 내란 혐의로 체포되어 육군중앙고등군법회의에서 국방경비법 제32조 이적죄로 사형을 선고받았다. 그는 1951년 2월에 경북 달성군 파동의 산골짜기에서 총살당했다.[24] 6·25전쟁 이전까지 혁명의용군 사건과 관련하여 가장 높은 형량을 받은 사람은 김진섭이다. 하지만 이후 혁명의용군 사건과 관련한 정부 기록물에는 최능진과 오동기만 언급되어 있을 뿐이다. 김진섭은 신상이나 행적이 알려진 바 없다.

혁명의용군 사건은 공산주의자 민간인과 국군이 결합하여 국가 전복을 꾀했다고 정부는 발표하였다. 국가 전복 사건의 핵심 군인이었던 오동기는 10년형을 선고받았다가 6·25전쟁 이후 여러 정황이 참작되어 5년으로 감형되었다. 그는 죽는 날까지 혁명의용군 사건을 부인하였으며, 여순항쟁과도 무관하다고 항변하였다.[25] 최능진도 동족상잔의 반란에 대해 적극적으로 부인하였다. 그런데도 혁명의용군 사건과 여순항쟁을 하나의 연장선상으로 간주하는 세력이 여전히 많다. 이는 여순항쟁이 오랫동안 계획된 공산주의자 반란이라는 것을 각인시키기 위한 의도에서 나타난 왜곡이다.

최능진을 제거하기 위해 이승만 추종세력과 경찰의 무리한 수사로 만들어진 사건이 혁명의용군 사건이다. 정치적 조작이 내포되다 보니 법정에서는 국가를 전복할 반란의 최고책임자에게 무죄를 선고하였다.

---

24 『동아일보』, 1960년 9월 20일.
25 오승운 증언(오동기의 큰딸).

군인이며 반란의 핵심 인물에게는 상대적으로 가벼운 징역형에 머물렀다. 반역을 가장 큰 범죄로 다루었던 역사적 사실에 비추어 보면 이 사건은 정치적으로 조작되었음을 짐작할 수 있다. 향후 혁명의용군 사건은 국가 폭력의 관점에서 더 자세하게 서술할 날이 있을 것이다.

3장. 주도 인물의 변화와 정부의 의도

1. 공산주의자의 오래 계획된 반란

혁명의용군 사건은 정부 수립 이전부터 공산주의자와 극우 정객이 정부 전복을 도모하기 위해 조직적으로 움직인 오래 계획된 반란세력이라고 정부는 발표하였다. 반란의 핵심 인물은 제14연대장을 역임한 오동기 소령과 전 경무부 수사부장을 역임한 최능진이다.

오동기[26] 소령은 1948년 7월 15일경 김익렬 연대장 후임으로 제14연대에 부임하였다. 앞서 살펴보았지만, 그는 여순항쟁이 발발하기 전에 이미 대한민국 정부를 전복시키고자 한 주요 인물이었다. 그는 여순항쟁 발발 20여 일 전인 9월 28일 체포되어 서울 육군본부에 수감되었다. 혁명의용군을 조직하기 위해 젊은 장교와 하사관을 포섭했다는 혐의였다. 그렇다면 정부가 가장 먼저 취해야 할 조치는 무엇이겠는가? 상식적 수준에서 생각해 봐도 가장 시급한 조치는 그가 연대장으로 있었던 제14연대의 병력 중에서 공모세력을 색출하는 일이 될 것이다.

그런데 1948년 10월 11일에 본부중대 재정 담당 하사관 김영만이 남로

---

[26] 오동기(1901~1977, 경기도 이천 출생, 호적명 吳重煥, 군번 10360)는 낙양군관학교 전신인 講武堂 출신으로 1946년 2월에 귀국하여 경비사관학교 3기 특별반을 마치고 대위로 임관하였다. 1948년 7월 15일에 김익렬 연대장 후임으로 제3대 제14연대 연대장으로 부임하였다. 동년 9월 28일에 혁명의용군 사건 혐의로 소환되어 10월 1일에 정식 구속 심문을 받았다. 그는 군사재판에서 10년 징역형을 선고받고 서대문형무소에 수감 중 6·25전쟁이 발발하자 서울에 진주한 인민군에 의해 감옥 문이 열리면서 출옥하여 고향 이천 집으로 돌아왔다. 수복 직전에 경찰에 자수하여 징역 5년으로 감형되어 대구형무소에서 출옥했다(주철희, 『불량 국민들』, 북랩, 2013).

당 세포 조직원으로 제5여단 정보국에 체포된 것 이외에는 체포된 병사가 전혀 없다. 김영만의 체포는 혁명의용군 사건과 무관하다. 그런데도 오동기를 여순항쟁의 주도 인물로 발표하였다. 정부 첫 발표는 다음과 같다.

> ㉣ 20일 오전 2시경을 기하여 전남 여수를 중심으로 한 **국군의 일대 반란 사건이 돌연히 발생**하였는바,······**오동기란 자가 가장 교묘한 방법으로 소령으로 승진하여 여수 연대장에 취임하였다.**······이자는 여수에 가서 소위 **하사관 훈련의 기회를 포착하여 선동하고 공산주의를 선전하는 한편**······오(吳)와 통하는 자들이 **이번에 모종 임무(제주4·3진압 - 인용자)를 주어 혐의 농후한 이들을 딴 곳으로 분리할 때 공포를 느낀 자들이 행동**을 개시했다.(『서울신문』, 1948년 10월 23일)

정부에서는 좌익세력을 분리하고자 모종의 임무를 부여하였다. 제주 4·3항쟁 진압작전이다. 이에 공포를 느낀 오동기 추종세력이 행동을 개시한 것이 반란의 시작이라는 것이다. 여순항쟁이 발발하자 국방부를 비롯한 정부는 두 사건을 하나로 취급하기 시작하였다. 오동기를 20여 일 전에 검거했지만 제14연대 군인들에게는 어떠한 조치도 없었다. 이러한 정부의 안이한 대책은 국회에서 이청천 의원에 의해 제기되기도 하였다.[27] 정부는 오동기와 그의 추종세력을 여순항쟁 주도세력으로 규정하였다. 그렇지만 사주받은 추종세력이 검거되거나 조사받은 사례가 없다. 그 실체도 없다. 정부 주장은 오랫동안 계속되어 각종 문헌[28]에 오동기를

---

27 "여수 등지에서 반란이 난 것은 사전에 오동기 연대장과 최능진·서세충이 반란 행동한 것을 알았으면 그때에 그 군대를 해산할 것입니다. 여수 14연대를 단연 해산해야 할 것입니다. 그랬던들 오늘 이 일이 없을 것입니다. 이 군대를 해산해 놓으면 감히 대가리를 들지 못합니다. 그냥 뒀다가 오동기를 잡아다가 가둔 날이 언제입니까?"(『제헌국회 속기록』, 제1회 제91차 국회본회의 1948년 10월 29일).
28 육군본부, 『6·25사변육군전사』, 1952; 내무부치안국 대한경찰전사, 『대한경찰전

여순항쟁과 관련된 주요 인물로 언급하였다. 즉 여순항쟁을 오동기에게 포섭된 자들이 일으킨 반란으로 규정하였다.

오동기가 여순항쟁과 관련 없다는 주장이 나온 것은 1967년, 국방부 전사편찬위원회에서 발행한 『한국전쟁사 1 : 해방과 건군』에서이다. 이 책은 항쟁 발발 당시 부대의 상황에서부터 진압 과정까지를 기록한 국방부의 간행물이다. 책에서 "前 제14연대 연대장 오동기 소령에 대한 是非"라는 제목하에 오동기의 신상과 행적 그리고 제14연대 연대장 재임 시절 활동 등에 대하여 밝히고 있다. 먼저 혁명의용군 사건의 최능진과의 관계를 소개하고 있는데, "오동기 소령은 최능진을 한 번도 만나 본 사실이 없기 때문에 모른다고 하였다가, 박일원(수도청 사찰과 정보주임)에게 형용할 수 없는 고문을 당하였다"고[29] 한다. 오동기는 군법회의에서 재판을 받았다. 그런데 군인을 조사한 사람이 경찰이었다. 이런 상황을 어떻게 납득해야 할까? 오동기와 최능진의 첫 대면은 법정에서 이루어졌다.[30]

또한 이 책에서는 제14연대장으로 부임하여 부대 운영을 개선하기 위한 노력을 자세히 소개하였다. 연대장으로 부임한 오동기는 가장 먼저 사병과 장교의 불평등한 처우와 부대 운영을 개선하였다. 종합훈련을 실시하고 부적격자를 차출하여 귀향 조치하였다. 또한 좌익세력 척결에 힘쓴 일례로 김지회 작전주임 보좌관을 주요 감시 인물로 정하고 한직인 대전차포 중대장으로 보직 변경하였으며,[31] 그의 체포를 상부에 보고하였

사 - 민족의 선봉』, 1952; 육군본부, 『공비토벌사』, 1954; 육군본부, 『6·25사변사』, 1959.
29 국방부 전사편찬위원회, 앞의 책, 484~488쪽.
30 최만립 증언(최능진의 3남).
31 오동기가 김지회를 대전차 중대장으로 보직을 변경하였다고 증언하고 있으나, 제주도 출병 당시에는 김지회가 1대대 2중대 중대장이라는 보직을 맡고 있었다는 주장도 있다(서형수의 증언).

으나 결정적인 물증이 없다는 이유로 허사가 되기도 하였다.[32] 여러 정황으로 보아 그는 반란과 무관하며, 혁명의용군 사건과도 무관하다는 것이 이 책의 주장이다.

여순항쟁 당시 제14연대 부연대장이었던 이희권 소령을 비롯하여 당시 제14연대 장교와 사병의 증언에서도[33] 오동기 소령이 혁명의용군 사건에 연루되었다는 증언이 전혀 없다. 그러나 발발 초기 정부에 의해 오동기 소령은 여순항쟁 주도 인물로 발표되었고, 이후 정부 보고서나 보수·우익의 문헌에서는 주요하게 언급되었다. 결과적으로 오동기 소령의 등장은 여순항쟁이 공산주의자의 오랜 계획적 반란이라는 사실을 뒷받침하는 증거로 이용되었으며, 이승만의 정적을 제거하는 데 의도적으로 활용된 측면이 강하다.

2. 민중이 주도한 반란

여순항쟁은 전남 동부지역으로 빠르게 확산되어 여수와 순천을 비롯한 인근 지역까지 좌익세력과 봉기군의 활동 근거지가 되었다. 민간인까지 결합된 상황에서 정부는 주도 인물에 대한 인식에 새로운 국면을 맞이하였다.

10월 26일에 육군 참모장 정일권(丁一權) 대령은 국방부 출입기자단에게 새로운 인물을 등장시켰다. 여수여중학교 교장 송욱(宋郁)[34]이다.

---

32 국방부 전사편찬위원회, 앞의 책, 486~487쪽.
33 "또 하나는 여수사건의 주도 인물이라고 하는 김지회가 작전회의를 했습니다"(이희권 증언, 1964년 12월 17일 신라호텔에서 유관종과 대담).
34 송욱(1914~1948, 전남 화순 출생, 아명 송옥동)은 고창중학교와 보성전문 법과를

정일권은 구사일생으로 탈출한 제14연대 연대장이었던 박승훈(朴勝勳) 중령의 증언을 토대로 "10월 19일 21시 여수폭동 발생의 실정은 14연대 내 반란군 장교는 병영에서 일부 경찰 및 청년단은 경찰서와 시내에 동시에 계획적으로 폭동을 일으켰음. 여수 반란 총지휘자는 여수여중 교장 ○○임"35이라고 발표하였다. 그리고 신빙성을 높이기 위해 보성전문학교 동창생 이군혁의36 말을 인용하여, 송욱이 학창 시절에 공산주의자로 활동했음을 소개하였다.37

한편 『평화일보』에는 또 다른 동기생인 안석찬의 인터뷰가 실렸다. 안석찬은 "우등생은 아니었으나 공부는 잘하였으며, 스포츠에는 별달리 뛰어난 것은 없었고 평범한 인간이었다.……송군이 그런 행동을 하였다는 것은 의외의 일이며 민족을 위해 대단히 유감 되는 일이라고 생각한다"고 증언하였다.38 동기생의 증언이 엇갈린다. 한 사람은 송욱을 공산주의자로 몰았고, 다른 한 사람은 의외라는 반응을 나타냈다. 이날 『평화일보』에는 송욱의 얼굴이 공개되었는데, 이는 송욱의 얼굴이 공개된 유일한 사진이다.

졸업하였다. 1938년 서울 상명여학교에서 교사를 지냈고, 조선어학회 사건에 연루되어 서대문형무소에 복역하던 중 해방을 맞았다. 상명여학교에 복직한 그는 고향에 처음으로 설립된 영산포중학교 교장으로 초빙되었고 1946년 광주서중 교감을 거쳐 여수여중 교장으로 재직했다(반충남, 「여수14연대 반란과 송욱 교장」, 『말』 6월호, 1993; 『세계일보』, 1948년 10월 27일; 주철희, 앞의 책).

35 『자유신문』, 1948년 10월 27일; 『세계일보』, 1948년 10월 27일; 『경향신문』, 1948년 10월 27일.

36 이군혁은 1949년 4월 22일 학도호국단 결성에 주도적으로 참여하였으며, 이후 문교부 장관 안호상의 비서실장 대리를 역임하기도 하였다.

37 "宋군은 재학 중에 공산주의자로 학생들 간에 이름이 떠돌았다. 일제 관헌에 체포된 일은 없었으나 괴로움을 많이 받았는데, 가족 관계는 그 후 어찌 되었는지 잘 알 수 없다"(『경향신문』, 1948년 10월 27일).

38 『평화일보』, 1948년 10월 28일.

<그림 1> 송욱 얼굴이 공개된 유일한 보도이다.

박승훈은 여수를 탈출한 이후 기자회견에서 "이번 폭동을 경찰서에서는 경찰이, 시내에서는 청년단체가 그리고 14연대 군인은 병영에서 폭동을 일으켰다"고 하였다. 경찰과 군인과 청년단체가 손을 잡고 계획적으로 폭동을 일으켰다는 것이다. 당시 군과 경찰의 갈등은 매우 컸다. 그런데 경찰과 군인이 손잡고 반란을 일으켰다고 주장하였다. 이러한 주장은 제14연대 연대장으로서 자신의 부하가 일으킨 반란에 대한 책임을 모면하기 위한 변명이었다고 할 수 있다. 당시 연대장 박승훈은 부대 상황을 제대로 파악하지 못했으며, 부대 내의 좌익활동에 대한 이상한 징후도 발견하지 못하였다. 이러한 과정에서 자신의 부하가 저지른 반란에 대한 연대장으로서 책임을 의식할 수밖에 없었을 것이다.

이범석 총리도 10월 26일자 국회보고에서 "여수 봉기군의 민중을 총연합 지휘하는 최고사령관은 여수여중학교 교장이던 자"[39]라면서 송욱을 주도 인물로 단정하였다. 사건 발생 일주일 만에 정부는 주도 인물을

---

39 『제헌국회 속기록』, 제1회 제90차 국회본회의 1948년 10월 26일.

군인에서 민간인으로 변화시켰다. 정부도 군대조직에서 반란이 일어났다는 책임을 면하고자 반란의 주도세력을 지방 민중과 학생들에게 전가하였다. 이런 의도에서 지역사회의 신망이 높았던 송욱 교장을 지목하게 된 것이다.

송욱 교장이 정부의 표적이 되었던 것은 크게 두 가지로 볼 수 있다. 첫째는 10월 20일 중앙동 여수 인민대회 의장으로 5명을 선출하였는데,[40] 일부에서 송욱 교장이 포함되었다는 유언비어가 있었다. 둘째는 10월 22일에 여수군 인민위원회가 주최하는 대강연회 연설자로 송욱 교장과 인민위원장 이용기가 나온다고 포스터 광고가 거리에 부착되었다.[41] 이를 바탕으로 송욱 교장을 좌익으로 몰았고, 학생들의 항쟁 참가도 이를 뒷받침하는 역할을 하였다.

송욱이 체포되어 있는 동안 후배인 양회종은 그를 구명하기 위해 당시 호남신문사 사장이었던 이은상을 찾아갔다. 평소 송욱과 가까이 지냈던 이은상도 제5여단 사령부로 연행되어 김지회와의 관계를 추궁 받고 있어 더 이상 도와줄 수 없다고 하였다.[42] 여하튼 송욱 교장은 "나보고 반란의 주동자라고 하는데 나는 반란군 측의 연설 요구를 거절하고 밖으로 나가

---

40 여수인민위원회 의장단은 이용기, 박채영, 송욱, 유목윤, 문성휘, 김귀영 5인이라고 『조선일보』에 기사화되었다. 거명된 이름은 6명인데 5인이라고 기록하였다(『조선일보』, 1948년 11월 2일).

41 김득중, 『빨갱이의 탄생』, 선인, 2009, 332쪽.

42 이은상이 김지회의 제4연대 입대에 신원보증을 서서, 본인도 곤경에 처해 있으므로 송욱 교장의 구명에 나설 수 없다고 한다. 그런데 김지회는 경비사관학교를 3기로 졸업하고 장교로서 첫 부임지가 제4연대였다. 경비사관학교에 입대하기 위해 신원보증을 서는 경우는 있었지만, 장교가 부임하는데 신원보증이 필요한 경우는 없었다. 그리고 김지회가 경비사관학교 입학에 신원보증을 선 사람은 1연대 C중대의 이병주 중대장이었다. 이은상이 당시 여러 정황상 송욱을 도울 수 없기에 회피하기 위한 수단으로 만들어낸 말이 아닌가 한다.

지도 못하고 줄곧 학교 안에만 있었다"고 후배 양회종에게 말했다고 한다.[43] 이를 뒷받침할 수 있는 근거로 당시 제14연대 12중대 중대장이었던 김형운은 당시 아는 사람의 소개로 몸을 피했는데 그곳이 여중학교 교장 관사였다고 한다. 김형운은 고흥으로 탈출할 때(25일 새벽)까지 그곳에서 숨어 있었다. 김형운은 송욱이 제12연대 3대대 대대장으로 진압에 참가한 이우성 대위의[44] 매형이므로 안심해도 된다는 소리를 들었으며, 송욱은 김형운이 숨어 있는 동안 처남이라고 부르면서 부인에게도 그렇게 일렀다고 한다. 김형운은 송욱이 아주 잘 해 주었고, 참 양순한 사람이었다고 기억하였다.[45]

여순항쟁 당시 여수여자중학교 국어 교사이며, 1960년에 여순항쟁 관련 최초 장편소설『절망 뒤에 오는 것』을 쓴 작가 전병순은 1987년 개정판을 발행하면서「작가의 말」에서 "사실이 아닌 이야기들이 꽤 권위 있는 간행물 등에서 자주 예문으로 인용되고 하는 것을 보면 나는 혼자서 가슴을 치고 싶은 기분이 되어 한숨을 내쉬곤 했다"면서 송욱 교장의 죽음에 대해 부채의식이 남아 있었다고 하였다.[46]

정부에서는 송욱이 반란의 총지휘자였다는 정황이나 뒷받침할 만한 증거를 발표하지 못했다. 그는 단지 떠도는 허위 사실 때문에 반란의 총지휘자라는 죄목으로 토벌군에 체포되어 억울하게 생을 마감하였다. 정부는 여순항쟁을 학생과 지역 민중에게 전가시키기에 급급하였다. 10월 28일 공보처 차장 김형원은 기자 간담회에서 전남반란사건의 성격을

---

43 반충남, 앞의 논문, 219~220쪽 재인용.
44 김형운은 이유성 대위라고 했는데, 잘못 알고 있거나 발음상의 문제인 것 같다.
45 김형운의 증언(대담자 선휘성).
46 전병순,『절망 뒤에 오는 것』, 중앙일보사, 1987.

규정하였다. 그는 여순항쟁은 "민간 좌익분자들이 계획적으로 조직하여 군대가 합류한 사건이다"고 정의하였다. 민간과 지방 좌익이 결합되어 반란을 일으켰음을 국민에게 인식시키고자 하는 의도가 그대로 드러난 발표였다.

> ㉓ 이번 반란사건의 성격은 여수 **14연대의 군대가 반란을 일으킨 데 민중이 호응한 것같이 일반**은 인식하고 있는 모양이나 사실은 그렇지 않고 **전남 현지에 있는 좌익분자들이 계획적으로 조직적으로** 소련의 10월 혁명 기념일을 계기로 **일대 혼란을 야기시키려는 음모에 일부 군대가 합류**한 것이 되는데…….(『서울신문』, 1948년 10월 29일)

김형원의 기자회견은 기존 주장을 송두리째 바꾸었다. 여순항쟁에서 매우 주목해야 하는 발표이다. 여수 제14연대가 반란을 일으킨 데 민중이 호응했다는 것은 사실이다. 그러나 김형원은 반란의 시작을 국군에서 발생했음을 부인하였다. 이는 당시 김형원을 비롯한 정부 각료가 여순항쟁을 바라보는 인식이 어떠했는지를 미루어 짐작할 수 있다. 이범석 국무총리도 국회에 출석하여 "지방 민중이 주동되어 군 내부에서도 반란분자가 있는 것을 기반으로 하여 민중이 주체성적 권력을 취해서 사건을 폭발시켰다"고[47] 반란의 성질을 지방 민중으로 전가시켰다.

정부는 군인 반란이라는 책임을 모면하기 위해 국군의 내부적 요인보다는 외부적 요인에 의해 반란이 발발했음을 국민에게 전달하였다. 이러한 정부의 끊임없는 노력은 송욱을 반란의 연합 총지휘자로 만들었으며, '여순반란사건'으로 이미지를 고착화시키는 결과를 낳았다.

---

[47] 『제헌국회 속기록』, 제1회 제90차 국회본회의 1948년 10월 28일.

3. 제14연대 장교 주도 아래 반란

토벌작전이 한창이던 10월 25일 전투사령관 제5여단장 김백일 중령은 순천에서 전투 경과를 '현지시찰 재광기자단'에게 발표하였다. 김백일은 반란의 주도 인물로 제14연대 소속 김지회 중위를 지목하였다. 군 수뇌부는 사건 발생 6일이 지난 후에야 처음으로 제14연대 장교를 반란의 수괴로 지목하였고, 김지회가 백운산에 잠복해 있다고 하였다.

김백일의 전투 경과와 국회보고 등을 종합적으로 검토하면, 정부가 인식하고 있는 반란의 주도 인물은 김지회를 비롯한 홍순석(洪淳錫), 이기종(李祈鍾) 등 제14연대 장교에 초점이 맞춰져 있다. 이후 김지회는 적군의 수괴, 반란의 참모장, 총사령관으로 불리면서 보도되었다. 그는 여순항쟁 진압이 본격화되면서 주도 인물 핵심자로 지목되었다. 1948년 10월 23일경 지리산으로 입산한 것으로 알려진 김지회는 1949년 4월까지 6개월 동안 여순항쟁 주도 인물로 주목받으면서 군의 토벌대상 일순위에 올랐다.

> ㈏ 19일 하오 9시경 제주도 사건 진압의 책임을 지고 출동할 예정이었던 여수 시외 신월리에 있는 제14연대 중 1대대의 **병사 약 40명이 김지회라는 중위 지도**하에 장교 5인을 살해하고 무기고를 점령하는 데서 불꽃은 번지기 시작하였다. (이재한, 『전남반군의 진상』, 『개벽』 8, 1948년 12월)

㈏ 인용문은 김지회를 중심으로 병사 40명이 장교 5인을 살해하면서 반란이 발발했다는 것이다. 정부는 사건 초기부터 김지회 신상을 어느 정도 파악하고 있었으며, 그의 애인(처) 조경순에 대한 신상까지 언론에 알리기도 하였다.[48] 여순항쟁 이후 진압 과정에서 정부는 김지회를 주도

<그림 2> 김지회 중위

인물로 집중 발표하고, 언론에 보도하였다. 진압 이후 여수·순천 지역에 특별취재단 및 종교위문단으로 파견되었던 이들과 각종 문헌에서도 주도 인물로 김지회를 언급하였다. 그러나 대부분 직접 목격하거나 사실관계를 확인하지 않고 전달하다 보니 여러 부분에서 오류를 범하였다. 예를 들어 김지회가 육군사관학교 2기 졸업자,[49] 김지회의 계급을 소위로 언급,[50] 나이도 기록마다 차이를[51] 나타내는 것 등이다.

김지회는 유격전과 심리전으로 국군을 괴롭혔다. 지리산으로 입산한 김지회는 10월 25일 구례읍을 공격하였다. 이 과정에서 경찰과 군인을 속이고 반대 방향으로 진격하여 총 한 방 쏘지 않고 구례읍을 장악하였다.[52] 또한 11월 3일에는 제12연대 1대대 하사관교육대(대장 김두열 소위) 약 100명이 구례군 간전면 국민학교에 배치된 것을 알고, 직접 지휘하여 교육대원 전원을 포로로 잡아 산으로 데리고 갔다. 김지회는 이들을

---

48 "본적을 제주도 조천면 1618번지에 두고 호적상으로는 서기 1930년 6월 21일생 금년 19세의 처녀인 조경순이라는 자가 장본인이다. 그는 일본 大阪燈影高女 2년을 중퇴하고 해방이 되던 해 광주의과대학 부속병원 간호부 양성소를 마치고 역도 김지회가 반란을 일으키기 1개월 전인 8월 중순까지도 동 병원 수술실에 근무하고 있었던 여인이다. 조경순의 아버지는 목사였기에 기독교인 아니면 절대로 결혼시키지 않겠다고 거절한 사실도 있었다고 한다"(『동광신문』, 1948년 11월 23일).
49 "총 두목인 육군 중위 김지회(당시 26세)는 육군사관학교 제2기 졸업자로서……"(오제도, 『추격자의 증언』, 희망출판사, 1967, 80~81쪽).
50 서병조, 『주권자의 증언: 한국대의정치사』, 모음출판사, 1963; 김정호, 『조국과 민족의 앞날』, 갱생회, 1963.
51 김지회의 나이에 대해서 당시 26세, 25세, 23세 등 다양하게 거론되었다. 또한 이름도 金機會 등으로 기록되기도 하였다.
52 이태, 『실록 여순병란』 하, 청산, 1994, 66쪽.

3일 만에 석방시키면서 "동무들은 본대로 가지 말고 각자 고향으로 돌아가서 공산주의 활동을 하라"[53]고 하면서 여비를 개인당 400원씩 주어 돌려보냈다.

제12연대 1대대 하사관교육대 기습으로 호남지구 전투사령부 북부지구 사령관 원용덕은 배속된 부대장의 지휘관 회의를 11월 4일에 남원에서 열었다. 위 사실을 도청한 김지회 부대는 구례군 산동면에 매복하고 있다가 제12연대 백인기 연대장과 호위 헌병 1개 툰대를 급습하는[54] 등 유격전으로 국군을 괴롭혔다. 국군은 김지회를 반군의 사령관으로 인식하고 그를 체포 또는 사살하기 위해 많은 노력을 기울였다. 일련의 과정에서 '김지회 부부를 체포하는 자에게는 일금 50만 원, 사살하는 자에게는 25만 원의 현상금'을 내걸기도 하였다.[55]

윤치영 내무부 장관은 "지리산 포위전에서 19일 반도 300명을 체포하였는데, 그 당시 주도 인물 김지회도 잡혔다"는[56] 허위 발표도 있었다. 이와 같이 정부와 국군에서는 김지회를 체포하기 위해 혈안이 되었다. 이는 여순항쟁의 핵심적 인물이 김지회라는 것을 반증한다.

홍순석은 김지회와 같이 경비사관학교 3기생으로 광주 제4연대에서 여수 14연대로 1948년 6월 1일 전출되었다. 그는 여순항쟁 발발 당시 순천 철도 경비를 위해 파견된 1개 중대를 지휘하는 선임중대장이었다. 그는 봉기군이 순천역에 도착하자 부대원들과 함께 봉기군에 합세하였다. 그는 김지회와 함께 지리산으로 입산하였으며 토벌군에 의해 사살되

---

53 국방부 전사편찬위원회, 앞의 책, 475쪽.
54 국방부 전사편찬위원회, 앞의 책, 476쪽.
55 『호남신문』, 1948년 11월 5일.
56 『동광신문』, 1948년 11월 27일.

었다. 김지회가 국군을 비롯한 정부 당국의 수괴로 인용되며 발표된 것과 다르게 홍순석은 그다지 노출되지 않았다. 그렇지만 입산하여 사령관으로 역임한 사람은 홍순석으로 알려져 있다. 일부에서는 김지회가 의도적으로 홍순석을 사령관으로 내세웠으며, 실질적인 지휘는 부사령관인 김지회가 했다는[57] 증언도 있다.

홍순석에 대한 기록은 그렇게 많지 않다. 김지회와 같이 사살되었다는 보도가 한 차례 있었는데,[58] 이는 해프닝이었다. 김지회와 홍순석은 약 6개월간 지리산을 중심으로 무장유격투쟁을 벌이다가 1949년 4월 8일~13일 사이 지리산 반선골에서 국군에 의해 사살당하였다. 그들의 시신은 효수되어 광주 제5여단에서 제14연대 출신 장교들에게 신원 확인 작업이 이루어졌으며,[59] 이승만 대통령이 참석한 1949년 4월 27일 남원의 지리산지구 전투사령부 주최 군경민 합동 환영대회에 전리품으로 전시되기도 하였다.[60]

이기종은 김지회·홍순석과 함께 경비사관학교 3기 동기생이다. 초기에 여순항쟁 주도 인물로 김지회, 홍순석과 함께 보도되었으나, 그가 어떤 역할을 하였는지는 알 수 없다. 다만 그는 항쟁 이후 토벌 과정에서 체포되어 총살된 것으로 알려져 있다.[61]

---

57 서형수의 증언.
58 "위대선 중령은 23일 기자단과 회견에서…지난 5일에는 보성군 벌교면 증광산에서 폭도 16명과 함께 김지회의 동료인 인민군 총사령관 홍순석(14연대 순천 파견 중대장 중위)을 사살하였는데 아방도 전사 5명의 피해가 있었다"(『동아일보』, 1949년 1월 29일).
59 김형운의 증언.
60 『동아일보』, 1949년 4월 29일.
61 국방부 전사편찬위원회, 앞의 책, 496쪽.

4. 남로당 지령에 의한 반란

현재 여순항쟁 주도 인물에 대한 통설은 연대 인사계 특무상사 지창수(池昌洙)와 핵심 인원 40여 명이 반란을 일으켰다는 것이다. 그런데도 지창수 상사에 대한 신상이나 행적에 대해서 알려진 것은 별로 없다. 항쟁 발발 당시 지창수에 대한 정부 발표나 언급은 없다. 당시 언론에 지창수가 처음 거론된 것은 1948년 11월 5일자 『동광신문』이 유일하다. 그 보도를 보면,

> ㈳ **麗水事件發端 指揮者 池昌洙**
> 모 대위의 말에 의하면 지난 19일 심야에 여수 14연대에서 반란을 일으킬 때 최선두에서 사병을 독려하고 병기고 등의 파괴를 선동한 자는 바로 대위 자신이 광주 4연대에 재임 시에 부하로 있었든 池昌洙라는 애라고 한데 그의 연령은 23세 계급은 特務上士이며 지극히 온순하고 때로는 감격하기 쉬운 단순한 성격의 소유자였다 한다. (『동광신문』, 1948년 11월 5일)

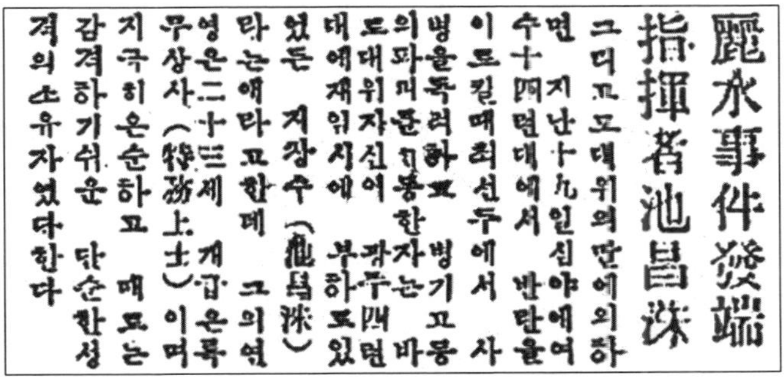

<그림 3> 『동광신문』 보도 내용

『동광신문』은 광주에서 발행한 지방지이다. 이날 신문은 정부나 국방부에서 정식적으로 발표한 내용이 아니었다. 기자가 취재 중 모 대위의

말을 인용하여 보도한 것이다. 모 대위의 말에 따르면 지창수는 "19일 반란 당시 최선두에서 사병을 독려하고 병기고 등을 파괴 선동하였다"는 것이다. 모 대위는 지창수를 최선두에 섰던 인물로 표현했지만 지휘자라고 하지는 않았다. 이 취재를 통해 지창수에 대한 몇 가지 신상을 확인할 수 있었다. 지창수는 광주 제4연대에서 근무했으며 나이는 23세, 계급은 특무상사라는 것이다. 성격은 지극히 온순하면서 단순하다는 것을 덧붙이고 있다.

진압부대 모 대위가 지창수 상사의 역할을 알고 있다는 것은 토벌사령부를 비롯한 국방부와 정부 당국에서는 더 자세히 반란 상황과 주도 인물이 누구인지 알았다고 할 수 있다. 이로 보아 반란의 주도세력들과 그들의 역할도 파악했으리라고 짐작된다. 그러나 지창수는 이후 군 당국의 발표나 신문 등에서 전혀 언급되지 않았다. 만약 지창수가 여순항쟁 발발의 지휘자였다면 김지회나 홍순석처럼 국군의 주요 목표가 되어야 하는 것이 상식일 것이다.

지창수의 행적에 대한 정부와 국방부 발표는 전혀 없다. 현재까지도 죽었는지 살았는지 알 수 없으며 행적도 묘연하다. 지창수라고 추정한 기록은 이후 1952년 육군본부에서 발행한 『6·25사변 육군전사』 제1권에 "제14연대의 1개 대대가 제주도에 출정코저 수송선에 적하작업을 실시 중 때마침 연대 인사계 모 하사관이 주도한 출동부대의 일부인 약 40명이……"[62]라면서 직책과 계급을 언급했지만 실명은 거론하지 않았다.

지창수가 여순항쟁의 지휘자 내지 주도 인물이라고 알려진 것은 1967년이다. 국방부 전사편찬위원회의 『한국전쟁사 1 : 해방과 건군』이 발행되면서 장교 중심의 총지휘자에 변화가 생겼다. 발발 당시 상황과 주도

---

62 육군본부, 『6·25사변 육군전사』 1, 1952, 108쪽.

인물에 대한 이 책의 기록을 보면,

> ㉮ 제14연대의 1개 대대가 마침 제주도에 증원부대로 출동하게 된 기밀을 탐지한 지하남로당에서는 동 연대의 **조직책인 지창수 상사에게 출동하기 직전의 기회를 포착하여 반란을 일으킬 것을 지령**하였고……동 연대 조직책인 지창수 상사, 김지회 중위, 홍순석 중위가 주동이 되어 출동 직전에 반란 쿠데타는 차질 없이 계획대로 성공하였다. 20:00시경 연대인사계 지 상사는 대내 핵심 세포 40여 명에게 사전에 계획대로 무기고와 탄약고를 점령케 하고 비상나팔을 불게 하였다. 출동부대는 지체 없이 연병장에 집결하였다. 연대병력을 반란으로 조성시키는 데 성공한 **지 상사는 자신이 해방군의 연대장임을 선언**하고 여기서 그들이 계획한 대로 대대장, 중대장, 소대장 등의 반군 지휘체계를 편성하였다. (국방부 전사편찬위원회, 앞의 책)

남로당에서는 제주도 출병을 탐지하고 연대 조직책인 지창수 상사에게 지령을 내렸고, 지창수와 김지회, 홍순석이 주동이 되어 출동 직전에 반란을 일으켰다는 것이다. 지창수가 해방군 연대장을 선언했다는 것은 자신이 반란을 총지휘했으며, 이후에도 주도적으로 부대를 이끌었다는 것을 의미할 것이다. 사건이 발발한 지 19년 만에 반란의 지휘자가 지창수 상사로 바뀐 것이다. 국방부 전사편찬위원회에서 발간한 이 책은 국방부의 공식적인 견해라고 해도 과언은 아닐 것이다.

국방부에서는 어떠한 근거로 지창수를 주도 인물로 지목하게 되었을까? 이 책에서는 지창수를 해방군 연대장으로 서술하였지만, 그에 대한 신상에 대해서는 언급이 없다. 이 책이 발행된 이후 지창수 상사는 여순항쟁을 일으킨 총지휘자로 확고하게 자리하였다. 김지회를 비롯한 장교 그룹을 총사령관, 수괴 등으로 발표했던 기존 결과와 다른 기록이다.

여순항쟁 진압에 고문 역할을 하였던 주한미군사령관 쿨터 소장은

1948년 10월 23일에 공보처를 통하여 "폭동은 10월 19일~20일간 야반에 남한 남안(南岸) 여수에서 제주도 임지로 향하여 승선을 대기 중이던 경비대원 40명이 임명되지 않은 장교 지휘하에 반란을 야기한 데서 시작되었다"고 발표하였다.[63] 임명되지 않은 장교란 계급상으로 장교가 아닌 사병을 의미하는 것인지, 아니면 제주4·3항쟁 진압에 출동할 부대가 아닌 장교를 의미하는지는 확실하지 않다. 미군의 여순항쟁 최고지휘자에 대한 기록은 1948년 11월 10일자 미군 제24군단 작전보고서(G-3 Section, XX Ⅳ Corps: 1948.11.10)에서 나타난다.

> ㉞ 1948년 10월 19일 19:00부터 24:00 사이 여수를 향한 군대 집결지인 앤더슨 기지에서 **지창수 특무상사**가 지도하는 전라남도 여수에 있는 제5여단 14연대 7명의 한국 군인들은 다수의 경비대원들에게 전 **연대를 통제하는 데 참여하라고 연설하기 시작**하였다.……이런 움직임은 **반란의 최고지휘자로 알려진 김지회 중위 지휘**하에 이루어졌다.

지창수 특무상사를 중심으로 7명 군인들이 반란을 선동 내지 참여하라고 연설했다는 것이다. 그리고 반란의 최고지휘자는 김지회 중위라고 기록하였다. 이 기록으로 보면 지창수 역할은 부대원을 선동 또는 참여시키는 그룹에서 우두머리였다고 볼 수 있다. 미군 작전보고서는 앞서 살펴본 1948년 11월 5일자 『동광신문』의 모 대위를 취재한 보도와 크게 다르지 않다. 여순항쟁이 발생하자 비상대책회의에서부터 작전 수립과 진압하는 과정 등 미군은 군사고문관으로서의 역할을 수행하였다. 또한 진압 이후에도 좌익 혐의자 조사와 숙군 과정에 깊이 개입하였다. 미군에서는 반란을 진압하고 조사하는 과정에서 사건의 총지휘자를 파악했다고

---

63 『서울신문』, 1948년 10월 23일.

볼 수 있는 보고서이다.

『한국전쟁사 1 : 해방과 건군』과 함께 지창수를 지휘자로 규정하는 데 중요한 역할을 한 사람이 향토사학자 김계유의 증언과 글이다.[64] 김계유는 "연대 선임하사관인 지창수 특무상사가 연단에 올라 연설을 하였다. 지금 경찰이 쳐들어온다……."는 등 제14연대의 봉기 상황을 상세하게 기록하였다. 하지만 그는 제14연대 군인이 아니었다. 또한 그가 기록한 제14연대 내의 사정도 친구 후배로부터 들었으며, 친구 후배는 또 다른 친구에게 들었다. 몇 차례 건너들은 이야기를 직접 경험한 것처럼 증언하고 기록한 것이다.[65] 김계유는 선휘성과의 인터뷰에서,

㉰ 면담자 : 여순항쟁 주동 세력은 누구라고 생각하셨습니까?
구술자 : 보통 일반인들이 알기로는 김지회로 아는데, 사실은 지창수 상사 아닙니까?
면담자 : 확언할 수 있는 증거는 있습니까?
구술자 : 증거야 없죠. 증거야 없지마는 지역이나 향토사에 관심 있는 사람은 다 아는 사실입니다. 천하공지의 사실입니다.
(김계유의 증언(2006년 6월 24일) 선휘성과 대담)

---

64 김계유, 『여수여천 발전사』, 반도출판사, 1988; 여수문화원 『14연대 반란 50년 결산집』, 1998; 김계유, 「1948년 여순봉기」, 『역사비평』, 15, 1991.
65 김계유의 여순항쟁에 대한 기록 중 초기 기록은 1988년에 발행된 『여수여천발전사』이다. 이 책에는 14연대 당시 상황에 대해서는 언급이 없고, 20일 중앙동 로터리에서 진행된 인민대회 광경을 기록하였다. 김계유는 중앙동 인민대회를 직접 목격했다고 한다. 당시 500명이 집결했으며, 이용기가 군인민위원장, 김수평이 보안서장으로 호천되었다고 기록하였다. 그렇지만 이후 기록이나 증언에서는 집결한 사람은 천 명에서 오천 명, 만 명 등으로 상이하게 기록·증언하였다. 또한 당일 보안서장으로 임명된 사람은 김수평이 아니고 유목윤이었다. 이는 당시 마이크 사정 등으로 진행 상황을 잘 알 수 없었다는 것이 대부분 사람들의 증언이다. 그럼에도 불구하고 당일 지창수가 등장했으며, 지창수가 연설했다는 내용을 자세히 기록(「1948년 여순봉기」, 『역사비평』, 겨울호, 1991)하면서 지창수를 주도 인물로 확증하였다.

김계유는 지창수가 주동자라고 확언하였지만 증거는 없다. 김계유는 1985년부터 『여수・여천 발전사』를 집필하기 위해 여수와 관련된 자료를 수집하였다. 이 과정에서 누구보다 빨리 『한국전쟁사 1 : 해방과 건군』을 습득하였을 것으로 짐작된다. 대표적으로 지창수를 인민해방군 사령관으로 묘사한 것과 부대 내에서 지창수가 선동하며 연설했다는 내용은 이 책을 바탕으로 한 것으로 볼 수 있다. 이러한 기록은 어느 기록이나 증언에도 없었다. 그런데도 김계유는 당시 부대 상황을 마치 자신이 직접 본 것처럼 기록을 남겼고 이것이 사실화되었다.

지창수는 여수에 남아 있었으며, 10월 24일 송호성 반군토벌전투사령관이 이끈 진압부대를 여수 잉구부에서 패퇴시킨 이후 24~25일 사이에 여수 묘도를 거쳐 광양 백운산으로 입산한 것으로 알려졌다.[66] 이때 여수인민위원회 보안서장이었던 유목윤도 같이 입산한 것으로 알려져 있다. 백운산에서는 여수 지방 좌익을 중심으로 여수 백운산부대(일명 유목윤[67] 부대)가 창설되었다. 이때 사령관이 유목윤이다. 봉기를 지휘하고, 인민해방군까지 역임한 군인 지창수가 아닌 민간인 유목윤이 부대를 창설하였으며 사령관을 맡은 것이다.

여기에도 또 다른 여순항쟁의 비밀이 숨겨져 있다. 여수 제14연대 군인과 지방 좌익의 연계성이다. 토벌군의 토벌작전이 한창일 때 제14연대 군인 중 여수에 남아 있던 잔여 병력은 묘도를 거쳐 백운산으로 입산하여 곧바로 지리산으로 이동하였다. 봉기군의 목표지가 지리산이었던 것을 상기하면 될 것이다. 반면 여수인민위원회에 주도적으로 관여했던

---

66 이태, 『여순병란』, 청산, 1994; 김계유, 앞의 논문, 1991; 국방부 전사편찬위원회, 『한국전쟁사 1 : 해방과 건군』, 1967 등.

67 10월 20일 여수인민대회에서 의장으로 뽑힌 다섯 명 중 한 명이며, 보안서장까지 겸임하였다.

유목윤, 서종현 등의 지방 좌익은 26일경 묘도를 거쳐 백운산으로 입산하여 여수 백운산부대를 창설하였다. 다시 말하면, 지방 좌익은 봉기군의 목적지가 지리산이라는 것을 몰랐다. 이는 반란을 서로 공모하지 않았다는 것을 방증하는 대목이다.

지창수를 주도 인물로 규정했지만, 항쟁 발발 이후 10월 24일부터의 행방·행적은[68] 묘연하다. 그의 신상도 밝혀지지 않았으며, 죽음에 대해서도 여러 설들이 난무하다. 지리산 범아골에서 토벌군에게 사살되었다는 설과 보성에서 토벌군에게 사살되었다는 설, 체포되어 6·25전쟁 때 형무소에서 처형되었다는 설이 있다. 지창수의 행적과 관련하여 특별히 주목할 만한 것은 정운창의 최근 증언이다.

> ㉮ 여순사건 후에 지창수와 보름 정도 구례 문척면에서 함께 생활했다. 지창수가 지리산 칠불암에서 잠자다가 진압군에 의해 체포되었으며, 지창수가 광주의 부잣집 아들이었으며 친척 중에서 경찰 간부나 고위 군인이 많아서 사형을 면하고 무기징역으로 감해졌으며 그 후로 행방불명되었다. 그리고 **최근에 지창수를 확인하러 안기부 직원과 함께 서울에 갔으나 동명이인**이었다. (선휘성, 「여순항쟁의 발생배경과 피해실태에 대한 인식」, 순천대학교 교육대학원 석사논문, 2004)

지창수가 광주 출신인 것은 사실이나 부잣집 아들은 아니었으며, 그의 형(지홍수)이 전남 도경에서 경찰을 역임한 것으로 알려지고 있다.[69] 정운창이 증언할 당시(2002년 3월 31일)까지도 안기브 직원이 찾아와 서울

---

68 지창수 상사에 대해서는 진압 과정에서 지리산 또는 보성에서 사살되었다는 설이 있다. 이와 다르게 체포되어 재판을 받고 대구형무소에 수감 중 6·25전쟁 때 총살되었다는 설과 집이 부유하여 풀려났다는 설도 있다.
69 지정익의 증언.

동행을 요청하며 지창수의 확인 여부를 부탁했다는 것이다. 이는 정부나 국방부에서도 지창수를 찾고 있다는 것이다. 국가를 혼란으로 빠뜨리고 반란을 일으킨 주도 인물을 50년이 훨씬 지난 시점에서도 찾고 있다는 것은 당시에 핵심적 인물로 보지 않았거나, 정부의 다른 의도가 있지 않은지 의문이 가는 대목이다.

　결과적으로 지창수 등장은 남로당 지령 아래 지방 좌익과 좌익 군인들의 합작으로 봉기를 일으켰다는 왜곡을 만들어냈다. 그리고 제14연대는 반란이 일어날 수밖에 없는 빨갱이 소굴이라는 인식이 각인되면서, 오랫동안 전남 동부지역 사람들은 연좌제의 고통에 시달렸다.

4장. 주도세력과 총지휘자는

1. 주도세력 40여 명

여순항쟁의 공식적인 첫 발표(1948년 10월 21일)에서 이범석 국무총리는 "처음에 약 40명에 가까운 사병"이 주도했다고 밝혔다. 이후 모든 문헌에서 불변의 법칙처럼 인용되었다. 그러나 국회보고와 미24군단 작전보고서와는 다소 차이가 있다. 두 보고서에는 7명의 병사들로부터 시작했다고 되어 있다. 그런데도 현재까지 여순항쟁은 40여 명의 주도세력으로부터 시작되었다는 것이 통설이다. 사건 발생 이틀 만에 설정된 약 40명이라는 숫자는 어떻게 파악되었으며, 이들이 누구인지 확인되지 않고 있다. 주도세력과 관련된 사료를 보면,

㉠ 여수 시외 신월리에 있는 제14연대 중 1대대의 **병사 약 40명이 김지회라는 중위 지도**하에 장교 5인을 살해하고 무기고를 점령하는 데서 불꽃은 번지기 시작하였다. (이재한, 「전남반군의 진상」, 『개벽』 80, 1948년 12월)

㉡ 제14연대의 일개 대대가 제주도에 출정코저 수송선에 적하작업을 실시 중 때마침 **연대 인사계 모 하사관을 주로 한 출동부대의 일부인 약 40명**이……. (육군본부, 『6·25사변 육군전사』 1, 1952)

㉢ 이들은 반란을 기획하고 있던 차 통위부에서 여수항을 경유하여 제주도에 보급할 군용품(무기) 집적을 기화로 10월 19일 오전 9시경 **약 40명의 반란분자가 주동**이 되어 횡단적으로 반란을 야기하는……. (내무부 치안국, 『대한경찰전사 민족의 선봉』, 1952)

ⓛ 당시 여수에 주둔하고 있던 제14연대의 1개 대대가 수송선에 적하작업을 실시 중 단기 4281년 10월 19일 **출동부대의 일부 약 40명**이 주동이 되어 비상소집이라는 명분하에 출동 준비 중이었다.(대한민국 국방부,『국방부사』, 1954)

ⓜ 제주도 출동을 준비하고 있던 여수 주둔 제14연대 내의 **공산주의 공작원 약 40명**은 당의 지령에 따라 사병들의 출동 기피 심리를 이용하여 1948년 10월 19일 밤 반란을 일으켰다.(임동원,『혁명전쟁과 대공전략 - 게릴라전을 중심으로』, 양서각, 1967)

ⓝ 제14연대의 1개 대대가 마침 제주도에 증원부대로 출동하게 된 기밀을 탐지한 지하 **남로당에서는 동 연대의 조직책인 지창수 상사에게 출동하기 직전의 기회를 포착하여 반란**을 일으킬 것을 지령······.(국방부 전사편찬위원회, 앞의 책, 451쪽)

ⓢ 이번 반란의 주동분자 14연대 반란병 40명 중의 하나가 31일 오전 12시경 호남선 서부 해방자호 차중에서 잡혔다. 그는 14연대 급양계의 하사이고 **수괴 김지회와 함께** 반란을 일으킨 윤홍규인데······.(『조선일보』, 1948년 11월 2일)

㉠ 인용문은 여순항쟁 진압 이후 특별취재단 기사이다. 이 기사에서는 병사 약 40명을 지휘하는 인물이 김지회라고 밝히고 있다. ㉡ 인용문은 1952년에 육군본부에서 발행한『6·25사변 육군전사』제1권이다. 정부 기록물로는 처음으로 장교가 아닌 하사관을 주도 인물이라고 언급하였다. ㉢ 인용문은 1952년에 발행한 경찰 기록으로, 40명이라고 했지만 지휘하는 인물에 대해서는 언급이 없다. ㉣ 인용문은 1954년 국방부 자료로 출동부대 일부 약 40명이 주동이 되어 반란을 일으켰다고 했지만, 주도 인물에 대해서는 언급하지 않고 있다. ㉤ 인용문은 1967년에 발행

된 문헌 내용으로, 약 40명 인원에 대하여 공산주의 공작원이라고 규정하면서, 이들은 남로당의 지령에 따라 움직였다는 것이다. ㉥ 인용문은 지창수가 처음 거론된 자료로 1967년 국방부 전사편찬위원회에서 발행한 『한국전쟁사 1 : 해방과 건군』이다. 이 책에서는 ㅈ창수 상사가 40명의 주도세력이라고 밝혔다.

가장 주목할 부분이 ㉦ 인용문이다. 발발 당시와 가장 근접한 언론보도로 주동분자 40명 중 한 명인 윤홍규를 체포했으며 수괴는 김지회라는 보도이다. 윤홍규를 40명 중 한 명이라고 보도했다는 것은 정부에서 주도세력 40명을 파악하고 있음을 역설적으로 증명하고 있다.

㉠~㉦ 인용문의 가장 큰 차이점은 당시의 기록에는 제주 출동부대원이 주동이 되어 반란을 일으켰다는 것과 김지회를 지휘자로 지목하고 있다는 점이다. 반면 1950년부터 출간된 사료에는 남로당 또는 공산당 지령에 의한 반란으로 규정하면서 지창수를 언급한다. 공산주의와 연계를 주장하며, 반공체제를 구축하고자 했던 정부의 음모가 내재되어 있음을 알 수 있다.

대부분 문헌에서 주도세력은 40여 명이라는 것이 정설이다. 그렇다면 40여 명이라는 인물은 누구일까? 정부 발표로 확인된 제14연대 군인은 오동기·김지회·홍순석·이기종 등 4명이다. 이중 으동기는 항쟁 발발 이전에 이미 구속된 상태였다. 지창수를 제외하면 김지회·홍순석·이기종 등이 장교이다. 사병에서 밝혀진 유일한 인물이 지창수이다. 이틀 만에 40여 명이라고 발표했던 정부의 민첩한 순발력에 비해 밝혀진 사병은 한 명뿐이었다. 그렇지만 앞서 살펴본 윤홍규(尹弘奎)[70] 체포와 정금모(鄭

---

[70] "이번 반란의 주동분자 14연대 반란병 40명 중의 하나가 31일 오전 12시경 호남선 서부 해방자호 차중에서 잡혔다. 그는 14연대 給糧係의 하사이고 수괴 김지회와 함께

琴模)[71]의 사례를 보듯이 정부는 40명에 대한 명단을 이미 알고 있었음을 짐작할 수 있다. 다음 〈표 1〉은 주도세력으로 추측된 인물이다.[72]

〈표 1〉 여순항쟁 주도세력으로 추정된 인물 명단

이름	계급	직책/임무	이름	계급	직책/임무
고송균	사병		유화열	사병	
김근배	상사	3대대 담당	이영회	하사관	시내 진입 향도 역할
김만섭	하사관	잔류 부대 지휘	이진범	하사관	
김원기	중사		전선오	사병	
김정기	하사관		정낙현	상사	예광탄 신호
김정길	하사관		정정기	하사관	
김정만	하사관		정현종	사병	
김환영	하사관		조용식	하사관	
김홍복	하사관		지창수	상사	사령관
송관일	하사관	2대대 담당	최일주	일등병	
신만호	상사		최철기	하사관	1대대 담당
심재호	상사		최 헌	사병	
유창남	상사		한기범	하사관	
남태준	?		한월수	하사관	비상나팔
서기주	?		우병철	?	
김달룡	?		김영기		

반란을 일으킨 尹弘奎인데, 이리역 부근을 통과 시 대전서 근무하는 姜昌淵 형사에게 검거되어 문초를 받았으나, 부인하던 중 때마침 14연대 장교이고 반란군에게 살해당할 뻔하다가 탈출하야 같은 열차로 서울로 향하든 김철조(金喆祚=二三) 소위와 마주치어 40명의 한 사람인 것이 판명된 것이다"(『조선일보』, 1948년 11월 2일).

71 "지리산 제1병단 정치사령부 鄭琴模(28세)는 국군 제286부대에 사살되었는데 전기 정은 재작년 여순반란의 주동이 된 전 제14연대 정보선임하였으며 반란 이래 광양·거창 등 각지의 소관 사건을 지휘한 것이다"(『경향신문』, 1950년 2월 16일).

72 이 명단의 출처는 한림대학교 아시아문화연구소, 『빨치산 자료집』; 박찬모·한정훈, 『백발의 '소년 빨치산' 김영승』; 정관호, 『전남 유격투쟁사』; 주철희 앞의 논문; 이태, 앞의 책과 보도를 통해 작성하였다.

이름	계급	직책/임무	이름	계급	직책/임무
윤홍규	하사	급양계	정금모	하사	정보선임 26세
김동진	이등병	대전차포, 21세	최효래		19세
이봉삼					

〈표 1〉은 선행 연구와 빨치산으로 활동했던 증언, 각종 사료를 통해 정리한 주도세력 40여 명의 추정 명단이다. 이들 하사관 그룹에서 선도적으로 계획하고 모의한 인물로는 지창수, 정낙현, 신만호 상사로 알려져 있다.[73] 이들 모두의 행적은 알 수 없으며, 윤홍규·정금모·김동진[74]·최효래[75]는 체포 상황이 보도된 인물이다.

〈표 1〉의 명단 중 제14연대 출신이며 빨치산 활동으로 조선민주주의인민공화국으로부터 훈장을 받은 인물은 고송균·김환영·김홍복[76]·송관일·유화열·이영회·이진범·전선오[77]·정정기·정현종·한월수 등 11명이다. 이들은 빨치산 투쟁을 전개하는 과정에서 훈장을 받았다.

유화열·고송균·김환영·정현종은 지리산에서 열린 「려순병란 3주년 좌담회」에[78] 참석하였으며 여순항쟁 당시의 증언이 남부군 기관지인

---

[73] 이태, 앞의 책; 정지아, 『빨치산의 딸』, 실천문학사, 1990.

[74] "포로 김동진(金東鎭, 21)은 제14연대 대전차포 이등병이었던 그는 여순반란 사건 당시 김지회와 함께 지리산에 들어가서 만 1년 동안 지내다가 10월 7일 마천전투에서 부상을 입은 채 포로 되어……"(『동아일보』, 1949년 10월 23일).

[75] "벌교 읍내에서 전 14연대 반도 최효래(崔曉來, 19)를 체포 취조한 결과, 여수군 삼일면 묘도에 무기가 은닉되고 있다는 것이 판명되어……"(『동아일보』, 1949년 7월 13일).

[76] 본적 전남 여수시 1929년 11월 21일생(한림대학교 아시아문화연구소, 『빨치산 자료집』 1, 126쪽).

[77] 본적 전남 광양군 신월면 선소리 1930년 12월 14일생(한림대학교 아시아문화연구소, 『빨치산 자료집』 1, 128쪽).

[78] 한림대학교 아시아문화연구소, 『빨치산 자료집』 7, 1996. 42쪽.

『승리의 길』에 기록되었다. 또한 정정기도 전북도당 기관지인 『덕유산 승리의 길』에 「려수병란 3주년」[79]이라는 제목으로 항쟁 당시 회고록을 남겼다.

남태준은 1948년 10월 24일에 여수 잉구부 전투 이후 여수에 남아 있던 400여 명의 잔여 병력과 백운산에 같이 입산한 인물로 알려지고 있다.[80] 남태준은 총사령부 제1연대장으로 천재적 지휘 능력을 발휘하여 영웅 칭호를 받았으며, 백운산지구 유격대(남태준 부대, 일명 외팔이 부대) 사령관으로 활동하다가 생포되어 1954년 12월 24일에 총살되었다.[81] 이영회는 1947년 5월 국방경비대에 입대, 광주 제4연대 1대대 2중대 중대야포를 맡고 있었다. 그는 여수 제14연대에 전속한 뒤 1대대 2중대를 인솔하여 여수경찰서를 습격하고 순천으로 진격한 정찰중대장으로 알려져 있다. 지리산에 입산한 뒤 1949년 7월 인민유격대 제2병단(사령관 이현상)에 합류하여 부사령관 겸 제5연대장을 지냈으며,[82] 57사단(불꽃사단, 이영회 부대)의 총사령관으로 활동하다가 1953년 12월 2일 토벌군에 의해 사살되었다.[83]

송관일은 경남 산청군 일대에서 진격필승부대 투쟁부장으로 활동하였다. 송관일은 1953년 8월 20일 서남지구 경찰전투사령부 예하부대에 의하여 경남 산청군 삼장면 부근에서 사살되었다.[84] 김홍복은 경남 함양

---

[79] 한림대학교 아시아문화연구소, 위의 책, 288쪽.
[80] "남태종, 남태군으로 기록하고 있는데 남태준의 오기이다."(광양시지편찬위원회, 『광양시지』 2, 2005, 747~748쪽).
[81] 박찬모·한정훈 편저, 『백발의 '소년 빨치산' 김영승』, 디자인 흐름, 2010, 290쪽.
[82] 김남식, 『남로당 연구』, 돌베개, 1984, 460쪽.
[83] 주철희, 「빨치산 사령관 '이영회'의 삶과 투쟁」, 『남도문화연구』 제28집, 2015년을 참조 바란다.
[84] 『동아일보』, 1953년 8월 24일.

군 일대에서 삼성부대 부대장으로 활동하였다. 김흥복은 빨치산의 가장 늦은 시기인 1955년 1월 23일 서남지구 경찰전투사령부 예하부대에 의하여 그의 처 서정희와 함께 사살되었다.[85] 현재 발굴된 자료 중에서 제14연대 출신 중 최후까지 유격투쟁을 전개한 인물이 김흥복이다.

 김흥복의 사살은 실질적으로 빨치산 유격투쟁의 종말을 의미한다. 1963년 11월 12일 지리산 내원골에서 정순덕은 체포되고 이홍이가 사살되었지만, 이때는 이미 투쟁 능력을 상실한 상태였다. 그리고 김흥복이 사살된 이후인 1955년 3월 26일 이승만 대통령이 80회 생일을 맞이하여 지리산 입산 금지 해제를 밝혔고,[86] 4월 1일 서남지구 전투사령부 명으로 지리산 입산을 허용하는 공고문이 게재되었다.[87] 1953년 6월 5일에 발족한 서남지구 전투경찰대도 1955년 6월 1일 해산하였다.[88] 남원시 산내면 뱀사골 지리산전적기념관에는 1955년 5월 23일에 빨치산 소탕 완료를 정부가 공식 발표했다고 안내하고 있다.

 1948년 10월 19일부터 1955년 4월 1일까지 6년 5개월 13일(총 2,354일) 동안 지속되었던 여순항쟁이 비로소 종료되었다. 물론 여순항쟁의 피해 시기도 1948년 10월 19일을 기점으로 1955년 4월 1일까지 산정하여야 할 것이다. 1955년 4월 1일을 종료 시점으로 산정한 것은 제주4·3특별법을 준용한 것이다. 여순항쟁과 제주4·3항쟁은 떼려야 뗄 수 없는 불가분의 관계를 맺고 있다. 제주4·3특별법에서는 1947년 3월 1일부터 1954년 9월 21일까지를 제주4·3항쟁 기간으로 산정하였다. 1954년 9월

---

85 『경향신문』, 1955년 1월 25일.
86 『경향신문』, 1955년 4월 3일.
87 이용하, 『섬진강별곡』, 한국참전단체총연합회, 2000, 426쪽.
88 『동아일보』, 1953년 6월 10일; 『경향신문』, 1955년 5월 26일.

21일을 종료 시점으로 산정한 이유는 한라산의 금족령을 해제한 날이기 때문이다.

<그림 4> 소탕 완료 공고 표지판

주도세력의 특징 중에 하나가 대부분 제주도 출병부대인 1대대로 편성되었다는 것이다.[89] 이는 위의 ㉡, ㉢ 인용문에도 기록되었다. 정부에서는 사건 당시 발표에서 "이번에 모종 임무를 주어 혐의 농후한 이들을 딴 곳으로 분리할 때 공포를 느낀 자들이 행동을 개시했다"고 발표했다. '혐의 농후한'이란 좌익사상이 물든 병사를 일컫는다. 이 발표와 일치하고 있음을 알 수 있다. 여기서 '모종 임무'는 제주4·3항쟁을 진압하기 위한 출병이었다. 1대대 소속으로 밝혀진 인물은 유화열(1대대 1중대), 이영회(1대대 2중대), 정정기(1대대 3중대), 정현종(1대대 4중대), 최철기(1대대)이다.

여순항쟁 발발 당시 주도세력 40여 명이라는 인원은 구체적인 숫자이

---

[89] "출동부대 일부 약 40명이 주동이 되어 비상소집이라는……"(대한민국 국방부, 『국방부사』 1, 1954, 34쪽).

다. 이러한 구체적인 숫자가 갖는 의미는 크게 두 가지로 해석할 수 있다. 첫째, 국방부를 비롯한 정부에서는 반란의 주도세력을 파악하고 있었다는 것이다. 1948년 10월 25일 국방부 발표에 의하면 여수를 비롯하여 곳곳에서 포로를 생포하였다.[90] 포로들은 곧바로 광주로 압송되어 조사가 이루어졌다. 이들의 조사는 육군본부 정보국 소속 빈철현 대위(경비사관학교 2기생)가 지휘하는 조사반으로 이세호·김창룡·박평래·양인석·이희영 등이 활동하였다.[91] 이들의 조사 결과를 토대로 윤홍규와 지창수 등 40여 명의 주도세력을 파악하고 있었을 것이다.

둘째, 주도세력 40여 명이 봉기를 모의하였다면 각자 역할이 있었을 것이고, 정부는 이들의 역할을 파악하고 있었다고 볼 수 있다. 제14연대 반란은 남로당 중앙당이나 도당의 지령을 받지 못한 상황에서 발발하였다. 제주도 출병 날짜는 점점 다가왔으나 상부와는 연락이 닿지 않았다. 이들은 스스로 동족상잔을 반대하는 봉기를 모의하게 되었으며, 봉기의 방법에 대해서는 세 가지[92] 논의가 있었다. 여러 돌발적 상황에서 제14연대 내에서 봉기로 결정되면서 주도세력 40여 명에게도 각자 역할이 부여되었을 것이다. 그들의 역할은[93] 봉기의 정당성과 기세를 앙양시킬 선전해설반, 부대 내 중요 부서(위령사령부)를 점령하는 공격조, 통신망과

---

90 순천 방면: 포로 592명 소총 450정, 화순 방면: 포로 40명 소총 52정, 보성 방면: 포로 140명 소총 230정, 벌교 방면: 포로 40명 소총 52정, 광양 방면: 포로 88명 소총 252정 등(『서울신문』, 1948년 10월 27일).

91 김석학·임종명, 『광복 30년 - 여순반란편』 2, 전남일보사, 1975, 376쪽.

92 ① 제주도로 향하는 함정에서 선상반란을 일으켜 월북하는 안이었다. ② 제주도에 출병하여 무장 유격대에 합세하는 방안이었다. ③ 14연대 부대 내에서 반란을 일으키는 안이었다(김득중, 「여순사건과 이승만 반공체제의 구축」, 성균관대학교 대학원 박사학위논문, 2004, 52쪽).

93 「려수병란 3주년 기념 좌담회」, 『빨치산 자료집』 7, 한림대학교 아시아문화연구소, 1996, 42쪽.

연락처를 점령하는 공격조, 악질 장교를 처단 체포할 분조, 무기고를 점령하는 또 하나의 분조, 중요 교통 요소의 매복조, 시내 공격조(향도 역할) 등으로 조직되었다.

여러 가지 정황으로 보아 지창수는 최선두에서 사병을 선동하는 역할을 수행했던 인물로 보는 것이 타당하다. 조직에서 선전선동을 담당하는 선전해설반 역할을 했는데, 이는 봉기가 성공하느냐 실패하느냐의 중요한 직책이었다. 주도세력은 40여 명인 반면에, 일반 병사는 2,000명 정도였다. 소수의 주도세력이 다수의 병사를 선동하지 못하면 봉기는 실패할 수밖에 없는 구조였다. 따라서 다수의 2,000명 정도의 병사를 선동하는 역할은 봉기의 성공에 그 어떤 역할보다 중요하였다.

선동은 다각도로 이루어진 것으로 보인다. 대다수 기록에는 경찰과의 갈등만 기록되었다. 그동안 쌓인 경찰과의 갈등을 부추기는 선동이다. 이외에도 출동하는 부대원들에게는 제주도 출동의 위험성을 강조하며 선동하기도 하였다. 당시 제주도 출동부대인 1대대 1중대 소속이었던 서형수의 증언은 이를 뒷받침한다. 1대대 병사들이 저녁식사 후 연병장에서 대기하고 있을 때, 총소리가 요란하게 나고 조금 후에 휴대용 메가폰을 들고 연병장과 부대를 돌아다니면서 "제주도에 파견 나가면 미 제국주의자 헬리콥터가 떠서 배 폭파시킨다. 가면 안 된다. 그러면 다 죽는다"고[94] 계속적으로 선동한 사람이 있었다는 것이다. 그가 지창수인지는 확실하지 않으나 부대 내에서 선동을 하고 다닌 병사가 있었으며, 그는 제주도 출동의 위험성을 강조하며 다수의 부대원을 선동하였다. 발발 당시 박승훈 연대장의 "병사들은 제주도 가는 것을 희망하지 않았다"는 증언도 이러한 점을 보충한다.

---

94 서형수의 증언.

2. 항쟁의 총지휘자

정부는 수괴, 두목, 총사령관 등으로 부르면서 주도 인물에 대한 인식의 변화를 나타냈다. 주도 인물에 대한 인식의 변화에는 정부 의도가 숨겨져 있었다. 첫 번째 등장한 인물은 제14연대 전임 연대장이었던 오동기 소령이었다. 민간인과 군인의 공모로 정부를 전복시키려는 계획적 음모가 혁명의용군 사건이며, 여순항쟁까지 영향을 미쳤다는 것이다. 이는 오랫동안 반란을 계획했다는 의도가 숨겨져 있다. 한편 오동기 등장은 이승만이 자신과 정치적으로 대립하는 이를 제거하려는 의도도 내포하고 있다.

처음에 정부는 한사코 국군의 반란이라고 강조한다. 그 책임은 국군통수권자인 대통령과 국방장관의 1차적 몫이다. 정부와 국방부는 책임을 면할 방도를 모색하였고, 이윽고 민간인에게 책임을 전가하였다. 당시 지역사회의 신망이 있었던 여수여중 교장 송욱을 총지휘자로 발표한 것이다. 송욱의 등장은 제14연대 군인 반란을 여수·순천 사람들이 일으킨 민중 반란으로 전환하는 촉매제 역할을 하였다. 이에 일부 몰지각한 군인이 합세했다는 정도로 발표하여 이승만 대통령과 정부 당국자가 져야 할 책임을 반감시켰다.

제14연대 병력이 지리산과 백운산에 입산하여 유격투쟁을 전개하면서 제14연대 군인을 주목할 수밖에 없었다. 탄약고와 무기고를 점거하는 등 군사작전과 2천 명 정도 병력을 지휘한다는 것은 군사전략과 지휘체계를 알고 있는 사람이어야 가능한 일이다. 항쟁 당시에는 장교인 김지회 중위를 지목하였다. 하지만 남로당 지령이 있었으며, 빨갱이 소굴로 반란이 일어날 수밖에 없는 조건을 충족할 만한 인물로 김지회는 적당하지 않았다. 장교는 남로당 중앙당부 소속이었기에 지방 좌익들과 교감할 수 있는 조건이 아니라는 생각 때문이었다.

당시는 모병제였다. 지역 출신 하사관들이 그들의 연고지에서 병사를 모집하였다. 당시 모병 된 병사 중에는 사회 불만세력, 좌익세력들이 경찰의 수배를 피해 입대했다고 정부와 보수 우익은 주장한다. 남로당 도당부 소속의 좌익 하사관들과 지방 좌익이 미리 내통하거나 교감하여 입대했다는 주장이다. 그래서 필요한 인물이 지역 출신 하사관이며, 하사관 중에서도 선임자를 지목할 수밖에 없었다. 이에 제14연대 인사계 특무상사였던 지창수를 지목하였다.

지창수가 여순항쟁의 주도 인물로 지목되면서 남로당의 지령, 제14연대는 빨갱이 소굴이었다는 주장이 설득력을 얻었다. 제14연대가 반란이 일어날 수밖에 없다는 필요충분조건을 모두 만족하게 한 인물이 지창수 상사였다. 이러한 주장은 1967년 국방부 전사편찬위원회의 『한국전쟁사 1 : 해방과 건군』에서 시작하여 대부분 연구자가 당연시 받아들였다.

지창수를 여순항쟁의 주도 인물로 지목하기 위해 내건 조건은 여순항쟁의 발발 원인을 규명하기 위한 것이 아니었다. 반공만이 지상 최대의 과제라는 것을 국민에게 각인시키기 위한 목적에서 출발하였다. 결국 여순항쟁을 정권 안보 또는 정권 유지에 활용하려는 방편에서 지창수란 인물을 등장시킨 것이었다.

현재까지 봉기의 계획에서부터 지창수 상사 주도하에 40여 명의 사병이 모의하여 봉기를 촉발했으며, 거사에 성공한 이후 김지회 중위가 부대를 지휘했다는 것이 정설이다. 그렇지만 지창수 상사가 계획하고 총지휘했다는 주장에는 여러 가지 문제점이 드러난다. 이러한 문제점과 함께 누가 여순항쟁을 총지휘하였는지 살펴보겠다.

첫째, 1948년 11월 5일 『동광신문』에 의하면 지창수가 부대원을 최선두에서 선동했음을 모 대위가 알고 있었다. 상부에서는 반란의 계획,

발발 당시의 상황, 각자의 역할 등을 더 자세히 알고 있었을 개연성이 매우 크다고 해석할 수 있다. 그런데도 발발 당시 정부 발표와 국방부 특별취재단 기획보도 등에서 지창수를 주도 인물로 언급한 보도는 한 차례도 없었다. 이후 발행된 정부 기록에서도 적어도 1967년 이전까지는 전혀 언급되지 않았다. 반란을 총지휘한 인물, 군인이라는 신분이므로 당연히 정부는 신상이나 행적을 파악하고 있는 것이 상식이다. 그런데 전혀 모르고 있다. 이는 그가 어떤 특정의 역할을 했을지언정 총지휘자가 아니라는 것을 반증한다. 반면에 김지회를 자세하게 보도했다는 것은 김지회를 총지휘자로 규정하였다고 본다.

둘째, 미군은 여순항쟁이 발발하자 비상대책회의를 주관하고 작전 수립과 무기 공급 그리고 진압 이후에 좌익 혐의자 조사 등 군사고문관으로서 상당한 역할을 하였다.[95] 1948년 11월 10일자 미군 제24군단 작전보고서에서는 지창수 특무상사는 부대원을 참여시키는 연설을 담당하는 역할에서 우두머리였으며, 반란의 최고지휘자는 김지회 중위라고 밝히고 있다. 또한 1949년 5월에 「국군의 방위 태세는 완벽 : 국방부 수뇌부와 본사 좌담회」가 『연합신문』 주최로 열렸다. 이날 좌담회에서 육군 총참모부장 정일권 준장은 "작년 10월 여순반란에 있어 반군 수괴 홍순석·김지회 등은……."[96]이라고 김지회를 지휘자로 지목하였다.

셋째, 여순항쟁 진압 이후 제14연대 장교뿐만 아니라 체포된 사병들이

---

[95] "정부와 주한미군은 10월 20일에 임시군사고문단장 사무실에서 국무총리 겸 국방장관 이범석, 육군 총사령관 송호성 준장, 임시군사고둔단장 로버츠(William L. Roberts) 준장, 참모총장고문관 하우스만(Hausaman) 대위, 정보국고문관 리드(John Reed) 대위 등 미군과 한국군 참모들이 모여 비상회의를 열었다"(노영기, 「여순항쟁과 육군의 변화」, 『전남사학』 22, 2005, 263쪽).

[96] 『연합신문』, 1949년 5월 26일.

일제히 조사를 받았다. 제14연대 부연대장 이희권을 비롯하여 장교 및 사병의 증언에서 지창수를 총지휘자로 언급한 증언자가 한 명도 없다. 지창수가 부대 내 남로당 핵심이었다면, 오동기가 연대장으로 취임하여 김지회를 특별 관리하듯이 어떤 조치가 있었을 것이다. 한편, 10월 11일에 고봉규 밀고로 남로당계 세포원이었던 김영만이 체포되었다. 이때 고봉규는 본인이 알고 있는 연대 내 모든 세포를 불었다고 한다.[97] 그런데도 지창수는 남로당 제14연대 조직책임에도 불구하고 아무런 제재나 조치가 이루어지지 않았다.

넷째, 발발 당시 정부의 발표나 특별취재단, 종교위문단[98] 등에서 한결같이 김지회를 수괴, 총지휘자로 지목하였다. 국방부에서는 김지회를 그의 처와 함께 현상금을 내걸고 체포하려고 했다.[99] 또한 윤홍규와 김동진 체포에서 김지회를 '수괴'로 직접 거론하였다. 반면 지창수에 대해서는 언급이나 조치가 없었다.

다섯째, 봉기를 일으키고 빨치산 활동을 한 사병들의 증언이나 기록이라고 할 수 있는 빨치산의 기관지인 『승리의 길』에 「려수병란 3주년 기념좌담회」,[100] 「여순병란 3주년 22사단 작전과장 정정기 동무의 회고기」에서도[101] 김지회와 홍순석은 거론되지만, 지창수는 전혀 언급되지

---

97 김득중, 앞의 논문, 52쪽.
98 종교위문단의 활동 보고서에는 "종전부터 내통하고 있던 金智會의 지휘하에 약 40명이 행동을 개시한 것"이라고 김지회를 지휘자로 규정하였다(『대동신문』, 1948년 11월 14일).
99 "지난 31일 호남 지방 작전사령부 북지구전투부대 참모장 魏大善 소령 발표에 의하면 여수 등지 반란사건 주동자 육군 중위 金智會는 방금 부인 동반 지리산에 도피 중에 있는데 전기 김지회 부부를 체포하는 자에게는 일금 50만 원, 사살하는 자에게는 25만 원의 현상을 걸었다 한다"(『호남신문』, 1948년 11월 5일).
100 "여수의 적을 완전 소탕하고 우리는 김지회 동지의 능란한 지휘 아래에"(한림대학교 아시아문화연구소, 「승리의 길」, 『빨치산 자료집』, 1951년 11월 3일).

않았다. 정현종은 "여수의 적을 완전 소탕하고 우리는 김지회 동지의 능란한 지휘 아래에 다시 순천으로 밀고 가 이곳 원수들을 소탕하고 모든 정권 기관과 사회단체들을 보호하고 만반의 군사적 준비를 갖춘 후 광양, 구례를 치고 조직적 입산하에"라고 증언하는바, 김지회가 처음부터 주도하였으며 총지휘했다고 할 수 있다.

여섯째, 김지회와 동향 출신으로 육군 병기검사원으로 여순항쟁 당시 제14연대에 왔던 김응선 특무상사 증언, 당시 제주 출동부대 1대대 1중대 소속이었던 서형수 증언, 여수 신항에 파견되어 경비를 맡고 있었던 허종범 증언, 순천 철도청에 근무하면서 10월 20일 새벽에 김지회를 목격했다는 김용익 증언, 여수경찰서 봉산지서의 지서주임을 대행하면서 제14연대 동향을 살폈던 신영길 증언 등을 종합해도 지창수란 이름은 찾아볼 수 없으며, 모두가 김지회가 봉기를 지휘하고 있었다고 증언한다.

일곱째, 여순항쟁 진압 후 육군본부 작전교육국에서는 「지리산 작전」이란 기록영화를 직접 제작하여, 1949년 7월부터 상영하였다. 이 영화의 광고에는 "보라! 잔인무도한 폭도 김지회·홍순석의 말로를……국군에 포로된 김지회의 처 조경순의 모습"으로 표현하였다.[102] 육군에서 제작한 영화에서 김지회와 홍순석의 이름을 거론하였다는 것은 김지회를 총지휘자로 단정하였다는 것을 의미한다.

---

101 "홍순석 김지회 외 여러 동무들의 명복을"(한림대학교 아시아문화연구소, 「전북 승리의 길」, 『빨치산 자료집』, 1951년 10월 20일).
102 『경향신문』, 1949년 7월 17일; 『동아일보』, 1949년 7월 18일.

<그림 5> 김지회와 조경순, 홍순석을 그린 영화

　여순항쟁의 주도 인물 또는 총지휘자를 바라보는 인식에서는 우발적 발생이냐 아니면 남로당 지령설이냐는 문제와 연관 지어 보는 경향이 있다. 장교는 남로당 중앙당부에서 관리하고 있었으므로 장교에 의해 주도적으로 이루어졌다면 남로당 지령에 의한 계획적인 반란이며, 사병은 도당부에서 관리하였으므로 사병이 주도했다면 남로당 중앙당부와 무관한 우발적으로 발생한 반란이라는 것이다. 이런 관리체계의 이원화로 인하여 장교와 사병은 서로 모르고 있었다는 주장이다.

　하지만 오동기 소령이 연대장으로 부임 후 김지회를 핵심 감시 인물로 간주하여 정보주임에서 대전차포중대장이라는 한직으로 전보시켰다. 또한 김지회를 구속해야 한다고 정일권 참모부장과 육군 총사령관 송호성에게 건의하였으며 이희권 부연대장과 정보주임에게 증거를 잡으라고 지시하였다. 아울러 헌병대장 이갑수 대위를 서울로 보내 김지회 구속을 승인받도록 하였다. 이러한 일련의 조치가 부대 내에서 벌어졌다면 부대원들도 김지회가 좌익 장교라는 것쯤은 충분히 알고도 남았을 것이다. 서형수·허종범·김형운 등은 부대에서 반란 소식을 듣고 직감적으로 "김지회가 일을 벌였구나"라고 생각했다는 것에서도 김지회가 좌익이었음을 부대원들이 이미 알고 있었다고 할 수 있다. 그러므로 관리체계 이원화로 장교와 사병이 서로 모르고 있었다는 주장은 설득력이 낮다.

여순항쟁의 직접적인 배경이 된 제주도 출병은 부대 편성에서부터 출동명령까지 급박하게 이루어졌다. 남로당이 비합법화되고 명맥을 유지하기도 어려운 상황에서 중앙당부나 도당부와 연락을 취할 만한 시간적 여유가 없었다. 당시 남로당 여수 지역의 중심 활동가인 유목윤은 10월 20일 아침 여수일보사에 나타나 "밤사이에 일어난 난리가 무슨 영문인지 모르겠다. 신문사에 무슨 정보 없느냐?"고 물었다. 여수일보사는 합동통신과 같은 사무실을 이용하였는데, 그는 합동통신의 통신문이 평소와 다름없음을 확인하고, 전국적인 상황은 아님을 파악하고 돌아갔다.[103] 또한 순천군당 조직책으로 활동했던 윤기남은 "지하를 노출시켜서는 안 된다. 여수 지하당하고 연결 유대는 갖지 말고 군은 독자적으로 행동을 도모"했다고 증언하였다. <1부>에서 남로당 지하총책을 역임한 박갑동이 남로당과 제14연대의 관련성을 부인하였던 것과 같은 맥락이라는 것을 알 수 있다. 남로당 중앙당부나 도당부로부터 어떤 결정이 없는 상황에서 부대 내의 좌익세력은 스스로 진로를 결정해야 했고, 40여 명의 주도세력은 각자 역할이 주어졌을 것으로 판단된다.

그러므로 김지회 중위가 여순항쟁의 총지휘자나 주도 인물이라고 하여 남로당 지령 아래 계획적으로 여순항쟁이 발발했다는 주장은 다소 무리라고 할 수 있다. 여순항쟁은 당시 제14연대의 급박한 상황에서 우발적으로 발생하였으며, 이들 나름의 봉기를 위한 준비와 역할도 급작스러울 수밖에 없었을 것으로 보는 것이 타당하다.

여순항쟁의 총지휘자를 종합적으로 검토하면, 현재까지 대다수 연구는 지창수 상사의 지휘 아래 40여 명이 봉기를 주도하였다고 한다. 이러

---

103 신양남, 「그날의 회상」, 『여수 문화』 5, 여수문화원, 1990, 100~105쪽; 반충남, 「여수 14연대 반란과 송욱교장」, 『말』 9월호, 1993, 226쪽.

한 주장의 기조에는 1967년에 발행된 『한국전쟁사 1 : 해방과 건군』과 향토사학자인 김계유의 증언이 크게 영향을 미쳤다. 그리고 구체적으로 비판하지 못하고 수용하면서 정설로 자리 잡았다. 제14연대는 빨갱이 소굴로서 반란을 잉태하고 있었으며, 남로당의 지령에 따라 반란을 기도했다는 정부의 선동이 주효하였다고 볼 수 있다.

항쟁 발발 당시 지창수는 주도세력 중에서 특정 역할을 수행했던 한 사람이었을지언정 여순항쟁을 계획하고 주도한 총지휘자라고 단정하기에는 문제가 많다는 것을 확인하였다. 그러므로 여순항쟁 전반적인 정황과 자료를 검토해 봤을 때, 김지회 중위가 가장 핵심적인 역할을 한 총지휘자라고 보는 것이 타당하다.

5장. 빨갱이 등장의 의미

여순항쟁의 기억은 부정적이다. 이 시기를 겪은 사람일수록 기억은 더욱 잔인하다. '기억한다'는 것은 자연스러워 보이지만 실제로는 '만들어지는 것'일 수 있다. 특히 경험하지 않은 과거의 역사 사건을 기억하는 것은 경험하지 않았기 때문에 간접적으로 보고 듣는 것을 통해서 이루어질 수밖에 없다. 때문에 무엇을 보고, 들었는지에 따라 기억하는 것이 달라질 수 있다. 여순항쟁의 기억도 자신의 경험일 수 있지만, 세뇌 교육의 사회적 산물일 가능성이 크다. 안보를 가장한 반공 교육은 빨갱이를 탄생시켰고, 빨갱이란 악령을 떠올리며 여순항쟁을 기억하게 하였다. 그리고 왜곡된 기억을 타자에게 사실(事實)처럼 전이하였다.

빨갱이는 무엇일까? 빨갱이의 사전적 의미는 '공산주의자'를 속되게 이르는 말이라고 정의되어 있다. 그러나 우리 사회는 "빨갱이는 인간의 기본적 위엄과 권리를 박탈당한 '죽여도 되는' 존재, '죽여야만 하는' 존재"로 인식한다. 공산주의라는 용어가 정치적 지향을 일컫는 것에 반하여, 빨갱이는 공산주의자를 비인간적 존재로 멸시하는 용어이다. 그래서 어떤 이는 악마로 규정하였다. 공산주의자를 넘어서 훨씬 부정적 의미이며 잔인성이 내포된 사회·정치적 용어로써 빨갱이는 여전히 재생산되고 있다. 여순항쟁을 직접 체득했던 전남 동부지역에서도 마찬가지이다. 대한민국의 역사 적폐 중 가장 으뜸은 '빨갱이 문화'의 청산이다. 그 노력이 절실히 필요한 시기이다.

여순항쟁은 10월 19일부터 27일까지 7일간의 전남 동부지역에 국한한 소규모 점령으로 끝나지 않았다. 지리산·백운산·즈계산 등에서 무장 유격투쟁을 이어 갔으며, 이곳을 터전으로 살아가는 사람들에게 커다란 영향을 미쳤다. 아직도 빨갱이라는 섬뜩한 단어가 사람들에게는 응어리로 남아 있다. 정치적 이데올로기로 인한 정국 혼란이 있을 때마다 빨갱이라는 단어는 여지없이 등장하여 이 지역 사람들을 옥죄면서 자기검열을 요구한다.

지금까지 1948년 10월 19일 국군 제14연대 군인의 봉기로 시작된 여순항쟁에 대하여 정부의 발표와 문헌을 통해 여순항쟁 주도 인물의 인식 변화와 정부의 의도 그리고 여순항쟁 총지휘자로 규정된 지창수 상사에 대한 문제점과 총지휘자가 누구이며, 주도세력들은 어떤 인물들인지 살펴보았다.

여순항쟁 발발 당시 정부의 주도 인물에 대한 첫 발표는 국군 제14연대가 여수에서 봉기를 일으켰다는 것이다. 각 언론에서는 '국군 14연대 반란', '국군 반란' 등 군인을 반란의 주도세력으로 보도하였다. 이러한 발표는 혁명의용군 사건과 여순항쟁이 하나로 묶이면서 극우세력과 공산주의가 결탁하여 계획적으로 봉기를 일으킨 것으로 인식되었다. 이는 여순항쟁을 계기로 이승만의 정적 제거와 반공국가 건설을 실현하려는 의도에서 기인하였다. 여순항쟁 발생 19년 만에 오동기 소령은 여순항쟁과 전혀 무관하며, 혁명의용군 사건도 실제 존재하지 않는 조작된 사건이었다는 것을 국방부 간행물에서 확인하였다.

여순항쟁이 전남 동부지역으로 확대되면서 정부는 군대 내의 봉기를 민간인으로 시선을 돌렸다. 군의 책임을 회피하기 위해 지방 민중과 학생에게 책임을 전가하면서 여수여중 송욱 교장을 총연합 지휘자로 지목하였다. 이로 인해 여순항쟁은 지역민들이 일으킨 반란으로 고착화되는 결과를 낳았다. 진압 이후 봉기군이 지리산 등으로 입산하면서 정부는 제14연대 내의 장교와 사병을 주목하였는데, 초기에는 남로당 지령에 의한 김지회 중심의 장교 그룹을 언급하였다. 1967년을 기점으로 연대 인사계였던 지창수 상사를 주도 인물로 지목하였다. 이로써 지창수가 병사들을 선동하여 봉기를 일으켰다는 것이 지금까지 통설로 자리 잡고 있다.

지창수 상사가 40여 명의 사병을 이끌고 봉기를 지휘했다는 현행 통설에는 많은 문제점이 있음을 확인하였다. 여순항쟁의 전반적인 정황과 자료를 검토한 결과, 김지회 중위가 여순항쟁을 총지휘했다고 보는 것이 타당하다.

상황에 따른 주도 인물에 대한 정부의 발표는 국군 반란을 민중 반란으로 조작하였으며, 이러한 바탕으로 협력자 색출 과정에서 많은 민간인 피해를 양산하였다. 또한 사회 전반에 빨갱이라는 이분법적 등식을 적용하여, 이웃과 이웃이 서로를 감시하고 통제하는 구조를 만들었다. 국민 스스로가 반공을 실천하고 활동하는 것이 의무로 인식되었다. 이러한 인식은 여순항쟁의 직접적인 영향에 있었던 전남 동부지역에서 더욱 공고화되고 일반화되었다.

여순항쟁을 촉발했던 제14연대 주도세력은 대부분 지리산으로 입산하여 빨치산 투쟁을 전개하였다. 김지회·홍순석이 사살되기 전인 1949년 4월 이전까지 이들은 남로당 전남도당 또는 남로당 중앙당과 어떤 연계도 없이 독자적으로 유격 투쟁을 전개하였다. 1949년 4월 김지회와 홍순석이 토벌군에게 사살되면서 이현상이 지리산에 나타났고, 이때부터 남로당의 전위부대 역할을 하였다. 1955년 1월 23일 제14연대 출신 빨치산 김흥복이 마지막으로 사살되면서 빨치산은 종말을 거두었다. 그리고 1955년 3월 26일 지리산 입산 금지를 해제한다그 밝혔고 이윽고 4월 1일 서남지구 전투사령부 명으로 지리산 입산을 허용하는 공고문이 게재되었다. 1948년 10월 19일부터 1955년 4월 1일까지 6년 5개월 13일

동안 지속하였던 여순항쟁이 비로소 종료되었다. 따라서 여순항쟁 피해 시기는 1948년 10월 19일을 기점으로 1955년 4월 1일까지 산정하는 것이 타당하다. 이는 여순항쟁과 떼려야 뗄 수 없는 불가분의 관계를 맺고 있는 「제주4·3특별법」을 준용한 결과이다.

여순항쟁의 주도세력이 왜 제주도 출동을 거부했는지 앞서 상세하게 검토하였다. 여순항쟁 주도세력은 군인의 사명이 무엇인지 명확하게 인식하고 있었으며, 그들에게 하달된 제주도민을 학살하라는 명령은 잘못된 명령으로 판단하였다. 권력의 오판이 부른 부당한 명령이었다. 여순항쟁은 잘못된 명령에 기인하여 촉발된 항쟁이었다. 따라서 그 책임은 국군통수권자인 이승만 대통령에게 있었다. 또한 여순항쟁을 진압하는 과정에서 수많은 민간인 희생이 발생하였다. 그렇지만 아직도 국가를 책임지는 그 누구도 잘못을 사과하지 않았다.

그리고 어느 시점에선가부터 모든 책임이 지역민들에게 전가되었다. 정부와 국군은 심판자가 되어 있다. 지역사회와 지역 주민은 빨갱이·반란·폭도의 굴레를 모두 떠안았다. 그리고 숨소리도 내지 못하고 원망과 한탄만 하였다. 이제부터라도 여순항쟁의 역사를 제대로 인식하는 기회가 되었으면 한다.

제14연대 군인은 국민의 목숨을 소중히 여겼던 올바른 군인이었다. 민중은 친일파에서 친미파로 돌변한 관료와 경찰의 부정부패와 부조리에 저항으로 맞섰다. 그 항쟁은 결코 부끄러워할 역사가 아니다. 제 나라 국민의 목숨을 파리 목숨보다 가벼이 여겼던 이들의 명령을 거부한 1948년 10월 19일 여순항쟁은 자랑스러운 우리의 역사이다. 대한민국 항쟁의 역사에 서막을 열었다.

3부

여순항쟁과 지역사회의 기억

1장. 여순항쟁, 지역의 기억을 찾아

1. 역사와 기억

'역사(歷史)'는 어떤 과정을 통해 우리의 곁에 있는 것일까? 역사는 곧 사료(史料)이다. 사료의 해석을 통해 역사는 우리와 마주하고 있다. 그래서 역사 연구자들은 줄곧 사료의 중요성을 강조한다. 한마디로 사료 타령이라고 해도 과언이 아닐 것이다. 그렇다면 역사를 해석하는 데 가장 밑바탕이 되는 사료는 누가 생성하였는가?

우리가 접하는 사료 대부분은 승자나 정치적인 권력을 점하는 소위 주류세력이 양산하였다. 승자의 문서인 것이다. 그래서 승자가 남긴 사료를 근거로 기록한 역사에는 배제되는 역사가 존재한다. 승자는 자신에게 유리한 것들만 선별하여 역사적 사료로 남기는 경향이 있기 때문이다. 자신에게 불리한 사실은 역사 기록에서 빠뜨린다. 승자는 오로지 자신을 정당화하며, 뛰어난 업적을 이룬 고결한 영웅으로 표현된다. 여기에는 패자의 이야기, 기층 민중의 이야기는 역사에서 배제하거나 지움으로써 역사를 일면화한다.

산업 문명, 정보화 문명의 도래는 사회 전반에 변혁을 가져왔다. '역사'의 생성도 기록의 방법이 발전함에 따라 그 속도가 점차 빨라지고 있다. 과거와 현재와 미래로 이어지는 시간의 흐름이 뒤틀리기 시작하였다. 그리고 공인된 역사로 인정받지 못했던 패자의 이야기, 기층 민중의 이야기가 '기억'이라는 이름으로 등장하여 역사의 한 축을 형성하였다. 이른바 '기억의 시대'는 역사의 뒤안길로 사라질 뻔했던 개개인의 목소리가 공적인 무대로 드러났다.

개개인의 기억은 사실이며 정당한 재현인가? 기억은 뇌에서 일어나는 신체의 활동이자 정신적 활동이다. 과거를 끌어내어 현재에서 만나는 기억의 과정은 기억 주체의 현재적 관심, 기억하는 순간의 현재적 맥락 등이 개입되면서 끊임없이 수정되고 유동적으로 재생산된다. 그래서 기억은 자연적이지도, 중립적이지도, 순수하지도 않으며 오히려 인공적인 모습으로 표출된다. 또한 기억은 정치적 이해관계와 결부되거나 이념이 투영되어 기억의 의미가 왜곡되거나 과장되기도 하며 자기를 합리화하는 수단으로 활용되기도 한다.

1948년 10월 19일 여순항쟁의 역사를 우리는 어떤 모습으로 마주하고 있는 것일까. 혹여, 승자가 독식한 사료가 바탕이 되어 여순항쟁의 역사를 기록한 것은 아닐까? 여순항쟁의 기억은 정당하게 재현된 것일까? 정치적·이념적 관계가 투영되어 왜곡된 기억이 우리에게 전이된 것은 아닐까? 여러 의문을 품고 지역사회가 기억하고 있는 여순항쟁의 모습을 찾아나선다.

2. 지역의 기억을 찾아

여순항쟁은 지역사회에서 '여순반란사건'으로 오랫동안 기억되었다. 대체로 1995년 이후부터 '여순사건'이란 명칭을 사용한다. 일부에서는 여순(여수와 순천)이란 지역의 도시명이 들어갔다는 이유로 '제14연대반란사건'으로 개정해야 한다는 목소리도 있다. 여순항쟁을 직접 몸소 겪었던 지역에서도 아직 명칭에 대한 이견이 있다. 그만큼 트라우마와 갈등이 여전히 내재되어 있음을 의미한다.

제주도 출동명령을 거부한 제14연대 군인들은 '동족상잔 결사반대',

'미군 즉시 철퇴'를 주장하며 1948년 10월 19일 봉기하였다. 다음 날 새벽 여수를 장악하고 순천으로 진격하였다. 전남 동부지역은 봉기군과 지방 좌익에 의해 장악되었으며, 일부 지역에서는 인민위원회가 조직되기도 하였다.

여기서 한 가지 살펴볼 것은, 대부분 연구자와 여순항쟁 관련 책에는 여수와 순천은 물론 광양, 보성, 벌교, 고흥 등도 봉기군이 점령했다고 서술한다. 여수와 순천은 봉기군이 점령했지만, 나머지 지역은 아니다. 봉기가 발발했다는 소식을 들은 순천경찰서는 전남도경찰서에 응원부대 파견을 요청하였다. 전남도경에서는 순천 인근 광양·벌교·고흥·구례 등의 경찰 대부분을 응원부대로 순천 파견을 지시하면서 그 지역에는 소수의 경찰만이 남았다. 순천이 봉기군에게 점령되었다는 소식을 들은 광양·벌교·고흥·구례에 남아 있던 경찰은 제각각 피신하면서 지하의 지방 좌익이 무혈로 장악하였다. 이후 봉기군 일부 또는 낙오자들이 이들 지역에 들어왔는데, 이를 두고 봉기군이 점령한 것으로 설명한다.

한편 정부는 20일 새벽에 제14연대 군인의 반란이라는 소식을 듣고 즉각 대책회의에 나섰다.[1] 당시 군 수뇌부 중 일부는 통상적인 군경 갈등이라 판단하고 사태를 관망하자는 의견도 있었다. 이승만 정권은 발발 당시 사건을 우익에 의한 군부 쿠데타로 의심하였다.[2] 당시 군부에서는 일본군 출신과 만주군 출신 사이의 알력이 상당하였다. 국방부를 장악한 일본군 출신(이형근, 채병덕 등)에 불만을 품고 만주군 출신 정일권 대령을 중심으로 반란을 계획했다는 주장도 있다.[3]

---

[1] 사사키 하루타카, 『한국전비사上 - 건군과 시련』, 병학사, 1977, 327~329쪽.
[2] Allan R. Millet, 「하우스만 대위와 한국군의 창설」, 『군사』 40, 2000, 259쪽.
[3] 최기덕, 「내 생애 최고의 비밀 : 여순반란사건의 발생 전후」, 『사상계』 12, 1964.

20일 오전 미군 임시군사고문단장 사무실에서 국무총리 겸 국방장관 이범석, 국방경비대 총사령관 송호성 대령, 임시군사고문단장 로버츠(William Roberts) 준장, 국방부 고문 제임스 하우스만(James Hausman) 대위를 비롯한 미군과 한국군 참모들이 모여 비상회의를 가졌다. 이 회의에서 광주에 반군토벌전투사령부를 설치하고 전투사령관에 송호성 대령을 임명하였다. 그리고 제5여단장 김상겸 대령을 해임하고 김백일 중령을 임명하였다. 김상겸이 실전 경험이 없었던 반면에, 김백일은 만주군 간도특설대 장교 출신으로 항일 독립세력의 토벌작전에 전투 경험이 출중한 인물이었다.

토벌군은 21일부터 본격적인 토벌작전을 시작하여, 23일 순천을 탈환하고 27일 여수를 완전히 탈환하면서 여순항쟁은 일단락된 것처럼 보였다. 하지만 진압 이후 군과 경찰의 협력자 색출 과정에서 수많은 민간인 피해가 발생하였다. 지리산·백운산 등으로 입산해 무장투쟁을 전개한 봉기군의 토벌 과정에서도 많은 민간인 피해가 있었다.

여순항쟁이 반란이라는 부정적 이미지로 자리매김한 데는 여러 요인이 있다. 그중에서도 이승만 정부의 절대적인 노력을 빼놓을 수 없다. 여순항쟁이 발발하자 이승만 정부는 사건을 지역 주민에게 전가시키기에 급급했다. 김형원 공보처 차장과 이범석 국무총리는 반란의 책임과 반란의 주체를 지역 주민으로 간주한 성명을 발표하였다.

> ㉮ 이번 반란사건의 성격은 여수 **제14연대의 군대가 반란을 일으킨 데 민중이 호응한 것같이 일반은 인식하고 있는 모양이나 사실은 그렇지 않고** 전남 현지에 있는 좌익분자들이 계획적으로 조직적으로 소련의 10월혁명 기념일을 계기로 일대 혼란을 야기시키려는 **음모에 일부 군대가 합류한** 것이다. (『서울신문』, 1948년 10월 29일)

㉯ "공산주의자와 또 하나 대한민국 정부에 반감을 가진 일부 극우 정객 분자가 결탁되어 여순사건을 일으켰다"고 했다. 하지만 **"사실은 지방 민중이 주동되어 가지고서 군 내부에서도 반란분자 있는 것을** 기반으로 민중이 주체성적 권력을 취해서……"(『자유신문』, 1948년 10월 22일, 『국회속기록 제90호』, 1948년 10월 28일)

㉮ 인용문은 공보처 차장 김형원의 성명이고, ㉯ 인용문은 국무총리 겸 국방장관 이범석의 발표이다. 여순항쟁은 여러 형태로 왜곡되어 있다. ㉮ 인용문은 그 중에서 으뜸이라고 할 수 있는 왜곡의 전형이다. 이를 정부의 고위 당국자들이 앞장섰다. 그뿐만 아니라 반란의 책임을 지역민에게 전가한 이들의 왜곡은 이승만에게서도 그대로 드러났다. 이승만은 "이런 분자들은 개인이나 단체를 물론하고 한 하늘을 이고 살 수 없는 사정이다"면서[4] 강경 진압을 독려하였다. 이는 곧 군경에 의한 무고한 민간인 학살로 이어졌다. 하지만 학살의 가해자가 반란군 또는 지방 좌익에 의해 저질러진 잔혹한 만행으로 오랫동안 인식되었다.

국군 제14연대의 봉기 이후 지방 좌익의 활동과 일부 주민의 동조가 있었다. 지역 주민들의 봉기에 대한 동조·호응은 분단정권 수립에 대한 비판, 경제정책 실패에 따른 어려움, 이승만 정부의 전반적인 정책의 실패·친일파 척결 문제 등을 복합적으로 반영하고 있다. 그렇지만 정부는 언론을 비롯하여 문인조사반·계몽선전반·종교위문단을 동원하여 사건의 近因과 遠因의 파악보다는 '공산주의자=살인마=빨갱이'로 규정하며 선전활동을 펼쳤다. '반공 국민'이 애국자란 인식과 이에 반대하는 세력은 '빨갱이'로 낙인되었다. 즉 여순항쟁 이후 '반공주의자=민족주의자=애국자'란 등식이 확고하게 구축되는 과정에서 전남 동부지역은 '비국민' 또는

---

[4] 『경향신문』, 1948년 10월 24일; 『동아일보』, 1948년 10월 24일.

'빨갱이'로 낙인되는 왜곡된 역사를 양산하였다.

    설명을 덧붙이면, 여순항쟁을 진압한 정부는 언론 특별취재반, 종교위문단, 문인조사반, 계몽선전대 등을 조직하여 현지에 파견하였다. 이들의 목적은 현지의 실상을 정확하게 국민에게 알린다는 취지였다. 그러나 그것은 표면적인 구실에 불과하였다. 이들의 역할에는 공산주의자들의 참혹성을 알리고 반공주의를 강화하기 위한 정부의 의도가 내포되어 있었다. '잔인무도한 식인귀적 야만의 행동'으로 규정하면서 공산주의의 만행을 중점적으로 거론하였고, 이를 국민에게 일방적으로 전달하면서 여순항쟁의 부정적 이미지에 큰 영향을 미쳤다.

    이승만 정부에서 박정희 군사정권으로 이어진 독재정권하에서 정권의 유지는 '안보'로 귀결되었으며 필연적으로 '반공'이 따랐다. 반공의 군건한 공고화 과정에서 '빨갱이'가 등장하였으며, 이는 곧바로 '여순반란'으로 재현되었다. '여순반란=빨갱이' 등식은 이견이나 반론을 해서는 안 되었다. 누구도 함부로 나설 수 없었고, 말할 수 없었다. 그것은 여순항쟁 희생자와 유가족에게만 미친 영향이 아니었다. 전남 동부지역은 지역적 연좌제의 족쇄 속에서 숨죽이며 살아야 했다. 그것이 대한민국 국민으로서 도리라고 여겼다.

    1990년대 후반부터 반공 이데올로기의 편향적 시각을 탈피한 다각적인 연구가 이루어지고 있다. 지역사회도 레드콤플렉스에서 어느 정도 벗어나고 있음을 방증한다. 하지만 여전히 여순항쟁의 인식은 매우 부정적이며 함부로 말해서는 안 되는 민감한 사건으로 기억한다. 이런 인식의 저변에는 당시 벌어진 상황에 대한 직접적인 체득이기도 하지만 지역사회 전반에 내재한 의식이나 분위기에 편승한 간접적인 기억도 적지 않다.

    이 글은 지역사회에 내재한 여순항쟁의 기억을 찾아나선 글이다. 따라서 지역에서 편찬한 문헌자료를 통해 여순항쟁에 대한 지역사회와 지역 주민의 인식을 고찰하고, 앞으로의 과제를 살펴보는 것이 목적이다. 문헌 자료란 각 시군에서 편찬한 시·군지(誌) 또는 시·군사(史) 등의 지방지를 일컫는다.[5] 각 시군은 지방지를 편찬하기 위해 편찬위원회를 구성한다. 이들 편찬위원은 주로 그 지역의 유지급 또는 여론 주도층이 중심이다.[6] 지방지에 서술된 여순항쟁은 그 지역사회가 인식하는 척도라고 할 수 있을 것이다.[7] 따라서 지방지 서술에서 여순항쟁의 명칭, 발발 원인이나 배경, 인명 피해의 서술 형태, 여순항쟁 평가와 특징 등의 분석을 통해 지역사회에 미친 영향을 밝혀 보겠다.

---

5 이하 글에서는 시·군지(誌) 또는 시·군사(史)를 통칭하여 '지방지(地方誌)'라고 하겠다.
6 전문 연구자가 서술하였다고 하더라도, 연구자를 선정하는 과정, 최종 원고 결정 등을 편찬위원회가 주도하였다.
7 여순항쟁의 관련자 또는 피해자의 증언 등이 있지만, 이는 주관적 개입이 강하게 반영된 측면이 있다. 물론 지방지 등에도 그런 측면이 많이 반영되어 있지만, 집단적 기억의 모습과 기록으로 남았다는 데 의의를 두고 살펴보게 되었다.

2장. 항쟁의 도시, 여수·순천의 기억

고등학교 국사 교과서의 '여수·순천 10·19사건'이란 명칭에서도 알 수 있듯이 정부에서는 여수와 순천의 시민을 반란의 주체로 지목하였다. 이러한 배경에는 정부의 책임을 지역민에게 전가하기 위한 무서운 의도가 숨겨져 있었다. 그런데 미처 이를 알지 못했다. 알았다고 해도 하소연하거나 항의할 수 없었다. 반공 이데올로기에 얽혀진 세상은 1948년 10월 어느 날 여수와 순천을 휩쓸었던 반란의 족쇄를 풀어 주지 않았다. 그냥 감내하며 살라고 무언의 압박만 가했다.

여수와 순천은 여순항쟁의 중심지였다. 그만큼 아픔도 컸으며, 감내해야 할 세월의 무게도 적지 않았다. 토벌군이 여수와 순천을 탈환 후 협력자 색출 과정에서 사적 감정이나 복수 등의 주관적 감정이 개입되어 많은 학살이 있었음에도 그 책임을 물을 수 없었다. 그리고 잊으려고 무척이나 애를 썼다. 기억의 저편으로 보낸 역사는 왜곡된 채로 환생하였다.

1. 항쟁의 불씨를 피운 여수

제14연대가 주둔했던 여수 지역에서 여순항쟁에 대한 관심은 클 수밖에 없다. 여수에서 여순항쟁을 언급한 최초의 책은 1952년에 여수교육청에서 발간한 『여수향토사』로[8] 집필자는 김낙원(金洛原)이다.[9] 『여수향

---
[8] 김낙원, 『여수향토사』, 여수교육청, 1952, 44~45쪽.

토사』에서는 여순항쟁을 '여순반란사건' 또는 '무자시월사변(戊子十月事變)'이라고 했으며, 사건의 개요와 피해 상홍을 간략하게 서술하였다. 이 책의 발행 시점에 가장 널리 불렸던 "여순반란사건"이라는 명칭을 사용했지만, 집필자도 나름 정당하지 않은 명칭으로 여겼던 것으로 보인다. 하지만 시국이 시국인 만큼 '무자시월사변'과 '여순반란사건'을 혼용하여, 지역으로 고착화된 이미지를 탈피하고자 했던 것으로 짐작된다.

김낙원은 1962년 2월에 대폭 개정한 『여수향토사』를 발간하였다.[10] 이 책은 김낙원이 직접 겪은 체험적 수기 형태로 여수 시내 상황을 세세하게 재현했다는 점에서 사료적 가치가 높다고 할 수 있다. 1990년대부터 여순항쟁 증언 채록 등의 자료를 발간하고 있지만, 당시의 개인 기록물이 거의 없다는 점에서 특히 주목할 필요가 있다.[11]

이 책의 마지막에는 혁명 공약 6개 항이 게재될 정도로 5·16쿠데타로 서슬 퍼런 위압의 세상이었다. 그런데도 김낙원은 자신이 겪은 봉기군의 점령 기간과 진압 이후 여수 시내 정황을 총 20쪽 분량으로 서술하였다. 특히 군인과 수도경찰대에 의해 종산국민학교(현, 중앙초등학교) 등에서 행해진 무고한 민간인 즉결처분 등 학살과 지역공동체 파괴를 생생하게 현장에 있는 것처럼 묘사했다. 이는 출판 당시의 시대·정치적 상황에서 찾아볼 수 없는 파격적인 글이라고 할 수 있다. 김낙원은 발발 당시의 국방부 발표, 내무부 발표, 현지 전투사령관의 발표와 현지 실상을 보도

---

9 김낙원(1914년, 여수 출생)은 지역의 역사와 문화재에 관심을 갖고 활동했던 향토사학자이다.
10 김낙원, 『여수향토사』, 천일출판사, 1962, 66~87쪽.
11 박종화의 「남행록」 완결 편에 순천농림중학교 교장의 일기(『동아일보』, 1948년 11월 21일)와 김형도의 「여수의 풍난을 겪고 와서」(『기독교 가정』 창간호, 1948년 12월) 정도이다.

한 기사를 마지막에 소개하기도 하였다.

이 책에서는 군인과 수도경찰대의 진압 과정에서부터 민간인 학살에 대한 문제를 제기했다. 이는 여순항쟁을 이해하고 인식하는 데 있어서 매우 중요하다.

첫째, 토벌군의 여수토벌작전에 대한 부분이다. 이미 봉기군 주력은 봉기 직후 순천으로 진주하였으며, 나머지 봉기군도 24일 밤에 지리산 등으로 입산하였다. 따라서 여수 시내에는 극소수의 군인과 지방 좌익과 학생뿐이었는데도 불구하고, 육·해군 작전으로 포탄과 총격을 무참히 난사하였고 마침내 시내를 화재로 몰아갔다. 국군이 정보만 제대로 파악하였더라도 여수 시내를 쉽게 탈환하였을 것이며, 여수 시내의 대형 화재도 발생하지 않았을 것이라는 문제 제기이며, 토벌군의 무차별적인 진압을 빗대어 비판하였다.

10월 27일 당시 여수탈환작전에 나섰던 호남지구 전투사령부에서는 반란병사 200명, 민간무장 폭도 1천여 명, 동조세력까지 합쳐 총 1만 2천여 명의 대병력이 대항하고 있다고 발표했다.[12] 이는 김낙원의 주장과는 다르다. 토벌군은 여수를 완전히 점령한 후 여수 시내에서 10여 명의 반란병사와 민간폭동군 500여 명을 체포하였다.[13] 민간폭동군의 분류가 적극 가담자인지 단순 가담자인지 명확하지 않은 상황에서 500여 명이란 숫자를 가지고 봉기군의 저항이 거셌다고 단정 지을 수 없다. 그뿐만 아니라 당시 정부에서는 "반란병사는 겨우 10여 명 정도 체포했다"는 발표로 보아 김낙원의 주장이 설득력을 얻는다고 할 수 있다. 무차별적인 과잉 진압으로 시내 전체가 불에 탔던 토벌작전의 책임을 봉기군에게

---

12 『호남신문』, 1948년 10월 29일.
13 설국환, 「반란지구답사기」, 『신천지』 11월호, 1948, 150쪽.

전가시키기 위한 의도가 엿보인다. 이에 김낙원은 정부 발표를 반박하고 있는 형세이다.

둘째, 토벌군과 경찰대는 여수를 온통 빨갱이 고장으로 몰아 무고한 시민까지 학살했다. 돌발적인 반란에 대해서는 상당한 시간을 갖고 신중히 조사해야 하는데, 백색 지까다비(地下袋)를 신은 사람과 미군 샤쓰를 입은 사람을 무조건 즉결처분하는 등 국군과 수도경찰대의 민간인 학살은 문제가 있었다고 김낙원은 주장하였다.

> ㉰ 국군은 반란군으로부터 여수·순천 지역을 되찾으면서 공산 반란군 점령하에서 누가 부역을 했는지 가려내기 위해 주민들을 국민학교 교정에 전부 모이게 했다. **색출 방법은 줄줄이 앉혀 놓고 눈을 감도록 하고는 공산반란군의 마수에서 벗어난 인사들로 하여금 줄 사이로 지나가며 부역자를 손가락 끝으로 지적하게 했다는 것이다.** 이들의 손가락 끝도 좌익의 손가락 끝과 마찬가지로 죽음을 가리키는 것이었다. (유호준, 『역사와 교회 : 내가 섬긴 교회·내가 살던 역사』, 대한기독교서회, 1993)

㉰ 인용문은 혐의자를 색출하는 방법이다. 혐의자를 '부역자'로 표기하였다. 부역자란 단어의 사전적 의미는 "국가에 반역하는 일에 가담하거나 편드는 사람"이다. 부역자란 용어를 쓴다는 것은 여순항쟁을 반역 행위라고 전제한 경우가 된다. 일반적으로 쉽게 쓰는 표현이지만, '부역자'란 표현 뒤에는 국가의 무서운 음모가 숨어 있다. '부역자 색출'이라는 표현은 '협력자 색출' 또는 '혐의자 색출'로 표기하기도 한다.

여수와 순천을 탈환한 토벌군은 시민들을 학교에 집합시켰다. 그리고 부역 혐의자를 색출했다. 색출 방법은 일명 '손가락 총'이었다. 손가락 총은 사적 감정에 의해 작동되었다. 이로 인하여 무고한 시민이 무수히 학살되었다는 것은 종교위문단으로 왔던 유호준의 기록 이외에도 셀 수 없을 정도로 많다. 김낙원은 당시 상황을 지역민의 관점에서, 특히 무고한 민간인의 죽음을 안타까워하며 서술했다.

셋째, 여순항쟁은 무장한 군대의 봉기로 이루어진 반란이라는 것이다. 군인이 봉기하여 민간인을 총칼로 위협한 사실에 대해 군인 자체가 반성하고, 또한 미리 방지하지 못한 책임이 국군에 있다는 것이다. 그런데 국군은 마치 외국과의 전쟁에서 승리한 점령군처럼 여수 시민에게 행동했다는 것이다. 앞서 ㉮, ㉯ 인용문에서 보았듯이 김형원 공보처 차장과 이범석 국무총리 그리고 이승만 대통령의 인식에서 점령군의 모습을 그려 볼 수 있을 것이다. 국군의 통수권은 대통령에게 있다. 군이 반란을 일으켰다는 것은 정부와 대통령이 책임을 져야 할 문제이다. 그런데 정부는 책임을 회피하기 위하여 반란의 책임과 반란의 주체를 지역민에게 전가시키며 책임을 모면하였다. 김낙원은 이를 비판한 것이다.

1982년에 여수·여천향토지편찬위원회를 구성하여 『여수·여천향토지』를 발간하였다.[14] 『여수·여천향토지』에서는 이 사건을 '여순반란'으로 호칭하였고, 집필자는 알 수 없다. 다만 소산상회·백두회관·화신백화점 등을 거론한 것으로 보아 지역 상황을 잘 아는 여수 지역의 향토사학자로 짐작된다.

이 책에는 여순항쟁의 발발 당시 부대 상황과 지창수 상사의 선동을 자세히 묘사하였으며, 봉기군의 여수 점령 과정과 점령 이후 인민위원회 활동, 국군의 토벌작전과 여수부흥기성회 활약을 서술하였다. 특히 주목할 것은 항쟁 당시 신문기사를 인용하여 '혁명의용군 사건'이 여순항쟁의 직접적인 배경인 것으로 서술하였다. 이후 몇몇 지방지에서도 혁명의용

---

14 여수·여천향토지편찬위원회, 『여수·여천향토지』, 1982, 306~326쪽.

군 사건과 여순사건을 인과성으로 서술하였다.

또한 1948년 11월 9일 이승만 대통령은 국회 담화에서 "공산분자들이 지하공작과 연락해 가지고 반란을 일으켜 살인, 방화하는 것을 우리 정부가 책임을 지라는 것은 당초 어불성설이다"라고 하였다. 대부분 정부의 인식에 동조했던 것과 달리, 이 책에서는 이승만이 책임을 회피하기 위한 술수라고 평가하였다.

여순항쟁 피해 상황에 대해서는 김점곤의 『한국전쟁과 노동당 전략』을 인용하여 서술하였다. 손양원 목사와 김영준 천일고무 사장의 죽음에 대해 긴 글로 안타까움을 표현하였다.

1980년대 초반이라는 정치·사회적 분위기에서 『여수·여천향토지』는 다른 지방지와 비교하여 여순항쟁에 대해 구체적으로 서술하였다. 또한 여순항쟁 당시의 신문기사와 책을 발간하기 전까지 여러 문헌자료를[15] 참고하였던 것으로 보인다. 특히 1975년에 발간한 『광복30년 2 : 여순반란』은[16] 이 책을 발간하는 데 크게 영향을 미친 것으로 짐작된다. 시대적 상황이 작용했겠지만, 사건의 실체를 파악하고 민간인 희생에 대해서 정확하게 서술하기보다는 반공 이데올로기가 깊게 투영된 서술이었다고 평가할 수 있다.

1988년 향토사학자 김계유가 『여수·여천발전사』를 발행하였다.[17] 김

---

15 1982년 전까지 발간한 문헌자료는 군과 경찰의 자료가 대부분이었으며, 또는 군과 경찰에 관여했던 인물들이 펴낸 책으로 보는 것이 타당하다.

16 전남일보사가 광복 30년을 맞이하여 해방에서부터 4·19까지 전남 지역의 주요 사건을 발간할 것을 기획하였다. 김석학·임종명이 집필한 이 책은 원래 의도했던 기간까지 펴내지 못하고, 1권 「건국편」, 2권 「여순반란」, 3권 「6.25동란 전 편」까지만 발행했다.

17 김계유, 『여수·여천발전사』, 반도인쇄사, 1988, 317~334쪽.

계유는 여순항쟁과 관련하여 많은 글을 기고하고 증언을 남겼다.[18] 김계유의 책과 기고는 여순항쟁을 연구하는 이들이 한번쯤 살펴본 참고문헌이다. 『여수·여천발전사』를 펴낸 1988년은 여수 지역을 중심으로 '여순반란사건'으로 불리는 명칭에 대해 개칭운동이 한창일 때였다. 따라서 이 책에서는 '제14연대 반란사건'으로 호칭하여, 사건을 서술하였다.

이 책은 여순항쟁 당시 사회 분위기, 여수를 점령한 봉기군과 인민위원회 활동, 우익 인사의 처형 등 봉기군의 점령 시기와 국군의 토벌작전으로 시가지의 폐허와 수도경찰의 협력자 색출과 '백두산 호랑이' 김종원의 만행, 제14연대 반란사건으로 인한 피해 상황 등을 서술하였다. 여순항쟁 당시 입에서 입으로 전해진 '여수부르스'란[19] 노래도 소개하였다. 집필자 김계유는 책을 발행하기 위해 서울국사편찬위원회·규장각·국회도서관 등에서 지역 자료를 수집하였다. 이때 수집한 여순항쟁 당시 신문 자료도 소개하고 있다. 하지만 사실관계에서 오류가 몇 가지 보인다. 예컨대 지창수 상사가 21일 여수 중앙동 인민대회에서 연설했다는 내용이 대표적이다. 또한 김수평이 보안서장으로 호천되었다고 서술하였는데, 당시 보안서장은 유목윤이다.

2012년 통합 여수시에서 여수시사편찬위원회를 구성하여, 『여수시사』를 편찬하였다.[20] 여순항쟁과 관련한 집필자는 국사편찬위원회 김득

---

18 김계유, 「1948년 여순봉기」, 『역사비평』 15호, 1991; 「내가 겪은 여순사건」, 『월간예향』 1월호, 1991; 「여순사건 희생자들의 위령탑을 세우자」, 『제14연대 반란 50년 결산집』, 여수문화원, 1998; MBC, 「제14연대 반란사건」, 『이제는 말할 수 있다』, 1999년 10월 17일; 여수MBC, 「아직도 못다 부른 노래」, 2001년 6월 26일.
19 당시 여수경찰이었던 강석오가 작사·작곡한 노래이다. 몇몇 자료에 작곡자에 대한 오류가 있다.
20 여수시사편찬위원회, 『여수시사』 1권, 2012, 371~393쪽.

중 박사였다. 김득중은 「여순사건과 이승만 반공체제의 구축」이란 논문으로 박사학위를 받은 여순항쟁의 대표적인 연구자이다.[21] 집필자는 『여수시사』에서 중립 용어라고 할 수 있는 '여순사건'으로 호칭하고, 제14연대 창설 과정, 발발 당시의 부대 상황, 전남 동부지역의 정치·경제 상황, 봉기군 여수 점령 이후 활동 등을 서술하였다. 또한 봉기군 점령 이후 '제주토벌출동거부병사위원회' 이름으로 발표한 「애국인민에게 호소함」이라는 성명서와 여수인민위원회가 채택한 혁명 과업 6개 항을 통해 봉기군과 인민위원회의 활동을 서술하였다.

집필자는 협력자 색출 과정에서 시민은 보호의 대상이 아니라 학살의 대상이었다면서 민간인 학살을 집중적으로 분석하였다. 그리고 여순항쟁을 통해 이승만 정부의 반공체제를 확고하게 구축하였다고 평가하였다. 집필자의 여순항쟁에 대한 평가는 이미 여러 논문을 통해 발표되었다. 지방지는 지역의 역사를 꼼꼼히 담는 것을 목표르 한다. 그러한 측면에서 좀 더 세밀하게 여수 지역의 여순항쟁을 논하지 못했다는 아쉬움이 남는다.

2. 성난 민심의 동요에 술렁인 순천

여순항쟁으로 여수는 7일간 봉기군에 의해 점령되었으며, 순천은 3일간이었다. 당시 인명 피해(사망자)는 여수 1,200여 명, 순천 1,134명으로

---

[21] 김득중, 「여순사건과 이승만 반공체제의 구축」, 성균관대학교 대학원 박사학위논문, 2004; 『빨갱이의 탄생 : 여순사건과 반공 국가의 형성』, 선인, 2009 등 다수의 저서와 논문이 있다.

보도되었다. 짧은 점령 기간임에도 불구하고 많은 인명 피해가 있었다. 그런데도 여순항쟁의 진실 규명 활동에는 두 지역이 다소 차이가 있다. 여수 지역이 적극적으로 활동한 반면에, 순천은 소극적인 자세를 취하고 있다. 순천 지역에서 편찬한 지방지에는 여순항쟁을 어떻게 서술했는지 살펴보겠다.

순천 지역에서는 1965년에 『삼산이수 : 순천승주사』를 정한조가 펴냈다.[22] 정한조는[23] 혁명의용군 사건을 여순항쟁의 배경으로 서술하면서 여순반란사건으로 명명했다. 이 책에서 주목할 점은 "육군 중령 박승훈이 부임하여 반란을 계획하던 동 부대 내 공산세포분자를 일거할 겸 제주도 폭동 진압을 위하여 응원부대를 편성하고 1948년 10월 19일 오전(오후 : 인용자) 9시 공산분자로 지목된 1개 부대를 제주도로 전송할 계획을 완료하였다"고 서술하였다. 여기에서 두 가지의 사실에 주목해야 하는데, 하나는 반란 계획을 이미 알고 있었다는 사항이며, 둘째는 제14연대 제주도 파병은 제주도 폭동 진압만이 목적이 아니라 숙군을 단행하기 위한 목적도 있었다는 것이다. 집필자는 선량한 관민 635명이 살해되었다고 했다. 관민이라고 표현한 것은 가해자가 봉기군과 지방 좌익이라는 것을 암시한 것으로 보인다. 반면 토벌군이 순천을 탈환 후 협력자 색출 과정 등으로 발생한 민간인 학살에 대해서는 일체 언급하지 않았다.

1975년 순천문화원에서 『순천승주향토지』를 발간하였다. 집필자는 알 수 없으며, 여순항쟁과 관련해서는 서술하지 않았다. 다만 여순항쟁을 인식할 수 있는 것은 해방 이후 정당과 사회단체를 소개하면서 '여순반란사건'이란[24] 명칭을 사용한 점이다.

---

22 정한조, 『삼산이수 : 순천승주사』, 삼일인쇄공사, 1965, 138~139쪽.
23 순천 주암면 요곡마을 출신이다.

1985년 옛 승주군에서 승주군사편찬위원회를 구성하여, 『승주군사』를 편찬하였다.[25] 여순항쟁을 '여순반란'으로 호칭하고 간략하게 서술하였는데 집필자는 알 수 없다. 「여순반란과 승주」란 제목으로 여순항쟁과 혁명의용군 사건 연관성을 제기하면서, "동 연대 내 인사계에 복무하던 모 하사관(성명 발표 없음)이 중심이 돼……"라고 주동자를 거론하였다. 1967년 『한국전쟁사 1 : 해방과 건군』 발간 이후 모 하사관이 '지창수 상사'라는 것은 여러 문헌에서 기록하였다. 그런데 "성명 발표 없음"이라고 서술, "10월 23일 여수를 완전 탈환하고" 등의 서술은 사료 검토가 충분히 이루어지지 않았다는 것을 반영한다. 필자의 주관적 취향이 깊이 개입된 서술이라고 할 수 있다.

봉기군은 여수에서 여수경찰서장 고인수 등을 살육했고, 순천에서도 경찰과 요인에 대해 천인공노할 만행을 저질렀다그 서술하였다. 반면 군과 경찰에 의해 저질러진 민간인 학살에 대해서는 일체 언급하지 않았다. 순천에서 발생한 1,200여 명의 인명 피해에 대해서도 경관과 우익 인사가 희생된 것처럼 표현하였다. 여순항쟁을 상당히 왜곡하면서 정부의 주장을 충실히 이행한 지방지라고 할 수 있다.

1997년 순천시사편찬위원회는 『순천시사』를 편찬하였다.[26] 여순항쟁과 관련하여 「여순사건의 발발과 전개」란 제목으로 안종철 박사가 집필하였다.[27] 이 책에서는 제14연대 창설 요원의 사상적 동질감, 경비대와

---

24 "오경심은 순천사범학교 음악 교사로서 소프라노 가수였다. 그녀는 여순반란사건 당시 부역하여 구 법원 앞에서 사형 집행을 하려고 할 때 봉선화 노래를 불러 유명하기도 하다"(순천문화원, 『순천승주향토지』, 1975, 78쪽).
25 승주군사편찬위원회, 『승주군사』, 1985, 242~244쪽.
26 순천시사편찬위원회, 『순천시사 : 정치·사회편』, 1997, 743~809쪽.

경찰의 갈등, 국방경비대에 침투한 숙군작업 등을 여순항쟁의 배경으로 보았다. 그리고 제주도 출동에 반대하며 반란을 일으켰다고 서술했다. 다만 반란의 주도자에 대한 명확한 기술은 하지 않았다. 봉기군 장악 당시 여수·순천 지역의 상황과 탈환작전을 상세하게 서술하면서, 군경의 협력자 색출 과정에서 모함이나 애매한 희생이 많았다고 하였다. 집필자는 여순항쟁 이후 우익세력 조직화, 국가보안법 제정 등으로 반공 노선을 강화하는 계기가 되었다고 평가하였다.

『순천시사』에는 「순천에서 겪은 여순사건」이란 제목으로 여순항쟁 당시 남로당 순천군당 조직부 간부이며, 여순항쟁 이후에는 순천군당위원장을 역임했던 윤기남 증언, 여순항쟁 당시 순천군당 지도과장이며 1954년 전남도당 군사2부장을 지낸 심명섭(가명) 증언, 여순항쟁 당시 여성 동우회 활동을 했던 김○○(여) 증언을 수록하였다. 이는 여순항쟁을 이해하는 데 도움을 주었다.

여수와 순천 지역은 여순항쟁의 중심지였고 민간인 피해가 많았음에도 불구하고 여순항쟁에 대한 인식에는 다소 차이가 있다. 이는 해방 이후 좌·우익의 갈등에서 기인한다고 할 수 있다. 여수 지역은 좌·우익의 공존 속에서 건준과 인민위원회가 활동했던 반면에, 순천의 경우 좌·우익의 갈등이 상당히 컸다. "해방 후 대한청년단이라는 우익단체가 생기면서 순천에도 좌우의 구분이 생기기 시작했어요. 이들 좌·우익은 서로 경원시했을 뿐 아니라 대화도 전혀 안 통할 정도였다"는[28] 증언이 있다.

---

27 안종철, 「해방직후 건국준비위원회 지방조직과 지방인민위원회에 관한 연구 : 전남지방을 중심으로」, 전남대학교 대학원 박사학위논문, 1990; 『광주전남 지방 현대사연구』, 한울, 1988; 『근현대의 형성과 지역 사회운동』, 새길, 1995 등의 논문과 저서가 있다.

28 광주전남현대사기획위원회, 『광주전남현대사』 2, 전남일보사, 1991, 166~167쪽.

특히 좌·우익 청년학생단체의 갈등과 반목은 피의 보복으로 이어졌다.

> ㉮ 학교를 가면 공부도 안 하고, 서로 싸우고 그랬어요. 지금 생각해 보니, 학생들이 아는 것도 없었는데, 서로 어울려 다니는 것뿐이었어요. 좌익은 학맹(學盟)이었고, 우익은 학련(學聯)이 주축이었어요. 어느 쪽에 있건 간에 아는 사람이 같이 하자고 하여 어울리면 좌익 또는 우익이 되는 것이었어요. **이념 간의 대립이 심해지면서 아무것도 모르는 많은 학생들이 죽었어요.** 심지어는 총을 가지고 다니는 학생들도 몇몇이 있었어요. (순천문화원, 『순천이야기』, 2004)

학교는 이념 대립이 최고조에 달해 많은 학생이 죽었다. 특히 우익은 경찰의 비호 아래 대낮에도 테러를 서슴지 않았다. 순천 지역 갈등과 대립은 여순항쟁이 발발하면서 사적 감정의 보복으로 나타나 좌·우익 상호 학살로 이어졌다.

순천 지역의 분위기는 좀처럼 변화를 보이지 않았다. 여수 지역의 경우 지역적 관점 또는 주민의 입장에서 정부의 책임 공방이나 국군의 진압 과정의 문제점을 제기하기도 하였다. 순천 지역은 여전히 반란을 진압하기 위한 불가피성이라는 정부와 국군의 주장에 동조하는 인식이 오랫동안 지속되었다. 또한 여순항쟁의 진실 규명을 위한 특별법 제정 등의 주장에서도 여수 지역보다 소극적인 자세를 보였다. 최근 들어 '여순사건 조례'를 순천시의회에서 제정하고, '여순사건 순천유족회'가 왕성하게 활동하고 있다는 점은 고무적인 현상이라고 할 수 있다.

3장. 빨치산의 무대, 광양·구례의 기억

산수유 노랗게 물든 지리산 자락 구례, 큰 산 아래 살았다는 이유만으로 애절한 노래를 남기고 열아홉 살의 청초한 처녀는 지리산 품에 안겼다. 아들이 입산했다는 이유만으로 아버지와 다른 아들은 백운산 어느 자락에서 총알받이가 되었다. 큰 산이 문제였다. 큰 산 아래 산 것이 죄가 되었다. 총소리는 멈추지 않았다. 낮에는 태극기를 들고 만세를 불러야 했다. 밤이 되면 또 다른 깃발을 들고 밤 손님을 맞이해야 했다. 큰 산 아래 사는 사람의 운명이었다.

광양과 구례 지역은 여순항쟁 이후 지리산과 백운산을 중심으로 빨치산 활동이 오랫동안 지속된 지역이다. 여수와 순천 지역이 토벌군 탈환 이후 1~2달 정도의 협력자 색출 과정에서 민간인 피해가 발생했다고 한다면, 광양과 구례 지역은 빨치산 토벌전투사령부가 설치되어 1950년 6월까지도 지역 주민의 피해가 발생하였다. 또한 6·25전쟁 이후 빨치산 토벌이 지속되었다. 이는 여순항쟁의 피해 시기(시간적 배경)를 결정하는 주요한 의미이기도 하다.

진실화해위원회가 정의한 여순사건은 1948년 10월 19일 여수 주둔 국방경비대 제14연대 소속 군인들의 반란을 시작으로 9·28 서울 수복 이전까지 약 2년 동안 전라남도와 전라북도·경상남도 일부 지역에서 사건과 관련하여 비무장 민간인이 집단 희생되고 일부 군경이 피해를 본 사건으로 정의하였다.[29] 진실화해위원회는 1948년 10월 19일부터 1949년 12월 말로 피해 시기를 규정하여 조사를 마쳤다. 실제 피해 기간

---

29 진실화해위원회, 『진실화해위원회 종합보고서』 Ⅲ, 2010, 70쪽.

을 1년 남짓으로 산정한 것이다. 하지만 여순항쟁 이후 보도연맹사건, 형무소재조사사건, 군경토벌사건 등은 1955년까지 지속되었으며, 여순항쟁과 연관이 있다는 점을 유념해야 할 것이다.

1. 백운산의 울음소리가 퍼진 광양

광양 지역에서는 1983년에 『광양군지』를 편찬하였다.[30] 이 책에서는 「여순반란사건과 광양」이란 제목으로 사건을 기록하였다. 집필자는 누구인지 알 수 없다. 집필자는 "현대사의 관점에서 해결되어야 할 문제가 많이 남아 있고, 이 사건과 관련된 생존자들이나 그 후손들의 입장이 충분히 고려되어야 한다"는 점에서 다각적이고 신중한 검토가 필요하다고 주장하였다. 그런데 실상은 군사작전을 중심으로 개요만 다루겠다고 밝혔다. 시대에 순응하겠다는 자세로 보인다.

1983년 『광양군지』의 경우 여순항쟁에 대한 연구가 아직 미미한 상태에서 정부나 군에서 발간한 자료를 토대로 집필한 것으로 파악된다. 『광양군지』에는 광양경찰서가 제공한 여순항쟁과 6·25전쟁 중 희생자가 수록되어 있다. 여순항쟁에 의한 광양 전몰장병은 26명이며, 유가족은 100명이라고 밝혔다. 특히 지방 폭도로 인한 사망자가 268명이라고 수록되어 있다. 이는 여순항쟁과 6·25전쟁을 구분하지 않은 희생자이고, 국군과 경찰에 의한 희생은 밝히지 않음으로써 희생자가 없었던 것으로 인식할 수도 있는 여지를 남겼다.

『광양군지』에서는 여순항쟁에 대해 "여순반란사건의 경험 없이 6·25

---

[30] 광양군지편찬위원회, 『광양군지』, 1983, 336~340쪽.

를 만났다면, 대한민국은 쉽게 적화되고 말았을지도 모른다. 반란사건 후에 있었던 대대적인 정군작업과 일반 민중의 뼈 아픈 체험이 6·25에 대하여 사상적인 방패의 구실을 해 주었다"면서 "비극은 비극대로 남았지만, 이 사건이 대한민국을 튼튼한 반공국가로 만드는 역할을 하였다"고 평가하였다. 이는 우익 논리를 그대로 인용하여 숙군의 정당성만을 강조한 지방지라고 할 수 있다.

2005년에 발간한 『광양시지』에는 「대한민국의 성립과 변란」이란 제목으로 대한민국의 수립에서부터 여순항쟁 그리고 6·25전쟁과 빨치산 활동까지를 언급하였다[31]. 『광양시지』의 특징 중에 하나는 사건의 명칭을 '제14연대 반란사건'이라고 명명했다는 점이다.[32] 글 내용에서는 '여순사건'으로 서술하였다. 집필자는 순천대학교 홍영기 교수이다. 집필자는 그동안 연구 성과를 바탕으로 해방 이후 광양의 정치·사회적 상황, 여순사건 발발·봉기군의 활동, 토벌작전과 민간인 피해 상황, 광양의 여순사건 전개와 토벌작전 등을 중립적으로 서술하려고 노력한 것으로 보인다. 전라남도 후생국의 보고 등을 인용하여 피해 상황을 정리하면서, 탈환 이후 경찰·우익 인사·청년단원 등이 '복수와 사감' 등 주관적 기준에 의해 협력자를 색출하였으며, '손가락 총' 등 개인적 감정이나 중상모략이 난무하여 수많은 무고한 희생자가 발생했다고 기술하였다.

집필자는 여순항쟁에서 6·25전쟁 이후 토벌작전까지의 광양 지역 상황에 대해 "대외적으로는 미소의 냉전, 대내적으로는 계급투쟁의 갈등과

---

[31] 광양시지편찬위원회, 『광양시지』 제1권, 2005, 727~750쪽.
[32] 소제목에서 「대한민국 수립과 제14연대 반란사건과 광양」, 「제14연대 반란사건에 대한 구술」, 「제14연대 반란사건과 6·25동란 기간 광양의 여러 상황」 등에서 나타난다.

대립, 그리고 무모한 전쟁의 틈바구니에서 좌우로 나뉘어 싸우다 수만 명이 피 흘리며 죽었으나 반성도 화해도 없이 끝났다"고 평가하였다. 이 시기의 희생은 계급투쟁이나 좌우의 갈등·대립도 있었지만, 광양의 지리적·공간적 위치로 인하여 무고한 민간인의 희생이 많았다는 것이다. 지금까지의 군지(사)와 비교하면 진일보한 서술이라고 할 수 있다.

또한 『광양시지』에는 집필자와 별도로 광양시지편찬위원회에서 여순항쟁 증언, 백운산 빨치산 주둔지·활동 내용, 6·25전쟁 이후 군경토벌작전 등 광양 지역과 백운산의 상황을 사진과 지도 등을 포함하여 자세하게 소개하였다. 군경토벌작전으로 인한 피해보다는 주로 빨치산 공격으로 인한 피해를 중심으로 서술하였지만, 광양 지역의 여순항쟁과 빨치산 연구에 도움을 주고 있다.

2. 큰 산 아래 사람들 구례

구례군은 지리산을 품고 있는 지역이라 빨치산 토벌작전으로 피해가 컸던 지역이다. 구례군은 1987년 『구례군사』를 편찬하였다.[33] 이 책에는 「여·순사건의 발생」이란 제목의 글이 있는데, 내용에서는 주로 여순반란사건을 서술하였다. 집필자는 알 수 없다. 집필자는 여순항쟁 발발에 대해 남로당에서 지창수 상사에게 반란을 일으키도록 지령했다고 서술하였다. 또한 육지에서 제2전선을 형성함으로써 제주도에서 목적을 달성할 수 있으며, 제14연대가 반란에 성공하면 전남의 각 연대에 침투된 비밀조직으로 하여금 대한민국 전복을 기도할 것이라고 기록하였다.

---

[33] 구례군사편찬위원회, 『구례군사』上, 1987, 197~201쪽.

지리산으로 입산한 봉기군은 1948년 10월 24일 새벽 구례읍을 점령하였다.[34] 이때 봉기군들이 경찰과 우익진영을 색출하기 위해 민가를 수색하는 등 분위기가 살벌하였다고 하지만 경찰과 우익 인사의 희생에 대한 기록은 없다. 당시 분위기와 관련하여 주목할 만한 사람이 구례군수 유수현이다. 유수현은 "봉기군은 신사처럼 행동하였으나, 이에 비해 정부의 위신은 떨어졌다"고 평가하였다. 그 이유인즉 봉기군이 구례에 온다고 하자 구례에 있던 경찰과 국군이 모두 남원으로 도망가 버렸기 때문이다. 또한 봉기군은 주민들의 식량만 가지고 갔지만, 국군은 식량, 의류, 이불까지 가져가는 바람에 주민의 불평이 많았다고 한다. 군수가 느끼는 실상이 이 정도였다면 민중이 느낀 고통은 더욱 컸을 것이다.

『구례군사』는 지리산을 은거로 활동했던 빨치산, 김지회에 대해서 언급하고 있다. 11월 5일 밤에도 김지회 이하 약 700여 명이 구례읍을 습격하여 봉기군 54명, 아군 전사자 29명(경찰 5명, 한청단원 24명)의 희생자가 발생했으며, 1949년 1월 19일에는 봉기군에 의해 마산면 지서가 소실되었다고[35] 서술하였다.

이후 지리산을 중심으로 한 토벌사령부 설치 등을 서술하면서, 6·25전쟁 발발 이후에도 지리산을 거점으로 봉기군은 활동을 지속하여, 구례의 인명과 재산 피해도 여수·순천 못지않았다고 평가하였다. 마지막으로 여순항쟁으로 인하여 순직한 읍면별 경찰과 한청대원의 명단을 소개하였

---

[34] 이때 봉기군의 지휘관은 김지회이다. 지금까지 김지회는 순천에서 10월 23일 백운산을 거쳐 지리산으로 입산했다고 알려졌다. 하지만 10월 24일 새벽 구례읍 공격의 날짜가 정확하다면, 김지회는 순천에서 23일이 아닌 21일·22일에 지리산으로 입산했다고 할 수 있다.
[35] 구례 지역의 봉기군의 공격은 구례경찰서에서 기록한 것을 인용하였다고 집필자가 밝히고 있다.

다. 군과 경찰의 토벌 과정에서 희생된 지역 주민에 대한 언급은 없었다.

구례군은 2005년 구례군지편찬위원회를 구성하여 『구례군지』를 편찬하였다.[36] 집필자는 알 수 없으나, 참고문헌을 밝힌 것으로 보아 연구자로 보인다. 이 책에서는 '여순사건'으로 명명하고 "제14연대가 직접적으로 제주도 파병을 반대, 총부리를 돌려 봉기"했다고 간략하게 발발 원인을 밝혔다. 남로당 지령이 아닌 제14연대의 돌발적인 봉기였다는 표현으로 보인다. 그러나 제주도 출동을 왜 거부했는지에 대해서는 언급하지 않았다.

구례 상황에 대해서는 1987년에 발간했던 『구례군사』의 여순항쟁을 그대로 첨부하였다. 토벌군과 봉기군의 교전에 의한 간전국민학교 하사관 교육대 생포 사건과 제12연대 백인기 연대장의 기습 총격으로 사망한 사건을 추가로 서술하였다.

주목할 만한 특징은 구례 지역에서 희생된 피해자의 증언과 마을별로 발생했던 주요한 민간인 학살의 사례와 증언을 기록했다는 것이다. 그러면서 "반란군이 지리산으로 숨어들면서 이들을 소탕하는 작전을 전개하며 양측의 무고한 사람을 재판도 없이 현지 지휘관의 명령으로 총살당해 순박한 산곡 사람이 영문도 모르고 죽었다"고 주장하며 여순항쟁 희생자 명예 회복을 요구하였다. 이 책 발간 당시 '여순사건 구례유족회' 회장이었던 박찬근이 구례 군의원을 역임하는 등 지역사회에서 활발하게 활동하였다. 이러한 일면으로 기존의 내용보다 진일보한 군지(郡誌)가 발간되었을 것으로 보인다. 그렇지만 군인의 출동 거부에 대해서는 여전히 반란으로 서술하였다.

---

36 구례군지편찬위원회, 『구례군지』, 2005, 489~512쪽.

여수·순천이 탈환되고 복구 작업이 한창이었지만, 광양과 구례 지역에서는 총성이 멈추지 않았다. 이유는 지리산과 백운산은 울창한 숲과 깎아 세운 듯한 절벽, 그리고 산악의 대부분이 천혜의 원시림 상태를 유지하고 있는 등 더할 수 없이 훌륭한 은신처였기 때문이다.[37] 지역 주민들은 낮이면 태극기를 들고, 밤이면 인공기를 흔들며 국군과 봉기군을 맞이해야 했다. 봉기군과 지역 주민을 단절시키기 위해 마을 방화와 소개 등이 있었으며, 처절한 살육이 산간마을 도처에서 벌어졌다. 여순항쟁의 발발에서부터 6·25전쟁 이후까지 산간마을은 반란의 회오리 속에 있었다. 이는 여순항쟁의 민간인 피해 시기를 결정하는 중요한 요소임을 두 지역에서 잘 설명해 주고 있다.

여순항쟁의 여파가 어느 지역보다 오랫동안 지속되었지만, 광양·구례 지역사회가 기억하는 여순항쟁은 부정적 측면이 크다. 1990년대 후반부터는 전문 연구자가 중립적으로 서술한 지방지가 편찬되고 있다. 그런데도 현장에서는 여순항쟁의 기억에 대해 여전히 부담스러워 한다.

---

37 광주전남현대사기획위원회, 앞의 책, 178~179쪽.

4장. 외곽 지역, 보성·고흥의 기억

보성과 고흥은 전형적인 농촌 지역이다. 일제강점기부터 지주와 소작농 간의 쟁의가 격렬하였다. 소작농의 생존권을 위협하는 소작료 이외 노력봉사, 경조사 비용 등 각종 명목은 해방 이후에도 여전하였다. 1947년부터는 부재지주의 방매로 소작권 이동이 더해지면서 소작쟁의 농민운동은 정치투쟁으로 발전하였고 1948년 10월 여순항쟁과 맞닥뜨렸다.

보성과 고흥 지역은 여수 제14연대 창설 과정에서 많은 사람이 모병으로 입대하였다. 이러한 배경으로 여순항쟁의 여파가 보성과 고흥 지역으로까지 미쳤다. 여수와 순천을 점령한 반란은 인접 지역으로 확산되었다. 보성과 고흥 지역에서는 봉기군이 도착하기 전 경찰관과 우익 인사들이 미리 도주하여,[38] 지방 좌익은 무혈입성할 수 있었다. 봉기군이 보성 지역에 들어온 것은 10월 22일이었으며, 일부는 고흥 지역으로 진입했다. 이때 봉기군은 조직적으로 행동했다기보다는 잔류군이거나 고향으로 돌아간 낙오병이 상당하였다.

보성 지역은 10월 24일 토벌군 제4연대가 보성읍을, 6연대가 벌교읍을 탈환하였다. 고흥 지역은 10월 25일 탈환하였다.[39] 보성과 고흥 지역은 봉기군의 점령 기간이 2~3일에 불과하였다. 그런데도 우익 인사를 비롯하여 민간인 피해가 많았다. 이런 배경에는 해방 정국에서 단독정부 수립이 추진되면서 좌·우익의 갈등이 더욱 심화된 결과로 볼 수 있다. 특히

---

[38] 보성군사편찬위원회, 『보성군사』, 1995, 410~414쪽; 고흥군사편찬위원회, 『고흥군사』, 2000, 449~452쪽.

[39] 진실화해위원회, 「보성·고흥 여순사건」, 『2009년 하반기 조사보고서』 6권, 2010, 598~599쪽.

고흥군의 경우는 건국준비위원회의 결성에서 좌·우익 지역유지들과 사회 명망가들이 중심이 되었다. 그러나 인민위원회 전환을 반대하면서 우익 인사 신지우·김상윤 등이 독립촉성회 고흥지부를 결성하고, 이후 미군정이 실시되자 신지우가 고흥경찰서장에, 김상윤은 고흥군수에 임명되었다. 이후 한국민주당·국민회·대한청년단 등 우익단체가 연이어 결성되면서 대립이 심화되었다.[40]

1. 부용교의 핏빛 물결 보성

보성군은 조정래『태백산맥』의 공간적 배경이 된 지역이다.『태백산맥』은 여순항쟁을 지주와 소작인의 계급투쟁, 농지개혁에 대한 민중의 저항으로 시작한다. 소설의 중요 공간적 배경이었던 벌교에는 태백산맥문학관이 건립되어 여행객에게 분단의 아픔과 보성의 역사를 재조명하고 있다.

보성군은 1954년『보성편람』, 1966년『보성군지』를 편찬하였으나, 수집하지 못했다. 1974년에는『보성군향토사』를 발간하였다.[41] 이 책에서는 '여순반란사건'이라 칭하고 "10월 20일 제14연대 1개 대대가 벌교읍을 점령한 후 백여 명의 우익 인사를 살해하고 뒤이어 보성읍을 무혈점령하고 살상과 파괴 등 갖은 만행을 일삼았다"고 약술하였다. 발발 배경·원인, 주모자 등은 서술하지 않고 보성 지역의 점령 상황만 언급하는 수준이다. 집필자는 알 수 없다.

---

40 고흥군사편찬위원회,『고흥군사』, 2000, 441쪽.
41 보성군향토사편찬위원회,『보성군향토사』, 1974, 60~61쪽.

보성과 벌교에 진주한 봉기군은 잔류군이나 낙오병이었다. 그런데 이 책에서는 봉기군 1개 대대가 벌교읍을 점령했다고 과장하였다. 그리고 이들이 우익 인사만 살해했다는 식으로 서술하였다. 반공주의에 입각한 서술이라는 것을 알 수 있다.

1995년 『보성군사』가 발행되었다.[42] 이 책의 집필자는 『광복30년 : 여순반란』을 집필한 김석학[43]이다. 집필자는 「제14연대 반란과 민족의 비극」이란 제목으로 여순항쟁의 배경은 남로당 지령으로 제주도 출동 직전에 반란을 일으켰다는 설과 제14연대 좌익세포들이 정체가 탄로 날 것을 우려하여 반란을 일으켰다는 설을 서술했다. 하지만 집필자는 전자에 초점을 맞춘 것으로 보인다. 예컨대 "제14연대의 반란이 성공하면, 남한 내의 전군에 침투해 있는 좌익 비밀조직들이 일제히 반란에 합세, 일거에 대한민국의 전복을 꾀하려는 기도였다"고 주장하는 것이 그 이유다.

그렇다면 당시에 제14연대에서 발발한 반란은 성공한 것일까, 실패한 것일까? 여순항쟁 전개 과정을 간략하게 살펴보면, 10월 19일 저녁 8시경 봉기를 시작하여 10시경에는 제14연대 부대 전체를 장악했다. 여수 시내로 진격하여 20일 새벽에 여수 시내와 주요 기관을 장악하였으며, 곧바로 순천으로 진격하여 20일 오후 2시경에는 순천 시내를 완전히 장악했고 전남 동부지역으로 확산되었다. 이 정도면 제14연대 반란은 성공했다고 할 수 있다. 봉기군은 제14연대 부대 장악과 그 인근 주요 도시까지 점령했다. 완벽하게 제14연대는 제 역할을 다하여 도화선을 만들었다.

---

42 보성군사편찬위원회, 『보성군사』, 1985, 408~419쪽.
43 김석학(1941~)은 전남 보성군 조성면 용전리 출신. 『전남일보』 정치·사회·문화부장과 『무등일보』 편집국 부국장 논설위원을 역임했다.

그렇지만 다른 연대에서는 어떠한 동조도 행동도 없었다. 이 주장은 『한국전쟁사 1 : 해방과 건군』에서 비롯되었다. 집필자는 국군의 관점을 그대로 인용하여 서술한 것이다.

이 책에서는 봉기군의 점령 기간에 벌교읍과 보성읍의 상황을 서술하였다. 그런데 좌익에 의한 경찰과 우익 인사의 희생은 구체적으로 거명하고 잔혹한 학살 상황과 방법까지 서술하였다. 반면 군경과 우익에 의한 학살은 "반란군에 부역했던 사람들은 쥐 잡듯이 찾아내「피의 고발극」이 재연된다"고 간략하게 소개할 뿐이다. 김석학이 공동 집필한 『광복30년 : 여순반란』은 철저한 반공주의 시각이 투영된 책이다. 따라서 『보성군사』도 김석학의 개인적 견해와 사상이 깊이 반영된 한계를 노정하고 있다.

보성군은 2014년 보성군사편찬위원회를 구성하고 『보성군사』를 편찬하였다.[44] 여순항쟁과 관련 집필자는 주철희이다. 집필자는 명칭을 '여순사건'이라는 중립적인 용어를 사용하였다. 여순항쟁의 발발은 "동족의 가슴에 총부리를 겨눌 수 없다며 제주도 출동을 거부"에서 비롯되었다고 서술하였다. 그러면서 제14연대 병사위원회의 출동 거부에는 제주도의 평화적 해결을 원했던 김익렬 전임 연대장(제주도 9연대장 출신)의 역할을 언급하였다. 보성 지역 등 전남 동부지역 주민의 호응·동조에는 당시 사회·경제적 배경도 크게 작용했다고 서술하였다.

집필자는 진실화해위원회 보고서와 각 면지 등을 검토하여 민간인 피해 상황을 서술하였다. 봉기군과 좌익(적대적 사건)에 의해 발생한 피해 상황을 마을별로 정리하였다. 진압 이후 벌어진 군경·우익 인사에 의해 발생한 민간인 학살에 대해서도 마을별 피해 상황과 가해 주체에

---

[44] 보성군사편찬위원회, 『보성군사』①, 2014, 481~502쪽.

대해서도 진실화해위원회의 보고서를 인용하여 정리하였다. 또한 진실화해위원회의 조사 결과는 보성 지역 전체 희생자의 10~15%밖에 이루어지지 않았다는 것을 『웅치면지』 등을 검토하여 밝혔다. 집필자는 향후 보성 지역 현대사의 올바른 서술을 위하여 여순항쟁에서 6·25전쟁 이후 토벌작전 시기까지 민간인 피해 조사를 비롯한 각 마을의 주요 사건과 인물을 재조명할 것을 주장하였다.

2014년 『보성군사』는 보성 지역 마을별로 여순항쟁의 피해 상황을 전수조사하지 못한 한계가 있었지만, 지금까지 지방지의 서술 방법과 다르게 보성 지역을 중심으로 서술하였다는 데 의의가 있다. 지방지의 주요한 특징이라고 할 수 있는 현장성을 가장 잘 살렸다는 의미로 해석할 수 있다.

2. 팔영산의 반공 그림자 고흥

고흥군은 1971년에 『고흥군향토사』를 발간했으나, 문헌을 찾을 수 없다. 고흥군은 다른 지역과 달리 1978년 『고흥군향토반공사』, 1986년 『고흥군반공사』 등 '반공'을 주제로 하여 책을 발간한 특이한 지역이다.

1978년에 『고흥군향토반공사』는 대한반공연맹 고흥군지부에서 기획하여 김기채가 엮었다.[45] 김기채는 당시 우익 학생단체인 학련의 간부로 활동했다. 책의 제목에서 드러나듯이 "오직 반공을 국시로 온 국민이 한결같이 반공의식 속에 총화단결"을 주창하였다. 이 책에는 '여순반란사건'으로 반란의 발단을 기술하였다. 그 내용은 『한국전쟁사 1 : 해방과

---

45 김기채, 『고흥군향토반공사』, 1978.

건군』 내용을 그대로 옮겨 놓았다. 남로당 특별공작책임자 이재복의 밀명으로 지창수와 김지회·홍순석 중위가 반란을 감행했다는 것, 지창수는 연병장에 장병들을 모이게 하고 일장 연설을 했다는 것, 연병장에서 하사관 3명이 "지창수, 너 빨갱이구나. 여러분! 우리는 엄연한 국군입니다"고 반대하자 총살했다는 것 등이 그러하다.

이 책에는 여수경찰서 미평지서 차석주임이었던 정정택의 생환담과 고흥 출신 제14연대 장병 9인조를 소개하였다. 그 명단은 이영선(현 풍양면 부면장), 장종철(풍양), 송기채(포두 미후), 김상옥(도화), 정순성(덕흥), 장지필(도양 류정), 송재석(남양), 김정남(풍양), 신사식(고소) 등이다.

장종철은 당시 제14연대 1중대 병기조수로서 제주도 출동명령을 받고 무기, 부식, 기타 군수품 등을 19일 초야(初夜)부터 장병 20여 명과 같이 여수 부두로 운반하는 작업을 했다. 밤 11시경에 상적 작업을 마쳤고 이때 총성이 요란했다. 20일 새벽 1시경 LST선을 오동도로 피신시키고, 오후 3시경 부산으로 향했다. 장종철은 총소리를 듣고 반란을 직감적으로 알아차렸다.

10월 22일 반란군이 파죽지세로 고흥을 점령했고, 이후 고흥은 일시에 공포의 분위기가 감돌았다. 고흥경찰서에서는 송영현 경위 등 30여 명이 순천으로 응원 출동하였으나 전멸했다고 기술하였다. 그런데 국방부 군사편찬연구소의 호국전몰용사 『공훈록』에 송영현은 등재되어 있지 않다. 또한 고흥경찰서 희생자로 등재된 인원은 8명이며, 그 명단은 김용석(金容錫), 남일우(南一祐), 박상석(朴相錫), 박신규(朴信奎), 박완순(朴完淳), 윤석주(尹錫柱), 이홍규(李興圭), 허양구(許良九), 오점석(吳點錫) 등이다.

이 책은 반란군과 좌익단체의 천인공노할 학살을 비판하였다. 고흥경찰서장(장춘배)을 비롯하여 고흥 지역 우익 인사의 명단과 우익 청년학생 단체인 한청단원과 학련(위원장 목필원 고흥농고 4년) 등 주요 단원 20여 명의 이름을 언급하였다. 그런데 이들 중에는 단 한 명도 희생된 이가 없다. 그런데도 좌익이 천인공노할 학살을 자행했다고 서술하였다. 정확한 확인도 없이 자신들의 반공 이념에만 충실한 서술이라는 것을 알 수 있다.

반면 고흥군에 들어온 토벌군은 주월산에서 좌익 폭도와 반란군을 총살하였다. 그리고 운동장에 사람들을 모아 놓고 일경 손가락 총에 의해 지명된 이들은 즉결처분되었으며, 민청학생 간부도 6~7명이 처형되었다고 이 책은 밝히고 있다. 전체적인 피해자에 대해서는 폭도에 의해 총 71명의 인명 피해가 있었으며, 두원면의 경우 민간인 30여 명이 집단학살되었다고 서술하였다.

고흥 지역에서는 탈환 이후 '고흥군비상대책위원회'를 결성하여 피해 현황을 정부에 보고하면서 대책을 요구하였다. 1949년 1월 22일 보고된 피해 현황은 사망자 581명, 부상자 1,401명이다. 사망자 중 좌익에 의한 희생자는 71명이며, 나머지 510명은 군경에 의한 희생자이다.[46] 당시 보고에 의하면 고흥 지역의 경우 무려 90%에 육박한 희생자가 군경에 의해 학살되었다. 이처럼 항쟁 발발 당시 기록이 있을에도 불구하고 상당히 왜곡된 편향으로 지방지가 서술되었다.

『고흥군향토반공사』는 일방적인 우익 사고에 의한 집필이었다는 한계가 있다. 그럼에도 해방 이후 각 면별 우익단체의 활동과 그 구성원을 기록하는 등 그 나름의 가치가 있다. 이왕이면 좌익단체의 활동과 그 구성원까지 기록하였다면 해방 정국의 고흥 지역 정치·사회적 동향을

---

46 『동아일보』, 1949년 1월 27일.

연구하는 데 매우 유용한 사료가 되었을 것이라고 판단된다.

1986년에 대한경우회 고흥군지부에서는『고흥군반공사』를 발간하였다.[47] 집필자를 확인할 수 없으나, 여순항쟁을 직접 겪었던 고흥 지역 우익 인사라는 것을 책에서 확인할 수 있다. 이 책의 제목에서 알 수 있듯이, "반공이 없으면 죽음이 있을 뿐이다"면서 반공은 생존권이라고 밝히고 있다. 공산주의 잔혹성을 널리 알리고 반공의식을 고취하기 위해 편찬했음을 알 수 있다. 이 책에는 '여순반란사건'으로 명명하고 사건의 발단을 제주도 출동으로 인식하였으며, 김지회와 지창수가 남로당의 지령을 받고 반란을 일으켰다고 서술하였다.

이 책은 앞서 살펴본 1978년『고흥군향토반공사』의 내용 일부를 답습하였다. 장종철의 이야기와 우익 인사 색출 작업으로 공포 분위기였다는 내용이 그러하다. 토벌군이 고흥 지역을 탈환 이후 발생한 민간인 학살에 대해서는 언급하지 않았다. 이는 가해자가 군경과 우익 청년학생단체였기 때문에 회피하고 싶었을 것이다. 새로운 사실이 있거나 다른 주장을 담지도 않았는데 10여 년 만에 같은 류의 책이 재발행되었다. 일부 인사의 반공 이데올로기 신념이 고흥 사회에 크게 영향을 미치고 있음을 알 수 있다.

1984년 고흥군지편찬위원회에서는『고흥군지』를 편찬하였다.[48] 이 책에서는 「여순반란 사건과 6·25동란」이란 제목으로 간략하게 언급하는 수준이다. 집필자는 알 수 없다. 여순항쟁 발발에 대해서 "국방경비대

---

47 대한경우회고흥군지부,『고흥군반공사』, 1986, 90~111쪽.
48 고흥군지편찬위원회,『고흥군지』, 1984, 223~224쪽.

제14연대 육군 소령 오동기와 최능진의 주모하에 인사계 하사관 외 약 40명이 제주도 폭동 진압차 출동 준비 중에 있던 사병을 규합하여 봉기하였다"고 서술하였다. 10월 22일 고흥 지역에 침입하여 경찰관 다수와 우익 인사 일부를 감금 총살하는 등 약탈·파괴·구타·강간 등 천인공노할 만행을 감행하였으며, 24일 대구부대 및 진주 15연대의 진압으로 평온을 회복했다고 서술하였다.

이 책에는 여순항쟁과 6·25전쟁 기간 피해 상황을 읍면별로 정리하였다. 총 132명의 인명 피해가 있다고 하였다.

<표 1> 고흥군 읍면별 피해 상황

면별	과역	대서	남양	고흥	풍양	도양	동강	포두	도화	두원	금산	봉래	점암
인명 피해	8	15	16	8	6	1	25	14	8	13	9	7	2

위 표는 가해자가 누구이며 언제 희생되었는지 언급하지 않았다. 즉 여순항쟁 피해 상황을 정확하게 알 수 없다. 고흥군 인명 피해 상황만을 살펴보면, 1978년 『고흥군향토반공사』에서는 폭도에 의해 총 71명의 인명 피해가 있었으며, 두원면의 경우 민간인 30여 명을 집단학살했다고 서술하였다. 『고흥군반공사』에서 전체 인명 피해는 서술하지 않았으나 두원면의 경우 봉기군과 지방 좌익에 의해 26명이 희생되었다고 서술하였다. 그런데 이 책에서 두원면의 인명 피해는 13명이라고 밝혔다. 가해자는 누구인지 알 수 없다. 이는 고흥 지역의 인명 피해가 정확하게 조사되지 않은 상태에서 과거의 오류를 계속 재생산하고 있음을 알 수 있다.

2000년 고흥군사편찬위원회는 『고흥군사』를 편찬하였다.[49] 책의 집필자는 알 수 없다. 제목으로「국방경비대 제14연대의 반란사건(여순반란사건)」이라고 했지만, 책 내용은 여순반란사건으로 서술하였다. 이 책에서는 여순항쟁 발발의 원인을 제14연대 전임 연대장 오동기 소령 체포 등으로 숙군에 불안감을 느끼고 있던 사병과 장교가 제주도 출동에 반대하고 봉기를 일으켰다고 서술하였다. 봉기군이 여수를 비롯한 전남 동부지역을 점령하는 전개 과정을 기술하였으며, 여수 시가지 상황을 "거리에는 인공기가 게양되기 시작하더니 오후에는 전 시가지가 인공기의 물결을 이루었다"는 언급을 통해 반란군과 민간이 합세하였음을 강조하였다.

27일 토벌군의 여수시 탈환작전 당시에 "여수 시내에는 반란군 2백명, 무장 폭도 1천여 명, 동조세력 등을 합해 1만 2천여 명이 토벌군에 대항하였다"고 서술하였다. 민간인 피해에 대해서는 "일주일 남짓의 기간 동안 반란군에 의해 살해된 인명은 경찰관, 우익 요인 및 가족을 포함하여 천 3백 명이 넘었다"고 하면서, 진압 이후 협력자 색출 등으로 발생한 민간인 피해는 거론하지 않았다. 또한 1978년 『고흥군향토반공사』의 내용을 그대로 인용하여 읍면별 상황을 정리하였으며, 1984년 『고흥군지』에서 여순항쟁과 6·25전쟁으로 인한 인명 피해(<표 1> 참조)도 그대로 인용하여 서술하였다.

고흥 지역이 다른 지역과 달리 '반공주의'에 오랫동안 매몰되었던 이유는 무엇일까? 1990년대부터 지역에서 활동했던 여순항쟁 진실 규명 운동에서 비켜나 있었던 것도 요인일 것이다. 또한 『고흥군반공사』를 편찬한 경우회 등의 우익단체가 지역사회에서 힘을 발휘하고 있었으며, 여순항쟁 당시 제14연대 12중대장이었던 김형운이 고향인 고흥에 터전을 잡으면서 대한민국무공수훈자회 전남고흥지부를 운영하고 『고흥투데이』라는 지역신문을 발행하는 등의 역할에서도 그 요인을 찾을 수 있을 것이다.

---

49 고흥군사편찬위원회, 『고흥군사』, 2000, 625~630쪽.

보성과 고흥은 일부 지서에서 봉기군과 접촉이 있었지만, 대부분 봉기군이 도착하기 전에 지방 좌익에 의해 장악되었다. 봉기군이 벌교 방면으로 진출한 것은 제14연대 주력의 좌익(서쪽)을 보호하는 한편 광주로의 통로를 개척하려는 의도였다고[50] 한다. 그러나 봉기군의 원래 목적은 신속하게 지리산으로 입산하고자 했다는 것을 앞서 살펴보았다.

1986년 『고흥군반공사』에서 당시 제14연대 1대대 1중대 병기조수였던 장종철을 비롯한 9명의 사병을 언급하였다. 이들은 반란에 참가한 봉기군이 아니라 고향으로 피신한 경우이다. 이처럼 총기를 들고 고향으로 피신한 사례는 여러 지역에서 허다하게 확인할 수 있다.

고흥 지역은 전남 동부지역 중에서 봉기군의 영향력이 가장 적었던 곳이다. 하지만 지역에서 기억하고 있는 여순항쟁은 매우 부정적이며, 전남 동부지역 중에서 유일하게 반공사를 펴냈다. 이러한 인식은 지방지의 편찬에도 영향을 미쳤던 것으로 보인다. 보성군은 벌교읍에서 좌·우익의 갈등으로 인한 보복적 살상이 컸다. 이는 일제강점기 소작쟁의 운동 등의 사회주의 운동이 활발했던 영향도 있었을 것이다. 산업화 이후 이농현상으로 오랫동안 지속된 기득권 세력이 농촌 지역에서 여전히 힘을 발휘하고 있음을 알 수 있다.

---

50 광주전남현대사기획위원회, 앞의 책, 170쪽.

5장. 전라남도의 인식과 피해 규모

1. 남도 사람의 인식

여순항쟁은 1948년 10월 19일부터 군경토벌작전이 진행된 1950년 5월까지 전라남도·전라북도·경상남도 37개 시·군 지역에서 피해가 발생한 사건이다. 도별로 보면, 전라남도 21곳(여수·순천·광양·구례·보성·고흥·곡성·목포·화순·나주·영암·함평·담양·완도·해남·영광·무안·장흥·신안·진도·광산), 전라북도 4곳(임실·고창·김제·순창), 경상남도 12곳(함양·산청·사천·하동·거제·합천·마산·밀양·창녕·부산·울산·진주)이다.[51]

특히 여순항쟁 당시 정부는 '전남반란사건'으로 부르면서 전라남도 전체를 반란의 지역으로 간주하였다. 하지만 전남 동부지역을 제외하면 다른 지역의 지방지에서는 여순항쟁의 기록을 거의 찾아볼 수 없다. 전라남도 22개 시군 지역에서 피해가 발생하지 않은 곳은 강진군이 유일하다. 이는 피해가 없었다고 단정하기보다는 진실화해위원회의 조사에서 확인되지 않았다고 보는 것이 타당할 것이다.

여순항쟁 당시 전남도지사는 목포 출신의 국회의원 이남규(李南圭)였다. 이남규 지사는 1948년 10월 18일 전남도지사로 부임하여 1950년 4월 21일까지 전남도지사를 역임하였다. 그는 김병완 제8관구 경찰청장과 함께 1948년 12월 17일 광주에서 순천으로 이동 중에 주암과 쌍암 사이에서 봉기군의 기습을 받았다. 이날 기습으로 그의 사위와 비서·운

---

51 진실화해위원회, 『진실화해위원회 종합보고서』 Ⅲ, 2010, 70~98쪽.

전수와 경찰 11명이 즉사하였다.[52]

이남규 지사는 민심 수습과 관련하여 중앙정부에 "반란사건 이후 1개 군(郡)의 부담은 수천만 원을 돌파하고 있으며 주민들의 물질적 부담이 많아 민심 수습에도 곤란한 점이 많다"면서 "전남 도민들은 생명을 바쳐 국가에 봉사함으로 반란 후의 사태를 수습할 것이고 물질적인 부담에 대해서는 중앙 당국에서 긴급 대책이 없으면 안 될 것이다"고[53] 언명하기도 했다.

전남도지사의 언급처럼 국군에 의해 탈환된 지 4개월이 지났지만 전남 동부지역의 경제 상황은 악화일로였다. 봉기군에 의한 약탈도 문제였지만 정부의 구제 대책이 마련되지 않았다. 정부의 안일한 대책에 한 일간지 사설에서는 "이재민들에게는 급속한 구제 방책을 세우지 않는다면 사건의 뒤처리를 완전히 끝마치지 못할 것이다"고 경고하기도 하였다.[54] 이러한 당시 상황을 전라남도에서 편찬한 문헌에는 어떻게 기록하고 있는지 살펴보고자 한다.

전라남도는 1968년에 『전남도지』를 편찬하였다. 『전남도지』는 고서 (예, 『여지도서』·『호구총수』) 형태로 편찬되었으며, 대한민국 정부 수립 이전의 정당과 우익단체를 소개하는 수준에 거물렀다. 여순항쟁에 대해서는 언급하지 않았다.

1982년에 『전라남도지』가 총 3권으로 편찬되었다. 『전라남도지』 제1권에 '여·순반란사건'으로 명명하였으며, 집필자는 알 수 없다.[55] 이 책에

---

52 『동아일보』, 1948년 12월 19일.
53 『경향신문』, 1949년 2월 2일.
54 『경향신문』, 1949년 2월 2일.
55 전라남도지편찬위원회, 『전라남도지』 제1권, 1982, 1046~1048쪽.

서 혁명의용군 사건과 오동기 소령을 언급하고 있지만, 이것이 여순항쟁과 어떤 연관이 있는지에 대해서는 구체적으로 서술하지 않았다. 혁명의용군 사건은 앞서 <2부>에서 자세히 설명하였다.

혁명의용군 사건은 대한민국 정부 수립 이후 최초의 정치적 조작 사건이다. 정적을 제거하기 위해 국가 공권력이 동원된 국가 폭력의 실체를 보여 준 것이다.

또한 『전라남도지』에는 여순항쟁 발발의 원인을 "제주4·3사건 출동 작전을 사전에 탐지한 남로당에서 지창수 상사에게 반란을 지령했다"고 서술하였다. 아울러 육지에서 제2전선이 형성되면서 제주도에서 폭동의 목적이 쉽게 달성될 것이라고 하였다. 또한 여수 제14연대가 반란에 성공하면 전남 각 연대에 침투한 비밀조직이 대한민국의 전복을 꾀하려 기획하였다고 서술하였다. 대부분의 책에는 "14연대가 반란에 성공하면 전국 각 연대"라고 했다. 이 책에서는 "전남 각 연대에 침투한 비밀조직"이라고 했다. 당시 전남에는 광주 제4연대와 여수 제14연대밖에 없었다. 제14연대가 여수와 순천을 장악하고 지방 좌익이 광양·구례·보성·고흥 등을 장악했지만 전국 어디에서도 동조한 반란은 발생하지 않았다.

봉기군은 여수와 순천을 점령하고 지리산과 백운산에서 빨치산 활동을 하였다. 이것이 남로당에서 계획했던 제2전선 형성이라고 할 수도 있다. 하지만 제2전선 형성은 제주도 '폭동'에 어떤 도움도 주지 못했다. 오히려 국군은 대한민국 최초 육·해·공 작전을 통해 실전 능력을 배양시켰으며, 이른바 협력자 색출이라는 미명 아래 '복수와 사감' 등 주관적 기준에 의한 즉결처분으로 민간인을 학살하는 사례를 터득하게 되었다. 여순항쟁을 진압하며 터득한 국군과 경찰과 우익 청년단체의 토벌작전과 협력자 색출은 제주도에서도 그대로 적용되었다.[56]

제주도 피해 상황은 1948년 4월부터 1949년 6월까지 총 희생자가

10,761명이다. 이중 대규모 강경 진압작전이 전개된 1948년 11월 이후 희생자가 8,945명이다. 희생자의 83%가 여순항쟁 이후 중산간 마을에 불을 지르고 주민을 집단 살상한 이른바 '초토화' 작전에 희생당했음을 의미한다.

『전라남도지』의 발발 당시 부대 상황, 시내 점령, 우익 인사 피해 상황, 토벌군 작전 등은 1967년 전사편찬위원회의 『한국전쟁사 1 : 해방과 건군』을 그대로 옮겨 놓았다고 보는 것이 타당하다. 이 책에서는 민간인 피해에 대해서는 언급하지 않았으며, 이현상(李鉉相)을 중심으로 한 봉기군 잔당이 6·25전쟁까지 지리산 등지에서 준동하였다고 평가하였다.

전라남도에서는 1993년 총 25권에 해당하는 『전라남도지』를 편찬하였다. 『전라남도지』 제9권에 여순항쟁을 서술하였는데, '여순사건'으로 명명하였으며,[57] 집필자는 안종철 박사로 짐작된다. 다만 여순항쟁의 배경·전개 과정 서술과 민간인 피해 및 평가에서 인식의 차이가 있는 것으로 보아, 집필된 글에 편찬위원회의 개입이 있었건 듯하다.

이 책에서는 제14연대 창설 과정에서 광주 제4연대에서 차출된 김지회·홍순석·지창수 등 좌익계 간부가 많았다는 점과 경찰과 군의 적대적 감정이 여순항쟁과 직접적인 연관이 있다고 서술하였다. 여기에 혁명의용군 사건으로 오동기 연대장이 체포되면서 숙군에 좌불안석이었던 상황에서 제주도 출동명령이 하달되고 동족을 살해할 수 없다는 명분으로 지창수 상사 등 좌익 지도부가 반란을 일으켰다고 서술하였다.

---

56 제주4·3사건진상규명및희생자명예회복위원회, 『제주4·3사건진상조사보고서』, 2003, 241쪽, 389쪽.
57 전라남도지편찬위원회, 『전라남도지』 제9권, 1993, 122~127쪽.

봉기군의 여수와 순천 시내 점령, 주한미군 임시 군사고문단을 비롯한 비상회의에서 결정된 반군토벌전투사령부(사령관 송호성 대령), 반란군의 토벌작전 등은 그동안의 서술과 큰 차이가 없다. 다만 "20일 오후 여수 시가에서 3만여 명이 모인 인민대회",[58] "순천 경비 임무를 띠고 파견된 제14연대 2개 중대 병력이 주둔"[59]은 과장되거나 사실을 명확하게 확인하지 않은 서술이라고 할 수 있다. 여순항쟁에 대한 자료가 부족한 상황에서 군(軍)에서 발간한 자료에 의존한 결과라고 할 수 있다.

집필자는 "일주일 남짓 기간 동안 반란군에 의해 살해된 인명은 경찰과 우익 인사 및 그 가족을 포함하여 1,300명이 넘었다"고 인명 피해에 관해 서술하였다. 안종철의 경우 다른 서술에서는 국군과 경찰에 의한 민간인 피해도 서술했던 것과는 대조적이라는 점에서, 외부의 개입이 있었던 것으로 보인다.

이 책에서 여순항쟁을 "여순사건 이후 국지적인 무장투쟁을 남한 전역으로 확대했다"면서 "좌익세력의 이승만 정권의 체제 전복을 위한 폭력적, 정치적 도전은 역으로 이승만 정권으로 하여금 더욱 극심한 반공주의를 내건 국가로 공고화시켜 주는 계기가 되었다"고 평가하였다. 여순항쟁 이후 1949년 소위 '7월 공세'와 '9월 공세'라는 무장유격전이 없었던 것은 아니다. 따라서 여순항쟁 이후 반공체제 구축에는 동의할 수 있지만, 극단적인 반공 이데올로기를 바탕으로 국가 공권력을 남용했던 행위에

---

58 20일 여수에서 인민대회가 열렸던 것은 사실이다. 하지만 인민대회가 열린 곳은 3만여 명이 집결할 수 있을 정도로 넓은 장소가 아니다. 당시보다 도로 등이 확장되어 광장이 있지만 현재도 이곳에는 3만 명이 집결할 수 없다. 또한 다른 기록에는 1천~2천 명 정도란 기록도 많다.

59 순천에 2개 중대가 파견되었다는 기록은 『한국전쟁사 1 : 해방과 건군』이었다. 그렇지만 이 기록은 잘못되었다고 한국전쟁사를 집필했던 유관종이 밝혔다(유관종, 「빨치산을 낳게 한 여수, 제14연대반란사건」, 『현대공론』 13호, 1989, 384쪽).

대한 정당성을 부여하는 행태의 서술에는 동의할 수 없다.

여수를 탈환한 다음 날인 10월 28일 이승만 대통령은 담화를 통해 "이 난적 배에 편입한 자는 소상한 증거를 따라서 일일이 치죄할 것이요, 무지우맹으로 남의 선동에 끌려 범죄한 자는 법대로 처리할 것이다"고[60] 밝혔다. 이에 우익단체인 대한독촉국민회에서도 '전남반란사건'에 대한 담화에 "공산 괴물은 뚜렷한 현실로 우리 앞에 나타나고 있다. 이제 먹느냐 먹히느냐의 판두에서 민족진영은 그 정기를 발휘하고 각오를 새로이 하야 모두가 반공민족 공동체를 이루어 적귀(赤鬼) 타도에 매진하여야 할 것이다"고 발표하였다.[61] 이들에게는 공산주의는 괴물이었고, 붉은 귀신이었다. 소상한 증거와 법대로 처리할 것이라는 대통령의 담화는 그저 담화에 불과하였다. 반공민족 공동체를 위해 반공을 주장하지 않는 사람은 곧바로 적으로 간주하였다.

이처럼 당시의 정부와 우익단체의 인식은 전라남도에서 편찬된 문헌과 크게 차이를 보이지 않는다. 여순항쟁이 전남 동부지역에만 국한된 것이 아니었음에도 전반적으로 전라남도의 인식은 부정적인 측면이 강하다. 이는 이승만에서 박정희, 전두환 독재정권에 길들여진 반공주의가 여순항쟁의 인식에 깊이 개입되어 있음을 알 수 있다. 그러다 보니 지방자치제가 시행되었지만, 지역의 역사 또는 지역의 문제에 대해 지역 스스로 해결하려는 의지도 매우 약하다. 지역의 역사를 중앙의 관점이 아닌 지역의 관점에서 서술하려는 노력이 절대적으로 필요하다는 것을 다시금 확인할 수 있다.

---

60 『경향신문』, 1948년 10월 29일.
61 『동아일보』, 1948년 10월 29일.

2. 여순항쟁의 피해 규모

1982년 발행한 『전라남도지』에는 "일주일 남짓 기간 반란군에 의해 살해된 인명은 경찰과 우익 인사 및 그 가족을 포함하여 1,300명이 넘었다"고 서술하였다. 모든 책임을 봉기군과 지방 좌익에게 떠넘기고 있다. 여순항쟁 발발 당시 정부의 국무회의에서는 '전남사건' 또는 '전남반란사건'이라고 칭했다. 그런데 정작 전라남도에서는 관할 지역에서 벌어진 중요한 사건을 제대로 살피지 않았다. 그렇다면 군과 경찰에 의한 피해는 어떻게 될까? 여순항쟁 당시 정부와 전라남도에서 발표한 피해 현황을 살펴보면 다음과 같다.

<표 2> 여순항쟁 인명 피해 조사기관별 현황

조사기관	조사시점	사망	중상	경상	행불	합계
전남보건후생국	1948.11.01	2,633	1,028	488	825	4,974
정부 사회부	1948.11.20	570	812	236	-	1,618
전남 사회과	1948.12.20	1,441	-	-	-	1,441
정부 중앙청	1949.01.10	3,392	2,056	-	82	5,530
전라남도 당국	1949.03.15	5,029	2,921	-	303	8,253
	1949.06.15	5,379	3,067	-	313	8,759
	1949.10.25	11,131	-	-	-	11,131

중앙정부에서는 사회부와 중앙청에서 2차례(1948년 11월 20일, 1949년 1월 10일) 조사가 있었다. 전남도에서는 총 5차례가 있었다.[62] 이중에서 전남도의 3차례 조사를 면밀히 살펴보자. 1949년 3월 15일 사망자가 5,029명이고, 동년 6월 15일 사망자가 5,379명이다. 동년 11월 11일 조사

---

62 『연합신문』, 1949년 6월 18일; 『호남신문』, 1949년 11월 11일.

에는 사망 11,131명으로 발표하였다. 11,131명의 발표를 어떻게 보아야 할 것인가? 하나는 중상, 경상, 행불을 제외한 사망자만 조사하여 발표한 것으로 볼 수 있다. 둘째는 중상자, 경상자, 행방불명자 등이 포함된 인원으로 11,131명이라는 것이다.

11,131명의 발표는 논란의 여지가 있지만, 사망자만 발표했을 가능성이 높다고 본다. 예컨대 1948년 12월 20일~1949년 11월 11일까지 경상자가 없어서 발표하지 않은 것이 아닐 것이다. 조사에서 사망자가 몇 명인지를 파악하다 보니 경상자는 제외되었을 것으로 본다. 마찬가지로 1949년 11월 11일 조사도 사망자 인원을 파악하는 것을 우선으로 삼았을 것으로 본다. 피해자가 지속해서 증가하고 있음을 알 수 있다.

1949년 11월 이후에도 민간인 피해가 계속되었다는 점을 간과해서 안 된다. 전체 피해 규모는 11,131명을 훨씬 능가한다는 것이다. 또한 형무소에서 총살된 사람, 국민보도연맹으로 학살된 사람도 상당하다는 것을 인식할 필요가 있다.

현재 대략 '민간인 희생자가 7,000명이다 또는 1만 명이다'는 주장이 있다. 그런데 이 주장에 어떠한 근거도 없다. 어림잡아 그렇다는 것이다. 예컨대 여수지역사회연구소의 피해자 추정이 대표적인 사례이다. 여수지역사회연구소에는 전체 피학살자 수를 10,000명으로 추정하였다.[63] 이 중에 95%가 군·경에 의해 학살되었으며, 나머지 5%가 반란군과 지방좌익 등의 좌익세력에게 희생되었다고 한다.

고흥 지역의 경우 1949년 1월 22일 고흥군비상대책위원회가 보고한 피해 현황은 사망자 581명, 부상자 1,401명이다. 추정치 200명에 무려

---

63 여수 5,000명, 순천 2,200명, 보성 400명, 고흥 200명, 광양 1,300명, 구례 800명, 곡성 100명 등이다.

2배가 넘는다. 구례 지역의 경우 진실화해위원회가 동아대학교와 체결한 「한국전쟁 전후 민간인 학술 피해조사 용역」의 전수조사에서 피해자가 1,539명으로 나타났다.[64] 추정치와 큰 차이가 있음을 알 수 있다.

여순항쟁으로 인한 피해 규모는 발발 시점부터 언제까지로 시기를 정하느냐에 따라 규모가 달라질 것이다. 따라서 여순항쟁의 시기를 결정하는 것이 무엇보다 중요하다. 2005년부터 2010년까지 활동했던 진실화해위원회에서는 대체로 여순항쟁이 발발한 1948년 10월 19일부터 1950년 10월 말까지를 조사 범위로 정했다. 1950년 9·28수복까지 시점을 선정한 이유는 알 수 없다. 여하튼 2년 정도를 여순항쟁 피해 기간으로 산정했다.

그렇다면 이미 특별법이 제정된 제주4·3항쟁은 피해 기간을 어떻게 산정했을까? 「제주4·3사건 진상 규명 및 희생자 명예 회복에 관한 특별법」(일명 4·3특별법)에서 개념 정의를 살펴볼 필요가 있다.

> 제2조(정의) 1. '제주4·3사건'이란 1947년 3월 1일을 기점으로 1948년 4월 3일 발생한 소요 사태 및 1954년 9월 21일까지 제주도에서 발생한 무력 충돌과 그 진압 과정에서 주민들이 희생한 사건을 말한다.

제주4·3항쟁의 기점은 1947년 3월 1일이고, 종료는 1954년 9월 21일이다. 무려 7년 7개월 동안 제주에서 발생한 주민의 희생을 제주4·3항쟁의 피해자로 규정하였다. 여순항쟁의 피해 기간 2년보다 무려 3배 이상이다. 그렇다면 1954년 9월 21일까지 산정한 이유는 무엇일까?

1954년 1월 15일 제주비상경비사령부(사령관 제주도 경찰국장 이경

---

[64] 동아대학교 석당학술원, 『한국전쟁 전후 민간인 집단 희생 관련 피해자 현황조사』, 2007, 568쪽.

진)는 한라산에 잔여 유격대가 5명뿐이라고 발표했고, 4월 1일 한라산 부분 개방으로 산간부락 주민들의 입주 및 복귀가 허용되었다. 그리고 1954년 9월 21일 한라산에 금족령을 해제하였다. 유격대가 한라산에 입산하였고, 그 잔여 유격대의 활동이 무의미할 정도가 되었다고 판단하여 한라산 통제를 해제한 날이 1954년 9월 21일이다.

반면 제주4·3항쟁 당시 제주 지역의 유일한 신문이었던 『제주신보』는 한라산의 마지막 유격대 토벌을 끝낸 1957년 4월 2일자 '토벌전에 종지부'라는 제목의 호외를 발행했다. 이후 제주4·3항쟁 관련 기사는 '한라산 공비완멸기념대회' 관련 내용을 다룬 1958년 7월 21일, 8월 27일, 10월 26일, 10월 29일 등 네 건의 기사뿐이다.

여순항쟁 특별법 제정은 제16대 국회부터 꾸준하게 진행되었다. 제20대 국회에서도 정인화 의원이 '여수·순천 10·19사건 진상 규명 및 희생자 명예 회복·보상에 관한 특별법안'을 제출하였다. 이 특별법에서 여순항쟁의 정의를 보면,

> 제2조(정의) 1. "여수·순천 10·19사건"이란 1948년 10월 19일 전라남도 여수시에 주둔하던 국방경비대 제14연대에 의하여 발생한 소요 사태를 진압하는 과정에서 국군 또는 경찰에 의하여 관련 지역의 주민들이 희생된 사건을 말한다.

이 특별법의 주안점은 희생자의 명예 회복과 보상에 초점이 맞춰져 있다. 희생자를 선정하기 위해서는 언제라는 시간적 배경이 정확하게 표기되어야 한다. 그런데 여순항쟁 시작은 1948년 10월 19일이라는 기점은 적시했으나 언제까지란 종점은 명시하지 않았다.

여순항쟁과 제주4·3항쟁은 떼려야 뗄 수 없는 인과관계를 갖고 있다.

따라서 제주4·3항쟁의 특별법을 준용하여 여순항쟁 특별법의 희생자 산정 기간도 적용하는 것이 타당하다고 본다. 여순항쟁 발발과 동시에 시작된 것이 지리산·백운산·조계산·백아산·모후산 등의 빨치산 활동이다. 여순항쟁은 대규모 조직적인 빨치산의 탄생을 의미하며, 빨치산의 종말은 여순항쟁의 종료 시점이라고 봐도 무방하다.

빨치산 입산자 중 가장 마지막에 체포되어 전사한 사람은 1963년 11월 12일 지리산 내원골에서 체포된 정순덕과 사살된 이홍이이다. 정순덕은 마지막 빨치산으로 널리 알려진 인물이다. 다만 정순덕은 여순항쟁 발발 시점에 지리산으로 입산한 것이 아니라 6·25전쟁 발발 이후인 1951년 2월에 입산하였기에 여순항쟁과 직접적 관련 인물이라고 할 수 없다. 따라서 1963년 11월 12일을 마지막 기점으로 특정하기에는 다소 난해할 수 있다.

그렇다면 여순항쟁과 직접적 관련자 중 최후의 체포 또는 사살된 사람은 누구일까? 현재까지 기록으로 확인된 인물은 김흥복이다. 김흥복은 1929년 11월 21일생으로 본적이 전남 여수시이며, 제14연대 하사관 출신으로 여순항쟁 발발 이후 지리산으로 입산하였다. 김흥복은 빨치산 사령관으로 널리 알려진 이현상의 보위부대원으로 활동하였으며 빨치산 57사단(불꽃사단)의 삼성부대 부대장을 역임하였다. 1953년 12월 2일 불꽃사단 사령관 이영회가 교전 중에 전사하면서 김흥복은 마지막 사령관을 역임하기도 했다. 그러나 김흥복은 1955년 1월 23일 지리산 토벌 경찰부대인 서남지구 전투사령부 예하부대에 의해 교전 중 전사하였다.[65]

1955년 3월 26일 이승만 대통령의 80회 생일을 맞이하여 지리산 입산금지 해제를 밝혔고,[66] 4월 1일 서남지구 전투사령부 명으로 "이제는 평화

---

65 『경향신문』, 1955년 1월 27일.

의 산 그리고 마을, 안심하고 오십시오. 지리산 공비는 완전히 섬멸되었습니다"는 공고문을 게시하여 지리산을 입산 허용하겼다.[67] 1953년 6월 5일에 발족한 서남지구 전투경찰대도 1955년 6월 1일 해산하였다.[68] 남원시 산내면 뱀사골「지리산전적기념관」에는 1955년 5월 23일에 빨치산 소탕 완료를 정부가 공식 발표했다고 안내하고 있다.

「제주4·3특별법」을 준용하면, 여순항쟁도 1948년 10월 19일부터 1955년 4월 1일까지 6년 5개월 13일 동안을 피해 기간으로 규정하는 것이 타당하다고 본다.

앞서 <표 2>의 피해 현황에서 전남도 당국의 1949년 11월 11일 발표에는 11,131명이 사망하였다고 봤다. 그 이후 사망자는 어느 정도일까? 아쉽게도 단 한 차례 발표만 있었다.

정부의 사회부에서는 전국 각지에 발생한 사변으로 인한 피해를 조사하여 발표했다. 1950년 2월 20일 기준으로 민간인 희생자는 사망자 3만 6,285명, 부상자 1만 1,480명, 행방불명자 1,082명으로 피해자가 총 48,847명이었다.[69] 전국 각지에서 발생한 희생자의 인원이다. 하지만 당시 큰 사변은 제주4·3항쟁과 여순항쟁이다. 사망자 3만 6,285명 중 어느 정도가 제주4·3항쟁 피해자이고, 어느 정도가 여순항쟁 피해자인지 구분할 수 없다는 것이 아쉽다. 또한 1950년 2월 20일 이후에도 지속해서 민간인 희생이 있었지만, 이후 발표를 찾을 수 없다.

여기서 간과해서는 안 되는 사건이 국민보도연맹사건의 피해자와 형

---

66 『경향신문』, 1955년 4월 3일.
67 이용하, 『섬진강별곡』, 한국참전단체총연합회, 2000, 426쪽.
68 『동아일보』, 1953년 6월 10일;『경향신문』, 1955년 5월 26일.
69 『연합신문』, 1950년 3월 8일.

무소 재소자의 피해이다. 진실화해위원회의 보도연맹 희생자 조사는 아주 미미하다. 이를 통해 보도연맹사건 희생자를 유추하기는 어렵다. 다행히 당시 경찰 자료에 비교적 정확한 보도연맹사건 희생자를 확인할 수 있는 지역이 있다. 경상남도 김해와 경상북도 울산과 청도 지역이다. 당시 인구 대비 보도연맹 가입 비율은 청도 2.2%, 울산 0.82%, 김해 0.56%이다. 그리고 인구 대비 희생자 비율은 청도가 0.59%, 울산이 0.46%, 김해가 0.42%로, 대체로 0.5% 내외에서 보도연맹으로 피해가 발생된 것으로 유추할 수 있다.[70]

전남 동부지역은 여순항쟁으로 인하여 보도연맹원 가입 숫자와 그에 따른 희생자가 더 많았을 것으로 짐작된다. 국민보도연맹 구례군지부는 1950년 1월 20일, 여수시지부는 1950년 1월 28일 결성되었다.[71] 구례지역의 경우 자수 전향자가 4,000여 명인데, 구례군 지부 결성식에 참여한 보도연맹원이 2,500여 명이다. 당시 구례 인구 61,395명에 대비하면 가입률이 4.1%에 육박한다.[72] 김해·울산·청도보다 보도연맹 가입률이 훨씬 높다는 것을 알 수 있다.

또한 보성군 율어면의 경우 40~60여 명이 보도연맹에 가입했고, 1950년 7월 21일에만 경찰에 의해 학살된 인원이 36명이다.[73] 당시 율어면의 인구는 6,898명으로 최소한 인구 대비 0.52%가 희생된 것이다. 전남 함평군 나산면의 경우 최소한 207명이 보도연맹으로 학살되었다.[74] 나산

---

70 진실화해위원회, 『종합보고서-민간인 집단 희생 사건』 III, 2010, 169쪽.
71 진실화해위원회, 「전남 국민보도연맹 사건(1)」, 『2009년 하반기 조사보고서』 4, 2010, 80쪽; 『동아일보』, 1950년 2월 5일.
72 구례군, 보성군 율어면, 함평군 나산면의 인구의 기준은 1949년이었으며, 인구통계 자료는 『국가통계포털(http://kosis.kr)』에서 인용하였다.
73 진실화해위원회, 『국민보도연맹사건 진실 규명 결정서』, 2009, 277쪽.

면의 인구(14,838명) 대비 1.4% 비율이다. 대체로 C.52%~1.4%의 비율로 피해가 있었을 것으로 추정한다.

김해·울산·청도의 희생자 비율 0.43%~0.52%를 일반화시키면 무리가 없지 않다. 하지만 보성군 율어면, 함평군 나산면을 살펴보았듯이, 전남 지역의 피해가 결코 적지 않았음을 알 수 있다. 당시 전남 동부지역 인구는 800,931명이었다. 0.43%~0.52% 비율 중 가장 최저치인 0.43%를 적용하면 3,400명 정도가 보도연맹사건으로 희생되었을 것으로 추정된다.

형무소 재소자 중 피해자도 적지 않다. 전국 교정시설은 형무소 20개소, 지소 1개, 보호교도소 1개 등 모두 22개였다. 6·25전쟁 당시 전국 형무소에는 37,000여 명에 달하는 재소자가 수용되어 있었으며, 90% 이상이 정치범이었다.[75] 그중 여순항쟁과 관련된 특별한 기록은 인천소년형무소에 수감자 1,300여 명 중 200여 명이 여순항쟁 관련 소년 수형자라고 기록되어 있다.[76] 여순항쟁과 관련된 재소자는 대전형무소에 가장 많이 수용되었으며, 전주·공주·안동·청주·광주·대구·김천 소년형무소 등에 수용된 것으로 알려졌다.[77] 대전형무소의 경우 최소 1,800명이 희생되었을 것으로 추정하고 있는데, 이중 1,000여 명이 여순항쟁 관련 재소자로 추정된다.[78] 형무소별 인원은 최소 인원이며, 광주·목포·순천·전주·군산 형무소에서는 미상으로 인원이 파악되지 않고 있다. 1949년

---

74 진실화해위원회, 위의 책, 277쪽.
75 임재표, 「6·25전쟁과 교정행정」, 『교정』 278호, 1999, 81쪽.
76 문혜경, 「한국전쟁기 민간인 학살 연구 : 대전형무소 학살사건을 중심으로」, 한국학중앙연구원 한국학대학원 석사학위논문, 2008, 36쪽.
77 『호남신문』, 1949년 4월 20일.
78 진실화해위원회, 『종합보고서 - 민간인 집단 희생 사건』 III, 2010, 166쪽.

4월 17일 기준으로 광주형무소에는 1,363명으로 정원을 초과하였으며, 여순항쟁 관련자가 304명이며 대부분이 국가보안법 위반자였다.

지역단체의 자체 피해 조사의 경우, 여수 지역은 총 884명 중 121명인 13.7%가 형무소에서 희생된 것으로 나타났으며,[79] 순천 지역은 총 1,661명 중 78명인 4.7%가 형무소에서 희생된 것으로 파악되었다.[80] 진실화해위원회가 용역 의뢰한 광양 지역의 경우에도 형무소에서 5.2%가 희생된 것으로 파악되었다. 형무소 재소자의 피해를 가늠할 수 없지만, 여순항쟁과 관련하여 학살되었다는 것은 사실이다. 형무소 재소자 중 피해 인원은 최소한 1,000명을 상회할 것으로 추정된다.

이를 종합하면, 1949년 11월 11일 발표한 11,131명에 보도연맹사건의 피해자 3,400명 정도, 형무소 재소자 1,000명 정도, 그 이후에 희생자를 더하면 여순항쟁 기간의 피해자가 될 것이다. 결과적으로 최소한 15,000명에 이르는 피해가 있었을 것으로 추정된다. 여순항쟁의 피해자, 학살에 대해서는 차후에 더 세세하게 밝힐 것이다.

---

[79] 여수지역사회연구소, 『여순사건 실태보고서』 제1집, 1998, 89쪽.
[80] 여순사건 화해와 평화를 위한 순천시민연대, 『여순사건 순천지역 피해실태 조사보고서』, 2006, 271쪽.

6장. 박제된 기억에서 올바른 기억으로

제16대 국회에서는 김충조 의원, 제18~19대 국회에서는 김성곤 의원이 '여순사건 특별법'을 발의하였다. 그러나 '여순사건 특별법' 제정은 실패했다. 제20대 국회에서도 광양 출신 정인화 의원이 '여수·순천 10·19사건 진상 규명 및 희생자 명예 회복·보상에 관한 특별법안'을 발의하였다. 통과 여부를 장담할 수 없다. 견고한 반공 이데올로기에 심취한 이들이 국회에 적지 않기 때문이다.

2005년 진실화해위원회를 설립하여 5년 동안 활동하였다. 피해자 유가족과 지역사회의 기대를 받으며 활동한 진실화해위원회는 여순항쟁을 '역사적으로 중요한 사건'으로 규정하고 2007년 3월 6일 제39차 전원위원회에서 직권조사하기로 의결하였다.[81]

'직권조사'란 피해자 신청조사가 아닌 여순항쟁과 관련된 희생자에 대해 기관에서 직권으로 하는 전수조사를 의미했다. 여순사건을 직권조사 사건으로 전환했던 것은 ① 제1공화국 수립 과정에서 계엄령 실시와 국가보안법 제정(1948년 12월 1일) 등에 큰 영향을 끼친 중요한 사건으로, ② 여수 제14연대의 반란으로 비롯되었지만, 진압 군·경과 반란군 양측에 의해 군·경과 민간인이 다수 희생된 복합적 성격을 지니고 있으므로, 신청 사건만을 조사할 경우 진실 규명이 불가능한 사건이며, ③ 한국전쟁 발발 이후 국군과 경찰 등 국가권력에 의해 지속해서 이루어진 제2전선 지역에서의 민간인 집단 희생의 발단이 되어, 국민보도연맹사건·전국형무소 재소자 희생사건·부역 혐의 희생사건과도 긴밀하게 관련된 사건

---

81 진실화해위원회, 「여수지역 여순사건」, 『2010년 상반기 조사보고서』, 2010, 423쪽.

이며, ④ 당시 전라남·북도와 경상남도 지역의 일부 주민들은 '반란 동조세력'으로 규정되어 피해의식도 깊고 상호 불신감을 심어 준 사건이므로, 국가적 차원에서 진실을 밝혀내어 지역사회의 화해를 이끌어내는 것이 중요하다고 판단하였다.

그러나 진실화해위원회는 여순항쟁의 진실 규명을 명확하게 마무리하지 못하고 미완의 상태로 끝마쳤다. 지역에서 '여순사건 특별법 제정'을 촉구하고 있는 이유가 여기에 있다. 하지만 특별법만으로 지역에서 기억하는 사건의 인식까지 변화를 이끌어낼 수 있을지에 대해서는 의문이다. 현재 발의된 특별법도 희생자의 배·보상의 문제에 초점이 맞추어져 있다. 역사적인 사건으로서 여순항쟁의 명예 회복과 진상 규명이 빠져 있다. 지역사회에서는 여전히 논쟁이 있다. 그럴수록 여순항쟁의 성격을 명확히 하는 것이 중요하다고 본다.

여순항쟁의 역사적 재평가와 지역공동체의 복원을 위해 지역사회가 기억하고 있는 여순항쟁에 접근하고자 지방지를 살펴보았다. 1960~1990년 초반까지 편찬된 대부분의 지방지는 이승만 정권의 인식과 별반 차이가 없었다. 다만 1962년에 편찬한 『여수향토사』는 여순항쟁 발발 당시 상황 등을 수기 행태로 서술하여 사료적 가치가 높다고 할 수 있다. 2000년 이후부터는 중립적 시각에서 지역의 상황과 민간인 피해를 서술하는 등 진일보한 변화의 조짐이 있었다.

여순항쟁의 피해 규모도 대체로 지방지에서는 반란군의 소행으로 간주하였다. 그리고 군과 경찰에 의한 피해에 대해서는 언급을 피했다. 다만 2000년 이후 발간된 지방지에는 군경에 의한 민간인 학살에 대해서도 상세하게 서술하였다. 여순항쟁의 피해 규모는 최소한 15,000명 정도였을 것으로 추정한다. 그리고 여순항쟁의 피해 시기는 1948년 10월

19일부터 1955년 4월까지로 적용하는 것이 타당하다고 본다.

　여순항쟁은 점차 부정적 이미지를 탈피해 가고 있다. 하지만 몇몇 지역에서는 여전히 편향·왜곡된 인식을 극복하지 못하고 '반공주의'에 매몰되어 있다는 것도 확인할 수 있었다. 이러한 경향은 현장(마을, 증언)에서 더욱 체감할 수 있다. 이는 피해의식에서 벗어나지 못한 결과이기도 하지만 이승만 정권에 의해 '여순항쟁=빨갱이=공산주의자'로 억압을 답습하며 악용된 측면이 강하다. 특히 일부 지역의 유지·여론 주도층은 자신의 기득권을 유지하기 위하여 사실을 왜곡하기도 하고, 일부 보수단체는 반발하기도 한다.

　이처럼 공고화된 편향·왜곡된 기억에 대해 법적·제도적으로만 해결하기에는 한계가 있다. 지역사회와 지역 주민이 기억하고 있는 편향·왜곡된 인식을 제대로 바꾸는 것부터도 우선되어야 한다. 지역사회가 여순항쟁을 올바르게 기억하는 것도 여순항쟁의 또 다른 진실 규명이며, 역사적 재평가의 첫걸음이 될 것이다. 따라서 지역사회와 지역 주민의 올바른 기억 또는 인식의 변화를 이끌어낼 수 있는 다각적인 방안과 방법의 논의가 필요하다. 이를 위해 몇 가지 과제를 제안한다.

　첫째, 여순항쟁 전문 연구기관이 필요하다. 여순항쟁의 자료 수집이나 정리하는 총괄 연구기관이 없다 보니 연구에 애로사항이 많다. 따라서 지역에 전문 연구기관 설립을 통해 다양한 자료 조사·수집·발간이 필요하며, 다각적인 연구 성과를 도출하고 성과물로 내놓아야 할 것이다. 또한 후학 연구자를 양성하고 지속적인 교육이나 소모임을 지원하는 업무도 전문 연구기관의 주요한 몫이 되어야 할 것이다.

　둘째, 지방정부·지방의회가 선도적으로 나서야 한다. 중앙정부에 특별법 제정을 촉구하기 이전에 지방정부가 앞장서서 진실 규명을 위해 노력해야 한다. '역사적으로 중요한 사건'이라는 규정에도 불구하고 전라남도를 비롯한 각 기초자치단체에서는 '여순사건 조례'마저도 보류한 곳이 있다. 이는 지방정부의 여순항쟁 진실 규명에 대한 의지가 없다는 증거이다. 우선 시급한 것은 지방정부의 조례 제정이며, 피해자 실태 조사 보고서를 만드는 것이다.

셋째, 문화·예술의 활용 방안 마련과 행정적 지원 시스템의 마련이다. 여순항쟁 연구가 진일보한 측면이 있으나 일반인에게 제대로 전달되지 못하였다. 따라서 여순항쟁을 쉽게 이해하고 올바르게 인식할 수 있도록 문화·예술 활동의 적극적 지원이 필요하다. 그리고 문화·예술로 형상화 하는데 역사적 사실을 왜곡시키지 않도록 전문 연구자와 문화·예술 활동가의 공동 연구(창작)도 필요할 것이다.

넷째, 지역사회의 연대활동이다. 여순항쟁은 지역공동체의 파괴로 이어졌다. 지역공동체 복원을 위해서는 학계·시민사회·유족회·예술계 등 다양한 단체와 인식과 시각이 다른 집단과도 연대가 필요하다. 연대를 위한 기본적인 사고는 우선 연구 성과와 자료를 공유하며, 정기적인 학습(모임)이 있어야 할 것이다. 그리고 여순항쟁의 연구 또는 진상 규명이 특정 집단이나 특정 연구자의 전유물이 아니라는 인식이 전제되어야 할 것이다.

여순항쟁은 많은 연구가 축적되면서 사실관계의 해명에도 진전이 있었다. 그러나 여순항쟁은 지역 주민의 일상적인 삶 속에서 잘 드러나지 않게 은폐·왜곡되어 있다. 이는 정권을 유지하기 위해 '중앙으로부터 지역'을 통제했던 행위에서 비롯되었다. 연구 방법 또한 '중앙으로부터 지역'으로 접근하고 파악했다. '지역에서 중앙'을 파악하는 시각과 접근 방법이 필요하다. 지역은 사회구조나 사회관계, 인간관계, 의식 등이 고스란히 드러나는 시공간이기 때문이다. '지역의 형성' 또는 '지역사회의 질서 재편' 과정을 지역사적 관점에서 바라볼 때 다양한 모습이나 특징이 포착될 수 있을 것이다.

　이 글은 지역사회와 지역 주민의 기억 속에 존재하는 여순항쟁의 인식을 통해 여순항쟁 연구 방향을 제시했다는 데 나름의 의미를 부여한다. 향후 여순항쟁의 재현 과정, 사회·문화적으로 미친 영향, 개인 생활사 등 다각적인 연구와 검토가 있었으면 한다.

　마지막으로 여순항쟁은 아직도 재해석의 여지가 많은 사건이다. 다양한 사료 발굴을 통해 지역사회가 건강한 토론과 비판이 있는 사회로 거듭나기를 기대한다. 특히 여순항쟁이 역사적 사건으로 명확한 명예회복과 진상 규명이 되기를 바라는 마음도 크다. 여순항쟁은 항쟁의 역사에 서막을 장식한 우리의 역사이기 때문이다.

4부

여순항쟁과 기독교

1장. 기독교의 눈으로 여순항쟁을 읽다

이승만은 감리교 장로이다. 그가 생각했던 이상적인 국가는 기독교 국가였다. 이것은 이승만의 생각 속에만 있던 것이 아니라 국가 건설 활동 동안 적극적으로 표현되었다. 교회와 기독교인은 해방 정국에서 뚜렷한 세력을 갖지 못했던 이승만에게 큰 힘이 되었다. 특히 월남한 기독교인이 그러했다.

월남한 많은 사람은 사유재산 제한에 대한 불만, 종교 자유의 탄압, 공산주의 세력과 정치적 갈등 그리고 친일파 척결 등이 복합적으로 작용하면서, 생존을 위해서라도 이북 지역을 벗어날 수밖에 없었다. 이북에서 형성한 반공의식은 이남 사회에 큰 영향을 미쳤다. 해방 정국에서 월남한 기독교인들은 이남에서 반공 이데올로기를 형성할 수 있는 세력과 강한 연대 추진을 모색하였다. 이승만과 월남한 기독교인들은 소련과 공산주의에 대한 적개심이 매우 강하여 친미·반공의 색채가 뚜렷했던 관계로 서로 결합하는 데 문제가 없었다.

이승만은 초대 대통령에 당선되어 내각을 구성하는데 복잡한 정치적 동맹 형성을 배제하고 자신만의 확고한 권력 기반을 다졌다. 이 시기는 정치지형에서뿐 아니라 종교지형에서도 급격한 변동이 이루어진 시기였으며, 정치지형과 종교지형이 서로 긴밀하게 맞물린 변화가 진행되었다. 여기서 정치지형과 종교지형이 긴밀히 맞물려 있었다는 것은 당시 '종교정치(religious politics)'가 대단히 활발했다는 것을 의미한다.[1] 해방 정국에서 기독교인이 현실 정치에 깊이 개입했던 것이 그러하다.

---

1 강인철, 「대한민국 초대 정부의 기독교적 성격」, 『한국 기독교와 역사』 30, 2009, 91쪽.

여순항쟁은 상당 부분 부정적 이미지가 강한데, 여러 요인이 있다. 그중에 손양원 목사의 아들 손동인과 동신 형제의 죽음, 이후 발간된 『사랑의 원자탄』의 영향도 적지 않다. 사실관계를 따져 보기도 전에 반공주의에 입각한 손양원 목사의 이야기는 다양한 경로로 사람들에게 전파되었고 재생산되었다. 이승만의 반공주의, 이승만과 기독교와의 이해관계 및 상호작용, 이는 곧 기독교가 반공주의에 깊이 개입되었고, 기독교(인)의 인식에서 여순항쟁은 냉전의 진영 논리를 그대로 적용하였다.

냉전의 진영 논리는 이분법적 사고를 기초로 하였다. 이승만 정권에 찬동하거나 지지하는 세력은 아군이며, 정권에 반대하거나 정책에 비판만 해도 적군이 되는 논리, 그 논리는 반공 이데올로기였다. 이승만 정권의 최후 보루인 반공주의는 기독교(인)에도 그대로 작동되었다. 이원론에 바탕을 둔 기독교의 배타성은 자신의 논리만 선으로 규정하고 타자를 악마로 규정하는 이승만의 이분법적 사고와 궤를 같이했다.

이 글은 여순항쟁이라는 역사적 문제, 특히 기독교와 여순항쟁과의 관계 속에서 나타난 기독교인의 인식, 기독교(인)가 여순항쟁과 민간인 학살을 어떤 시각으로 보고 있는지 집중적으로 살펴보려고 한다. 이는 종교라는 특수 집단의 신앙적 차원의 글이 아니라 여순항쟁이라는 대한민국 현대사에서 중요한 위치에 서 있는 역사 문제로서의 접근을 말한다. 따라서 종교 또는 신앙적 차원으로 이해해서는 안 된다. 특히 여순항쟁과 기독교(인)의 논리를 전개하다 보면, 손양원 목사와 그 두 아들(동인과 동신)의 문제가 언급될 것이다. 이 문제는 지역에서 발행한 교회사에도 서술되어 있어, 사실관계를 명확하게 검토할 필요가 있다.

이 글에서 주요하게 살펴보고자 하는 것은 첫째, 여순항쟁을 진압한 정부는 종교위문단을 현지에 파견하였다. 이들은 보고서를 작성하여 정부에 제출하였다. 이 보고서를 검토하여 종교위문단이 파악한 여순항쟁이 무엇인지 살펴보겠다. 둘째, 여순항쟁과 직간접적으로 관련이 있는 기독교인들이 발간한 자료를 통해 여순항쟁 당시 상황을 살펴보겠다. 특히 기독교인의 피해와 민간인 학살을 어떻게 인식하고 서술했는지 집중적으로 살펴보겠다. 셋째, 여순항쟁의 피해 지역인 여수·순천 지역에서 발간한 교회사 등의 문헌을 살펴보겠다. 넷째, 여순항쟁 이후 구축한 반공 이데올로기는 사회 전반에 큰 영향을 미쳤다. 이원론에 바탕을 둔 기독교의 배타성에서 교회사는 여순항쟁을 어떻게 기록하였는지 살펴보겠다. 대체로 교회사는 편찬위원회에서 발간하였지만, 교회에서 영향력이 적지 않은 사람들이기에 주류 기독교인의 인식으로 보아도 무방할 것이다. 마지막으로 여순항쟁과 기독교(인)가 미친 영향과 그 의미를 살펴보고자 한다.

2장. 종교위문단의 활약

여순항쟁을 진압한 정부는 정치체제의 우월성과 적대세력의 잔혹성을 선전·홍보하는 것이 우선적인 과업이었다. 따라서 정부는 발 빠르게 계몽이란 명분을 내세워 계몽대, 종교위문단, 계몽선전대, 문인조사반 등 선전반을 꾸려 현지에 파견하였다.

종교위문단은 사회부와 종교단체 대표 연석회의에서 합동조사단을 파견키로 결정하였다. 이승만은 무쵸 대사와 콜터 장군에게 연합조사단을 제의했으나, 미군 쪽은 경제협조처(ECA) 소속의 별도의 보고서(Inspection Trip)를 작성하였다.[2] 스노우(Jack W. Snow)는 별도 보고서를 작성했지만, 종교위문단과 거의 동일한 일정으로 현지를 시찰하였다. 종교위문단의 보고와 스노우 보고를 비교하여 분석하는 것도 의미 있는 일이 될 것이다.

당시 합동조사단은 종교위문단, 종교시찰단, 종교단체 대표단 등으로 불렸다. 이 글에서는 종교위문단으로 통일하겠다. 종교위문단의 구성은 천주교 윤을수, 감리교회 김영배, 성공회 윤달용, 대종교본부 정열모, 천도교총본부 이단, 조선불교중앙총무원 김법린·박윤진, 한국기독교연합회 김춘배,[3] 안식교회 이여식, 유도회총본부 김창숙 등 10명이었다.[4]

---

2 스노우의 보고서의 정식 명칭은 Economic Cooperation Administration, Technological Division, Inspection Trip to Yosu Rebellion area with Korean Committee, 12 November 1948, RG 338 Records of United States Army Commands, 1942-, Entry 11070, Box 60이다(김득중, 앞의 책, 406쪽 재인용).
3 김춘배, 『필원반백년』; 『한국 기독교수난사화』, 성문학사, 1969.
4 『경향신문』, 1948년 11월 2일.

그러나 현지 시찰 과정에서 명단이 바뀌거나 더 많은 인원이 시찰한 것으로 보인다. 대표적으로 감리교의 조민형에서 김영배로 교체된 것, 기독교장로회의 유호준 참가 등이 그러하다. 의장에는 불교계의 박윤진, 재정은 감리교의 김영배, 비서는 천주교의 윤을수가 맡았다.[5]

종교위문단은 10월 31일부터 11월 6일까지 광주·순천·여수·구례·벌교·보성 등을 시찰하였다.[6] 이들의 시찰에는 전진한 사회부 장관과 박준섭 후생국장도 동행했다. 위문, 구호, 사실 규명 등을 주요 목적으로 하였으나, 전진한 사회부 장관은 "위문뿐만 아니라 모든 것을 직접 조사하여 근본 대책을 강구하는 데 목적이 있다"고[7] 하였다. 후생국장 박준섭도 "반란을 촉진시킨 요인이 무엇이었는지, 더 이상의 반란을 방지하기 위해서 어떤 대책이 필요한지"에 더 관심을 보였다.

서울에서 출발한 날이 10월 31일이다. 11월 1일 광주의 방직공장을 방문하여 직원을 격려하고, 이남규 전남지사·광주 경찰서장을 만났다. 11월 2일 순천에 도착하여 순천군수·민족청년단·대동청년단 등 단체 대표자, 순천 주둔 국군을 만났다. 11월 4일 순천지구 사상자 합동추도대회에 참여하고, 구호물자를 순천과 여수에 보내는 등의 위문사업을 벌였으며, 구례 경찰서장·중학교 교장 등을 만났다. 11월 2일에는 두 그룹으로 나누어 활동한 것으로 보인다. 11월 5일은 벌교면장·보성군수 등을 만났다.[8]

10월 23일 토벌군이 순천을 탈환하였다. 진압된 지 9일이 지난 다음에

---

5 재정은 감리교의 조민형이 맡는 것으로 보도되었으나, 실제 감리교에서는 조민형에서 김영배로 교체되었던 것으로 보인다(『세계일보』, 1948년 11월 3일).
6 『동광신문』, 1948년 11월 2일.
7 『경향신문』, 1948년 11월 3일.
8 김득중, 『빨갱이의 탄생』, 선인, 2009, 406~407쪽.

야 종교위문단이 순천에 도착한 것이다. 종교위문단이 거리에서 본 광경은 군·경이 9일 동안이나 협력자 색출이란 핑계로 민간인 학살이 순천 지역 곳곳에서 벌어진 이후이다. 그리고 이들에게 정보를 제공한 사람은 대다수가 지방 관리와 우익단체의 인사였다.

종교위문단이 만난 지방 관리나 단체 대표의 생각은 대동소이했다. 11월 2일 오후 3시 종교위문단은 순천 지역 각 청년학생단체 대표와 만나 사건의 원인과 수습에 관한 협의회를 열었다. 이 자리에서 청년학생단체는 민족청년단, 대동청년단, 대한노총, 학련 등으로 애국단체연합회를 조직하기로 결의하였다. 종교위문단에 "공무원의 생활 확보를 하는 동시에 질적으로 좋은 공무원을 쓸 것, 공무원 중 대부분이 현 정부를 지지하지 않는다는 것, 현 정부는 좀 더 민심을 포착하여 민중과 유리되지 않는 정책을 써야 할 것" 등의 현지 민심을 전달하였다. 그러나 이 현지 민심은 우익 사고를 기반으로 한 것이다. 이들이 요망한 6개 사항을 보면,

(一) 사법진, 학교진의 인사이동을 단행할 것
(二) 공산분자를 전국적으로 총검거하여 발본색원의 근본 정책을 세울 것. 특히 군부 내의 좌익분자를 숙청할 것
(三) 편당적 신당 운동을 중지코 민족진영 총 단결의 국민운동을 전개할 것
(四) 근본적으로 화급한 민생 대책을 세우고 또 조난 유가족을 구호할 것
(五) 청년단체급 학생을 무장시켜 정부로서 적극적으로 육성하여 민병 조직체의 중심을 만들어 향토 방위를 기대할 것
(六) 정부 선전부를 신설코 계몽 선전에 주력할 것

(『경향신문』, 1948년, 11월 7일)

이른바 순천애국단체연합회의 요구 사항은 전반적으로 사상적 문제에

치중했고, 그것에 대한 대책을 요구했다. 공산분자의 총 검거를 주문하였으며, 아울러 민족진영 총 단결의 국민운동을 전개, 청년학생단체를 중심으로 민병 조직의 필요성, 반공의 계몽 선전에 주력해야 한다는 주장 등이 그러하다. 당시 가장 시급한 구호·민생문제에 대해서는 한 차례 언급하는 수준에 머물렀다. 애국단체연합회의 요구는 종교위문단 보고서에 담기지는 못했지만, 현지 의견에는 모두 포함되어 발표되었다.

종교위문단은 현지 위문 겸 조사를 마치고 미군 제24군 공보관 임석하에 진상보고와 아울러 수습 대책을 협의하고 보고서를 제출하였다. 종교위문단의 보고서의 내용을 살펴보면,

> (가) 원인은 여러 가지 들 수 있으나 현지에서는 이구동성으로 군경의 충돌이 근본적인 원인은 아니라고 부인한다. 국군과 경찰을 이간하려는 모략이 공산주의 선전에 작용되고 있다는 사실이 이번 사건의 성격으로서 보아 폭로되었다.
> (나) 진상
>   (1) **종전부터 내통하고 있던 金智會의 지휘하에 약 40명이 행동을 개시한 것**
>   (2) 이 연대는 원래 불순한 경향이 농후하여 숙군의 대상이 된 것
>   (3) 소수 공산주의자들의 계획으로 전국적인 봉기를 기하고 있었으나 동 부대는 **제주행을 거부하는 동시에 단독적으로 일으키지 않을 수 없는 시급한 사태에 직면**하였다는 것
>   (4) 지방의 공산주의자와 사전 연락하에 행동하였다는 것
>   (5) 무기고를 점령한 후 경찰서, 행정, 금융 등 중요 기관을 접수한 것
>   (6) 대기하였던 공산주의자 수백 명이 호응하여 인민위원회를 조직한 후 중요 기관을 운영하였다는 데서 공포와 암흑이 벌어져 천인공노할 동족 학살의 참형을 가한 것
>   (7) 약탈, 파괴, 방화 등 모든 잔인무도한 행동을 하였다는 것
>   (8) 반란군 세력 약 1,300명은 10월 20일 기차로 순천에 진행하였으나

이를 탐지하고 있던 경관 약 400명과 일시 치열한 교전을 하였으나 인원과 탄약 부족으로 반란군은 시가를 완전히 포위한 것

(9) 이에 호응하여 여수와 같이 공산주의자들이 인민위원회를 조직하여 동일한 방법으로 학살을 감행한 것

(10) 순천의 학살은 여수보다 더 처참한 것

(11) 정치적으로 선동하기 위하여 38선이 개방되었으며 이승만 대통령은 일본에 도망하였으니 최후의 승리는 우리에게 있다는 허위 선전을 꾀한 것

(12) **개인적 감정을 대상으로 된 자까지 학살한 것**

(13) 이리하여 순천을 3일간 여수는 1주일간 반란군이 점령했었다는 것

(14) 1차, 2차, 3차의 학살 계획이 있었다는 것

(15) 국군은 10월 23일 순천을, 10월 27일 여수를 탈환한 후 분산된 반란군을 산간벽지로 소탕전을 개시한 것

(16) 구례, 벌교, 보성 지방에서도 동일한 잔인무도한 행동으로 관민 가족 등 다수 학살한 것

(17) 여수 순천은 일반 폭도와 사전 연락이 있었으나, 기타 지방은 반란군이 침입한 후 일반이 호응한 것

(18) 남녀 학생의 행동이 더욱 잔인한 것으로 미루어 보아 단순한 선동과 사주에 의한 일시적 흥분이 아니라 평소 공산계 반동 교육자에 의한 지시를 받아 온 것

(19) **선교의 신도급 교회의 피해가 적은 것**(그 이유로는 일요일 예배일을 이용 다량 학살을 기도하였으나 국군이 긴급히 진주한 까닭)

(다) 피해 상황(인명 가옥) : △인명 피해 : 사망 2,534명, 중상 1,028명, 경상 480명, 계 4,874명[9] △가옥 피해 소실 : 1,583호, 全潰 56호, 半潰 206호 △식량 : 660석, 계 1,845석

(라) 대책 : 차제에 잔악무도한 공산당의 정책을 폭로하여 그 마수에 걸리지 않도록 그 모략선전에 속지 말도록 민심을 계몽할 것이며 각 종교단체

---

[9] 인명 피해는 통계에 오류가 있다. 사망 2,534명, 중상 1,028명, 경상 480명을 합치면 4,042명인데 4,874명으로 기록되었다. 가옥 피해와 식량도 마찬가지로 통계 오류이다.

는 총궐기하여 구호금품을 모집한 후 위문대급 계몽대를 파견할 계획을
세울 것

(『대동신문』, 1948년 11월 14일)

　종교위문단은 여순항쟁의 원인을 특정하지 못했다. 이들은 현지를 출발하기 전에 군과 경찰의 충돌로 인하여 반란이 발발한 것으로 들었다. 그러나 현지에서는 이구동성으로 군과 경찰의 충돌이 근본 원인이 아니라고 했다. 그런데도 반란의 근본 원인이 무엇인지는 밝히지 않았다.
　종교위문단이 밝힌 진상 중에 사실관계를 살펴보면, 첫째, 진상보고 (1), (2), (4), (17)은 반란의 발발 원인과 그 주고자 그리고 지방 좌익과의 내통 등을 다루고 있다. 종교위문단이 판단한 반란의 지휘자는 김지회 중위였고, 여기에 병사 40명으로 반란이 시작되었다는 것이다. 봉기군은 여수와 순천 지역의 지방 좌익과 사전 내통하였으나 기타 지역은 그렇지 않다고 보고서에 서술하였다. 제14연대가 불순한 경향이 농후했다는 주장은 제14연대 전임 연대장 오동기 소령을 지목한 것으로 보인다. 일명 혁명의용군 사건을 말한다. 혁명의용군 사건은 조작된 정치공작이었다는 것을 앞서 살펴보았으므로 생략하겠다.
　종교위문단은 제14연대 봉기군이 지방 좌익과 사전 연락 내통했다고 하였다. 이는 사실과 다르다. 당시 남로당과 인민위원회는 불법으로 간주되어 지하에서 활동하였다. 명맥 유지하기도 어려운 상황에서 중앙당부나 도당부와 연락을 취할 만한 시간적 여유가 없었다.
　남로당과 지령 또는 지방 좌익과의 사전 연락 등은 사실이 아니라는 것을 앞서 살펴봤으므로 생략하겠다. 결과적으로 지방의 남로당 주요 인사들도 모르고 있었는데, 여수와 순천의 지방 좌익과 사전에 연락했다는 주장은 무리한 추측에 불과하다.

'불순한 경향이 농후', '숙군의 대상', '지방 공산주의자와 사전 연락' 등의 표현을 쓴 것은 반란이 공산주의와 밀접한 연관 또는 남로당 지령으로 발발했다는 것을 내포하려는 의도로 보인다. 또한 공산주의를 타도하기 위해 행동했던 토벌군에게 정당성을 부여하기 위한 선전효과도 기대한 듯하다. 진압과 협력자 색출 과정에 많은 민간인이 학살되었다. 정부에 책임을 추궁할 수밖에 없는 사정이었다. 정부는 책임을 면피하기 위해 갖은 방법을 동원하였다. 종교위문단의 보고서는 이러한 정부의 의도를 그대로 답습한 결과였다.

둘째, 진상보고 (3)은 제주행을 거부하는 동시에 단독적으로 일으키지 않을 수 없는 시급한 사태에 직면했다고 보고하였다. 종교위문단은 왜 제주도 출동을 거부했는지를 파악하지 못했으며, 단독적으로 일으키지 않을 수 없는 시급한 사태가 무엇인지도 밝히지 못했다. 여기서 단독적이라는 표현은 남로당의 지령과 무관함을 종교위문단 스스로 자인한 것이다.

여수 시내에는 제주토벌출동거부병사위원회의 「애국인민에게 호소함」이란 성명서와 10월 24일 『여수인민보』에서 발행한 신문이 거리 곳곳에 부착되어 있었다. 종교위문단과 같은 시기에 현지를 시찰한 문인조사반은[10] 병사위원회의 성명서 일부를 보도하기도 하였다. 이 성명서에는 왜 제주도 출동을 거부했는지 명확하게 제시되어 있다. 하지만 종교위문단은 외면하였다.

셋째, 진상보고 (6), (7), (9), (10), (16)은 공산주의자를 천인공노할

---

10 문인조사반은 11월 3일부터 7일간 순천·여수를 비롯하여 광주·진주(하동)를 시찰하였다. 박종화·김송·정비석은 소설가였고, 김영랑은 시인이었으며, 이헌구·고영환은 평론가이며, 최영수·정홍거·김규택은 만화가이다. 사진작가로는 최희연·이소녕 등이다.

동족 학살과 약탈·파괴·방화를 저지른 자들로 보고하고 있다. 종교위문단이 현지를 시찰하기 9일 전부터 군과 경찰에 의해 많은 민간인 희생이 있었다. 무엇보다도 이들에게 정보를 제공하는 사람들은 대부분 공무원이거나 우익 청년학생단체였다. 상대 측 의견은 청취하지 않았다. 봉기군과 지방 좌익에 의한 학살도 있었지만, 군과 경찰에 의해 훨씬 많은 민간인이 학살되었다는 것이 자명한 사실임에도 언급하지 않았다.

여순항쟁의 희생자를 파악하기 위해서는 두 가지를 살펴야 한다. 첫째가 여순항쟁의 기간이다. 둘째는 이 기간에 발생한 형무소 재소자 사건, 국민보도연맹사건 등을 여순항쟁의 피해자로 보는 것이 타당한 지에 관한 것이다. 이들을 포함하면 여순항쟁의 피해자는 15,000명 정도로 예상된다. 이중 여러 조사를 통해 여수·순천·광양·고흥·보성·구례·곡성 지역의 희생자 중 가해자가 확인된 피해자는 총 1,963명이다.[11] 이들을 가해자별로 분석하면 다음과 같다.

<표 1> 여순항쟁 가해자에 따른 피해 현황

구분	경찰	군인	반란군	빨치산	지방 좌익	인민군	미상	합계
빈도(명)	722	944	100	79	24	11	83	1,963
비율(%)	36.8	48.1	5.1	4.0	1.2	0.6	4.2	100.0
합계(%)	84.9		10.9			4.2		100.0

<표 1>에 따르면, 군과 경찰에 의한 피해가 84.9%(1,666명)이며, 좌익이라고 일컫는 반란군·빨치산·지방 좌익·인민군에 의한 피해는 10.9%(214명)이다. 종교위문단의 보고서가 말하는 공산주의자에 의한 피해가 있었다는 주장의 근거를 <표 1>에서 확인할 수 있다. 10.9%란

---

11 진실화해위원회의 각 지역별, 사건별 조사를 합친 결과를 토대로 작성한 것이다.

수치는 군·경에 의한 학살에 비하면 상대적으로 약과라는 것도 동시에 확인할 수 있다. 종교위문단으로 동석했던 유호준이 남긴 "국군이 협력자를 처형한 장면을 직접 목격했다"는[12] 증언은 매우 유의미하며, 종교위문단의 보고서와 다른 양상이라는 것을 알 수 있다.

넷째, 진상보고 (18)은 남녀 학생의 행동이다. 당시 남녀 학생이 봉기군에 동조하고 호응한 것은 사실이다. 남녀 학생들이 더 잔인하게 행동했던 이유를 공산계 반동 교육자에 의한 지시에서 비롯되었다고 보고하였다. 보고의 근거는 무엇이었을까? 종교위문단이 만났던 정보원은 민족청년단, 대동청년단, 대한노총, 학련 등 우익 청년학생단체였다. 이들은 자신들의 행동을 정당화하기 위해 애국단체연합회를 조직하기도 하였다. 당연히 자신들에게 유리한 증언만을 취사선택하였을 가능성이 크다.

군과 경찰은 협력자 색출 과정에서 우익 청년학생을 대동하였다. 그들이 지목한 자는 협력자로 간주하여 즉결처분되었다. 보복적 살상에 앞장섰다. 상대방의 잔인성을 강조하며 자신들의 책임을 회피하였다. 또한 자신들의 행위를 정부로부터 확실한 인정을 받기 위해서 부단히 노력하였다. 그들은 민병을 조직하여 향토방위에 나설 수 있도록 요구하였다. 민병 조직 관철을 위해 자신들과 동급에 있던 좌익 남녀 학생들의 잔인성을 강조하였다.

다섯째, 진상보고 (19)는 신도 또는 교회의 피해가 적다고 보고하고 있다. 종교위문단에는 불교, 천주교, 기독교, 천도교, 유교 등 각 종교단체가 망라되어 있었다. 그런데 유독 '선교의 신도 또는 교회의 피해'를 보고한 이유는 무엇일까? 아마도 종교위문단은 현지를 시찰하는 과정에서 기독교인이 희생되었다는 소문을 들었을 것으로 추정되는데 실상 조

---

12 유호준, 『역사와 교회』, 대한기독교서회, 1993.

사해 보니 그 피해는 소문과 다르게 크지 않았던 것으로 보인다. 그 이유로는 일요일 예배일을 이용하여 학살을 기도하려고 했으나 이미 국군이 탈환했기 때문이라고 보고서에 적고 있다.

(19)의 진상보고는 순천 상황을 기록한 것으로 보인다. 여순항쟁이 발발한 10월 19일은 화요일이고, 순천이 탈환된 10월 23일은 토요일이다. 봉기군이 순천을 점령하는 동안 일요일은 없다. 여수는 7일 동안 봉기군이 점령하였고, 10월 24일이 일요일이다. 그렇다면 유독 순천에서만 기독교인의 피해가 컸다는 소문이 떠돌았던 이유는 무엇일까? 우선 매산학교가 기독교 학교이다. 그리고 순천은 전남 동부지역의 청년학생 중심지로서 해방 이후 갈등이 현존하고 있던 상태였다.

피해자가 손동인과 동신인지는 알 수 없다. 윤을수 신부의 회고록에는 천주교인이 '반란군에게 밥을 해 주었다는 이유로 죽었다'고 서술하였다. 유호준 목사의 회고록에는 손양원 목사의 당시 행동을 언급하였다. 윤을수 신부의 회고는 당시의 기록인 반면에 유호준 목사의 회고록은 1993년에 발간되었다.

여기서 의심이 드는 대목은 이렇다. 손양원 목사의 아들 동인과 동신 형제를 총살했다고 알려진 안재선은 종교위문단이 순천에 도착하기 전에 이미 구출되었다. '원수를 사랑하라'는 기독교의 정신을 손양원 목사는 실천하였다. 이 전설적인 이야기는 『사랑의 원자탄』이란 책으로 발간되었고 훗날 영화·오페라 등으로 만들어졌다. 당시에 이 소식은 엄청난 미담이었고 충격이었을 것이다. 그런데 종교위문단의 보고에는 이 미담이 빠졌다. 이유가 무엇일까? 현지 시찰에는 신문기자를 대동하였음에도 당시 언론에도 전혀 언급되지 않았다.

종교위문단은 순천 청년학생단체가 요구했던 계몽 선전에 주력할 것과 각 종교단체가 구호품 모집과 위문대 파견 계획을 모색할 것을 대책으로 주문했다. 이에 따라 천주교는 곧바로 연금모집운동을 추진하였다.

아울러 종교위문단은 진상보고서 이외에도 현지 의견이라면서 13개 항을 별도의 문건으로 발표하였다.[13] 현지 의견은 앞서 살펴본 순천 청년 학생단체가 요구했던 사항도 모두 포함되었다. 현지 의견의 내용을 살펴보면,

一. 정부의 강력한 시책이 절실히 필요하여 정부는 말단 행정기관을 통하여 민중에게 접근 융화할 것
二. 공보처를 일신하여 진정한 민족주의적인 능동적 문화인으로 하여금 선전, 계몽에 주력하여 민주정신을 앙양하고 시국을 인식시킬 것
三. 정부의 요인을 반란 현지에 파견하여 현지 관민의 사기를 고취할 것(정부의 장관 등이 광주까지 오고 현지에 온 분이 없었다는 사실)
四. 이번 사변의 원인을 군경의 충돌이라고 하나 이것은 불순분자의 모략전이고 미미한 군경의 감정을 충돌에 유도하여 반란의 조건으로 이용하려는 모략을 규명하여 일반 국민의 사건 원인에 대한 정확한 인식을 줄 것
五. 반란군과 폭도의 기만적인 선전 선동을 분쇄할 만한 민중의 사상적 계몽을 할 것
六. 민주사상을 일반 민중에게 강조하여 민족 재건을 기할 것
七. 이번 사변을 기하여 일대 국민운동을 전개하고 민족적 총 단결을 촉진할 것
八. 이재민의 구호사업이 시급하므로 이것은 정부의 구호사업과 병행하여 국민총력으로써 해결할 것
九. 정부기관, 교육기관, 기타 모든 부내에서 불순분자를 숙청할 것
十. 민족의 자멸적 현상인 정당 파쟁을 중지할 것과 정부는 애국자를 등용할 것

---

13 『서울신문』, 1948년 11월 16일.

一一. 경제정책을 확립하여 일반의 민생문제를 해결할 것
一二. 민족 민주진영의 청년단체를 통합하여 철저한 훈련을 연마하고 경비는 정부에서 지출할 것
一三. 신념 있는 애국청년으로 향토방위진을 편성하고 강력한 무장을 할 것(일선에서는 「빵」보다도 강력한 무기가 요청되고 있다는 사실)

종교위문단은 공보처와 사회부 후원으로 1948년 11월 15일 오후 2시부터 서울시 공관에서 강연회를 개최하였다. 연사로는 천주교 윤을수, 불교 박윤진, 장로교 유호준, 대종교 김희균 등이 나섰다. 강연이 끝난 후에는 반란지구 특보 「뉴-스」영화도 상영한다고 했다.[14] 이처럼 종교위문단, 계몽선전반, 문인조사반 등은 현지를 시찰한 후에 곳곳에서 강연회를 개최하면서 반공사상을 강조하였다. 민간인 학살의 책임도 좌익의 소행이라고 강변하였다.

앞서, 미군 경제협조처(ECA) 소속의 스노우는 현지를 시찰하고 별도로 보고서를 작성하였다. 그 결과가 Inspection Trip 보고서이다. 일명 '스노우 보고서'라고 한다. 스노우는 종교위문단과 비슷한 일정으로 현지를 시찰하였다.[15]

스노우 보고서에는 정부에 비판적인 지방 관리의 발언도 있다. 유수현 구례군수는 반란군이 신사처럼 행동했다고 평가하였다. 이에 비해 정부의 위신은 떨어졌는데, 이유인즉 반란군이 구례에 온다고 하자 구례에 있던 경찰과 국군이 모두 남원으로 도망가 버렸기 때문이다. 또한 반란군은 주민들의 식량을 가지고 갔지만, 국군은 식량, 의류, 이불을 가져가는 바람에 주민의 불평이 많다고 지적하였다.

---

14 『경향신문』, 1948년 11월 13일.
15 스노우의 Inspection Trip 보고서는 김득중, 앞의 책, 407~409쪽을 참고하였다.

스노우 보고서에는 순천에 있던 브랜든(Brandon) 신부의 말을 인용하여 토벌군에 의해 66명에서 67명의 민간인이 처형된 것 같다고 보고하였다. 종교위문단에서 일절 언급하지 않았던 토벌군의 행동이다. 브랜든 신부는 여수와 순천 시민들은 토벌군이 들어올 때도 반기었지만, 반란군이 들어왔을 때는 매우 반기었다고 보고서에 서술되어 있다. 특히 청년들은 제14연대 반란군이 들어왔을 때 소리를 지르며 좋아했다고 전했다. 스노우가 "시민들이 반란을 어느 정도 지원했느냐"고 묻자, 브랜든은 "상당한 지원(considerable support)이 있었다"고 대답했다. 애국단체연합회라는 우익 청년학생을 주로 만났던 종교위문단의 보고와 당시 분위기가 사뭇 다르다는 것을 알 수 있다.

또한 스노우가 순천에서 만난 보이어(Boyer) 선교사는 여수를 진압할 때 토벌군이 400여 발의 박격포탄을 사용한 결과 시가지 일부가 불탔다고 증언하였다. 토벌군의 무차별적인 토벌작전을 에둘러 비판한 것으로 보인다. 또한 여수에서 반란이 일어났을 때 5명 또는 6명의 CIC 요원이 현지에 머물고 있어서 군 당국에 완전한 보고를 제공했다고 한다. 말인즉 여순항쟁 발발 당시부터 발발 원인과 주동자 등을 미군과 정부 당국은 상세하게 알고 있었음을 드러낸 것으로 보인다. 보이어 선교사가 말한 CIC 요원이 미국인인지, 한국인인지 확인할 수 없으나, 여수에서는 CIC 요원 김수곤, 이광수, 최인태가 처형되었다.

스노우 보고서에서 흥미로운 것은 남한의 미래에 대한 당시 순천 지식인들의 반응이다. 이들은 남한이 곧 공산화될 것이라고 예상했다. 그 이유는 중국이 공산화되었기 때문이라는 것이었다.

이밖에도 스노우 보고서에는 미국인과 종교인에 대한 봉기군의 입장을 자세히 언급하였다. 보이어와 브랜든의 증언에 따르면 봉기군은 기독교인이라는 이유로 따로 분류하거나 처벌하지 않았다. 자신이 아는 한 종교적인 이유로 천주교도들이 살해되지는 않았다고 말했다. 브랜든이 두려워했던 것은 봉기군이 아니라 청년과 학생이었다. 총을 처음 잡아본 학생과 청년이 경찰을 잡으러 나섰기 때문이다.

스노우 보고서는 여수와 순천 지역의 상황을 다음과 같이 정리했다. 첫째, 큰 사무실에 일하는 사람이 하나도 보이지 않을 만큼 지방행정이 마비되어 있다. 둘째, 봉기군과 토벌군으로부터 식량을 빼앗겨 주민들이 고통 받고 있으므로 식량문제가 시급히 해결되어야 한다. 셋째, 여수 시내 부흥은 정부에 의해서 이루어져야 하며 구호물자가 보내져야 한다. 넷째, 인공기가 게양되고 인민위원회가 설립되고 식량 배급이 된 것에 비추어 볼 때 반란에는 조직적 지원이 있었다. 다섯째, 반란에는 깊은 원인이 있다. 반란군에 대한 광범위한 지지는 정치적 문제로서 대단히 중요하며 가볍게 생각하지 말아야 한다. 여섯째, 게릴라 활동의 근거지가 되는 것을 막으려면 강하고 건설적인 조치를 취하여야 한다.

브랜든 신부와 보이어 선교사는 순천 상황은 직접 목격했지만, 여수 상황은 전해 들은 것을 스노우에게 말했다. 다만, 이들이 누구에게 들었는지는 알 수 없다. 종교위문단이 조사한 사실조차도 보고서에 반영하지 못한 것에 비하면 스노우 보고서는 객관적으로 작성하고, 조사한 사실을 담았다는 데 유의미한 자료라고 할 수 있다.

앞서 정부에 비판적 발언을 했던 유수현 구례군수에[16] 대해 잠시 살펴보자. 유수현 구례군수는 다각적인 구호 대책을 위해 노력하였다. 그 일환으로 피해수습대책위원회가 여수의 부흥기성회,[17] 순천의 사건대책

---

16 유수현(劉守鉉, 1915~1980), 전남 강진 출신, 서울중앙고보 졸업, 일본 입교대학 경제과 졸업. 1948년 3월 25일~1949년 7월 30일까지 구례군수를 역임했다. 이후 해남군수에 부임했으며, 제6대 국회의원(선거구 전라남도 광주갑, 소속 정당 正民會)을 역임했다.

위원회,[18] 구례의 시국대책위원회[19] 등을 결성하여 활동하였다. 구례시국대책위원회는 여수와 순천에 비하여 늦게 출범하였다. 여수와 순천은 거대한 참상을 남겼으나 단시일 내로 종식되었다. 반면 지리산이란 큰 산을 끼고 살아가는 구례는 오랫동안 빨치산과 토벌군 사이에 전투가 계속되었다. 이러지도 저러지도 못한 군민들은 공포 속에서 먹을 것 입을 것이 없어 배고픔과 추위 속에서 목숨만 연명하였다.

구례군수 유수현의 노력은 몇 차례 신문에 언급되었다. 유수현 군수를 비롯한 시국대책위원회는 상경하여 관계 당국에 구호 대책을 호소했다. 유수현은 "이재민 공동 수용소를 설치하여 지리산 부근에 집단 부락을 만들어 구호치 않는다면 반도 토벌의 작전상 지장이 많을 뿐만 아니라 그들은 아사를 면치 못할 것이며, 특히 군경을 도와 반도 격멸 시에 희생당한 대한청년 단원들의 유가족에 대한 대책이 없다면 향토 방위상 지장이 많을 것이다"라면서 정부의 적극적인 구호 대책을 요구했다.[20] 그는 신문사 기자와 인터뷰에서 "내 손에 우선 돈 二천만 원 있다면 가련한 이재민들의 기한(飢寒)을 덜어 줄 자신이 있지만은……"[21]이라면서 아쉬움을 나타냈다.

유수현 군수의 활동으로 지역에서는 공덕비 건설이 논의되기도 했다.[22] 한편 유수현은 해남군수로 영전하여 신임지로 출발하면서 구례지

---

17 여수부흥기성회는 10월 28일 결성식을 갖고, 회장 문균, 부회장 정재완, 선전부장 장기, 총무부장 정경수, 감찰부장 김낙평, 재무부장(미정), 건설부장 김정옥, 구호부장 이우헌이다(『호남신문』, 1948년 11월 9일).
18 순천사건대책위원회는 10월 말~11월 초에 결성되었던 것으로 보인다. 위원장 김정기, 위원 조병준, 이해필 등이다(『동아일보』, 1948년 12월 1일).
19 구례시국대책위원회는 11월경에 결성된 것으로 보인다. 위원장은 고재연이다.
20 『경향신문』, 1949년 2월 8일.
21 『동광신문』, 1949년 1월 27일.

구에서 순직한 '전몰용사 군경관민 합동 충혼비' 건립비로 십만 원을 비롯하여 각 단체 기성금으로 다액의 금전을 희사하였다. 당시 구례 군민들은 이에 크게 감격하였다.[23]

유수현은 관공리(官公吏)의 부정부패가 만연한 상황에서 자신의 직분을 충실히 이행하였다. 직분을 충실히 수행하는 것이 관리로서 당연하였지만, 군민들의 눈에는 그저 고마울 뿐이었다. 유수현은 "반란군이 신사처럼 행동했다. 이에 비해 정부의 위신은 떨어졌다"면서 "반란군은 주민들의 식량을 가지고 갔지만, 국군은 식량, 의류, 이불을 가져가는 바람에 주민의 불평이 많다"고 하였다. 큰 산 아래 살았던 사람들의 처한 상황이 상상된다.

---

22 『동광신문』, 1949년 1월 28일.
23 『동아일보』, 1949년 8월 18일.

3장. 기독교인의 상황 인식

기독교인들은 여순항쟁을 직간접적으로 경험하였고, 집단적인 활동도 하였다. 종교위문단으로 현지를 시찰하고 기록을 남긴 사람은 유호준 목사이며, 인터뷰를 남긴 사람은 윤을수 신부이다.[24] 여순항쟁을 경험하고 기록을 남긴 기독교인을 정리하면 〈표 2〉와 같다. 이들 중 윤을수 신부와 김형도 목사는 여순항쟁 당시 기록을 남겼다는 점에서 사료 가치가 높다. 특히 김형도의 「여수의 풍란을 겪고 와서」는 매우 가치가 있는 사료이다. 반면 나머지 인물의 기록물은 회고록이다. 회고록은 주관적 개입과 시대 상황에 따른 자신의 합리화 과정이 투영된다는 점을 고려하며 살펴야 한다.

〈표 2〉 여순항쟁 기록을 남긴 기독교인의 명단

이름	목회교회	전거
윤을수	천주교 서울교구 신부	『윤을수 신부의 삶과 사랑』 『경향잡지』 1005호
유호준	서울 용산교회 시무 대한예수교장로회 총회 서기	『역사와 교회』
김형도	전국YM·YWCA연합회 인도	「여수의 풍란을 겪고 와서」 『복의 근원』
황두연	순천중앙교회 장로 순천 지역 국회의원	「황두연과 순천사건」 『자기가 십자가 지고 따르라』
정규오	광양 광동중앙교회	『나의 나 된 것은』
차남진	율촌 장천교회	『사형수의 전도사 차남진 박사』
나덕환	순천 승주교회	『아름다운 믿음의 유산』

---

24 종교위문단은 현지를 시찰한 10명의 종교인 중에 현재까지 자료가 확인된 사람이 2명이라는 것이다. 이후 자료가 발굴될 수도 있다.

1. 윤을수의 『경향잡지』에 나타난 종교인의 피해

윤을수 신부가 남긴 기록 중에는 특별히 여순항쟁에 대한 언급은 없다.[25] 다만 그가 종교위문단으로 활동한 후 『경향신문』과의 인터뷰에서 "어제까지 평화하게 생활을 이루던 주택은 하룻밤 사이에 총탄과 화재로 빈터만 남고 존귀한 겨레의 생명이 싸늘한 시체 되어 초개와 같이 거리에 나둥그러져 있으며 남편을 잃은 아내, 어버이를 잃은 어린이, 자식을 잃은 부모들이 목이 메고 눈앞이 캄캄하여 흐느끼며 헤매이고 있다"면서 "이번 사건은 원인이 심각한 곳에 있는 만치 앞으로 정부와 민중이 처리하여 나갈 일은 상당히 크고 많다. 그러나 우선 급한 일은 조난 동포들을 구호하는 일이라 당면한 문제로 시급한 과제부터 해결해야 할 책무"라고 하였다.[26]

윤을수는 현지 광경을 담담하게 기술하면서, 피해 지역의 동포를 구호하는 것이 가장 당면한 문제이며 시급하다고 생각하였다. 이에 윤을수는 이후 천주교 서울교구 본부를 중심으로 전남 피해지 의연금 모집운동을 적극적으로 추진하였다.[27]

한편 윤을수를 조명하기 위한 『윤을수 신부의 삶과 사랑』이 2011년에 발행되었다. 이 책에는 1948년 12월 『경향잡지』에 실린 윤을수와 여순항쟁의 관계를 간략하게 소개하였다. 『경향잡지』 1005호에는 '여수, 순천교회 무사'란 제목으로 종교위문단을 시찰한 내용이 실렸다. 내용 전체를 옮겨 보면,

---

25 윤을수 신부와 관련해서는 인보성체수도회, 『윤을수 신부 유고집』, 1983; 인보성체수도회, 『새감의 얼』, 1984 등이 있으나 여순항쟁에 대한 언급은 없다.
26 『경향신문』, 1948년 11월 11일.
27 『경향신문』, 1948년 11월 16일.

전남 여수, 순천 등지에 반란군의 폭동으로 비참한 파괴와 인명의 손해가 있어 전국의 주목을 끌었던바, 거월 상순 당지를 시찰하고 이재민을 위문하고 돌아온 노렌조 윤을수 신부 보고에 의하면, **교우 몇 명이 반란군에게 밥을 하여 주었다는 명목으로 총살**되었을 뿐으로서, 기타 교회와 일반 교중은 무사하다고 한다. (윤을수, 『경향잡지』 1005호, 1948년 12월)

『경향잡지』 1005호는 1948년 12월 당시 기록이라는 점에서 사료 가치가 높다. 위 인용문에서 윤을수가 '교우'라고 표현한 것으로 보아 천주교인의 희생을 말한 것으로 보인다. 통상적으로 개신교에서는 '교인'이라는 용어를 사용한다. 이 교우는 "반란군에게 밥을 해 주었다"는 이유로 총살되었다. 봉기군에게 협력한 혐의이다. 따라서 윤을수는 가해자를 누구라고 특정하지 않았지만,

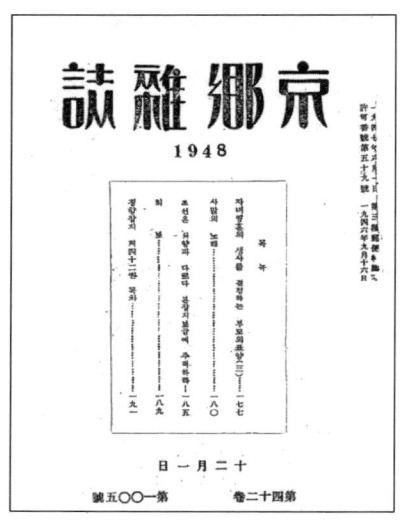

<그림 1> 경향잡지 1005호

국군이나 경찰이었다는 것을 짐작할 수 있다.

그리고 "기타 교회와 교중은 무사하다"고 표현하였다. 기타 교회가 천주교만 의미하는지 개신교까지 포함한 기독교 전체를 의미하는지 명확하지 않다. 그러나 뉘앙스로 보아 전체 기독교를 의미한 것으로 보인다. 윤을수는 몇 명의 천주교인이 군경에 의해 희생된 것 말고는 기독교인의 희생을 듣거나 목격하지 못했다고 당시 기록을 남겼다. 앞서 스노우 보고서에서 반란군은 기독교인을 따로 분류하거나 처벌하지 않았다고 보고하였다. 결과적으로 반란군은 종교적인 이유로 기독교인을 특정하여 학살한 사례가 없었다는 것을 윤을수와 스노우는 입증하고 있다.

『윤을수 신부의 삶과 사랑』에는 남로당 문화부장 겸 특수정보부 책임자인 김태준의 구명을 시도했다는 서술이 있다. 김태준은 1949년 9월 30일 중앙고등군법회의에서 사형선고를 받았다.[28] 당시 9명의 사형 선고자 중에 김호익 경감 살해범 이용운과 김지회의 처 조경순을 제외하고는 남로당 문화공작대 소속이었다. 김태준은 남로당 문화부장으로 공작대를 이끌고 지리산에 입산하였다가 체포되었다.

　윤을수가 김태준 구명운동을 시도했던 것은, 김태준이 최후진술에서 "지금 조선에는 고전을 수립하고 정리하고 고증하는 것이 중대한 일이므로 앞으로 용인된다면 상아탑에서 이러한 일을 하고 대한민국을 위하여 이러한 일들을 하겠습니다"면서[29] 전향 의지를 드러냈기 때문이다. 윤을수는 김태준이 전향했다고 보았으며, 국문학자이며 문학사인 김태준의 능력(한국 고전 연구)이[30] 사라질 것이 안타까워 구명운동을 시도하였다. 윤을수의 구명운동에도 불구하고 조경순과 문화공작대원 6명은 감형되었으나, 김태준과 이용운은 사형 집행이 결정되었다.[31] 김태준은 1950년 6월 상순 수색(水色)에서 처형되었다는 설과[32] 1949년 11월 처형되었다는 설이 있다.[33]

28　9월 30일 중앙군법회의에서는 고 김호익 총경 저격범 이용운, 김지회 처 조경순, 남로당 문화공작대 김태준, 유진오, 홍순학, 유호진, 박우룡, 이원장, 이용환 등 총 9명에게 사형이 선고되었다(『서울신문』, 『동아일보』, 1949년 10월 1일; 『경향신문』, 1949년 10월 2일).
29　한영순, 『윤을수 신부의 삶과 사랑』, 2011, 123쪽.
30　『조선한문학사』, 조선어문학회, 1931; 『조선소설사』, 조선어문학회, 1932; 『조선고가요집성』, 조선어문학회, 1934.
31　『동아일보』, 1949년 11월 8일.
32　『한국민족문화대백과』; 『국어국문학자료사전』
33　양영길, 「金台俊의 문학사 인식방법 연구」, 『백록어문』 12, 1996, 110쪽.

2. 유호준의 회고록에 나타난 협력자 색출과 처형

종교위문단의 기독교 장로회 대표로 현지를 시찰한 유호준 목사는 1993년에 『역사와 교회 : 내가 섬긴 교회·내가 살던 역사』란 회고록을 발간하였다. 이 책에는 앞서 살펴본 종교위문단의 시찰 명단과 다르게 기독교에서는 본인을 비롯하여 김종대 목사와 조민형 장로가 참가했다고 기술하였다.

유호준은 '내가 본 여순반란 사건과 제주도 4·3사건'이란 제목으로 여순항쟁을 기술하였다. 그는 "제주도 파견 명령이 떨어지면서 좌익진영의 군인이 반란을 일으켜 순천, 여수, 벌교를 사흘 동안 점령하여 경찰관 가족 등 우익진영을 학살한 사건"이라면서 성격을 좌익 군인의 반란으로 규정하였다. "순천, 여수, 벌교"는 각각 점령 기간이 달랐음에도 사흘 동안 점령하였다고 서술하는 등 사실관계에 오류가 있다.

유호준 회고록에는 우익이나 좌익을 가리지 않고 학살에 대한 서술이 상당하다. 그가 순천에 도착하여 처음 본 광경에 대해 "길가를 비롯하여 후미진 골목까지 반란군이 학살한 경찰관과 민간인들의 시체가 즐비하게 흐트러져 있었다"고 기술하였다. 반란군에 의한 학살 주장은 종교위문단의 활동 기간을 염두에 두고 살펴야 한다. 유호준이 본 거리의 광경은 이미 군과 경찰에 의해 민간인이 학살된 이후의 시점이다. 그런데도 반란군의 학살로 단정했던 것은 유호준에게 정보를 제공한 이들이 대부분 관료와 우익 인사 및 우익 청년학생이었기 때문이다.

한편 반란군의 소행만큼이나 국군이 협력자를 처형한 장면에 대해서도 자세히 서술하였다. 그 내용을 옮겨 보면,

총살시킨 시체를 처리하기 위해 통나무 위에 시체를 놓고 그 위에 또 통나무를

놓고 또 시체를……그렇게 노적가리 모양으로 시체를 쌓아 놓고 **석유를 뿌린 후 불을 질렀**으나 사람 몸에서 나오는 기름 때문에 불이 꺼져 버리자 타다 남은 시체들이 그대로 방치되어 있었던 것이다. 그것 역시 차마 눈 뜨고 못 볼 장면이었다. (유호준, 『역사와 교회』, 대한기독교서회, 1993)

위 상황을 유호준은 직접 목격한 것일까? 정보원으로부터 전해 들은 것일까? 문맥상 그가 직접 본 것으로 보인다. 유호준이 직접 목격한 이 학살은 순천 죽도봉 골짜기(현, 순천시 조곡동 566번지 일대)에서 있었던 학살 장면으로 짐작된다.[34] 이는 문인조사반으로 순천에 왔던 김영랑의 「절망」이란 시에도 잘 드러난다.

국군과 경찰은 순천뿐만 아니라 여수에서도 이와 같은 방법으로 민간인을 학살하였다. 여수에서의 대표적인 학살 장소가 여수시 만성리에 있는 형제묘이다. 당시 토벌군으로 여수에 출동했던 제4연대 2대대 2중대의 이○○는 "즉결처분으로 총살한 그 다음 날 트럭으로 그 시체들을 실어서 뒷산에 가서 태워 버렸음. 시체를 놓고 마른 소나무를 잘라다가 휘발유와 함께 태웠음. 그럼 잘 타, 나도 했음(약간 말을 흐리며) 물론 보기만 했지만서도. 머리가 터지면서 빠박하는 소리가 총소리보다 더 컸음. 시체가 타면서 나중에 머리가 터지며 나는 소리였음. 그 소리가 아직도 생각이 난다"고[35] 증언하였다. 토벌군의 증언은 섬뜩하다. 상상조차 할 수 없는 만행이 군과 경찰에 의해 저질러졌음을 알 수 있다. 또한 유호준은 협력자를 색출하는 방법도 서술하였다.

국군은 반란군으로부터 여수·순천 지역을 되찾으면서 공산 반란군 점령하

---

34 진실화해위원회, 「순천 지역 여순사건」, 『2008년 하반기 조사보고서』 3, 2008, 603쪽.
35 진실화해위원회, 「여수 지역 여순사건」, 『2010년 상반기 조사보고서』 2, 2010, 569쪽.

에서 누가 부역을 했는지 가려내기 위해 주민들을 국민학교 교정에 전부 모이게 했다. **색출 방법은 줄줄이 앉혀 놓고 눈을 감도록 하고는 공산 반란군의 마수에서 벗어난 인사들로 하여금 줄 사이로 지나가며 부역자를 손가락 끝으로 지적하게 했다는 것이다.** 이들의 **손가락 끝도 좌익의 손가락 끝과 마찬가지로 죽음을 가리키는** 것이었다. 이들의 손가락에 의해 벌교 뒷산 계곡으로 끌려가 국군에 총살된 자 또한 부지기수였다. 주민들에 의해 좌익으로 몰려 죽은 사람들 중에도 실제 좌익이 아닌 사람들이 끼어 있기는 마찬가지였다. (유호준, 위의 책, 201쪽)

유호준이 현지에서 들었던 협력자 색출 방법은 이른바 '손가락 총'이다. 여수서국민학교, 여수종산국민학교, 순천북국민학교 등에서 실제 이러한 일이 벌어졌다. 그는 좌우익 어느 한편에 섰다는 이유만으로 죽어야 하는 것도 문제였지만, 정치와 거리가 멀었던 선량한 사람의 죽음을 안타까워했다. 그는 서두에서 여순항쟁의 성격을 "좌익 군인들이 경찰관 가족 등 우익진영을 학살한 사건"이라고 했던 것과 달리, 책 곳곳에는 선량한 민간인의 죽음을 상세하게 서술하였다.

여순항쟁에서 무소불위의 힘을 가졌던 것이 손가락 총이다. 손가락 총에 대한 증언은 당시 현직 경찰과 토벌군인의 증언을 통해서도 확인할 수 있다. 여수경찰서 수사과 김○○는 주민들을 상대로 반란군 협력자를 색출하는 작업을 목격하였다. 그는 "국군 제5연대(대대장 김종원 대위)가 종산국민학교(현 중앙초등학교)에서 손가락 총에 지목된 사람들은 몇 마디 물어보지도 않고, 학교 운동장에서 즉결처분되었다"고 증언하였다.[36] 또한 제4연대 2대대와 5여단 병참수송부 소속 정○○가 순천농림중학교에서 본 상황을 보면, "진압군이 민간인 수백 명을 운동장에 집결

---

36 진실화해위원회, 「여수 지역 여순사건」, 『2010년 상반기 조사보고서』, 2010, 442쪽.

시켜 놓고 반군 협력 혐의자를 색출했다"며, "누가 사람들을 손가락으로 지목하였고, 군인 10여 명이 운동장 앞쪽 학교 담 안 밭두렁에서 속옷만 입고 손이 묶인 민간인 40~50명을 일렬로 세워 놓고 지휘관의 명령에 따라 총살했다"고 증언하였다. 그는 당시 조사나 재판은 없었고 색출되면 무조건 총살되었다고 밝혔다.[37] 이처럼 손가락 총에 의한 협력자 색출 그리고 학살로 이어지는 증언은 셀 수 없을 정도로 많다.

3. 김형도의 기고문에 나타난 사건일지

여순항쟁 연구에 사료적 가치가 높은 1차 사료를 남긴 김형도 목사의 기록을 살펴보자. 김형도는 1979년 『복의 근원』을 발간하였다. 이 책에는 '여순반란사건의 와중에서'란 제목으로 여순항쟁을 기록하였다. 그러나 김형도가 여순항쟁을 주목한 것은 이보다 훨씬 이른 시기인 1948년 12월에 기고한 「여수의 풍난을 겪고 와서」란 글이다. 그는 이 글을 『기독교 가정』 창간호에 투고하였다. 『복의 근원』과 「여수의 풍난을 겪고 와서」의 전체적인 맥락은 같으나 사소하게 차이가 있다. 훗날 기록인 『복의 근원』이 보다 상세하게 상황을 기록하였으나, 사실관계에 다소 오류가 있다.

<그림 2> 「여수의 풍난을 겪고 와서」

여순항쟁 발발 당시 김형도는 기독학생회(YMCA·YWCA) 지도자로

---

37 진실화해위원회, 「순천 지역 여순사건」, 『2008년 하반기 조사보고서』, 2008, 676쪽.

활동하였다. 그는 11월에 열린 세계 기독교 학생 지도자 대회(개최 도시 세이론)에 대표로 참석하게 되어 그 경비를 마련하고자, 제14연대에서 군납사업을 하는 처의 친척 송운경을 만나러 10월 17일 여수에 왔다. 이즈음 여수와 순천 지방 기독교학생회에서도 집회를 인도해 달라고 요청이 있었던 시기이다.[38]

「여수의 풍난을 겪고 와서」는 김형도가 10월 17일 여수에 도착하여 10월 30일 서울로 돌아갈 때까지를 직접 보고 체득한 것을 일자별로 기록하였다.[39] 그러나 실제 글에서는 11월 17일 여수에 왔다고 되어 있다. 기록하는 과정의 오류이다. 이후는 월(月)은 생략하고 일(日)만 표기했다. 이 글은 대략 200자 원고지 52매 정도이다. 김형도가 일자별로 작성한 글을 정리하면 다음과 같다.[40]

<표 3> 김형도 목사의 일정

일시	일정 주요 내용
10월 17일	- 여수 도착. 인구 8만 명, 어업조합 매상고 일 년 40억 원, 어업이 성한 도시. - 여수 사람은 사상과 신앙에 무관심, 반란이 사상을 토대로 된 것이 아닌 것으로 보임.
19일	- 여수호텔에 여장을 품. - 제14연대 견학, 군인들 근무 환경이 매우 열악함을 보았고, 군인의 불만을 직접 목격.
19일 23:00경	- 반란을 일으켜 2시간 30분 동안 군내에서 싸움 끝에 군권을 장악하고 시내로 진출했다고 들음. * - 여수경찰 70명을 비상소집했으나, 30명만 집결, 경찰 7, 8명이 불에 탔다고 들음. *
20일 02:25	- 숙소(여수호텔)에서 총소리 들음. 순천병원에 부상병이 실려 오는 것을 봄.

---

38 김형도, 『복의 근원』, 서울 한국기독교문학연구소출판부, 1979, 149쪽.
39 김형도, 「여수의 풍난을 겪고 와서」, 『기독교 가정』 창간호, 1948년 12월.
40 김형도, 위의 글, 36~44쪽을 정리한 것이다.

일시	일정 주요 내용
20일 아침	- 반군 4, 5인에게 잡혀 인민군 군기대(신한공사 사무소)에 잡혀옴. 경찰 15명을 비롯하여 20명 정도가 잡혀와 있었음. 얼마 후 김상두 목사(여수읍교회)가 잡혀옴.
20일 오후	- 시민대회가 열림. 축사는 학생연맹, 여성동맹, 노동조합, 남로당 4단체가 함. 내용은 동일함. 의장단 5인 선거하고 ① 여수호텔을 접수 ② 시민이 행렬하는 동안 관공서 접수. - 시민대회 중 탈출.
20일 오후	- 비행기가 정찰하고 감.[41]
20일 저녁	- 친척 집에 숨어 있다가 다시 군기대에 체포, 재정 담당 장교(이 중위)도 같이 체포됨.
21일 아침	- 재정 담당 장교가 부하를 만나 살려 달라고 애원, 밤에 장교는 탈출함.
21일 밤	- 군기대에 잡혀온 53명 사형선고, 사형 집행은 안 됨. 자신은 풀려남.
22일	- 정찰 비행기에서 삐라를 산포.[42]
22일	- 인민위원회 들러 통행증 발급 요청. 위원장은 겸손하였음. - 군함 7, 8척이 여수 앞바다에 나타남.
22일 밤	- 김해여관에서 잠을 잠.
23일 14:00	- 14:00~16:00, 기관총 소리가 여수 시내에서 남. "정부 군대가 왔다가 참패하고 달아났다"고 선전함. - 인민위원회에 있던 40여 명이 무조건 학살당했다고 들음. *
24일	- 『여수일보』『여수인민보』로 창간호 냄. 그것이 마지막이었음.
25일 새벽	- 국군의 기관총 소리가 남. 밤거리는 다시 조용함.
26일 13:00	- 국군의 사격이 맹렬함, 함포 사격도 시작됨.
26일 14:00	- 여수 뒷산에 태극기 올라감.
27일 오전	- 해상과 육지에서 사격이 계속됨.
27일 10:00	- 여수 시내 곳곳과 관공서에 백기가 올라감. - 집집마다 태극기 게양. - 시내로 나가니 거리에 시체가 널브러져 있음. **시신은 반란 군인과 남녀 학생들.**
27일 밤	- 국민학교 임시 수용소에서 기거함.
30일	- 특별 군용차로 서울로 향함.

「여수의 풍난을 겪고 와서」는 자신이 직접 본 것과 간접적으로 전해

들은 것을 구별하였다. <표 3>의 일정 중에서 ✽ 표시는 간접적으로 전해 들었다는 표시이다.

김형도는 글을 마무리하면서 "충동을 시킨 것은 공산주의다. 그러나 죄는 공산주의에게만 있느냐. 오랫동안 압박과 착취만 받아 온 민중이라 덮어놓고 권세에게 반항심을 품는 것이 이 백성의 병이라면 몰라도 왜 이처럼 민중이 마음이 비꼬여졌는가 말이다"라며 민중은 현명하다고 했다. 그리고 "모리배와 친일파를 숙청하라. 어서 탐관오리를 내여 몰라. 이것이 과감히 단행되지 않는다면 여수·순천만이 아니라 온 나라가 뒤집히게 되리라 하고 외쳐 보고 싶어졌다"고 자신의 심정을 밝혔다. 아울러 그는 조국 건설을 중대한 과업으로 각 기관에 숨어 있는 공산주의자의 소탕도 주문하였다.

김형도의 일정에서 가장 주목되는 부분은 27일 오전 10시 상황이다. 이 시간대에 여수 시내 대부분은 토벌군에 의해 점령되었다. 시내에 나가니 거리에는 시체가 널브러져 있었다. 그 시신은 반란 군인과 남녀 학생들이었다. 토벌작전이 수행되는 과정에서 봉기군뿐만 아니라 학생 그리고 민간인까지 많은 사람이 죽었음을 가늠할 수 있는 기록이다. 그런데도 종교위문단뿐만 아니라 문인조사반 등은 탈환 후 한참이 지난 시점에 시찰을 하였음에도 거리의 시신을 반란군의 소행으로 기록하였다. 그리고 천인공노할 만행이라고 하였다.

---

41 국군이 비행기로 최초 정찰한 날이 10월 21일이며, 이때 "두 시간의 여유를 준다"는 귀순 권고 전단을 살포했다고 한다. (박찬식, 「7일간의 여수」, 『새한민보』 11월 하순호, 1948; 이재학, 「전남반군의 진상」, 『개벽』 80호, 1948년 12월)

42 "너희 반란군은 순천 여수 등 호남선 일대와 진주 마산까지를 점령했는데 내가 장관으로 당장 너희를 쓸 수는 없으나 속히 군무로 돌아가라. 속히 마음을 끌리고 두 시간 이내의 군무로 돌아가라"

한편 김형도의 『복의 근원』에서는 여수에 오게 된 이유를 언급하였다. 이 책에서 사실관계의 오류가 상당 부분 발견된다. 첫째, 여순항쟁 발생 연도를 1958년으로 기술하면서, 1957년에서 1958년 사이의 기독교 학생회의 하령회를 자주 언급한다. 여순항쟁은 1948년도에 발발했다. 둘째, 여수에 도착한 날을 11월 19일 저녁이라고 언급하였다. 앞선 글에서도 11월로 착각했던 것과 같다. 셋째, 10월 25일[43], 국군이 여수를 탈환하였고, 그 자리에서 평소 안면이 있던 김백일 장군을 보았고, 만세를 불렀다고 한다. 국군이 여수를 탈환한 날은 10월 27일이다. 넷째, 김찬길 검사의 죽음을 언급한 부분인데, 김찬길은 김형도의 숭실전문학교 1년 선배라고 소개하면서, 진실한 크리스천이라고 하였다. 이는 순천검찰청 박찬길 검사를 지칭한 것이다.

이처럼 당시 기록물이라고 할 수 있는 1차 사료와 훗날 회고록은 사실 관계에서부터 차이를 드러낸다. 또한 상황에 대한 인식도 당시에 겪었던 것을 담담하게 기록한 것이 1차 사료라고 하면, 훗날 작성된 회고록은 여러 기록을 참조하고 전해 들은 이야기, 시대 상황의 변화 등이 종합적으로 투영되어 자신을 합리화하는 데 치중하고 있다.

『복의 근원』에는 「여수의 풍난을 겪고 와서」에서는 등장하지 않는 오동도의 모습이 서술되어 있다. 실제 오동도에서는 많은 민간인이 학살되었다. 토벌군이 여수를 탈환하고 여수 시민 다수를 오동도에 집결시켰고, 본인도 그곳에서 이틀 밤을 지새웠다고 쓰고 있다. 대략 천 명의 남자들이 오동도로 이송되었고, 일부를 분류하여 처형했다고 언급한다.

군인과 경찰관이 나와서 사람들의 이름을 부르고 불려나온 사람들을 **돌로**

---

[43] 이 책에는 11월 25일로 기술하였다.

된 창고 같은 곳으로 몰아넣는다. 어떤 사람은 나는 아니라고 야단을 친다. 그래도 억지로 몰아넣는다. 저들은 누구일까 하고 보고 있노라니까 얼마 후 **군인들이 30여 명이나 되는 사람들에게 총을 쏘아 몰살시키는 것이었다.** 아마도 반란군이나 좌익 괴수들이었을 것으로 짐작이 갔다. (김형도, 『복의 근원』, 1979)

김형도는 오동도라고 지칭했지만, 글의 내용에 '창고'라 표현하였다. 오동도 입구에 있었던 석탄창고로 보인다. 실제 오동도 입구 석탄창고에 가두었다가 오동도에서 총살한 사례가 여럿 있다. 제5연대 1대대 1중대 소속의 강○○ 하사, 15연대 3대대 11중대 김○○ 이등병, 여수경찰서 수사과 김○○ 순경의 증언을 정리하면,

대대장 김종원이 내린 지시(13세~80세까지 무조건 모두 연행하라)에 따라 군인 2~3명씩 민간에 들어가서 수색한 후 반군 가담 혐의자를 연행하여 **오동도 인근 석탄창고 6개에 구금**시켰다. 대략 한 창고에 수십 명씩, 도합 수백 명 이상이었고, 6개 창고 모두 다 가득 찼다. 매일 아침 주둔 석탄창고 앞에서 조회 시에 김종원이 담력 훈련을 시킨다는 명목으로 석탄창고 사람들을 불러내어 도열한 분대장·선임하사·향도 등에게 일본도를 주며 참수하는 시범을 보이라고 지시했다. 김종원은 차마 참수를 못하는 간부에게는 무차별 구타를 자행하며, **김종원 본인이 직접 해당자를 단상에 끌어 올려놓고 일본도로 참수** 시범을 보였다. 이러한 방식으로 하루에 약 10명 정도의 사람을 일본도로 참수했다. (진실화해위원회, 「여수지역 여순사건」, 『2010년 상반기 조사보고서』, 2010)

당시 진압과 협력자 색출에 나섰던 군과 경찰의 증언은 김형도의 기록보다 훨씬 잔인하게 사람을 죽였음을 알 수 있다. 여기에는 제5연대 대대장 김종원의 일본도를 이용한 참수가 있었다. 김형도는 오동도 인근 창고에서 희생된 이들을 '반란군이나 좌익 괴수'라고 짐작하였다. 반란군이나

좌익 괴수는 이러한 방법으로 죽여도 되었던 것일까?

당시 기록했던 「여수의 풍난을 겪고 와서」에 비하여 1979년에 발간된 『복의 근원』은 상당히 반공 이데올로기가 투영되어 있다. 『복의 근원』은 회고록이다. 회고록의 특징은 자기의 합리화 또는 주관적 측면을 강조하다 보니 사실관계에서 오류가 발생하기도 한다. 이러한 점을 항상 주지하고 살펴야 할 것이다. 김형도의 「여수의 풍난을 겪고 와서」는 타 사료와 함께 면밀한 검토가 필요하다.

4. 황두연과 반란사건의 사실관계

황두연은 일제강점기 신사참배 반대를 주도한 기독교 장로이며, 여순항쟁 당시 순천 갑구 출신 국회의원이다. 훗날 그는 목사가 되었다. 황두연과 관련하여 글은 잡지『민성』 1948년 12월호에 「화제의 인물 - 황두연과 순천사건」이란 제목으로 게재되었으며,[44] 1978년에 그가 직접 쓴 『자기 십자가 지고 따르라』란 수기가 있다.[45] 「화제의 인물 - 황두연과 순천사건」은 대략 200자 원고지 20매 정도의 분량이지만, 수기는 130매 분량으로 당시 상황이 더욱 상세하게 기록되어 있다.

황두연은 여순항쟁 당시 순천 인민재판에 배석판사 등 대체로 7가지 혐의로 경찰에 체포되어 죽음의 문턱

<그림 3>
「화제의 인물」

---

44 석성인(石惺人), 「화제의 인물 - 황두연과 순천사건」, 『민성』 5-1, 1948년 12월호.
45 황두연, 『자기 십자가 지고 따르라』, 목회자료사 1978.

을 넘나들었다. 7가지 혐의를 원문 그대로 인용하면,[46]

一, 순천반란 당시 삼 일에 걸쳐 황 의원 집에 인공기를 달았다는 것
一, 백미 일 두의 밥을 지어 반란군을 대접하였다는 것
一, 이번 반란에 있어 사전 연락이 있고 인민재판에 배석판사로 일을 보았다는 것
一, 5·10선거 당시 민족진영으로부터 전면적 추천의 거절을 당하였다는 풍설
一, 5·10선거 당시 이번 반란사건에 가담하여 총살을 당한 여류 성악가 오경심의 석방운동을 하였다는 것
一, 황 의원만 못한 인물들도 살해되었는데 죽지 않았고 반란군이 그의 집에 빈번하게 출입하였고 또 반군의 무기를 감추었다가 국군에게 압수당하였다는 것
一, 반란에 주동 역할을 한 순천검찰청 차석 검사이며 인민재판의 재판장이었다는 박찬길과 친숙관계가 되어 반란군에 가담하여 활약하는 분자들을 황 의원집에 감추어 두었다는 것

7가지 혐의는 순천의 민족진영 8개 정당 및 사회단체가 연명한 진상보고서로 『평화일보』가 대서특필하였다.[47] 이후에도 『평화일보』는 지속해서 황두연이 반군과 연관되었다는 주장을 하였다.

「화제의 인물 - 황두연과 순천사건」에는 황두연을 "금년 44세의 장년으로 후리후리한 키에 안경을 쓰고 영국 신사격인 풍모를 갖추고 있다"면서 품성과 함께 크리스천이라고 소개하였다. 그러면서 7가지 혐의에 대해 날짜와 시간별로 행적을 언급하면서 무고하다는 황두연의 주장을 기

---

46 석성인, 앞의 글, 54쪽.
47 『평화일보』, 1948년 11월 9일.

록하였다. 즉 「화제의 인물 - 황두연과 순천사건」은 여순항쟁 당시 순천의 전반적인 상황보다는 황두연의 해명을 위한 글이다. 또한, 황두연의 말을 인용하여 순천에서 인민재판이 없었다고 서술하였다.

황두연이 1978년에 쓴 『자기 십자가 지고 따르라』 수기에는 「여순반란 사건」이란 제목으로 앞서 논란이 되었던 7가지 혐의를 부인하면서 순천 상황을 상세하게 기록하였다. 특히 인민재판 배석판사와 관련해서는 이승만과의 관계 등을 언급하면서 적극적으로 해명하였다.

황두연은 당시 국회보고에서 10월 19일 상오 11시에 순천에 도착했다고 하였으나,[48] 이 책에는 10월 20일 도착했다고 서슬하였다. 10월 20일 아침에 보슬비가 순천에 내렸으며, 반란 소식을 듣고 구레인 선교사 댁으로 몸을 피신하였다고 한다. 오후 3시경 시 전역을 반란군이 점령하였고, 반동이라고 지명하는 우익진영 사람들을 색출하여 끝고 가는 모습을 2층에서 보았다고 한다. 저녁 7시경에 제14연대 고문관을 역임했던 그린밤 중위와 무어 소위가 선교사 집으로 피신을 왔으며, 그곳에 중앙교회 김상권 목사, 선교사 번역을 담당하던 김규당 목사 등과 함께 피신하였다고 한다.

3일째 되는 오후에 국군이 진격하였고, 구레인 선교사와 동승하여 반란군이 사용한 몇 곳을 둘러보니 그야말로 시산혈해(屍山血海)가 되어 있는 그 참혹한 정경이 목불인견이었다고 기록하였다. 글의 맥락상으로 보면 반란군이 저지른 짓으로 여겨진다. 그러나 국군의 토벌작전 과정에서 발생했을 가능성도 배제할 수 없다. 여수를 국군이 탈환하는 날 시내 상황을 묘사한 김형도의 글이 이를 증명하고 있다.

황두연이 찾은 곳은 전남도경이 진주하여 사태를 수습하고 있다는

---

[48] 『경향신문』, 1948년 11월 2일.

북국민학교였다. 지휘관은 도경 부국장 최천이라고 밝히고 있다. 넓은 운동장에 많은 시민을 꿇어 앉혀 놓고 반란 가담자를 가려내는 것을 황두연은 목격하였다. 그 내용을 옮겨 보면,

> 지방 한민당원 4인조를 비롯하여 유명한 비류배들 몇 사람이 나열하여 서서 반란 가담자를 가려내는 것이었다. 반란에 가담한 자를 가려내는 방법은 어린이 불장난 같았다. 그자들이 제멋대로 누구든 지목만 하면 그는 반도로 지목되어 경찰에 넘겨 불문곡직하고 전신을 난타당한 후, 딴 곳으로 끌려갔다. (황두연, 『자기 십자가 지고 따르라』, 1978)

혐의자를 색출하는 방법이 얼마나 어처구니없이 이루어졌는지를 가늠할 수 있다. '제멋대로 누구든 지목만 하면'은 여순항쟁에서 유명한 일명 '손가락 총'을 연상할 수 있다. 이뿐만 아니라 광주에 있었거나 피신하였던 사람들까지 반란군에게 협조한 혐의로 단정되는 것을 보고 황두연은 최천에게 항의했지만 소용이 없었다고 한다.

또한, 순천지청 박찬길 검사는 반란의 소식을 자신에게 알려 주고 피신하였는데 체포되었으며, 자신이 신분 보장을 한다고 하였지만 다음 날 아무런 재판도 없이 20여 명과 함께 경찰이 총살시켰다고 기록하였다. 훗날 황두연은 박찬길 검사가 순천시장을 지낸 S씨 내연의 처 집으로 들어가 장작더미 속에서 국군이 진주할 때까지 숨어 지냈다는 소식을 들었다고 한다. 순천에서 인민재판이 있었다는 것과 박찬길이 인민재판의 재판장이었다는 것을 부인하기 위한 표현으로 보인다.

황두연은 계엄령하에서 군정 재판도 없이 경찰이 멋대로 박찬길 검사를 비롯한 20명의 생명을 빼앗은 행위를 살인으로 규정하였다. 박찬길 검사의 가족은 억울한 죽음을 밝혀 줄 것을 정부와 법무국에 요청하며, 책임자 처벌을 요구하였다. 결국 무고한 죽음이었음이 밝혀졌지만, 책임

자 처벌은 흐지부지되고 말았다.[49] 황두연은 지방 실정에 무지한 경찰 책임자와 지방 한민당 몇몇 비류의 악랄한 음모에 휘말려 끔찍한 일이 자행되었다면서 "피투성이 된 박 검사를 보았을 때 좀 더 적극적으로 구출작업을 폈으면, 혹시 구출할 수 있지 않았을까 하는 생각이 들어 30년이 지난 오늘날까지 애석한 생각이 떠나지 않는다"고 당시를 회상하였다.

황두연은 1948년 5·10총선거에 순천 지역의 유력 인사이며 한민당 소속이었던 김양수를 꺾고 국회의원에 당선되었다. 한민당과는 악연이 있었다. 그의 책에는 한민당 4인조 비류배라는 단어가 자주 등장한다. 이들이 누구인지 밝히지는 않았지만, 이들의 협잡으로 인하여 무고한 시민의 학살이 자행되었다고 기록하고 있다. 황두연의 모략도 이들이 한민당 4인조가 주동이 되었으며 사형까지 이르렀으나 구례인, 보이어 선교사의 노력으로 구출되었다고 한다. 한민당과의 악연으로 자신이 억울한 누명을 썼다는 것을 알리려는 의도로 보인다. 이후 토벌사령관 송호성 덕분으로 광주로 피신하였다가 서울로 올라갔다고 한다. 이는 당시 기록과 일치한다.[50]

국회의원이고 현직 검사이고 모략으로 반군에 협조했다는 혐의가 인정되어 어떤 이는 처형되었고, 어떤 이는 처형 직전에 구출되었다. 이것이 순천을 점령한 국군과 경찰이 자행한 당시 순천 상황이었다. 무고한 시민들이 어린이 불장난 같은 방법으로 혐의자로 지목되어 학교 운동장에서 처참하게 학살되었다. 그러나 그 누구도 책임지지 않았다. 그리고 모든 것이 반란군과 지방 좌익에 의해 저질러진 것으로 오랫동안 지역사회에 회자되고 기억되었다.

---

49 주철희, 『불량 국민들』, 북랩, 2013, 261~266쪽 참조.
50 『경향신문』, 1948년 10월 31일.

5. 정규오의 회고록에 나타난 '관제 빨갱이'

여순항쟁 발발 당시 광양 진상면의 광동중앙교회에서 목회를 한 정규오 목사는 그의 책에서 「여순 반란사건과 6·25동란」이란 제목으로 여순항쟁을 거론하였다.[51] 이 책에는 10월 20일에 여수 주둔 국군 부대가 반란을 일으켜 여수를 점령하고, 22일 순천을 장악, 광양에도 진군했다는 소문과 함께 학생과 시민 다수가 가담하여 우익진영의 인사를 마구 총살하는 잔인무도한 만행이 자행되며 세상은 공산 세계로 바뀌었다는 소문이 전해졌다고 거론하고 있다. 실제 그가 있었던 광양군 진상면에서 벌어진 일이 아니라 여수에서 벌어진 상황을 전해 듣고 회고한 것이다.

10월 23일 오후 3시경 경남 하동에서 광양 방면으로 진군하는 국군 트럭 20여 대를 보고는 가슴이 뭉클했다면서 자신이 직접 본 광경을 서술하였다. 지리산과 백운산 일대 빨치산 활동으로 인해 주민들은 숨죽여 살았다고 하였다. 그가 본 광경은,

> 공비들의 출몰, 의복 식량의 약탈로 불안의 요소가 되는 것은 사실이지만 그보다 더 무서운 것은 언제 누가 모략중상 보복으로 자기들을 공산당으로 몰아서 죽일지 알 수 없다는 것이다. 그때에는 ① **생살공비지권을 지방에 주둔하고 있는 국군 부대나 일선 지서의 경찰관이 가지고** 있었다. 밤에 속 졸이고 아침이 되어 들리는 소식은 어젯밤 어느 부락이 털렸고 누구가 지서에 의해서 총살을 당했다는 것이다. 아무리 생각해도 총살당한 그들이 공산주의자는 아니다. 공산주의를 바르게 알기 위해서는 학문적으로 볼 때 몇 년이 걸린다. 또 아무나 공산주의를 이해하기란 힘든 학문이다. 책도 없는 농촌에서 어떻게 공산주의자가 될 수 있겠는가. 있다면 ② **관제 혹은 감정이**

---

51 정규오, 『나의 나 된 것은 정규오 목사 회고록』, 한국복음문서협회, 1984.

나 이해로 만들어진 민제 빨갱이가 있었을 뿐이다. (정규오, 위의 책, 100쪽)

정규오의 인용문 중 ①에서 밝힌 지방에 주둔한 군·경이 자행한 학살의 사례를 살펴보자. 전남경찰국 사찰과 형사계 신○○(1926년생)은 공작반(대적반)으로 근무했다. 공작반 임무는 공비로 가장해 부락에 들어가 주민들을 이용하여 정보를 수집하는 임무였다. 그에 따르면 공작반이 좌익의 위치를 연락하면 "경비계에서 와서 작전을 세우고 잡아갔다"면서 "취조 시 신사적으로 말을 하지 않아서 전기고문을 했다"면서 총살 지시는 경찰국장이 내려야 했으나, 일선 현장에서는 지휘관들이 알아서 즉결처형했다고 증언하였다.[52]

②는 "언제 누가 모략중상 보복" 등의 사적 감정에 의해 빨갱이로 낙인되어 학살된 경우를 설명하였다. 제4연대 연대본부 정보과 전○○ 일등중사는 "반군 협조 혐의 민간인의 경우, 억울하게 즉결처분당한 사람이 많았다"면서 "반군이 경찰을 죽인 일이 있었기에, 경찰 유가족들이 보복감정으로 억울한 민간인을 많이 희생시켰다"고 증언하였다.[53]

중상모략, 허위 선전, 유언비어 등과 관련하여 주목할 만한 사람이 있다. 여수계엄지구 사령관 송석하이다. 여순항쟁을 진압한 육군은 각 지역에서 계엄지구사령부를 설치하였다. 제3연대 부연대장이었던 송석하 소령이 여수지구 계엄사령관으로 협력자 색출을 진두지휘하였다. 그가 남긴 기록을 옮겨 보면,

---

52 진실화해위원회, 「보성·고흥 지역 여순사건」, 『2009년 하반기 조사보고서』, 2009, 657쪽.
53 진실화해위원회, 「순천 지역 여순사건」, 『2008년 하반기 조사보고서』 3권, 2008, 723쪽.

진압 후에 있어서의 우익계 인사 및 그 가족과 좌익계 인사 가족의 구분은 용이한 것이 아니었다. 특히 지하에 숨어 있는 공산계 좌익 구분자들의 색출은 더욱 힘들었고, **구분에 좌·우익계 피차간에 가진 모략중상, 허위 선전, 유언비어 등이 혼잡 유포되어** 때로는 혼선을 일으키어 玉石 구별이 대단히 곤란하였다. (송석하, 「내가 본 여·순반란사건 : 당시의 후방사령관으로서」, 『세대』 3, 통권 27호, 1965)

이 기록을 남길 당시(1963년)에 송석하 직책은 국가안전보장회의 상임위원 겸 사무국장이었다. 국가안전보장회의는 5·16쿠데타 이후인 1963년에 박정희가 안보 문제를 논의하기 위해 발족한 기구이다. 박정희 정권이라는 시기가 시기인 만큼, 여순항쟁에 대한 논의가 쉽지 않은 상황이었다. 송석하는 자신이 여수지구 계엄사령관으로 본 내용을 기록하였다. 송석하는 여순항쟁에 대해서 "그 사건 발생 전후를 통하여 직접적인 근인(近因)과 간접적인 원인(遠因)을 비롯하여 또한 그의 연관적인 여러 가지 얽히고설킨 일들이 한둘이 아니어서 상당히 복잡하다"고 여순항쟁을 정의하였다. 그렇지만 근인과 원인이 무엇인지는 밝히지 않았고 그가 본 일화를 중심으로 글을 남겼다.

표면상에 노출된 반도(叛徒)와 공산계 좌익분자들의 소탕은 어려운 일이 아니었다. 하지만 협력자를 색출하는 과정이 매우 힘들었다는 것이다. 이를 그는 "옥석 구별은 부앙천지(俯仰天地)에 부끄러움 없이" 처리해야 한다고 거듭 강조했다. 글의 마지막에 몇 차례 거듭 강조했던 이유는 무엇일까? 송석하는 그만큼 중상모략이나 허위 선전 등으로 무고한 민간인 학살이 많았음을 역설적으로 시인하는 것이 아닐까 한다.

정규오는 목사로서 조작된 관제·민제 빨갱이를 구출하는 일을 자신이 해야 할 일로 간주하고, 지휘관이나 경찰관 앞에서 책상을 치고 싸우면서 무고한 생명을 해하지 말 것을 촉구했다고 한다. 또한 지리산과 백운산 등 산간지역에서 벌어진 조작된 빨갱이를 고발하였다. 그의 책에는 놀랄 만한 학살이 소개되어 있다.

> 진상면 용계리 이상홍 씨의 **아들은 진상면 인민위원장을 하다가 백운산으로 입산**하였다. 백운산 토벌부대에서 그 가족을 제거하겠다는 소식을 들었다. 평소 교회에 나온 중대장에게 자신이 책임지고 아들과 내통을 하지 않겠다고 합의를 하고, **이상홍 씨 내외와 자녀 2명이 사택에서 기거**하였다. 3개월여를 사택에 동거하였는데, 어느 아침에 일가족이 없어졌다. 며칠이 지난 후 중대장이 찾아와서 "아무래도 그 가족을 믿을 수는 없고 목사님께 말씀드리면 펄펄 뛰시면서 안 들을 것 같아서 작전상 부득이 **그 가족 전부를 총살**했습니다"고 하는 것이었다. (정규오의 책, 102쪽)

정규오가 평생 죄스러운 일로 간주한 이상홍 일가족 4명의 총살사건이다. 아들이 진상면 인민위원장을 하다가 입산하였다 입산한 아들을 대신하여 아버지와 어머니 그리고 형제 2명이 군인에 의해 대살(代殺)되었다는 끔찍한 상황을 정규오는 평생 잊지 못하였다. 일가족 대살사건은 1952년 10월에 발생한 것으로 추측된다.[54] 진실화해위원회의 용역으로 광양 지역을 조사한 보고서에는 이상홍은 확인되나, 그 부인과 자녀에 대해서는 언급이 부정확하다. 가해자는 경찰로 지목되어 있다. 큰 산 아래에 살았던 사람 중에는 이상홍과 같이 대살된 경우가 흔한 사례였다.

여수군 소라면 죽림리에 사는 윤선관은 셋째 아들 윤형영의 좌익활동 혐의 때문에 자신을 비롯하여 넷째 아들 윤경영과 함께 1949년 5월 9일 수도경찰대에 의해 대살되었다. 그런데 좌익 혐의를 받았던 셋째 아들은

---

[54] 전남대학교 사회과학연구소, 『한국전쟁 전후 민간인 희생 관련 2009년 피해 현황조사 연구용역사업 최종결과 보고서(전라남도 광양시)』, 2009, 158·200쪽.

이미 1948년 10월 여수경찰서 경찰들에게 연행되어 총살되었으며, 둘째 아들 윤신영도 1948년 11월 수도경찰대에 연행되어 형무소로 끌려간 뒤였다. 구례군 산동면에서 전해 내려온 「산동애가」는 막내 오빠를 살리기 위해 열아홉 살의 꽃다운 처녀 백순례(일명 백부전)가 대신해서 죽게 되었다는 사연의 노래이다.[55]

6. 차남진의 회고록에 나타난 기독교인의 모습

차남진 목사는 여순항쟁 당시 여수군 율촌면 장천교회에서 목회활동을 하였다. 차남진 목사의 회고록은 김남식이 2009년에 발간하였다.[56] 이 책에는 '여수순천반란사건'이란 제목으로 여순항쟁을 다뤘다. 10월 20일 제14연대가 반란을 일으켜 여수를 점령하고 21일 순천을 장악하였다. 그리고 반란군은 애국지사, 반공주의자들을 면사무소 뜰에 모아 놓고 총살하거나 몽둥이로 때려죽이는 등 무자비하게 숙청했다고 서술하였다. 그러나 진실화해위원회에 지역사회의 피해 조사에는 반란군에 의해 율촌면사무소 뜰에 희생된 사람은 단 한 명도 없다.[57] 오히려 특경대(대장 박승구)에 의해 4명(유지선, 이재하, 이만호, 이승옥)이 학살되었다. 또한

---

55 백순례가 죽으러 가면서 직접 불렀다고 전해지고 있으나, 이는 사실이 아닌 것으로 보인다. 이 노래는 1961년 신세기 축음기 주식회사에서 제작한 음반(LB 가 12007)에 실렸는데, 정성수(鄭性壽) 작사, 김부해(金富海) 작곡, 지화자(池花子) 노래이다. 이 노래를 작사한 정성수는 여순항쟁 당시 전북경찰청 경찰로 서남지구 전투경찰대 또는 전북경찰의 일원으로 지리산 주요 전투 지역인 남원과 구례 산동 지역에 출동했던 것으로 보인다. 이 과정에서 백순례의 사연을 들었을 것으로 짐작된다.
56 김남식, 『사형수의 전도자 차남진 박사』, 총신대학교출판부, 2009.
57 여수지역사회연구소, 『여순사건 실태조사 보고서 제1집 여수편』, 1998, 26~27쪽.

진실화해위원회의 '적대적 사건'[58] 조사에서도 율촌면에서는 주진삼이 유일하게 신고했다. 주진삼은 율촌면 조화리 자택에서 열차를 타고 가던 반군이 쏜 총에 다리를 맞아 부상을 당했다.[59] 현재까지 기록에 의하면 차남진의 주장은 일방적인 주장이며, 여순항쟁의 왜곡된 기억이 작용했으리라 짐작된다.

이 책에는 율촌면을 진압한 국군의 행동에 대해 언급하였다. 제12연대 소속 토벌군은 "동리 사람들을 모두 국민학교 운동장에 모이게" 하였고, 당시 주민 수백 명이 모였다.

> 국군은 군중을 향하여 "교회 목사님은 앞으로 나오시오"라고 하였다. 차남진이 앞으로 나가자 연대장인 국군 대령이 악수하면서 "고생하였다"고 위로하였다. 또 차남진에게 교인들을 골라 따로 세우라고 하자 차남진은 교인들을 줄 세웠다. 그 후 애국자를 골라내었다. 남은 사람들 중에 반란군 협력자를 골라내었다. 그중 반란군 보안서장이었던 유제형이 나오게 되고 십수 명을 이어서 골라내었다. 이를 즉결처분하려고 하자 차남진은 앞으로 나가 **국군 장교를 붙잡고 즉결처분을 간곡히 만류**하였다. 그러자 보안서장이던 유제형만을 총살해야 한다고 했다. (김남식, 앞의 책, 126쪽)

군인이 협력자를 색출하면서 종교인을 이용했다는 내용이다. 율촌면 보안서장을 했던 유제형은 차남진의 간곡한 부탁으로 총살을 면하고 순천으로 호송되었다고 한다. 차남진은 당시 현장 지휘자를 제12연대장이며, 계급은 대령으로 기억하였다. 당시 제12연대는 연대장 백인기 중령과 부연대장 백인엽 소령이 지휘하는 제2대대와 제3대대가 여수탈환작전에

---

[58] 반군, 좌익, 빨치산 등에 의해 희생된 사건을 다룬 명칭.
[59] 진실화해위원회, 「순천·여수 지역 적대세력에 의한 피해 사건」, 『2010년 상반기 조사보고서 2권』, 178~179쪽.

주력 공격부대였다. 특히 백인엽 부연대장은 여수탈환작전 시 강경 진압을 주도하여 많은 민간인 피해를 낳았다. 진압 이후에는 서국민학교에서 벌어진 반군 협조 혐의자 색출 작업과 그에 따르는 즉결처분을 직접 지휘하기도 하였다.[60] 따라서 대령이란 계급은 기억의 오류로 보인다.

또한 여수군 율촌면은 당시 장천교회를 중심으로 한 우익진영과, 젊은 지식인을 중심으로 한 좌익 간에 갈등으로 잦은 마찰이 있었다. 차남진이 기록하지 않았지만, 장천교회는 갈등을 유발한 장소였을 가능성이 있다. 율촌면은 여순항쟁 발발 이전에 여수 지역에서는 유일하게 서북청년단이 이곳에 머물면서 테러를 감행키도 하였다.[61] 이 책에는 함평군 궁산 출신의 여수 제14연대 병사 강영훈의 구출에 대해서도 자세히 언급하고 있다.

토벌군이 기독교인과 비기독교인을 분리하여 협력자를 색출한 경우는 이외에도 더 있다. 제14연대 의무병이었던 곽상국(훗날 목사)은 반란 발발 일주일 정도 지났을 때 여수군 돌산면 봉양마을에 김종원과 부대원 약 20명이 들어왔다고 했다.[62] 당시 "김종원이 마을 보리밭에 주민을 집결시키고, 기독교인과 비기독교인을 분리시켜 기독교인은 귀가시키고 비기독교 주민들(김경배, 정순태, 이영만)을 구타하면서 죽포와 여수로 연행"했고 "피연행자들을 전원 귀가"시켰다고 한다. 기독교인이냐 비기독교인이냐가 협력자를 분별하는 기준이 되었다. 이런 경우 기독교인 누군가가 앞장서서 협력자를 구별하였을 가능성이 매우 높다. 이를 곽상국은 밝히지 않고 있다.

순천중학교 학련 출신의 황용운 증언에 따르면, "목사, 전도사 등 이런

---

60 진실화해위원회, 「여수 지역 여순사건」, 506~507쪽.
61 여수지역사회연구소, 앞의 책, 95~96쪽.
62 진실화해위원회, 「여수 지역 여순사건」, 592쪽.

사람들이 민족진영 사람들을 가려내고 가려진 그 사람들을 보고 반군에 가담한 사람들을 색출해 내라 했어요. 그들이 손짓하면 그 해당되는 사람들을 동천 건너 봉화산 골짜기에 데려다가 무참히 죽였어요"라고 했다.[63] 군·경이 협력자를 색출할 때 학생과 청년 등 지역을 잘 아는 사람을 대동했고, 거기에는 기독교인들도 포함되어 있었다는 증언이다.[64]

당시 순천학련 감찰부장이었던 황용운은 여순항쟁 전에도 학련에게 총이 지급되어, 좌익 학생들에 대한 테러와 폭행을 일삼았다고 증언했다.[65] 황용운이 증언한 우익 청년단원이 순천에서 저지른 그 일례는 "순천에 김일택이라는 여수여관을 운영했던 사람인데 좌익이었어요. 민족청년당원들이 그 사람 집에 가서 그 사람을 죽여 버렸어요. 이승만 대통령이 반탁에 대해 옹호를 하기 전까지는 좌익들의 세상이었고, 그 뒤로는 우익진영이 세력을 확보하면서 좌익진영을 몰아낸 거지요"라고 자랑스럽게 증언하였다.[66] 해방에서부터 대한민국 정부 수립 시기에 순천에서 좌·우 간의 갈등이 얼마나 심했는지를 단적으로 보여 준 증언이다. 미군정이 들어서면서 좌·우익 간의 갈등은 항상 우익의 승리로 장식되었다. 미군정과 경찰의 비호가 그 몫을 했다. 학련을 비롯한 우익 청년학생단체는 진압 후에는 군경과 함께 협력자 색출이나, 잔비 소탕에 가담했다고 황용운은 말한다.

---

63 진실화해위원회, 「순천 지역 여순사건」, 526쪽.
64 진실화해위원회, 「여수 지역 여순사건」, 615쪽.
65 진실화해위원회, 「순천 지역 여순사건」, 521쪽.
66 순천문화원, 『순천이야기』, 2004, 290쪽.

7. 나덕환의 회고록에 나타난 왜곡의 이데올로기

순천 승주교회(현 순천제일교회)에서 목회를 했던『나덕환 목사의 유고설교선집』이 2012년에 발간되었다.[67] 나덕환 목사는 여수 애양원교회 손양원 목사의 두 아들(손동인, 동신)을 죽인 안재선을 구한 사람으로 알려져 있다. 그의 큰아들 나제민은 손동신과 친구였다. 그는 여순항쟁 동안 순천 지역에서 당시 상황을 목격한 기독교인이다.

『유고설교집』에는 여순항쟁과 관련한 언급이 거의 없다. 예컨대「기독교와 3·1정신」, 「6·25를 회고하며」등을 기술하면서 여순항쟁을 제외한 것은 다소 의아하다. 나덕환이 언급한 여순항쟁을 옮겨 보면,

> 저도 **여순반란사건 때 공산당에게 사형선고를 받았던 경험**이 있습니다. 스데반과 기도를 하고 죽으려고 준비하였습니다. 그러나 주님은 저를 죽음의 문턱에서 면해 주셨습니다. 저에게 주어진 사명이 아직 끝나지 않았기 때문이라고 생각하고 있습니다. (나덕환 지음·나기영 엮음,『나덕환 목사의 유고설교선집』, 2012)

여순항쟁에 대해서 어떤 성격이나 설명보다는 자신이 '공산당에게 사형선고를 받았다'는 정도로만 기술하고 있다. 그가 '공산당에게 사형선고 받았다'는 것은 좀 더 면밀히 살펴보아야 할 문제이지만, 사실이 아닐 가능성이 높다. 나덕환 서술의 특징은 유독 순교를 강조한다. 아마도 손양원 목사의 순교 영향으로 보인다.

나덕환은 "손양원 목사, 청년회원 손동인 군, 학생회의 전도부장 손동

---

[67] 나덕환 지음·나기영 엮음,『아름다운 믿음의 유산』, 한국장로교출판사, 2012.

신, 사교부장 고재춘" 등이 흘린 순교의 피는 순천제일교회의 자랑이라고 하였다. 그러면서 이들의 순교가 『사랑의 원자탄』이란 책과 영화로 만들어져 전국적으로 확산되고 학생회의 지주가 되고 있음을 자랑스럽게 생각한다고 회고하였다.

이 책에는 나덕환 목사의 장남 나제민(동신의 친구)의 「내가 기억하는 나의 아버지」란 글에도 여순항쟁이 언급되었다.[68] 이 글에는 나제민과 손동인과 동신과 관계, 승주교회의 학생회 활동과 순천기독학생연합회(회장 손동인) 활동을 소개하였다. 흥미로운 것은 손동인과 동신에 대한 기록은 자신의 의지보다는 손동희가[69] 간청해서 글을 썼다고 주석을 달았다. 나제민이 자신의 아버지 나덕환을 회고하면서, 굳이 손동인과 동신을 거론할 필요는 없었다는 것을 에둘러 표현한 것으로 보인다.

이 글에는 「여순반란사건」이란 제목으로 여순항쟁을 서술하였다. 그 기록은 보면, "1948년 10월 19일이다. 오전 11시경 수업 도중에 멀리서부터 점점 가까워지는 총소리를 듣고 알 수 없는 난리가 난 것을 나는 처음으로 알았다"고 기술되어 있다. 하지만 여순항쟁은 제14연대에서 10월 19일 밤늦은 시간에 발발했고, 순천에 알려진 것은 10월 20일이다. 기본적인 사실관계에서부터 오류이다. 손동인과 동신의 체포 과정은 손동희의 글을 인용하였다고 한다. 반면 동인과 동신 두 형제를 총살한 것으로 알려진 강철민(본명 안재선)은 자신의 국민학교 동창생이라고 밝혔다.

이 글에는 아버지 나덕환이 겪은 여순항쟁에 대해 비교적 자세하게

---

68 나제민, 「내가 기억하는 나의 아버지」, 『아름다운 믿음의 유산』, 한국장로교출판사, 2012, 317~354쪽.
69 손동희는 손동인과 동신의 여동생이며, 『나의 아버지 손양원 목사』를 발행하였다.

서술하였다. 그 내용을 요약하면,

> 여순항쟁이 발발한 날, 아버님은 순천중학교 교장 후임 문제로 학교 이사 세 명과 함께 광주로 출장 갔다. 귀가하는 열차가 벌교에서 멈췄고, 반란 소식을 들었다. 걸어서 순천 집으로 향했으나, 별량면에 이르러 반란군에 검거되어 조사를 받았다. **반란군 장교가 일장 연설을 하고 "예수쟁이는 앞으로 나오라"고 고함**을 쳤고, 아버지는 "나, 목사요"라고 답하자 유치장에 구금하였고, 다른 사람은 석방했다. 유치장에 아버님을 구금시킨 장교가 다시 와서 아버님을 다른 방으로 데려가서, 어떤 사람에게 **"이분입니다. 잘 모시십시오"하고 경례**를 하고 떠났다. **이분은 아버님을 자기 집에 공손히 모시고 숨겨 줬다.** 그분의 거처로 옮기기 바로 전날 순천 상공에 떠 있는 비행기 소리를 탱크 진격 소리로 오인하고 반란군은 산중으로 도피해 버렸다.

삶과 죽음이 교차하는 드라마틱한 나덕환의 상황이다. 목사라는 신분 때문에 구금되었지만, 목사라는 신분 때문에 살아났다는 것이다. 이는 나덕환이 순천 지역에서 존경받는 인사였다는 것을 표현하고자 한 것으로 보인다. 나덕환을 유치장에서 구해 준 사람은 반란군 장교였다. 그렇다면 반란군 장교는 진작부터 나덕환을 알고 있었다는 것이 된다. 그것도 존경할 만한 인물로 알고 있어야 가능한 일이다. 위 인용문은 일방적인 주장일 가능성이 높다. 또 이 글에는 승주교회 다섯 명의 집사가 북국민학교로 끌려갔다는 소식을 듣고, 나덕환이 그들을 구하는 과정이 소개되어 있다.

> 다섯 명 중 세 명은 학생들에게 인기 있는 중학교 선생님들이데, 반란군이 순천을 점령하는 동안 반란군에 동조한 좌익 선생들의 투표에 의해서 본의 아니게 학교의 직책을 갖게 된 분들이다. 아버님은 북국민학교로 직행해서 이분들을 대변했다. 그리고 한 명을 제외하고는 이분들을 대변하는 데

성공했다. **한 분은 '무죄'로 판정되는 줄에 끼워 넣는 데 성공**했는데, 무슨 이유인지 '유죄'로 판정되는 줄에 자진해서 줄서기를 되풀이하다가 사형당하고 말았다.

교회의 집사 신분인 다섯 명 학교 선생님은 반란군이 활동할 시기에 본의 아니게 학교의 직책을 맡았다. 학교의 직장인민위원회를 말하는 것으로 보인다. 그에 따라 부역 혐의로 체포되었다는 것이다.

나덕환은 유죄의 줄에 서 있는 기독교 집사들을 무죄의 줄에 세웠다고 한다. 그런데 안타깝게도 한 사람의 기독교인은 군·경에 의해 처형되었다. 문제는 군·경에 의해 희생된 사람의 이름을 밝히지 않았다. 그가 무고하다고 생각되어 구출하려고 했음에도 불구하고 이름을 밝히지 못한 이유는 무엇일까?

좌익에 의해 희생된 동인과 동신, 고재춘은 실명을 밝히면서 '거룩한 순교'라고 칭송한다. 그런데 군·경에 무고하게 희생된 사람을 '순교'라고 하지 못한 이유는 무엇일까? 증오의 반공 이데올로기는 1948년으로 끝나지 않았다. 편향되고 왜곡된 반공 이데올로기는 현재에도 여전히 작동되고 있음을 알 수 있다.

4장. 교회사 등에 나타난 인식과 사실관계 추적

1. 지역 교회사에 나타난 여순항쟁

전남 동부지역에서 1909년 이전에 설립된 교회로는 고흥읍교회(1906), 고흥 신평교회(1906), 여수 장천교회(1907), 순천중앙교회(1909), 광양 웅동교회(1908) 등이 있다.[70] 이중에서 여수 율촌면에 있는 장천교회만이 유일하게 『장천교회 110년사』를 2017년에 발간하였다.[71] 이 책에는 「여순반란사건과 장천교회」란 제목으로 발생 시기와 순천 점령 날짜 정도만 언급하였을 뿐 구체적인 상황이나 피해 사실 등은 기록하지 않았다. 항쟁 당시 제4대 목사로 부임하여 사역 중이던 차남진 목사의 에피소드와 그의 아들 차종율 회고에 지면이 할애되어 있다.

또한 여순항쟁 당시 순천중학교 재학생인 김성수의 회고도 실렸다. 김성수는 손양원 목사의 둘째 아들 동신과 친구라고 소개하고 있다. 이 책에서는 이름을 손동인으로 기록하였는데 오류이다. 김성수는 기독교인으로 동신과 나덕환 목사의 아들 나제민 등과 친했으며, 함께 우익 학생단체인 학련에서 활동하면서 국군이 순천을 회복하자 군경에 적극적으로 협력하였다고 한다.

『순천제일교회 75년사』는 2011년에 발간되었다.[72] 순천제일교회는

---

70 기독교 기록마다 설립 연도가 약간 다르다.
71 대한예수교장로회 장천교회, 『장천교회 110년사』, 2017.
72 대한예수교장로회 순천제일교회, 『순천제일교회 75년사』, 2011, 224~229쪽.

여순항쟁 당시 승주교회로 불렀다. 승주교회에서 목회했던 나덕환 목사는 율촌 애양원교회 손양원 목사와 친구이다. 손양원 목사의 두 아들 동인과 동신의 죽음과 연관된 인물이기도 하다. 이 책에는 「여순사건과 교회」란 제목으로 여순항쟁의 경위, 손동인·동신 형제의 순교, 고재춘의 순교를 세세하게 다루었다.

여순항쟁의 성격에 대해서 "제14연대에서 일부 하급 장교 중 공산주의 사상을 가진 자들이 자유민주정부에 반란을 일으켰으며, 이로 인하여 기독교인, 공무원을 무참히 학살한 사건"이라고 규정하였다. 특히 순천의 기독학생들이 잔인하고 악독하게 죽임을 많이 당했다면서, 본 교회의 동인, 동신 형제와 고재춘 학생의 죽음을 소개하였다.

이 책에는 손동인(당시 25세, 순천사범학교)의 활동을 자세하게 서술하였다. 동인은 본 교회의 기독학생회를 조직하고, 이후 순천중학교, 순천여중학교, 순천농업학교, 순천매산학교 등의 기독학생회를 조직하여 '순천연합기독학생회'의 초대 회장을 맡았다. 순천사범학교에 재학 중인 이 교회 출신의 고재춘은 순천기독학생연합회 전도부장으로 동인, 동신과 함께 순교했다고 기술하였다. 손동인과 동신 형제의 순교 내용은 손양원 목사의 딸 손동희가 쓴 『나의 아버지 손양원 목사』를 요약한 것으로 보인다.

『순천제일교회 75년사』는 당시 담임목사였던 나덕환이 겪은 여순항쟁 때 행적을 간략하게 언급하였다. 나덕환은 여순항쟁 발발 당시 순천중학교 이사로[73] 학교 문제를 해결하기 위해 귀가하던 중 별량면사무소에서 반란군에게 체포되었다고 한다. '반란사건이 난 날'이라고 했는데, 아마도

---

[73] 순천중학교 이사는 지역의 유지로 구성되었다. 나덕환은 큰아들 나제민이 순천중학교에 재학 중이었기에 이사로 참여한 것으로 보인다.

10월 20일(화요일)로 추정된다.[74] 이후 내용을 살펴보면,

> 일행 다섯 명이 각각 신분 조사를 받았다. 라덕환 목사는 이때가 마지막 때인 줄 알고 바르게 말하리라 생각하고 "라 목사요"라고 신분을 밝혔다. 그랬더니 ① **가장 큰 악질분자로 분류되어 즉석에서 즉결총살형**을 받고, 지서 유치장에 갇히게 되었다. 갇혀 있는 사람들에게 예수 믿고 천당에 가자고 전도하고 기도를 드리는데 이때에 기적이 일어났다. 갑자기 들려온 비행기 소리를 탱크 소리로 착각한 반란군들이 진압군이 밀려오는 줄로 알고 급히 산으로 도망을 하고 만 것이다. 한 민간인이 이 사이에 유치장 문을 열어 주어서 무사히 나왔고, ② **그날 밤은 그 사람 집에 가서 쉬고, 뒷날이 주일인데 순천에 돌아와** ③ **손수 예배당 종을 치니 교인들은 목사님이 돌아오신 줄을 알게** 되었고 숫자는 많이 모이지 못했으나 ④ **그날의 예배가 감격어린 예배**가 되었다. (대한예수교장로회 순천제일교회, 『순천제일교회 75년사』, 2011)

① '즉석에서 즉결총살형'을 받았다는 것은 자의적이다. 말 그대로 즉석 즉결총살형이란 그 자리에서 총살하는 것이다. 그런데 유치장에 가두었고 총살은 없었다. ② '그날 밤'은 10월 20일 수요일이다. 그런데 '뒷날이 주일'이라고 서술하였다. 10월 21일은 목요일이다. 단순한 오류라고 하기에는 이후 이어진 서술과 주일이라서 했다는 나덕환의 ③과 ④의 행동을 보면 단순한 오류로 여길 수 없다. 모든 행위를 종교 또는 신앙이라는 목적에 두다 보니 사실관계의 오류뿐만 아니라 여순항쟁 자체에 대한 편향된 시각을 나타내고 있음을 위 인용문이 잘 보여준다.

중요한 사실관계도 따져 보지 않고, 오직 종교적·신앙적 목적에 의도

---

[74] 여순항쟁은 10월 19일(화요일) 늦은 밤에 발발했다. 그리고 20일 새벽에 여수를 장악했으며, 특히 순천 지역은 10월 20일 아침 8시 이후에 일반인에게 알려졌다. 몇몇 기록에 여순항쟁 발발을 10월 20일로 기록하고 있는데, 이러한 연유 때문이다.

하여 서술하다 보니 오류가 곳곳에서 발견된다. 목사라는 이유만으로 '반란군이 즉석에서 즉결총살형'을 언도받았다는 주장도 일방적인 주장일 가능성이 높다.

『여수노회 20년사』는 2001년에 발간되었다. 이 책은 여수 지역의 기독교사를 기술하였다. 여순항쟁과 관련해서는 「제14연대 사건과 교회의 피해」란 제목으로 여순항쟁 성격 규정, 손동인과 동신의 순교, 6·25전쟁 중에 교회의 피해와 순교자들을 간략하게 서술하였다. 반면 「여수 애양원의 역사와 손양원 목사 일대기」란 제목으로 자세하게 언급하면서, 여수 지방에 순교한 기독교인을 기술하였다.

이 책에서 여순항쟁은 "군에 잠입한 공산당 출신 군인들이 대한민국 정부를 무너뜨리기 위해 반란을 일으켜 결국 선한 여수·순천 사람들만이 큰 피해를 입었다"고 성격을 규정하였다. 동인, 동신과 관련해서는 "동인군은 순천 기독학생연합회장을 맡아 열심히 공부하며 전도하는 모범 학생이었다"고 서술하였다. 다른 책에서와 달리 '모범 학생'을 강조하였다. 책은 앞선 『순천제일교회 75년사』의 내용을 요약하는 수준으로 서술되었다.

손양원 목사가 목회하였던 애양원에서는 2009년에 애양원 100년을 기념하는 일환으로 『구름기둥, 불기둥 : 섬김의 동산, 애양원 100년』을 발간하였다. 이 책에서는 손양원 목사가 애양원 교회에서 사역하는 과정 중에 발생한 여순항쟁을 서술하였다. 대부분이 손양원 목사의 두 아들 동인과 동신의 죽음에 맞춰져 있다. 동인과 동신은 순천제일교회에 출석하면서 평소 친구들에게 교회 출석을 권하고 기독교학생연합회에 참가하는 등 신앙생활을 열심히 하여 반란군의 '숙청' 대상으로 지목되었다고

서술하였다.[75]

종교위문단 조사를 비롯한 여러 사료에서도 밝혔듯이, 반란군이 특별히 기독교인을 '숙청'하거나 '학살'했다는 근거는 없다. 동인과 동신이 반란군에 의해 희생되었다고 하지만 여기서 반란군이란 범위를 어떻게 설정했는지 살펴볼 필요가 있다. 일반적으로 반란군이란 제14연대 병사들이며, 지방에서 활동한 좌익은 지방 좌익, 좌익 학생은 민애청 또는 민주학생동맹(민학)으로 지칭한다. 동인과 동신을 총살한 집단은 순천 지역 좌익 학생이다. 훗날 손양원이 그 일원이었던 안재선을 구해 냈고, 양아들로 삼았다. 그런데 반란군이란 표현으로 지속해서 쓰는 이유가 무엇일까?

순천 지역에서 관심 있게 살펴야 할 곳이 매산학교이다. 매산학교는 종교기관이 아닌 교육기관이다. 그렇지만 매산학교가 순천 지역 기독교에 차지하는 비중은 전남 동부지역의 기독교 역사와 맥을 같이한다고 해도 과언이 아닐 것이다. 이런 측면에서 『매산백년사』란 책도 살펴보았다.[76]

이 책에는 1904년 전남 동부지방의 선교를 배정받은 오기원 선교사 활동부터 시대별 학교가 처한 상황을 서술하였다. 예컨대, 신사참배 결의와 매산학교 폐교, 미군정기 매산중학교의 개교, 6·25전쟁과 매산학교 등이다. 특히 6·25전쟁에 혈서지원한 매산학도에 대해서는 그 명단 등을 공개하면서 자세하게 기록하였다.

---

[75] 애양원 100년사 간행위원회 지음, 『구름기둥, 불기둥 : 섬김의 동산, 애양원 100년』, 2009, 88~89쪽.

[76] 매산 100년사 편찬위원회, 『매산백년사 1910~2010』, 2010.

반면 여순항쟁과 관련하여서는 일절 언급이 없다. 물론 매산학교 선생이나 학생의 피해에 대해서도 거론하지 않았다. 그런데 여순항쟁 이후 1949년 1월에 결성한 학도호국단에 대해서는 비교적 상세하게 설명한다. 특히 학도호국단의 취지를[77] 설명하고는 학도호국단의 결성은 다른 의도가 있다고 서술했다. 그 내용을 보면,

> 그러나 실제로 결성한 목적은 **학교 내 좌익(左翼) 학생들을 제거**하고 학내에 생길지 모를 좌익 사상을 근절하기 위해 **군대식 집단 훈련과 반공사상 교육**을 시켜 학생들의 몸과 마음을 국가가 직접 통제하려는 것이었다. (매산 100년사 편찬위원회, 『매산백년사』, 2010)

매산 100년사 편찬위원회는 학도호국단이 왜 결성되었는지 알고 있었다. 학도호국단의 결성 배경에는 여순항쟁이 있었다. 편찬위원회는 "학교 내의 좌익 학생 제거와 반공사상 교육을 강화하면서 국가가 직접 통제할 의도"에서 학도호국단이 결성되었음을 나름대로 재해석했다. 당시 이승만 정부가 취했던 나쁜 의도를 알고 있으면서도 여순항쟁을 일절 언급하지 않은 이유는 무엇일까?

매산학교에서 선생님이나 학생의 피해가 없지 않았다. 대표적으로 매산중학교 최창수(23세)·김옥태(31세) 선생이 희생되었다.[78] 당시 수학교

---

[77] "우리나라는 국토 양단(兩斷)과 사상의 분열로 인하여 사회적·문화적 혼란을 일으키어 동족상쟁의 비애를 초래하여 바야흐로 민족존망의 위기에 직면하고 있다. 그러므로 우리는 민족이 정지를 앙양하여 민족 본연의 자태로 돌아가서 사상을 순화·통일하고 완전 자주독립을 진취하여야 하겠다. 이에는 민족의 핵심체이며 추진체인 학도층의 사상 통일과 유기적 조직 단체적 훈련을 강화하여 신체를 단련하고 정신을 연마하여 학원을 수호하며 향토를 방위하고 나아가서는 국가를 위하여 헌신·봉사하는 실천력을 함양하고자 학도호국단을 조직한다"(매산 100년사 편찬위원회, 위의 책, 480쪽).
[78] 진실화해위원회, 「순천 지역 여순사건」, 521쪽.

사 최창수, 학생과장 김옥태(이북 출신)는 모두 독실한 기독교인이자 엄격하면서도 존경받는 선생님이었다. 두 선생 모두 엄격하여 체벌하는 경우가 있었다. 최창수 선생의 경우, 항쟁 발발 직전 학련 학생 중 한 명(주암면 거주)이 흡연했다고 하여 체벌하였고, 김옥태 선생도 학련 학생을 많이 혼냈다. 항쟁이 발발하자 최창수 선생에게 체벌당한 주암면 거주 학련 학생이 반란군 협력자를 색출하러 다녔고, 군경에게 두 선생을 반란군에 협력했다고 허위 고발했다고 추정된다. 두 선생은 군경에 의해 연행되었고, 2~3일 후 서면 구랑실재에서 다른 사람들과 함께 집단총살 되었다. 진압 후 당시 매산중학교 김형모 교장과 박영률 선생이 학생들을 모아 놓고 최창수·김옥태 선생의 억울한 희생 사실을 알려 주었다. 두 선생의 희생은 학련 학생의 사적 감정에 의한 무고와 모략이었다.

이외에도 매산중학교 학생 최승수(19세)와 최승모(17세)도 순천군 서면지서 경찰들에게 체포되어 서면 용담골 뒤 대장굴 부근에서 사살되었다.[79] 또 매산중학교 3학년 박이만도 경찰에 연행되어 살해되었다.[80] 매산학교에서 희생된 이들의 가해자는 군경이었다.

당시 교장선생님까지 나서서 선생님의 억울한 죽음을 학생들에게 알려 주었다. 그런데 2010년 편찬위원회는 이러한 매산학교의 선생님과 학생의 희생을 담지 않았다. 몰랐던 것일까? 아니면 애써 외면했던 것일까? 학교 설립에서부터 격동기를 겪었던 역사적 사실을 서술하면서 여순항쟁만 담아내지 못했던 이유가 무엇인지 궁금하다. 혹여 가해자가 군경이었기에 그것을 드러내는 것이 두려워서 여순항쟁 자체를 제외한 것은 아닌지 의심이 간다.

---

79 진실화해위원회, 「순천 지역 여순사건」, 521쪽.
80 진실화해위원회, 「순천 지역 여순사건」, 521쪽.

2. 「오페라 손양원」, 왜곡의 서사

<그림 4> 「오페라 손양원」의 한 장면

교회사와 별도로 소개하는 것은 「오페라 손양원」이다. 이 오페라는 박재훈이 창작, 김희보가 대본을 썼다. 2012년 3월 8일~11일까지 서울 예술의 전당에서, 6월 1일~2일까지 여수 예울마루에서 공연하였다. 물론 「오페라 손양원」은 지역에서 창작한 작품은 아니다. 그렇지만 제작 과정에 여수시 예산 1억 5천만 원이 지원되었고 지역에서 공연되었다는 점에서 오페라의 대본을 중심으로 문제점을 살펴보고자 한다.

제1막 여수 애양원교회 앞
No.4 Scene
김창기 : 여기가 애양원 성산교회요? / 앗, 저기 손양원 목사가 있소.
손양원 : 웬일이요, 김 목사?
김창기 : (군인들을 가리키며) 이분들을 모셔왔소.
안재선 : 안녕한가, 손 선배.

손동인 : 안재선 군 아닌가?
김창기 : 이분들 십사연대 지휘관들 인민의 국가를 세우려 하오. 가난뱅이 억눌린 자에게 해방을 맞게 하고 인민의 조국을 세우려 하오. 지상 낙원 국가를 세우려 하오.
손양원 : 일제 때는 앞장서서 신사참배하더니, 이제는 사회주의 목사 노릇을 하오?

이 장면은 제14연대 군인이 애양원에 들어와서 손양원과 동인이 안재선을 처음 만나는 장면이다. 당시 제14연대가 애양원에 들어갔다는 기록은 없다. 안재선은 제14연대 군인이 아닌 순천사범학교 학생이었다. 그리고 손동인은 동생 동신, 동희, 동장과 함께 순천에서 하숙을 하고 있었다. 손동인이 순천에서 학살되었다고 주장한 현재 기독교인들의 주장과 정면으로 배치되는 내용이다. 사실이 아닌 것을 이렇게 묘사한 이유는 무엇일까? 안재선이 철저한 공산주의자라는 것을 부각하기 위한 암시라고 할 수 있다. 또한 안재선이 반란을 일으킨 군인과 동행함으로써 반란의 주도세력으로 역할을 했다는 것을 의도하면서 동인과 동신의 죽음을 순교로 만들어 가기 위한 도입 단계로 여겨진다.

No.6 Scene
손동인 : 4월 3일 제주도에서 폭동을 일으킨 좌익분자들과 한패인가 보오.
손양원 : 교회에 다시금 환란이 닥치겠네.
정양순 : 지금 왔던 김지회는 공산주의자요.
이인제 : 어찌 저렇게 공산사상을 드러내나? 학교서도 그런가?
손동인 : 지금 왔던 안재선은 과격한 좌익입니다. 좌익들이 학교를 흔들고 있지요.
손동신 : 좌익 계열 학생들은 패거리를 지어 공산주의 이론을 학습하지요.
손동희 : 그들은 기독교인들을 한없이 미워하여 폭력을 휘둘러 소란을 피워요.

제14연대 군인 김지회 중위가 애양원을 방문한 것으로 묘사하였다. 현재까지 김지회가 애양원을 방문했다는 기록이나 증언은 없다. 이들의 대화에서 좌익 계열 학생들이 기독교인을 폭력을 휘두른다고 하고 있지만, 해방 이후 순천 지역의 순천중학교, 순천농업중학교, 순천사범학교에서는 좌·우익 간의 대립이 심화하면서 쌍방 간의 폭력이 난무했고 피해도 컸다. 앞서 순천학련 감찰부장 황용운의 증언에서 확인하였다. 이는 손동희도 그의 책에서 밝혔으며,[81] 나제민도 좌·우익 학생의 갈등을 글로 남겼다.[82] 그런데 「오페라 손양원」은 좌익 학생들만 폭력을 행사했고, 그 피해는 기독교인이었다는 것이다. 여순항쟁의 부정적 이미지와 왜곡의 재생산이다.

제2막 순천경찰서 앞
No.1 Scene
(막이 열리기 전, 막 앞에서 김지회, 홍순석, 지창수, 안재선)
지창수 : 그제 밤, 열 시에 대대장을 사살하고 내가 지휘하여 여수를 점령하였소.
홍순석 : 나는 어제 밤 한 시에 공격을 시작해서 아홉 시에 순천을 점령하였소.

---

[81] "당시 좌익과 우익, 서로 간의 알력이 극에 달했어요. 같은 반 친구들끼리 칼을 품고 으르렁거렸습니다"(손동희의 증언, 「참평안」 2010년 9월호); "같은 학교 같은 교실에서 함께 공부하던 급우들이 좌우익으로 갈려 원수처럼 으르렁거렸다. 당시 학생들 사이에는 좌익인 공산당과 우익인 기독학생회. 이 양단 간의 대립이 극에 달했다. ……사람의 목숨이 파리 목숨보다 못한 시절이었다"(손동희, 『나의 아버지 손양원 목사』, 아가페, 1994, 215쪽).

[82] 좌익 학생들과 우익 학생 및 기독학생들 간의 싸움은 해방 후 줄곧 계속되었는데, 이 싸움은 드디어 대격투로 벌어졌다. 학생들의 싸움을 말리려고 뛰어 들어온 선생들을 향해 좌익 학생들은 우익 선생을 구타하고, 우익 학생들은 좌익 선생들을 구타하는 난극이 벌어지고 말았다. ……교무회의에서는 좌익 선생들은 우익 학생들의 처벌을 요구했고, 우익 선생들은 좌익 학생들의 처벌을 요구했다(나제민, 앞의 글, 334쪽).

김지회 : 혁명은 혼란과 총구에 생기는 법, 인민해방군이여 굳게 단결하라 굳게굳게 뭉치어라!
지창수 : 여성인민위원장 송욱 교장은 학생들을 동원하여 반동을 숙청 중이오.
김지회 : 지 상사, 지 상사는 순천에서 반동을 숙청하고 여기에 조선인민공화국을 수립하시오.

지창수는 "그제 밤, 열 시에 여수를 점령"했다고 하고, 홍순석은 "나는 어제 밤 한 시에 공격을 시작"했다고 한다. 지창수가 말한 그제 밤을 10월 19일로 가정한다면, 어제 밤은 10월 20일 밤이다. 봉기군이 여수를 장악하고 순천을 장악한 것은 10월 20일 오후 정도이다. 시점의 사실관계 오류이다.

무엇보다도 지창수의 대화에서 "여성인민위원장 송욱 교장은 학생들을 동원하여 반동을 숙청 중"이라고 한다. 송욱 교장은 당시 여수여중학교 교장이었다. 송욱은 남성이다. 당시 여성인민위원장이라는 직책은 존재하지도 않았으며,[83] 있었다고 해도 송욱은 아니다. 송욱은 여순항쟁의 '민중의 총지휘자'로 일부 신문에서 발표하였으나, 이는 사실과 다르다. 송욱 교장은 본인과 전혀 무관하게 반란의 주동 인물로 체포되어 행방불명되었다. 송욱 교장이 억울한 죽임을 당했다는 것을 앞서 살펴보았다.

송욱을 여성인민위원장으로 지칭하고, 그가 학생을 동원하여 반동을 숙청하는 역할을 했다는 주장은 억울하게 죽은 송욱 교장에 대한 모독이다. 타인의 억울한 죽음을 왜곡하면서까지 동인과 동신의 순교를 주장하는 것이 기독교 정신인지 묻지 않을 수 없다.

---

[83] 여수여성연맹위원장(여맹)은 이춘옥이다.

홍순석과 김지회의 광양과 벌교 진격도 사실이 아닙니다. 지창수가 순천에서 반동을 숙청하는 역할을 했다는 주장도 지금까지 어떤 기록에서도 찾아볼 수 없다.

No.4 Scene
(김창기, 안재선은 좌익 학생들과 함께 손동인, 손동신을 끌고 등장)
지창수 : 목사동무, 왜 혼자서 왔는가.
김창기 : 반동들을 모조리 처형하고 달려왔소.
지창수 : (김창기를 손가락질하며 학생들에게) 동무들, 이 반동을 어떻게 할까?
일　동 : 죽여, 죽여.
김창기 : 나는 노동당 당원이오.
일　동 : 아니야. 아, 목사는 다 죽여. 예수쟁이 죽여라, 예수쟁이는 다 죽여.
지창수 : 죽여~
김창기 : 아, 종간나 새끼들아!
(김창기는 끌려 나가면서 악을 쓴다. 몇 발의 총소리가 나고……)
안재선 : 망할 자식, 반동 자식, 지금이라도 예수단 배반하면 살려 주지.
손동인 : 안재선 군, 그대도 예수를 믿으오. 그러면 평화의 사람, 구원받고 기쁨 넘치는 삶을 살게 될 거요.
일　동 : 죽여, 죽여, 죽여, 죽여. 예수쟁이는 다 죽여라.
손동인 : 내 영혼은 못 죽이리. 절대로 못 죽이리.
일　동 : 어서 죽여, 어서.
손동신 : 안 되오, 안 되오. 못 죽입니다. 나를 대신 죽이시오.
안재선 : (손동신을 밀쳐 버리며) 비켜라. 망할 자식, 어서 비켜, 마지막 소원을 말해 보라.
손동인 : 찬송가를 부르겠네. 안재선 군, 안재선 군. 자네도 예수를 믿게.
안재선 : (손동인의 눈을 검은 수건으로 가리면서) 어서 노래나 불러라.
(멀리서 기관총 소리가 들린다)

김창기란 가상의 목사를 등장시켰다. 그는 노동당원이라고 밝혔지만, 결과적으로 예수쟁이란 이유로 죽임을 당했다. 공산주의자들이 기독교인에게 적대적 감정이 있다는 설정이다. 앞서 여러 사료를 살펴봤지만, 기독교인을 특정해서 학살한 사례는 없었다. 그런데 고집스럽게 오페라에서는 기독교인의 희생을 강조하였다. 그러면서 여순항쟁을 왜곡시키고 있다. 이는 단순한 왜곡이 아니라 역사의 왜곡이다.

No.8 Scene
(피투성이가 되어 묶여 있는 안재선, 취조 야전사령관과 우익 학생들)
학생들: 더러운 놈, 이 악한 자식 손동인 형제를 죽인 놈.(발길질한다)
안재선: 아니오, 아니오. 집에서 끌고 왔을 뿐이오.
학생들: 아니, 거짓말을 밥 먹듯 하네. 우리가 모두 두 눈으로 본 증인들인데.
안재선: 쓰러진 시체를 쏘았을 뿐이오.
학생들: 이런 건 죽여 버려야 해. 이런 건 죽여 버려야 해. 없애 버려야 한다. 영원히 이 땅에서 없애 버려야 한다.
나덕환: (등장하며) 그만하오, 그만해요. 나는 승주교회의 나덕환 목사요. 손양원 목사님은 부흥회 중이시라, 내가 대신 안재선을 살리러 왔소.
학생들: 안 돼요 목사님. 그런 건 죽여 없애야 합니다. 그래야 원수를 갚게 되지 않겠어요? 원수를 갚아야 합니다.
나덕환: (애원하는 조로), 사령관님, 손양원 목사님의 간절한 부탁입니다. 두 아들을 죽인 안재선을 아들로 삼아서 회개시키겠다 합니다. 살려 주소서.
학생&시민들: 안 돼요, 안 돼요, 안 돼요. 원수를 갚아야 하오, 갚아야 하오. 원수를, 원수를 갚아야, 원수를. 흉악범 안재선은 죽어야 합니다. 사령관님.
사령관: 여러분! 조용히들 해 주시오, 목사님, 그것은 안 됩니다. 안재선은 이미 사형선고를 받은 죄인이고 이제 막 사형장으로 끌고 가려던

참입니다.
나덕환: 그래도 사령관님. 졸지에 두 아들을 잃은 손 목사님의 애타는 소원을 들어주십시오. 꼭 들어주소서.
앗, 여기 손 목사님의 딸 손동희 양이 와 있습니다.
아, 동희야 어서 나오너라. 나와서 아버님이 말씀하신 내용을 사령관님께 숨김없이 말씀드려라.

동인과 동신 형제를 죽인 사람이 안재선이냐는 문제는 특히 심각하게 고려해야 한다. 대본에도 밝히고 있지만, 안재선은 동인과 동신을 죽이지 않았다고 했다. 이미 사살된 동신을 확인 사살했다는 부분만 인정하였다. 손동희의 책에서도 안재선이 오빠들을 죽였다는 내용은 없다. 다만 동신이 총살되고 확인 사살을 안재선이 했다고 기록하였다. 대본과 같다. 또한 안용준의 『사랑의 원자탄』에도 안재선이 두 형제를 죽였다고 기록하지 않았다. 두 형제를 세워 놓고 민애청 소속 5명의 학생이 총살을 했다는 것이다. 그렇다면 어느 총에 맞아서 죽었는지는 알 수 없다. 그런데 어떻게 해서 안재선이 동인과 동신을 죽였다고 단정하게 된 것일까?

손양원 목사는 승주교회 나덕환 목사를 통해 두 아들을 죽인 학생을 살려서 양자로 삼고자 주선을 요청했다. 안재선은 그가 죽였음을 극구 부인했다. 그런데 나덕환 목사와 손동희가 하는 말을 들어 보면, 두 형제를 죽였다고 한 사람은 살아날 수도 있다는 것을 직감적으로 느꼈을 것이다. 안재선은 동신을 확인 사살했다고 자백하면서, 동인과 동신을 죽인 사람이 되었다. 그리고 살아났다. 나머지 사선에 섰던 4명의 학생들은 끌려가 총살되었다. 두 형제를 죽였다고 거짓(?) 자백한 안재선은 살아났으며, 안 죽였다고 버틴 4명의 학생은 총살된 것이다. 동인과 동신의 죽음은 여러모로 사실 확인이 필요하다.

「오페라 손양원」의 특징은 증오의 시선으로 동인과 동신의 문제에 접근하였다. 여순항쟁 자체를 증오의 대상으로 여겼다. 증오로는 어떠한 문제도 해결하지 못한다. 증오에 사로잡힌 오페라는 역사 왜곡에 앞장섰다. 송욱 교장의 억울한 죽음을 악용한 사례가 대표적이다. 증오의 반공 이데올로기가 깊이 투영된 「오페라 손양원」은 사회 갈등과 반목을 더 부추길 뿐이다. 역사를 다루는 영화, 오페라, 연극 등의 예술작품도 역사의 상호 반영에 대한 이해가 필요하다는 것을 다시금 생각하게 한다.

5장. 동인과 동신의 죽음과 '순교'의 진실

여순항쟁이 발발한 여수와 순천은 기독교와 불가분의 관계를 갖고 있다. 여수군 율촌면 애양원교회에서 목회를 했던 손양원 목사의 두 아들(동인과 동신)이 여순항쟁 때 죽임을 당했기 때문이다. 그리고 손양원 목사는 두 아들을 죽인 원수를 양자로 삼았다. 이러한 관계로 여순항쟁은 상당 부분 부정적 이미지로 자리 잡았다. 동인과 동신의 죽음에 대해서는 거룩한 순교로 찬양되었지만, 여순항쟁은 공산주의자 소행이며 악의 축으로 규정하였다.

동인과 동신의 문제를 비롯하여 손양원 목사를 언급하는 것은 지역 교회뿐만 아니라 기독교인에게도 민감한 부분이다. 기독교(인)에서 동인과 동신의 죽음을 '순교'라고 강조한 것에 대해 일정 부분 동의한다. 특히 교회사는 특수한 목적을 띤 책으로 '순교'가 갖는 의미가 중요하다는 것도 이해한다. 지금까지 동인과 동신의 죽음, 손양원 목사와 관련된 책과 논문에서는 모두 종교·신앙적 관점으로만 연구되어 온 것이 그러한 일례이다.

지금까지 접근 방식과 달리 동인과 동신의 죽음을 역사 문제로 접근하고자 한다. 종교의 가치가 사회 전반에 내재한 역사를 왜곡하려는 것은 아닐 것이다. 동인과 동신의 죽음은 해방 정국을 거치면서 여순항쟁 당시까지 사회적·정치적 문제와 연관되어 있다. 이 정국의 시대적 배경과 동인과 동신의 죽음이 어떤 연관성이 있는지 역사적으로 접근하여 다른 해석이 가능한지 살펴보겠다.

동인과 동신의 죽음, 일명 '순교'가 세상이 널리 알려진 것은 안용준이 쓴 『사랑의 원자탄』이 발행되면서부터이다. 이후 『사랑의 원자탄』은 영화로 제작되기에 이른다.[84] 최근에는 「오페라 손양원」도 제작되어 공연되었다. 앞서 살펴본 유호준의 회고록에도 동인과 동신의 죽음에 대해서 언급하였다. 그리고 지역 교회사에서도 빠지지 않고 동인과 동신의 죽음, '순교'에 대해서 서술하였다. 교회사를 비롯하여 동인과 동신, 그리고 손양원 목사의 아들을 죽인 원수를 양자로 삼은 이야기는 대체로 대동소이하게 서술되면서 재생산된다.

손양원 목사를 연구하는 책과 논문, 영화, 연극, 오페라, 다큐멘터리 등은 다양한 분야에서 셀 수 없을 정도로 많다. 여기에는 동인과 동신의 죽음이 빠지지 않고 거론된다. 동인과 동신의 죽음을 세상에 알렸던 안용준의 『사랑의 원자탄』과 동인과 동신의 누이동생인 손동희가 쓴 『나의 아버지 손양원 목사』를 중심으로 살펴보겠다.

손양원 목사의 일대기를 기록한 『사랑의 원자탄』에 대한 오해부터 제대로 알고 가자. 보통 일대기라고 하면 한 사람이 태어나서부터 사망까지의 기록으로 이해한다. 사후에 기록된 경우가 대부분이다. 그런데 『사랑의 원자탄』은 그렇지 않다. 이 책이 처음 발간된 해는 1949년 12월 24일이다. 손양원이 총살당한 날이 1950년 9월 28일이다. 그러니까 손양원이 죽기 9개월 전에 이미 발행되었다. 왜 이런 일이 벌어진 것일까?

지금 판매되는 『사랑의 원자탄』은 안용준이 단독으로 저술했다고 되어 있다. 그러나 1949년에 12월 24일 기독교신문사에서 처음 발행한 『사랑의 원자탄』은 손의원(孫議源)과 안용준의 공저로 세상에 나왔다.[85] 손의원은 손양원의 둘째 동생이다. 정리하면, 원작 『사랑의 원자

---

84 강대진 감독, 이신재, 이경희 주연으로 1977년 11월 9일 개봉되었다.
85 안용준·손의원, 『사랑의 원자탄』, 기독교신문사, 1949.

탄』(1949년 작)은 손양원 목사가 두 아들을 죽인 원수를 양자로 삼았다는 여순항쟁의 이야기이다. 손양원이 사망하기 전에 저술되었고, 그 저술 과정은 손양원도 알고 있었다. 이후 속편 『사랑의 원자탄』(1952년 작)은[86] 6·25전쟁에서 손양원 목사가 인민군에게 학살당한 이후의 내용이 추가되어 발간되었다. 현재 판매되고 있는 책은 1952년에 쓰인 책이다.

안용준은 여순항쟁 당시 미국에 체류 중이었다. 미국에서 여순항쟁의 발발 소식을 듣고 인식했던 것은 "관리는 관리대로 민중은 민중대로 자기의 할 본분을 잊고 사리사욕에 눈이 어두워져서 일어났을 것이니, 토색질도 있었을 것이요, 몰염치한 모리 행위도 있었을 것이다"라고 하면서 "상식이나 지식이 부족한 무식한 대중을 악질분자들이 선동하여 반란이 발발하였다"고 인식하였다. 그는 한심한 조국에 급히 필요한 것은 복음과 교육이라고 느껴 귀국을 결정하였다.[87] 조국과 민중에 대한 복음과 교육으로 귀국을 결심했지만, 그 이면에는 개인적인 문제도 없지 않았다. 그의 가족이 여수에 있었고, 독자(獨子)란 관계, 그리고 반란으로 가산 일체를 소실당했다는[88] 소식 등이 그의 귀국을 재촉하였다.

안용준이 여러 요인으로 귀국을 결심했고, 그 과정에서 손양원 목사의 이야기를 들었던 것으로 보인다. 이때는 손양원 목사가 직접 두 아들을 죽인 원수를 찾아나섰으며, 그를 용서한 것으로 알고 있었다고 회고하였다. 『사랑의 원자탄』에는 안용준이 손양원과 동료관계

---

86 안용준, 『사랑의 원자탄』 속편, 고려문화사, 1952.
87 안용준, 위의 책, 245쪽.
88 안용준, 위의 책, 245쪽.

로 서술되었지만, 책을 쓰기 전까지는 서로 아는 관계는 아니었던 것으로 짐작된다.

안용준은 여순항쟁을 직접 겪지 않았다. 동인과 동신의 죽음도 직접 보지 않았다. 손의원도 당시 여수와 순천에 있었는지 알 수 없다. 손동희의 『나의 아버지 손양원 목사』를 비롯한 손양원 관련 책에서도 손의원에 대해서는 일절 언급하지 않고 있다. 물론, 손의원이 안재선을 구출하여 양자로 삼는 데 역할을 했다는 기록은 없다. 공저자 손의원과 안용준은 당시 상황을 직접 목격한 사람이 아니다. 따라서 당시 상황을 전해 줄 사람이 있었을 것이다. 그가 누구일까?

그런 점에서 주목할 것이 있다. 1949년 6월 21일부터 5일간으로 중앙극장에서 상영된 연극 「향(香)」이다. 1949년 12월 『사랑의 원자탄』이 세상에 발간되기 전에, 기독교 연극인들의 '예술무대'에 이 연극을 상연하였다. 주암산(본명 주태익) 작품에 이보라가 연출한 연극 「향」은 문교부가 인정했으며, 육군 보도과의 검열을 받아 상연이 가능했다. 당시 문교부는 여순항쟁 진압 이후 문인조사반을 현지에 파견하여 좌익의 잔악성을 알리는 데 앞장섰다. 문인조사반 또는 종교위문단이 현지에서 들었던 것을 주암산이 극본으로 썼던 것으로 보인다. 당시 연극 「향」에 대한 기사를 옮겨 보면,

> 「향」은 주암산 작으로 아직 피비린내가 우리의 코를 스미는 민족 최대의 비극 여수순천반란사건의 한 순정스럽고 거룩한 「사랑의 사건」을 취재한 것인데 곧 손양원 목사의 기독교 정신을 테마로 한 것이다. (『경향신문』, 1949년 6월 26일)

<그림 5> 연극「향」광고(1949년 6월 20일)   <그림 6>『희곡 향』

연극「향」이 상연되고 같은 해 11월에『희곡 향』이 발간되었다.[89] 연극이 4막으로 구성되었던 것과 다르게『희곡 향』은 1막의 대본만 서술되어 있다. 연극「향」은 여순항쟁 과정에서 거룩한 '사랑의 사건'을 실천한 손양원 목사를 다루고 있다. 지금까지 우리가 알고 있는『사랑의 원자탄』을 연상하면 된다. <그림 5>에 볼 수 있듯이 이 연극의 주최는 여수애선원(麗水愛善園)이다. 이는 여수애양원의 오타로 보인다. 양(養)을 선(善)으로 잘못 읽었을 가능성이 크다. <그림 5>의 '悽修한 麗水順天事件의 實話!'에서 처수(悽修)는 처참(悽慘)을 오독한 경우와 같은 예로 보인다. 단정할 수 없지만 연극「향」의 상연까지는 여수애양원이 깊이 개입되었을 가능성이 크다는 것이다.

이 연극에 대해 "희곡은 구성이나 기교에 있어서 미숙하고 무대적 세력도 부족하다"고 하면서 현존한 손양원 목사 일가의 박애정신을 꾸미었다는 것을 높이 평가하였다. 이 연극에는 손양원, 손양원 부인, 동인, 동신, 동장(동인 동생)과 나덕환 목사, 나제민 등 현재 알려진 인물이 그대로

---

[89] 주암산,『희곡 향』, 조선기독교서회, 1949.

등장한다. 반면 동인과 동신을 죽인 학생으로는 '강치호'란 가명이 등장한다.[90]

손양원이 죽기 전에『사랑의 원자탄』이 발간되었으며, 그 이전에는 연극「향」이 상연되었다. 연극「향」은 여수애양원이 개입했을 가능성이 크다. 이러한 일련의 과정에서 손양원은『사랑의 원자탄』집필에 어느 정도 개입하였으며, 연극「향」에 대해서는 어느 정도 알고 있었느냐는 것이다. 그리고 자신이 죽기도 전에 자신과 관련된 책이 집필되고, 연극까지 상연되었다. 이에 대해서 손양원은 어떤 태도를 보였을까?

손양원은『사랑의 원자탄』이나 연극「향」에 대해 알고 있었다. 손양원 목사 기념관에 비치된 한 장의 사진이 이를 증명한다. <그림 7>의 사진이다. 이 사진의 앞줄 오른쪽에 가방을 들고 있는 이가 안용준이고, 그 좌측에 있는 사람이 손양원이다. 나머지는 연극「향」의 출연자이다. 손양원과 안용준이 연극「향」의 출연진과 함께 찍은 사진이다. 자신의 이야기를 담은 연극「향」을 봤다는 것이 확실히 드러났다.

『사랑의 원자탄』을 쓴 안용준도 연극「향」을 봤다. 연극 자체만 봤을 수도 있지만, 극본도 봤을 가능성이 있다. 그래서 연극이『사랑의 원자탄』의 집필에 상당한 영향을 미쳤을 것으로 짐작된다. 연극「향」에서 거룩한 '사랑의 사건'이란 멘트를 안용준이『사랑의 원자탄』으로 표현했을 가능성이 매우 높다. 그리고 앞서 살폈지만, 연극「향」의 상연 주최가 여수애양원이었다. 이는 손양원이 깊이 개입되었다는 방증이다.

90『경향신문』, 1949년 6월 26일.

<그림 7> 두 아들 순교 연극 「香」을 보고

『사랑의 원자탄』의 공간적 배경은 순천과 애양원이 중심이다. 시간적 배경은 1948년 10월 21일 두 아들의 체포에서 죽음과 안재선의 체포와 구출까지 약 16일 동안이다. 먼저 시간적 배경을 설정한 과정을 보면, 동인과 동신이 좌익 학생들에게 죽은 날이 10월 21일이고 애양원에 알려진 날은 10월 25일이다. 그리고 10월 27일 장례식이 있었다. 이때까지 두 아들을 죽인 것으로 알려진 안재선은 체포되지 않았다. 『사랑의 원자탄』은 동인과 동신 죽음 이후 안재선을 구출하여 양자로 삼는 손양원의 모습에 집중되어 있다.

㉮ 동희는 "두 오빠를 죽인 이를 회개시켜 아버지 아들 삼고 싶은 사랑하는 마음 주신 하나님께 감사드린다고 하셨어요" 한다.……나 목사는 무겁던 몸이 거뜬해져서 자리를 개키고 있는데, 나 목사의 아들 제민군이 들어와서 "아버지, 동인 동신을 죽인 학생이 잡혔어요. 그래서 학련에서 조서를 만들어서는 지금 국군에게 넘긴다고 해요"……나 목사가 급하게 팔왕카페로 동희를 불렀다. 군인이 이름과 나이를 물었다. 그리고 너 언제 순천

에 왔지 물었다. 동희는 "오늘 아침에 일찍이 집에서 왔습니다"고 대답했다. 군인은 "나 목사님께 일임합니다"라고 하고는 다른 사형수를 데리고 트럭을 타고 사형장을 가 버렸다. (안용준, 『사랑의 원자탄』에서 정리함)

㈏ 장례식이 치러지고 일주일쯤(11월 3일) 지났을 무렵이었다. 두 오빠를 죽인 주동자가 잡혔다는 소문이 들려왔다. 오후에 아버지 부름을 받고 애양원을 갔더니, 아버지께서 승주교회 나덕환 목사를 찾아가 두 오빠를 죽인 학생을 양자로 삼을 수 있도록 힘을 써 주라는 말을 전달받았다. 다시 순천으로 와 나덕환 목사에게 아버지 말을 전달했다. 그날로 나덕환 목사는 조선은행 옆의 대학당에 찾아갔으나 허사였다. 다음 날(11월 4일) 나 목사는 순천경찰서를 찾아갔으나 허사였다. 다음 날(11월 5일)도 순천경찰서를 찾아갔으나 아무 소득이 없었다. 나 목사가 집에 돌아왔는데 아들(제민)이 팔왕카페 앞에서 곧 사형을 시킬 것이라는 말을 듣고 바로 나갔다. 그리고 안재선을 구했다. (손동희, 『나의 아버지 손양원 목사』에서 정리함)

㈎ 인용문은 『사랑의 원자탄』, ㈏ 인용문은 『나의 아버지 손양원 목사』로 안재선을 구하는 과정을 정리하였다. ㈎ 인용문은 안재선이 체포되었다는 소식을 듣고부터 하루 만에 구출했다고 서술하였다. 날짜를 기록하지 않아 그날이 언제인지는 알 수 없다. 반면 ㈏ 인용문은 안재선을 구출까지 3일이 걸렸다는 것을 알 수 있다. 안재선을 구하는 자리에 손동희가 있었다. 손동희의 말 한마디에 안재선은 살아났다. 하나의 사건을 기록한 ㈎와 ㈏의 서술이 다른 이유는 무엇일까?

『사랑의 원자탄』은 당사자가 아닌 사람이 말을 전해 듣고 기록을 했고, 『나의 아버지 손양원 목사』는 당사자의 회고이다. 그런 면에서 보면 손동희의 기록이 신뢰성이 있다. 그런데 여기에도 함정이 있다. 안용준의 글은 여순항쟁 발발 1년 만의 기록이다. 반면 손동희의 글은 사건 발발 46년 만의 기록이다. 기억은 여러 사건과 일들이 접목되어서 자기를 합리화시키거나 주관성이 깊이 개입된다. 그리고 기억은 진실이나 사실만을 저장하고 있지 않다.

손동희는 여순항쟁 발발일을 '주일 전날'이었다고 기록하였다. 항쟁이 발발한 10월 19일은 화요일이고 순천을 장악한 날은 수요일이다. '주일 전날'이었다는 기억은 사실이 아님을 알 수 있다. '주일 전날'이란 표현이 단순한 기억의 오류인지 아니면 다른 의도가 숨겨져 있는지는 알 수 없다. 따라서 두 기록 중 어느 것이 사실에 근접하거나 신뢰할 수 있는 사료인지는 결론을 내리기 쉽지 않다.

동인과 동신이 좌익 학생들에 의해 희생되었다. 손동희는 "좌익 학생들의 명단에 처형 대상 1호로 올라 있던 큰오빠"였다고 했다. 그 이유는 기독학생회 회장이라는 것이다.[91] 토벌군이 순천을 탈환한 후 군경은 협력자 색출에 나섰다. 우익 청년학생들이 여기에 일조했다. 동인과 동신을 총살한 안재선은 우익 학생단체인 학련(전국학생연맹)의 학생들에게 잡혔다. 조사를 받고 군인에게 넘겨졌다.

동인과 동신은 학련과 어떤 연관이 있는지 살펴볼 필요가 있다. 앞서 살펴본 지역의 교회사 등에서 동인이 기독교학생회 회장 등으로 열심히 활동했다고는 기록하였지만 학련과의 관계는 일절 거론하지 않았다. 학련과의 관계를 살펴봄으로써 당시 사회·정치적으로 좌·우익의 갈등과 어떤 연관성이 있는지 알 수 있다.

동인은 승주교회의 기독학생회를 조직하고, 이후 순천중학교, 순천여중학교, 순천농업학교, 순천매산학교 등의 기독학생회를 조직하여 '순천연합기독학생회'의 초대 회장을 맡았다. 기독교학생연합회는 당시 우익 학생단체인 학련의 주요한 기반이었다.

---

[91] 손동희, 앞의 책, 232~233쪽.

순천 지역에서는 해방 이후부터 신탁통치 찬반 문제가 언급되기 전까지(1945년 12월)는 좌익 청년학생단체가 조금은 우세하였던 것으로 짐작된다. 그러나 신탁통치 반대운동이 힘을 받으면서 순천 지역 청년학생단체의 힘의 균등도 우익으로 급선회하였다. 특히 이들 우익 청년학생단체가 반탁에 적극적으로 나섰던 것은 이승만이 반탁을 옹호하면서부터였다. 그러면서 학내에서는 좌·우익 학생들의 갈등이 최고조에 달했다. 순천 지역 학련 감찰부장이었던 황용운은 여순항쟁 전에도 학련에게 총이 지급되어, 좌익 학생들에 대한 테러와 폭행을 일삼았다고 말했다. 그 사례를 보면,

> 순천에 김일택이라는 여수여관을 운영했던 사람인데 좌익이었어요. 민족청년당원들이 그 사람 집에 가서 그 사람을 죽여 버렸어요. 이승만 대통령이 **반탁에 대한 옹호를 하기 전까지는 좌익들의 세상이었고, 그 뒤로는 우익진영이 세력을 확보하면서 좌익진영을** 몰아낸 거지요.……학교를 가면 공부도 안 하고, 서로 싸우고 그랬어요. 지금 생각해 보니, 학생들이 아는 것도 없었는데, 서로 어울려 다니는 것뿐이었어요. **좌익은 학맹(學盟)이었고, 우익은 학련(學聯)**이 주축이었어요.……**이념 간의 대립이 심해지면서 아무것도 모르는 많은 학생들이 죽었어요.** 심지어는 총을 가지고 다니는 학생들도 몇몇이 있었어요. (순천문화원, 『순천이야기』, 2004)

신탁통치 찬반 문제에서 출발한 이념의 갈등은 학교 내에서도 심각하였고 찬탁과 반탁 문제로 소용돌이치면서 우익 세상이 되었다. 민족청년단이 좌익활동을 했다는 김일택을 살해했음에도 죄책감도 없었고 처벌도 받지 않았다. 손동희도 좌·우익 청년학생단체의 갈등에 대해 "같은 학교 같은 교실에서 함께 공부하던 급우들이 좌우익으로 갈려 원수처럼 으르렁거렸다. 당시 학생들 사이에는 좌익인 공산당과 우익인 기독학생회, 이 양단간에 대립이 극에 달했다"고[92] 하였다. 손동희는 우익의 학련과

좌익의 민학의 싸움이 아니라 좌익 공산당과 기독학생회의 대립으로 기술하였다. 이는 학련은 곧 기독학생회였으며, 그 기독학생회가 이념 대립에 앞장섰다는 입증이기도 하다. 손동희가 "좌익 학생들의 명단에 처형 대상 1호로 올라 있던 큰오빠"였다고 했던 것은 이러한 배경이 있었을 것이다.

동인과 동신은 기독학생회 활동만 했던 것일까? 아니면 학련의 활동까지 주도했던 것일까? 당시 시대적 배경으로 보면 떼려야 뗄 수 없는 조직 간의 관계임이 틀림없다. 그러나 손양원 목사를 기록하는 책이나 지역 교회사에서는 학련과의 관계에 대해서는 일절 언급하지 않고 있다.

이러한 점에서 새로운 사료에 주목한다. 전국학생연맹 결성을 주도하고 대표 의장에 선임되었던 이철승의 『전국학련』이란 책이다.[93] 이 책에는 '여순반란과 학련 Ⅰ'과 '여순반란과 학련 Ⅱ'로 여순항쟁을 기록하였다. '여순반란과 학련 Ⅰ'은 여순항쟁 발발의 배경과 발발 당시 상황을 서술하였고, '여순반란과 학련 Ⅱ'는 전국학련, 전남학련, 순천학련이 여순항쟁에 대응했던 내용이 서술되어 있다. 당시 순천학련 위원장은 성동욱이었다.

여순항쟁 발발 소식을 듣고 전국학련은 전남반(고병두, 오정환, 이철승 등 7명), 전북반(정진방, 송홍국 등 7명), 경남반(구홍열, 한남, 박후식 등) 그리고 선전반을 편성하여 현지에 급파하였다. 전국학련의 선전반 편성은 자발적인 측면도 있지만, 이승만의 요청이 더 크게 작용하였다. 이승만은 서북청년회·대동청년단·전국학련 등 각 청년학생단체 대표자들을 불러 여수에서 발발한 반란을 언급하면서 청년학생단체가 나서 줄

---

92 손동희, 앞의 책 215쪽.
93 이철승, 『전국학련』, 중앙일보·동양방송, 1976.

것을 당부하였다. 이에 따라 각 청년학생단체는 '구국연맹'을 결성하여 반란 진압에 직접 뛰어들었고, 전국학련도 이러한 차원에서 대응반과 선전반을 급파하였다.

또한 전남학련은 변장부대, 결사대(특공대)를 조직하여 현지에 투입하였다. 이때 순천사범학교 학련 문인호(文忍虎)는 토벌군 백인엽 소령의 순천탈환작전에 참여했다. 문인호는 순천 북문지서에 포로가 된 경찰과 20여 명을 구출코자 돌격했다가 전사하였다.[94] 이철승은 이를 가장 잊을 수 없는 사건으로 기록하였다. 또 하나 잊을 수 없는 것으로 손동인과 동신의 죽음을 서술하였다. 이 책에 실려 있는 손동인과 동신의 내용을 그대로 옮겨 보면,

> 또 하나 잊을 수 없는 것은 **孫東印(順師) 孫東信(順中) 兄弟 학련 「멤버」의 죽음**이다. 두 형제는 독실한 기독교 신자로서 金俊坪 李正斗 등 학련생과 大同청년단장인 黃佑洙 韓相甲 등과 반도 소탕에 나섰다. 그러나 **포로가 되고 말았으며 반도들은 두 형제에게 『앞으로 예수를 믿지 않을 것과 학련 활동을 안 할 것』을 요구**했다. 두 형제는 대답했다. 「나는 예수를 믿으며 학련 활동을 계속한다.」 결국 두 형제는 무참히 학살됐다. (이철승, 『전국학련』, 중앙일보·동양방송, 1976)

물론 이철승의 글을 액면 그대로 믿을 수는 없다. 전국학련의 활동에 대한 정당성을 부여하기 위한 방편이라는 점도 고려해야 할 것이다. 동인과 동신의 죽음과 관련하여 대부분의 책에는 "집에 피신해 있는 동인과 동신을 예수쟁이란 이유로 좌익 학생들이 잡아가서 순천경찰서에서 처형했다"고 서술하였다. 그런데 이철승은 달리 기술하였다. 우선, 동인과

---

94 이철승, 위의 책, 333~345쪽.

동신은 학련 멤버라는 것을 밝히고 있다. 동인과 동신은 김준평, 이정두 학련생과 대동청년단장 황우수와[95] 한상갑 등과 같이 반도 소탕에 나섰다가 포로가 되었다는 것이다. 그리고 반도들이 예수를 믿지 말 것과 학련 활동을 하지 말 것을 요구했으나 이를 거부하면서 학살되었다는 것이다. 동인과 동신이 전국학련 활동에 앞장서서 움직였다는 기록은 여러 군데 있다.[96] 지금까지 '예수', '선교' 등을 언급하였던 것과 사뭇 다르다는 것을 알 수 있다.

해방 이후 끊임없이 갈등하던 학련과 민학은 신탁통치 문제를 두고 갈등이 최고조에 달했다. 이 와중에 상대방에 대한 테러도 서슴지 않았다. 미군정과 경찰의 비호 아래 학련의 테러는 전국 곳곳에서 일어났으며, 순천에서도 예외는 아니었다. 일련의 정치적 갈등이 내재한 공간 속에서 우익 학생과 좌익 학생 간의 갈등 결과로 동인과 동신의 죽음이 발생했을 가능성이 매우 크다. 그런데 기독교의 종교적·신앙적 논리로 확대해석하다 보니 '순교'란 표현으로 나타나 증오의 반공 이데올로기를 부추겼다.

교회사는 특수한 성격의 책이다. 종교적으로 모든 것을 바라본다. 신앙적 측면에서 논하고 정리한다는 전제가 깔려 있다. 그런 의미에서 교회에서 동인과 동신의 죽음을 '순교'로 표현하는 것도 충분히 이해할 수 있다. 생각해 볼 것은 교회도 사회의 일원이다. 사회에서 논하는 역사의 사실관계와 동떨어진 집단이 아니라는 것이다. 그들의 죽음을 '순교'라고 자랑스러워하기 위해서는 사회가 통념적으로 인정할 수 있는 여순항쟁의

---

95 황우수는 1950년 3월 15일에 편성된 육군의 청년방위부(방위부장 김윤근)에서 제16단장(순천)으로 선임되었다(『자유신문』, 1950년 4월 2일).
96 유관종, 「여수 제14연대 반란사건3」, 『현대공론』 4월호, 1989, 392쪽.

올바른 인식이 전제되어야 한다. 앞서 이철승의 『전국학련』이나 황용운의 증언에서 볼 수 있듯이 동인과 동신의 죽음은 당시 시대적 배경과 맞물린 사회적·정치적 대립에 의한 문제였을 가능성이 매우 높다.

또한 유념해야 할 것은, 대부분 교회사에서는 '많은 기독교인'이 반란군에 의해 희생되었음을 강조한다. 종교계에 널리 퍼져 있는 이러한 종교적 논리도 여순항쟁을 왜곡시키는 원인이라고 할 수 있다. 앞서 정규오 목사, 유호준 목사 등의 회고록에 의하면 특별히 기독교인이라고 해서 죽임을 당했다는 내용을 찾아볼 수 없다. 현재까지 밝혀진 기독교인 희생자도 손동인, 손동신, 고재춘밖에 없다. 반면 윤을수 신부의 기록에서 보듯이 '반란군에게 밥을 해 주었다'는 이유만으로 군경에 의해 학살된 사례가 있다. 또한 순천매산학교 선생과 학생의 죽음도 군경에 의해 이루어졌다. 기독교의 일방적인 주장 이전에 사회 통념적 가치와 역사 인식의 올바른 사고를 되새겨 보는 기회가 되었으면 한다.

6장. 새로운 시선으로 여순항쟁을 기억한다

여순항쟁은 부정적 이미지가 상당히 강하다. 이승만에서부터 박정희 군사독재정권까지 반공을 국시로 삼으며, 여순항쟁을 활용했던 점이 가장 큰 요인일 것이다. 정권이 여순항쟁을 활용하는 방법은 다양했다. 군인이 반란을 일으켰다는 것, 남로당의 지령에 의한 반란이라는 것, '빨갱이'의 소굴이라는 것, 공산주의자가 천인공노할 학살을 자행했다는 것 등등 사실관계를 명확하게 확인하지 않고 정부 당국이 기록을 사실 그 자체로 인식하며 기억의 공간을 차지했다.

이승만 정부는 법적 제도적 장치를 정비하여 국민을 통제하고 억압하였으며, 각종 선전 도구를 활용하여 사실 자체보다는 정권 안보 차원에서 여순항쟁을 홍보 수단으로 활용하였다. 여기에 기독교의 역할도 적지 않았다. 특히 손양원 목사 두 아들(손동인과 동신)의 죽음을 둘러싸고 책, 영화, 오페라, 다큐멘터리 등 셀 수 없을 만큼의 문학·예술작품을 양산하였다. 이들의 작품에는 증오가 깊이 투영되어 있다. 증오의 반공 이데올로기가 담긴 시선으로 여순항쟁을 바라봤다. 그 결과는 여순항쟁의 왜곡으로 나타났으며, 이는 현재진행형이다.

그런 측면에서 여순항쟁과 기독교에서 주목할 것은 네 가지이다. 첫째는 종교위문단이 남긴 보고서이다. 보고서 어디에도 기독교인이라는 이유만으로 학살되었다는 기록은 없다. 그런데도 그러한 인식이 지역사회를 지배했던 것은 손동인과 손동신의 죽음을 순교라는 논리로만 접근했던 인식 때문이다.

둘째는 여순항쟁 당시 기록을 남겼던 윤을수 신부와 김형도 목사 등의 기록에 주목할 필요가 있다. 특히 김형도가 남긴「여수의 풍란을 겪고 와서」는 당시 상황을 이해하는 데 매우 의미 있는 사료이다. 그리고 이후에 회고록을 남겼던 기독교인들도 국군과 경찰의 학살을 고발하고 있다.

셋째는 지역의 기독교 교회사이다. 지역의 교회사는 당시 상황과 너무 동떨어져 있다. 교회사라는 특수성을 고려하더라도 역사를 왜곡하는 것은 옳지 않다. 교회도 사회의 일원이며, 역사의 현장에 있었기 때문에 사실(事實)을 사실(史實)로 기록하는 노력이 절대적으로 필요하다.

넷째는「오페라 손양원」과 같은 예술작품이다. 손양원이란 인물을 찬양하는 것에 대한 반대가 아니다. 역사를 역사로서 기록해야 한다는 것이다. 그런데 기독교인을 찬양하면서 증오의 이데올로기를 양산하고 있다는 느낌이 강하게 든다. 종교가 사회를 통합하거나 상처를 어루만지는 것이 아니라 오히려 부추기고 있지 않은지 반문할 필요가 있다.

여순항쟁과 기독교 간의 상호관계를 살펴보았다. 여순항쟁을 직간접적으로 체득한 기독교인들과 현재 발간되고 있는 교회사는 여순항쟁의 상황이나 인식에서 큰 차이를 보인다. 가장 큰 이유는 1970년대 후반부터 불어온 손양원 목사 신드롬이 아닐까 한다.

손양원 목사는 당시 여수군 율촌면 신풍리 애양원교회에서 목회를 하였다. 행정적으로 여수였지만, 율촌면은 순천과 인접하여 생활권은 순천이었다. 당시 애양원교회는 순천노회에 속하였다. 또한 여순항쟁 당시 희생된 두 아들(동인과 동신)도 순천에서 학교를 다녔으며, 순천 승주교회(현 순천제일교회)에 나갔다. 애양원교회가 행정상 여수에 속하며 순천노회 소속이고, 두 아들이 순천에서 희생되었다는 점을 들어 여수·순천 두 지역 모두가 손양원 목사를 기념한다. 이러한 분위기는 교회사를 서술하는 데 영향을 미치고 있으며, 손양원 목사에 대한 기록이 당연시되었다. 혹여 손양원 목사의 찬양이 우상으로 변질되고 있지는 않은지, 또는 역사를 왜곡하고 있지는 않은지 기독교(인) 스스로 자문자답이 필요한 시기가 아닌가 한다.

해방 당시와 비교하면 한국 기독교는 비약적으로 확장되었다. 전남 동부지역에서도 기독교의 영향력은 지대하다. 그만큼 책임도 크다는 것을 의미한다. 기독교라는 종교적 가치를 앞세우기보다는 사회의 보편적 가치를 추구하는 기독교의 눈을 가졌으면 한다. 특히 지역에서 발간하고 있는 교회사를 비롯하여 손양원 목사의 찬양 사업 등은 보편적 사회적 기준과 가치를 존중하는 측면에서 이루어지기를 바란다.

그동안 잘못 인식해 왔던 여순항쟁도 제자리를 찾을 수 있도록 기독교(인)의 노력이 절대적으로 필요하다. 특별히 부탁한다면, 지역의 교회에서부터 여순항쟁 바로알기를 시작하면 어떠할까 하는 제안을 한다. 역사로서 1948년 10월 19일 여순항쟁이 지역사회에 올바르게 정착하는 데 교회가 그 역할을 했으면 하는 바람이다.

에필로그 : 항쟁이었다

4편의 글을 한 권의 책으로 엮었다. 새롭게 구성한 글도 있고, 기존 논문에 새로 발굴한 사료로 재구성한 글도 있다. 논문을 대중 언어로 쓰려고 노력하였다. 그러나 글재주가 일천하여 의도대로 되지 않았다. 또한 연구서와 대중서 사이에서 허우적이다 보니 설명에 설명을 덧붙인 장황함이 있었다.

역사를 논한다는 것은 결코 쉬운 일이 아니다. 그것도 이념 논쟁의 한가운데 자리하고 있는 1948년 10월 19일의 사건. 뚜렷한 정명(正名) 없이 연구자마다 명칭을 제각각 사용하는 군인의 총궐기로 촉발하여 민중의 지지가 합세한 1948년 10월 19일 사건. 이를 새롭게 해석하는 역사 작업은 사료와의 싸움이며 시간과의 다툼이고 나와의 투쟁이었다. 그 투쟁은 절대 만만치 않았다. 많은 희생을 강요하였다. 그 희생을 물리치고 『동포의 학살을 거부한다 : 1948, 여순항쟁의 역사』를 세상에 내놓았다. 스스로에게 대견하다고 칭찬을 하고 싶다.

여순항쟁 시리즈 1권 『동포의 학살을 거부한다 : 1948, 여순항쟁의 역사』의 핵심은 사건의 성격 규명이다. 그리고 정명하는 것이다. '여순항쟁', 이제부터 여순항쟁 시리즈 2권 『국가 폭력과 여순항쟁』(가칭)을 향하여 또 투쟁의 길로 접어든다. 그러기에 앞서 이 책에서 하고 싶었던 글을 정리한다.

1948년 10월 하순, 항구 도시 여수는 불바다가 되었다. 잿더미가 된 거리에는 죽임과 죽음의 광풍이 휩쓸었다. 슬픈 항구 도시는 궂은비,

뱃고동 소리와 함께 나지막하게 노랫가락이 흘렀다. 여수 사람의 애달픔을 달래는 이 노래는 오래가지 못했다. 잿더미 설움을 달래는 아낙네의 구슬픈 넋두리도 "민심의 악영향을 초래할 우려"가 있다는 이유로 세상에서 사라졌다. 항구 도시 여수는 빗발친 총탄에 도시의 흔적마저 사라졌다. 항쟁의 결과는 처참하였다.

하늘의 뜻에 순응하고 살아온 순천 사람은 어느덧 역천자로 빨간 덧칠이 되었다. 하늘의 뜻을 거스른 자로 낙인된 사람들은 숨소리조차 눈치를 살펴야 했다. 북국민학교와 농업학교에서 한마디 변경도 못한 채 타인의 손가락에 자신의 목숨이 내팽개쳐졌다. 눈먼 총소리에 고향산천은 붉게 물들었다. 하늘의 뜻에 순응하고 살아간 순천은 예전의 순천이 아니었다. 항쟁의 외침은 가혹하였다.

구슬픈 넋두리 항구도시 여수와 역천자로 빨간 덧칠이 된 순천의 이름을 딴 여수순천사건. 반란이 뭔지 몰랐지만, 반란으로 강요당했다. 강요된 족쇄는 참으로 오래갔다. 참으로 오랫동안 세상의 눈총이 무서워서 반란으로 기억하였다. 빨갱이가 뭔지 몰랐지만, 빨갱이로 덧칠된 누명은 오랫동안 악령으로 남았다. 반란은 무엇일까? 무엇을 얻기 위해 반란을 일으켰던 것일까?

1948년 10월 19일 제14연대에서 촉발되었던 여순항쟁. 아니 여순반란사건은 항쟁과 반란의 미묘한 신경전에서 결국 반란으로 세상에 회자된 사건이었다. 누구에 의해 주홍글씨가 새겨졌던 것일까? 누구에 의해 반란으로 재단되어 눈물마저 죄가 되는 세상이 되었을까?

역사 기록은 대체로 승자가 남겼다. 권력을 둘러싼 싸움에서 이긴 자는 항상 자신의 행동을 정당화하기 위하여 기록을 남겼다. 권력자와 소수 기득권의 역사 서술에 비판도 이견도 낼 수 없었던 어두운 시대가 지난 지도 어언 30여 년이 흘렀다. 권력자와 소수 기득권의 논리에 사로잡혀 서로를 적대시하는 증오의 이데올로기는 여전히 진행형이다.

1948년 10월 19일 제14연대 궐기를 '반란'이라고 한다. 왜 궐기했는지 모른 채 마음의 기억은 '반란'이라고 압박을 가한다. 관습적으로 들었던 것이 기억의 공간에 똬리를 틀고 있다. 기억의 공간에 똬리를 틀고 있는 '반란'이란 족쇄를 한 번쯤 풀어 헤쳐 재해석하면 안 되는 것일까? 1948년 10월 19일은 다른 용어로는 대체할 수 없는 만고불변의 반란사건일까?

1948년 10월 19일 제14연대 군인들은 궐기하면서 군인의 사명을 강조하였다. 군인은 "국토를 방위하고 인민의 권리와 복리를 위해서 생명을 바쳐야 한다"면서 "조선 동포를 학살하는 것을 거부하고 조선 인민의 복지"를 위해 총궐기하였다. 그들의 외침은 부질없는 것일까?

반란이 아닌 항쟁이었다. 조선 동포의 학살을 거부한 외침은 분명 항쟁이었다. 군인의 사명을 지키기 위한 저항의 몸부림은 불의에 대한 항거였다. 그들의 행동에 반란이란 족쇄를 채울 근거가 미약하다. 하지만 승자가 남긴 문서를 우직스럽게 인용하여 반란이라고 고집한다. 나쁜 국가의 잘못된 명령을 거부할 수밖에 없었던 항쟁이었다. 부당한 명령에 맞섰던 항쟁이었다.

2018년 10월 19일, 여순항쟁이 발발한 지 70년이다. 여순항쟁은 이제껏 증오의 반공 이데올로기에 갇혀 제 모습을 드러내지 못했다. 이분법적 사회구조에 억눌려 숨소리조차 낼 수 없었다. 왜곡된 모습은 마치 진실인 양 포장된 거짓 사실(事實)에 의해 사실(史實)로 자리 잡았다. 승자의 논리와 패자의 오명으로 사실(事實)이 왜곡되었다.

왜곡에 길들여진 사실(史實)은 권력자와 소수 기득권이 만들어낸 산물이었다. 역사는 이들의 전유물이 아니다. 역사는 다양한 모습을 갖고 있다. 다양한 모습에 감춰진 역사를 어떻게 볼 것이냐는 각자의 몫이다. 나쁜 국가의 잘못된 명령을 고발하고자 글을 썼다. 숱하게 죽임을 당한 착한 국민의 이야기가 뒷전으로 밀려난 것이 안타까워 그들의 이야기를 전했다. 그리고 정명(正名)이 필요하였다.

여순항쟁은 대한민국 민중항쟁 역사의 첫 서막이었다. 대한민국 현대사의 숱한 항쟁의 이정표에 여순항쟁이 제일 먼저 자리하고 있다. 항쟁이란 주장에 반대하고 비판할 수 있다. '절대 진리'로만 알았던 기존 관행을 깬다는 것이 계란으로 바위 치기만큼이나 어렵다는 것을 안다. 수십 년 동안 겹겹이 쌓여 있는 역사 인식이 한 권의 책으로 하루아침에 말끔히 바뀔 것이란 상상도 터무니없는 바람이라는 것을 안다. 다만 무조건 '반란'으로 손가락질했던 기억의 공간에 작은 변화가 일어나기를 바란다. 이 책을 읽고 반란이란 족쇄에 조금이라도 의문을 품고, 항쟁이란 역사를 떠올린다면 그것으로 충분하다.

고향산천을 뒤로하고 총알받이가 되었던 열아홉 살 청초한 처녀의 사연을 담은 노랫가락이 천둥번개 소리를 타고 애절하게 흐른다. 한여름 밤의 천둥번개 소리는 요란하게 분노를 토해 낸다. "동포의 학살을 거부한다"는 1948년 10월 19일 밤의 외침은 항쟁이었다. 항쟁의 역사였다. '여순항쟁'이라고 정명(正名)한다.

참고문헌

1. 1차 사료

<신문>
『강원일보』,『경향신문』,『국도신문』,『국제신문』,『남조선민보』,『대동신문』,『독립신보』,『동광신문』,『동아일보』,『민주일보』,『서울신문』,『세계일보』,『연합신문』,『자유신문』,『조선일보』,『조선중앙일보』,『평화일보』,『한겨레신문』,『한성일보』,『호남신문』

<관찬 자료>
『관보』,『제헌국회 속기록』,『조선왕조실록』
호남계엄지구사령부,「고등군법회의 명령 제13호」, 1948. 12. 15.

<잡지·신문·단행본>
고영환,「여순잡감」,『동아일보』, 1948년 11월.
김형도,「여수의 풍난을 겪고 와서」,『기독교 가정』창간호, 1948년 12월.
내무부치안국 대한경찰사발간회,『대한경찰사 제일집 민족의 선봉』, 1952.
대한민국 국방부,『국방부사』, 1954.
박종화,「남행록」,『동아일보』, 1948년 11월.
박찬식,「7일간의 여수」,『새한민보』, 1948년 11월 하순호.
석성인,「화제의 인물 - 황두연과 순천사건」,『민성』 5-1, 1948년 12월호.
설국환,「반란지구 답사기」,『신천지』, 1948년 11월호.
송석하,「내가 본 여순반란사건」,『세대』 3 통권 27호, 1965년 10월.
안용준,『사랑의 원자탄』속편, 고려문화사, 1952.
안용준·손의원,『사랑의 원자탄』, 기독교신문사, 1949.
육군본부,『6·25사변사』, 1959.
육군본부,『6·25사변 육군전사』, 1952.
육군본부,『공비토벌사』, 1954.

윤을수, 『경향잡지』 1005호, 1948년 12월.
이재한, 「전남반군의 진상」, 『개벽』 8, 1948년 12월.
주암산, 『희곡 향』, 조선기독교서회, 1949.
최기덕, 「내 생애 최고의 비밀 - 여순반란사건의 발생 전후」, 『사상계』 12, 1964.
헌병사편찬위원회, 『한국헌병사 : 창설·발전편』, 1952.
현윤삼, 「전남반란사건의 전모」, 『대조』, 1948년 12월호.
홍한표, 「동란의 제주도 이모저모」, 『신천지』, 1948년 8월호.
홍한표, 「전남반란사건의 전모」, 『신천지』, 1948년 11월·12월호.

<해외 자료>
RG 319.
· From John Muccio to the Secretary of state, Review of and Observation on the Yosu Rebellion(1948. 11. 4), ID File No. 506892.

RG 338.
· Economic Cooperation Administration, Technological Division, Inspection Trip to Yosu Rebellion area with Korean Committee, 12 November 1948.
· G-3 Section, XX IV Corps, History of the Rebellion of the 14th regiment and 6th regiment of the korean Constabulary, 10 November 1948.

2. 2차 사료

<지방지·교회사>
고흥군사편찬위원회, 『고흥군사』, 2000.
고흥군지편찬위원회, 『고흥군지』, 1984.
광양군지편찬위원회, 『광양군지』, 1983.
광양시지편찬위원회, 『광양시지』, 2005.
광주전남현대사 기획위원회, 『광주전남현대사1』, 실천문학사, 1991.
구례군사편찬위원회, 『구례군사』 上, 1987.

구례군지편찬위원회, 『구례군지』, 2005.
김계유, 『여수여천 발전사』, 반도출판사, 1988.
김기채, 『고흥군향토반공사』, 1978.
김낙원, 『여수향토사』, 여수교육청, 1952.
김낙원, 『여수향토사』, 천일출판사, 1962.
대한경우회고흥군지부, 『고흥군반공사』, 1986.
대한예수교장로회 순천제일교회, 『순천제일교회 75년사』, 2011.
대한예수교장로회 장천교회, 『장천교회 110년사』, 2017.
매산100년사 편찬위원회, 『매산백년사 1910~2010』, 2010.
보성군사편찬위원회, 『보성군사』, 1985.
보성군사편찬위원회, 『보성군사』, 1995.
보성군사편찬위원회, 『보성군사』 ①, 2014.
보성군향토사편찬위원회, 『보성군향토사』, 1974.
순천문화원, 『순천승주향토지』, 1975.
순천시사편찬위원회, 『순천시사 : 정치·사회편』, 1997.
순천시사편찬위원회, 『순천시사』, 1997.
승주군사편찬위원회, 『승주군사』, 1985.
애양원 100년사 간행위원회 지음, 『구름기둥, 불기둥 : 섬김의 동산, 애양원 100년』, 2009.
여수문화원, 『14연대 반란 50년 결산집』, 1998.
여수시사편찬위원회, 『여수시사』 1권, 2012.
여수·여천향토지편찬위원회, 『여수·여천향토지』, 1982.
전라남도지편찬위원회, 『전라남도지』 제1권, 1982.
전라남도지편찬위원회, 『전라남도지』 제9권, 1993.

<자료집>
국방부, 『호국전몰용사공훈록』 제1권~61권, 1996~2014.
동아대학교 석당학술원, 『한국전쟁 전후 민간인 집단 희생 관련 피해자 현황조사』, 2007.
여수문화원, 『14연대 반란 50년 결산집』, 1998.
여수지역사회연구소, 『여순사건 실태보고서』 제1집, 1998.

여순사건 화해와 평화를 위한 순천시민연대, 『여순사건 순천 지역 피해실태 조사보고서』, 2006.
전남대학교 사회과학연구소, 『한국전쟁 전후 민간인 희생 관련 2009년 피해 현황조사 연구용역사업 최종결과 보고서(전라남도 광양시)』, 2009.
제주4·3사건진상규명및희생자명예회복위원회, 『제주4·3사건진상조사보고서』, 2003.
제주4·3사건진상규명및희생자명예회복위원회, 『제주4·3사건 자료집』 전12권, 2001~2003.
진실화해위원회, 「보성·고흥 여순사건」, 『2009년 하반기 조사보고서』 6, 2010.
진실화해위원회, 「순천 지역 여순사건」, 『2008년 하반기 조사보고서』 3, 2008.
진실화해위원회, 「순천·여수 지역 적대세력에 의한 피해 사건」, 『2010년 상반기 조사보고서』 2, 2010.
진실화해위원회, 「여수 지역 여순사건」, 『2010년 상반기 조사보고서』 2, 2010.
진실화해위원회, 「전남 국민보도연맹 사건(1)」, 『2009년 하반-기 조사보고서』 4, 2010.
진실화해위원회, 『국민보도연맹사건 진실 규명 결정서』, 2009.
진실화해위원회, 『진실화해위원회 종합보고서』 Ⅲ, 2010.
한국전쟁전후 민간인학살 진상 규명 범국민위원회, 『민간인학살 실태보고서』, 2005.
한림대학교 아시아문화연구소, 『빨치산 자료집』 7, 1996.
홍영기 책임편집, 『여순사건자료집 Ⅰ』, 선인, 2001.

<단행본>
국방부 전사편찬위원회, 『한국전쟁사 1 : 해방과 건군』, 1967.
김남식, 『남로당 연구』, 돌베개, 1984.
김남식, 『사형수의 전도자 차남진 박사』, 총신대학교출판부, 2009.
김득중, 『'빨갱이'의 탄생 - 여순사건과 반공 국가의 형성』, 선인, 2009.
김석학·임종명, 『광복 30년 - 여순반란편』 2, 전남일보사, 1975.
김익렬, 「4·3의 진실」, 『4·3은 말한다』 2, 전예원, 1994.
김정호, 『조국과 민족의 앞날』, 갱생회, 1963.
김천영 편저, 『연표 한국현대사』 Ⅰ~Ⅱ, 한울림, 1984.
김춘배, 『한국 기독교수난사화』, 성문학사, 1969.
김형도, 『복의 근원』, 서울 한국기독교문학연구소출판부, 1979.

나덕환 지음·나기영 엮음, 『아름다운 믿음의 유산』, 한국장로교출판사, 2012.
단재신채호선생기념사업회, 『단재신채호전집』, 형설출판사, 1995.
리차드 로빈슨, 정미옥 역, 『미국의 배반』, 과학과 사상, 1988.
박갑동, 『박헌영』, 인간사, 1983.
박찬모·한정훈 편저, 『백발의 '소년 빨치산' 김영승』, 흐름, 2010.
백선엽, 『군과 나』, 대륙출판사, 1989.
사사키 하루타카 저, 강창구 편역, 『한국전비사上 - 건군과 시련』, 병학사, 1977.
서병조, 『주권자의 증언: 한국대의정치사』, 모음출판사, 1963.
손동희, 『나의 아버지 손양원 목사』, 아가페, 1994.
순천문화원, 『순천이야기』, 2004.
안종철, 『광주전남 지방 현대사연구』, 한울, 1988.
안종철, 『근현대의 형성과 지역 사회운동』, 새길, 1995.
오재호, 『특별수사본부』, 창운사, 1972~1974.
오제도, 『추격자의 증언』, 희망출판사, 1967.
유건호, 「여순반란사건」, 『전환기의 내막』, 조선일보사, 1982.
유호준, 『역사와 교회』, 대한기독교서회, 1993.
이용하, 『섬진강별곡』, 한국참전단체총연합회, 2000.
이철승, 『전국학련』, 중앙일보·동양방송, 1976.
이태, 『여순병란』 상하, 청산, 1994.
인보성체수도회, 『새감의 얼』, 1984.
인보성체수도회, 『윤을수 신부 유고집』, 1983.
임동원, 『혁명전쟁과 대공전략 - 게릴라전을 중심으로』, 양서각, 1967.
전병순, 『절망 뒤에 오는 것』, 중앙일보사, 1987.
정관호, 『전남 유격투쟁사』, 선인, 2008.
정운현, 『호외, 백년의 기억들』, 도서출판사삼인, 1997.
정지아, 『빨치산의 딸』, 실천문학사, 1990.
정한조, 『삼산이수 : 순천승주사』, 삼일인쇄공사, 1965.
주철희, 『불량 국민들』, 북랩, 2013.
한영순, 『윤을수 신부의 삶과 사랑』, 2011.
『안재홍 유고집』, 조국통일사, 1965.

<연구논문>

Allan R. Millet, 「하우스만 대위와 한국군의 창설」, 『군사』 40, 2000.

강인철, 「대한민국 초대 정부의 기독교적 성격」, 『한국 기독교와 역사』 30, 2009.

김계유, 「1948년 여순봉기」, 『역사비평』 15, 1991.

김득중, 「여순사건과 이승만 반공체제의 구축」, 성균관대학교 대학원 박사학위논문, 2004.

김현태, 「라캉 정신분석학을 통한 대중항쟁에 대한 이해」, 한국외국어대학교 대학원 박사학위논문, 2015.

노영기, 「여순항쟁과 육군의 변화」, 『전남사학』 22, 2005.

문혜경, 「한국전쟁기 민간인 학살 연구 : 대전형무소 학살사건을 중심으로」, 한국학중앙연구원 한국학대학원 석사학위논문, 2008.

반충남, 「여수14연대 반란과 송욱 교장」, 『말』 6월호, 1993.

손태희, 「여순사건 참가계층의 제유형」, 『남도문화연구』 28, 2015.

손형부, 「해방직후 전남 지역의 농민운동」, 『전남사회운동사연구』, 한울, 1992.

신복룡, 「제주 4·3사건」, 『동아시아연구논총』 12, 2001.

안종철, 「해방직후 건국준비위원회 지방조직과 지방인민위원회에 관한 연구 : 전남 지방을 중심으로」, 전남대학교 대학원 박사학위논문, 1990.

양영길, 「金台俊의 문학사 인식방법 연구」, 『백록어문』 12, 1996.

양정심, 「제주4.3항쟁 연구」, 성균관대학교 박사학위 논문, 2005.

유관종, 「여수 제14연대반란사건」, 『현대공론』 1·2·3·4월호, 1989.

임재표, 「6·25전쟁과 교정행정」, 『교정』 278호, 1999.

정석균, 「여순10·19사건의 진상」, 국방군사연구소, 『전사』 제1호, 1999.

정청주, 「여순사건 연구의 현황과 과제」, 『여수대 논문집』 13, 1998.

주철희, 「빨치산 사령관 이영회의 삶과 투쟁」, 『남도문화연구』 28, 2015.

주철희, 「여순사건 주도 인물에 대한 고찰」, 『전북사학』 43, 2013.

최선웅, 「14연대 반군의 지리산을 향한 진군」, 『남도문화연구』 28, 2015.

허호준, 「미군 고문관들의 제주4·3 경험과 인식」, 『민주주의와 인권』 11, 2011.

황남준, 「전남 지방정치와 여순사건」, 『해방전후사의 인식』 3, 1987.

황두연, 『자기 십자가 지고 따르라』, 목회자료사, 1978.

홍영기, 「여순사건에 관한 자료의 성격과 연구현황」, 『지역과 전망』 11호, 1999.

〈간행 증언〉
곽상국, 『여순사건실태조사보고서』 1, 여수지역사회연구소, 1998.
김○○, 「내가 겪은 여순사건③」, 『순천시사』, 1997.
김계유, 「내가 겪은 '여순사건'」, 『월간예향』 1월호, 1991.
김계유, 「내가 겪은 여순사건」, 『여수문화』 제5집, 1990.
반충남, 「여수 14연대 반란과 송욱교장」, 『월간 말』 통권 84호, 1993.
반충남, 「환상의 여학생 무장부대」, 『여수문화』 제5집, 1990.
신양남, 「그날의 회상」, 『여수문화』 제5집, 여수문화원, 1990.
심명섭, 「내가 겪은 여순사건②」, 『순천시사』, 1997.
윤기남, 「내가 겪은 여순사건①」, 『순천시사』, 1997.

〈미간행 증언〉
김일도의 증언
서형수의 증언
오승운의 증언
이희권의 증언
지정익의 증언
최만립의 증언
허종범의 증언

〈기타〉
국가통계포털(http://kosis.kr)
『국어국문학자료사전』
『한국민족문화대백과』

찾아보기

(5)

57사단 _188, 254

5·16군사쿠데타 _34, 39

5·16쿠데타 _13, 40, 41, 42, 56, 79, 80, 82, 215, 306

(6)

6·25전쟁 _30, 39, 104, 160, 181, 226, 227, 228, 229, 230, 232, 237, 241, 242, 247, 254, 257, 319, 320, 333

(ㄱ)

간전국민학교 _231

강대인 _118

강문봉 _57

강영훈 _94, 310

강중화 _159

건국준비위원회 _234

경제협조처(ECA) _270, 281

경향잡지 _287, 288

계몽선전반 _211, 281

계축옥사 _29, 35

고송균 _57, 186, 187

고영환 _100, 102

고재춘 _313, 315, 317, 344

고정훈 _149

고흥중학교 _116

공훈록 _55, 114, 120, 238

곽상국 _93, 310

광양중학교 _116

광해군 _28, 29, 35, 36, 40

국가보위비상대책위원회 _80, 82

국가재건최고회의 _80

국군 제14연대 _22, 53, 145, 150, 151, 202, 211

국민보도연맹사건 _255, 259, 277

군사편찬연구소 _54, 114, 120, 238

군사혁명위원회 _40, 79, 81, 82

군신강상론(君臣綱常論) _21

금란회 _118

기묘사화 _29

기축옥사 _29

김경택 _110

김계유 _91, 100, 101, 103, 107, 108, 109, 123, 125, 179, 200, 219, 220

김구 _153, 158

김귀영(金貴榮) _99, 107, 112

김규식 _158

김기선 _116

김기수(金基洙) _113, 115

김낙원(金洛原) _214, 215, 216, 217, 218

찾아보기 359

김동진 _187
김문평 _110
김법린 _270
김병완 _244
김부식 _20
김상겸 _17, 56, 61, 85, 149, 151, 210
김석주 _116
김성택 _110
김수평 _110, 220
김양수 _113, 303
김영랑 _291
김영만 _58, 162, 163, 196
김영배 _270, 271
김영철(金英哲) _86
김완근 _116
김완룡 _157
김용식 _113
김응선 _197
김익렬 _16, 61, 68, 69, 70, 71, 72, 73, 75, 76, 78, 162, 236
김인옥 _64, 99, 102, 112
김일백 _113
김일택 _311, 340
김재선 _159
김정기 _113, 186
김정평 _110
김정호 _61
김종원 _108, 220, 292, 298, 310
김종필 _39, 42, 118
김지회 _45, 54, 55, 73, 90, 104, 164, 168, 171, 172, 173, 176, 177, 178, 179, 183, 184, 185, 193, 195, 196, 198, 199, 200, 203, 230, 238, 240, 247, 275, 289, 324, 325, 327
김진섭(金鑛燮) _45, 154, 155, 156, 158, 159
김창숙 _270
김춘배 _270
김태준 _289
김평순 _115
김학연 _113
김형도 _100, 102, 286, 293, 294, 296, 297, 298, 299, 301, 345, 346
김형모 _322
김형운 _89, 169, 198, 242
김형원 _55, 169, 170, 210, 211, 218
김홍연 _99
김환명 _187
김흥복 _186, 187, 188, 189, 203, 254

(ㄴ)

나덕환 _286, 312, 313, 314, 316, 317, 318, 328, 329, 335, 338
나제민 _312, 313, 316, 325, 335
남로당 _45, 46, 47, 48, 52, 69, 82, 94, 99, 102, 104, 107, 138, 146, 148, 163, 177, 182, 184, 185, 191, 193, 194, 198, 199, 202, 203, 224, 229, 231, 235, 238, 246,

275, 289, 345
남태준 _186, 188
낭가사상 _20
능양군(綾陽君) _36, 41

(ㄷ)

단재 신채호 _20
단종 _31
대동법 _35
대동청년단 _70, 123, 271, 272, 278, 341, 343
대마도 정벌 _30
대전형무소 _257
대한청년단 _224, 234
동학난 _13, 14, 30
동학농민항쟁 _14, 135
등소(等訴) _14

(ㄹ)

러치(Archer L. Lerch) _156
려수군인폭동 _22
로버츠(William L. Roberts) 준장 _24, 149, 210
리드(Reed) _52, 149

(ㅁ)

매산학교 _116, 279, 317, 320, 321, 339, 344
맨스필드(John S. Mansfield) _77

묘청(妙淸)의 난 _20, 21
무오사화 _29
무자십월사변 _215
무쵸(John Muccio) _65, 66, 100, 101, 102, 103, 107, 108, 109, 121, 123, 270
문상길 _71
문성휘(文聖輝) _64, 99, 102, 107, 110, 112
문인조사반 _64, 211, 212, 270, 276, 281, 291, 296, 334
민애청 _98, 320, 329
민족청년단 _123, 271, 272, 278, 340
민주학생동맹 _98, 320
민청학련 사건 _29
밀풍군(密豊君) _38, 41

(ㅂ)

박갑동(朴甲東) _46, 47, 48, 199
박규일 _156, 157
박기병 _149
박기암 _101, 103, 104, 105, 107, 110
박남현 _113
박봉두 _116
박승훈(朴勝勳) _54, 83, 87, 92, 104, 109, 166, 157, 192, 222
박영률 _322
박용채(朴容彩) _99, 112
박윤민 _89
박윤진 _270, 271, 281

찾아보기   361

박정길(朴鼎吉) _36
박정희 _13, 34, 39, 40, 42, 79, 81, 83, 107, 212, 249, 306, 345
박준동 _118
박준섭 _271
박진경 _16, 61, 71, 76, 78, 84
박찬길 _99, 106, 114, 297, 300, 302
박찬식 _100, 102, 103, 109
박채영(朴采英) _64, 99, 101, 107, 109, 110, 112
박헌영 _46, 48
반군토벌전투사령부 _46, 49, 61, 210, 248
반민족 행위 처벌법 _145
백선엽 _46, 57, 83, 149
백순례 _308
백운산 _55, 93, 112, 124, 148, 171, 180, 188, 193, 201, 210, 226, 227, 229, 232, 246, 254, 304, 306
백운산부대 _180, 181
백인기 _173, 231, 309
백인엽 _309, 342
벌교중학교 _116
보이어(Boyer) _282, 303
부흥기성회 _283
북국민학교 _302, 314, 349
불꽃사단 _188, 254
브라운(Rothwell H. Brown) _77
브랜든(Brandon) _282
빈철현 _191

빨치산 _112, 118, 148, 187, 189, 196, 203, 226, 228, 229, 230, 246, 254, 255, 277, 284, 304

(ㅅ)

산동애가 _308
삼성부대 _189, 254
삼포왜란 _28, 30
서남지구 경찰전투사령부 _188, 189
서남지구 전투경찰대 _189, 255
서북청년회 _70, 341
서세충(徐世忠) _45, 154, 155, 156, 158
서정희 _189
서종현 _99, 110, 112, 124, 181
서준필 _99
서형수 _92, 192, 197, 198
선동기 _100, 118
선태섭 _100, 118
설국환 _94
손동신 _312, 313, 324, 327, 344, 345
손동인 _268, 279, 312, 313, 316, 317, 319, 324, 327, 342, 344, 345
손동희 _317, 324, 329, 332, 334, 338, 340
손선호 _72
손양원 _219, 268, 279, 312, 316, 317, 319, 320, 323, 325, 328, 329, 331, 332, 333, 334, 335, 336, 337, 338, 341, 346
손의원(孫議源) _332, 334

송관일 _186, 187, 188

송석하 _305, 306

송욱(宋郁) _55, 99, 107, 165, 166, 167, 169, 170, 193, 202, 326, 330

송호성 _46, 75, 154, 180, 198, 210, 248, 303

수도경찰대 _215, 216, 217, 307

수양대군 _31

순천기독학생연합회 _313, 317

순천농업학교 _115, 116, 317, 339

순천북국민학교 _292

순천사범학교 _115, 116, 317, 324, 325, 342

순천애국단체연합회 _272

순천여중학교 _115, 116, 317, 339

순천연합기독학생회 _317, 339

순천제일교회 _313, 319

순천중학교 _115, 116, 310, 316, 325, 339

스노우(Jack W. Snow) _270, 281, 282, 283, 288

승주교회 _286, 312, 313, 314, 317, 328, 329, 338, 339, 346

시국대책위원회 _284

시산혈해(屍山血海) _301

신만호 _186, 187

신영길 _197

신진우 _118

신탁통치 _122, 145, 340, 343

심명섭 _105, 224

(O)

안국신(安國臣) _36

안석찬 _166

안재선 _279, 312, 313, 320, 323, 324, 325, 327, 328, 329, 334, 337, 338, 339

안종옥 _156, 157

알버트 필립슨 _69

애양원 _319, 323, 325, 337, 338

여도현 _110

여수부르스 _220

여수서국민학교 _292

여수수산중학교 _116

여수애선원(麗水愛善園) _335

여수여중학교 _55, 99, 107, 116, 166, 193, 202

여수인민보 _64, 66, 99, 101, 103, 109, 112, 121, 123, 276, 295

여수종산국민학교 _292

여수중학교 _116

여수지역사회연구소 _251

여수폭등사건 _22

여순군란 _22

여순병란 _22

여운종 _99, 112

여운형 _122, 130

연창희 _110

영암 군경 충돌사건 _92, 95

영창대군(永昌大君) _35

오경심 _115, 300

찾아보기 363

오덕준(吳德峻) _85, 149

오동기(吳東起) _45, 58, 153, 154, 155, 156, 160, 162, 163, 164, 165, 185, 193, 196, 198, 202, 241, 242, 246, 247, 275

오만봉 _115

원용덕 _173

위화도 _34, 35

위화도회군 _35, 41

유건호 _149, 152

유관종 _101, 104, 105

유목윤(俞穆允) _99, 101, 107, 110, 112, 180, 181, 199, 220

유수현 _230, 281, 283, 284

유호준 _217, 271, 278, 279, 281, 286, 290, 291, 292, 332, 344

유화열 _186, 187, 190

윤기남 _105, 199, 224

윤달용 _270

윤보선 _40

윤을수 _270, 271, 279, 281, 286, 287, 288, 289, 344, 345

윤치영 _118, 173

윤홍규 _184, 185, 187, 191, 196

이갑수 _198

이괄(李适) _33, 36, 40, 42, 44, 56

이괄의 난 _31, 33, 36, 37, 40, 42

이군혁 _166

이기종(李祈鍾) _54, 55, 90, 171, 174, 185

이남규(李南圭) _244, 245, 271

이단 _270

이달주 _116

이범석 _24, 45, 50, 51, 53, 55, 65, 149, 150, 151, 152, 158, 167, 170, 183, 210, 211, 218

이성가 _149

이성계 _31, 33, 35, 40, 41, 42

이승만 _16, 24, 44, 56, 59, 61, 65, 86, 88, 121, 122, 126, 131, 134, 135, 136, 137, 139, 145, 146, 155, 158, 160, 165, 174, 189, 193, 202, 204, 209, 210, 211, 212, 218, 219, 221, 248, 249, 254, 260, 261, 267, 268, 270, 274, 301, 311, 321, 340, 341, 345

이여식 _270

이영개 _159

이영회 _186, 187, 188, 190, 254

이용기 _64, 99, 100, 101, 102, 107, 108, 109, 110, 111, 122, 123, 168

이용운 _289

이우헌 _110

이윤구 _110

이은상 _116, 168

이인좌의 난 _28, 31, 33, 37, 39, 40, 41, 44, 56

이재복 _159, 238

이정열 _113

이제(李堤) _37, 40

이종수 _113
이준홍 _100, 118
이진범 _186, 187
이창수 _110
이철승 _341, 342, 344
이청천 _163
이탄(李坦) _38
이현상(李鉉相) _188, 203, 247, 254
이홍이 _189, 254
이흥립(李興立) _36, 42
이희권 _54, 57, 165, 196, 198
인목대비 _35, 36
인조반정 _29, 30, 34, 35, 36, 40, 41, 42, 56
인혁당 사건 _29
임규홍 _113
임석하 _273
임술농민항쟁 _14
임술민란 _13, 14
임시군사고문단(PMAG) _24
임진왜란 _28, 30, 35

(ㅈ)

장면 _39, 40
장종철 _238, 240, 243
장천교회 _310, 316
전남반란사건 _22, 169, 244, 249, 250
전병순 _169
전사편찬위원회 _54, 91, 101, 164, 176, 177, 184, 185, 194, 247

전선오 _186, 187
전진한 _271
정규오 _286, 304, 305, 306, 344
정금모(鄭琴模) _186, 187
정기순 _103, 105
정낙현 _186, 187
정묘호란 _30
정소(呈訴) _13
정순덕 _189, 254
정순화 _116
정여립(鄭汝立) _20, 28, 33
정연 _159
정열모 _270
정용재 _117
정운창 _181
정유재란 _30
정일권(丁一權) _55, 78, 83, 86, 149, 165, 166, 195, 198, 209
정재완 _110
정정기 _186, 187, 190, 196
정진무 _116
정창욱 _116
정충조 _113
정태중 _115
정현종 _57, 186, 187, 190, 197
제14연대 반란사건 _22, 101, 220, 228
제2군사령부 _39, 41, 42
제2전선 _229, 246, 259
제주4·3특별법 _148, 189, 204, 255
제주도경비사령부 _17, 56, 61, 62, 72,

79, 82, 87, 139
제주비상경비사령부 _61, 76, 252
제주토벌출동거부병사위원회 _17
조경순 _171, 197, 289
조민수(曺敏修) _34, 35, 42
조선인민공화국 _108, 121, 122, 326
조용수 민족일보 사건 _29
조찬영 _118
존 메릴(John Merrill) _51
종교위문단 _172, 196, 211, 212, 217, 268, 270, 271, 272, 273, 275, 276, 277, 278, 279, 281, 282, 283, 286, 287, 290, 296, 320, 334, 345
종산국민학교 _215, 292
주암산 _334
주요 과업 6가지 _109, 122, 123, 125
주원석 _110
주월산 _239
중종반정 _30
지리산 _48, 50, 51, 52, 57, 93, 96, 97, 112, 118, 148, 171, 172, 173, 180, 187, 188, 189, 193, 201, 202, 203, 210, 216, 226, 229, 230, 232, 243, 246, 247, 254, 284, 289, 304, 306
지우섭 _99, 115
지창수(池昌洙) _45, 91, 100, 101, 147, 148, 175, 176, 177, 178, 179, 180, 181, 182, 184, 185, 186,

187, 191, 192, 194, 195, 196, 199, 202, 203, 218, 220, 223, 229, 238, 240, 246, 247, 325, 327
진보당 사건 _29
진실화해위원회 _226, 236, 237, 244, 252, 256, 258, 259, 260, 298, 307, 308

(ㅊ)

차남진 _286, 308, 309, 316
채명신 _39
채병덕 _83, 149, 209
천일고무 _124, 219
천하공물(天下公物) _21
최경록 _84
최능진(崔能鎭) _45, 152, 153, 154, 155, 156, 158, 159, 160, 162, 164, 241
최영(崔瑩) _34, 35
최효래 _187

(ㅋ)

쿨터 _177

(ㅍ)

포스트구조주의 _18
포스트모더니즘 _18

〈ㅎ〉

하우스만(James Hausman) _149, 210

학도호국단 _321

학련 _225, 237, 239, 272, 278, 310, 311, 316, 322, 337, 339, 340, 342, 343

한국민주당 _234

한월수 _186, 187

한태선 _113

혁명의용군 사건 _29, 45, 58, 153, 154, 155, 156, 157, 158, 159, 160, 162, 163, 164, 165, 193, 202, 218, 219, 222, 223, 246, 247, 275

현윤삼 _94

형무소 재소자 _256, 257, 258, 259, 277

호남지구 전투사령부 _173, 216

호패법 _35

홍기환 _64, 99, 102, 112

홍순석 _45, 54, 55, 73, 90, 171, 173, 174, 176, 177, 185, 195, 196, 203, 238, 247, 325, 327

홍한표 _69, 94

황두연 _286, 299, 300, 301, 303

황용운 _310, 311, 325, 340, 344

황위현 _118

흥안군(興安君) _37, 40, 41